DIGESTO.

UNA AUTÉNTICA OBRA LEGISLATIVA

ANA MARTÍN MINGUIJÓN
Catedrático de Derecho Romano de la UNED

DIGESTO.

UNA AUTÉNTICA OBRA LEGISLATIVA

DYKINSON

Colección "Monografías de Derecho Romano"
Dirección del Prof. Dr. D. Antonio Fernández de Buján

Esta obra ha sido realizada dentro del Proyecto de Investigación Fundamental no orientada del Plan Nacional I+D+i, con referencia DER 2010-19341, titulado *Fuentes históricas de los principios generales del derecho español y de la Unión Europea*, cuyo IP es el Prof. Fernando Reinoso Barbero

Editorial DYKINSON, S.L.
Meléndez Valdés, 61 - 28015 Madrid
Teléfono (+34) 915442846 - (+34) 915442869
e-mail: info@dykinson.com
http://www.dykinson.es

http://www.dykinson.com

Consejo Editorial véase www.dykinson.com/quienessomos

ISBN: 978-84-9031-291-9
Depósito Legal: M-27797-2013

Preimpresión realizada por la autora

A Erin, mi nieta, por hacerme feliz

A mis hermanos

Luis Felipe,in memoriam, y Fernando.

TABULA GRATULATORIA

Este apartado pretende ser algo más que una relación de nombres a quienes debo gratitud. Quiero expresar también mi reconocimiento a aquellas personas que generosamente han dedicado tiempo y esfuerzo en revisar este trabajo y colaborar en él.

Comienzo por Fernando Reinoso Barbero, por su magisterio a lo largo de 26 años, por su generosidad sin límites y sin tiempos. Mi admiración por su persona se manifiesta en la clara influencia de su obra en mis modestos trabajos. Me ha enseñado todo lo que sé, me ha transmitido esa especie de "fascinación" por el Digesto y el afán por seguir aprendiendo. Tengo el gran privilegio ser su discípula. Siempre tendrá mi gratitud, reconocimiento, respeto y cariño.

También, gracias a él, me honro en pertenecer a la Escuela que dirige el Profesor García Garrido, a quien tanto valoro por todos estos años en los que ha compartido saber y oportunidades. Siempre ha tenido esa excelente disposición y accesibilidad, que todos nosotros le reconocemos. Es el Maestro común.

Gracias al Prof. Burillo Loshuertos por sus acertadas correcciones y valiosas anotaciones, fruto de su generosidad académica. No solo sirven para mejorar este trabajo sino que constituyen lecciones inestimables que siempre tendré presentes.

A Federico Fernández de Buján, gracias, por su apoyo constante, colaboración imprescindible y valiosa amistad.

Mi gratitud se extiende a otros compañeros y amigos, pero no querría dejar de mencionar a Francisco Bartol, condiscípulo, por su eficaz ayuda en la revisión del trabajo.

De lo académico paso a lo personal. Mi trabajo siempre se ha visto facilitado por la comprensión y el ánimo de mi familia. Antonio, mi marido y colaborador indispensable, me ha ayudado durante meses de infatigable trabajo a calcular los porcentajes, que se recogen en los anexos, sobre la presencia de cada uno de los autores y cada una de las obras en los *Digesta*. Gracias, Antonio, por tu apoyo constante. En mi carrera universitaria nada hubiera sido posible sin ti.

ÍNDICE

PROEMIO

Ana Martín Minguijón somete el Digesto a una suerte de magnífico *Impeachment* en el que deja al descubierto sus esencias. Sobre todo las buenas. Como en el mito de Prometeo, que arrebata el don del fuego a los dioses para obsequiarlo a los hombres, este libro regala conocimientos indispensables sobre la elaboración y el contenido de la obra justinianea. Y debo anunciar desde ahora que, como era de esperar, no es un libro fácil; precisa de la colaboración de un lector instruido en las muchas problemáticas suscitadas por la investigación científica sobre esa compilación del siglo VI.

El esquema expositivo está libre de tópicos y latiguillos y se concentra en el discurso nomotético exigido por un tratado de esta naturaleza: tras atomizar las fuentes recibidas describe la probable estrategia de Justiniano, desde la que emprende el estudio de las obras de los juristas clásicos aparentemente, sólo aparentemente, utilizadas para la elaboración del Digesto. Las conclusiones obtenidas permiten a la Autora presentar una opinión razonable sobre el material utilizado y el método seguido por los comisarios tribonianos.

Esta tarea ha exigido de la Autora una particular predisposición –propia de los autores más seguros– a prescindir de los vicios metodológicos heredados y encararse conscientemente con las doctrinas, teorías y demás conjeturas dogmáticas arraigadas sobre el Digesto pues, al menos algunas de ellas, contribuyen a entorpecer el adecuado conocimiento de los auténticos problemas que plantea su estudio.

El Digesto ha hecho correr ríos de tinta, pero no ha disfrutado de un proceso de investigación sistemática que permita un conocimiento ordenado. Ha sido abordado por la literatura desde perspectivas heterogéneas sin importar demasiado si resultaban compatibles o no con las precedentes. Con todo, algunos trabajos meritorios han iluminado aquí o allí ramas hasta entonces oscuras pero ninguno de ellos, por sí solo, ha permitido vislumbrar todo el árbol y mucho menos iluminar el bosque en el que se encuentra. Desde hace años –fundamentalmente desde la apoteósica aportación de Mommsen que nos ha acercado hace poco Bartol– es cada vez más factible ensamblar la linterna con las piezas dispersas aportadas individualmente por los estudiosos.

La obra está cuajada de reproducciones textuales bien traídas, tanto que la Autora consigue convertirlas en ventanas abiertas a la época de Justiniano. Este admirable trabajo ha comenzado por la descodificación y vaciado de las fuentes. Aunque las fuentes analizadas son muy variadas, destaca el estudio de las cc. *De conceptione et confirmatione Digestorum*, del *Index auctorum operarumque* y, sobre todo, de las inscripciones del Digesto. Es natural que una investigación que tiene como finalidad nuclear el análisis de las obras de los juristas utilizadas por los compiladores para la composición del Digesto, se centre especialmente en el examen de las inscripciones que presiden los textos jurisprudenciales. Ese examen o, por decirlo mejor, el resultado del mismo, me parece tan sugestivo como polémico y no excluyo una futura discusión dura y rigurosa.

Yo mismo llevo años observando las inscripciones de Digesto y puedo dar fe, modestamente, del laberinto de patologías con el que me he encontrado. A pesar del mucho tiempo dedicado a las inscripciones, no he sido aún capaz de construir un cuadro medianamente completo de los tipos de sus anomalías. He detectado inscripciones hipocorísticas (abrevian conscientemente el nombre del jurista), inscripciones estocásticas (cuyas desviaciones o diferencias con otras obedecen al azar o a descuidos de los copistas), inscripciones hipertróficas (con un desarrollo aumentado que agranda innecesariamente el nombre del jurista o el título de la obra), inscripciones hipotróficas (al contrario que las anteriores sufren un desarrollo disminuido que da lugar a metáfrasis y braquilogías), inscripciones con univerbaciones (en las que se unen varias palabras en una, sin perjuicio de que la letra uncial BR utilizada por *F* no separe las palabras), inscripciones antapodícticas (se corresponden y oponen miembro a miembro con el resto de las asignadas a la misma obra y jurista), y, en fin, otras muchas de diferentes clases.

Esta falta de homogeneidad de algunas inscripciones no debe ser entendida como simple defecto editorial o como un problema para el investigador, aunque objetivamente lo es, sino más bien lo contrario: hay que apreciarla como una soberbia oportunidad para descubrir cómo se realizó el Digesto. De las algo más de nueve mil cien inscripciones, al menos mil de ellas ostentan contrastes con las reglas habituales de estructura, contextura o disposición de partes, y sirven en bandeja un conjunto de síntomas y efectos que, cuando sean bien interpretados, revelarán la razón de su existencia y con ello el verdadero material utilizado por los compiladores.

En tema de inscripciones del Digesto casi todo tiene potencial para asombrar. Hay obras –y también juristas– mencionados en las inscripciones una sola vez. La Autora detecta hasta cincuenta y un casos. Pero reconozco que una de las razones más llamativas se da en la primera aparición de algunas inscripciones. Resulta sorprendente en un repertorio jurisprudencial de las características del Digesto que, de forma sucesiva y sistemática, vayan apareciendo inscripciones completamente "nuevas" a lo largo de toda la obra. Esta tendencia se mantiene incluso en los últimos libros y títulos, donde los compiladores han seguido introduciendo fragmentos de producciones no utilizadas hasta ese momento. No obstante, deben distinguirse en estas muchas inscripciones "inesperadas", es decir, que se presentan por primera vez en la última parte del Digesto, entre las que suponen la inserción de una nueva obra jurisprudencial no utilizada o mencionada hasta ese momento (*vgr*. Paulus, *de censibus* en D. 50,15,8 o de este mismo jurista *de dotis repetitione* en D.50,17,68) y aquellas otras inscripciones cuya novedad radica en la denominación distinta de una obra ya utilizada anteriormente pero con otro nombre (vgr. Gaius, *de testamentis ad edictum urbicum* en D.50,17,55 o de este mismo autor *ad edictum praetoris urbani titulo qui neque sequantur neque ducantur* en D.50,16,48).

Una circunstancia que no deja de resultar elocuente es el alto número de obras jurisprudenciales no mencionadas en el *index auctorum* de *F* que se incorporan, por primera vez, a los últimos libros del Digesto. El paradigma máximo lo ofrece la inscripción de D.50,16,157 pues no sólo recoge una obra no empleada hasta entonces (*de verborum quae ad ius pertinent significatione*), sino que pertenece a un jurista que tampoco había sido mencionado hasta ese momento (Aelius Gallus) ni vuelve a serlo en el resto de Digesto.

Entre estas últimas inscripciones jurisprudenciales aparecidas aisladamente y por primera vez en los últimos libros del repertorio justinianeo que, además, no se encuentran registradas en el *index auctorum* de *F* puedo citar, entre otras, las siguientes: Paulus, *de dotis repetitione*; Gaius, *regularum*; Modestinus, *de praescriptionibus*; Paulus, *de conceptione formularum*; Paulus, *responsorum Papiniani*; Paulus, *de articulis liberalis causae*; Paulus, *de liberali causa*; Ulpianus, *ad legem Aeliam Sentiam*; Gaius, *ad senatus consultum Orphitianum*; Gaius, *ad senatus consultum Tertullianum*.

Junto a esta clase de obras, también al final del Digesto, se sitúan por vez primera otras nuevas que sí se encuentran recogidas en el *index auctorum* de *F*, como lo son Paulus, *de censibus*;

Paulus, *de iure libellorum*; Arcadius Charisius, *de muneribus civilibus*; Paulus, *ad regulam Catonianam*; Paulus, *de tacitis fideicommissis*; Paulus, *de appellationibus*; Marcianus, *de appellationibus*; Claudius Saturninus, *de poenis paganorum*; Arcadius Charisius, *de testibus*; Paulus, *libro singulari de adulteris*; Marcianus, *ad senatus consultum Turpillianum*; Paulus, *ad senatus consultum Libonianum*; Paulus, *de poenis omnium legum*; Herennius Modestinus, *de poenis*; Paulus, *de poenis militum*; Paulus, *de poenis paganorum*; Paulus, *de concurrentibus actionibus*; Παπινιανοῦ, *Ἐκ τοῦ ἀςτυνομικοῦ μονοβίβλου τοῦ Παπινιανοῦ*; Venuleius Saturninus/Venuleius, *interdictorum*; Quintus Mucius Scaevola, ὅρων; Saturninus, *de officio proconsulis*; Paulus, *ad senatus consultum Claudianum*; o Arrius Menander, *de re militari.*

Analizado el contenido de estos fragmentos procedentes de obras que se incorporan por primera vez en los últimos títulos del Digesto, se repara que, en la mayoría de las ocasiones, no existe una razón especial que justifique su presencia. Tampoco es razonable atribuir la aparición tardía de cada inscripción al orden de lectura de las obras utilizadas por los comisarios justinianeos. Es más, no existe relación alguna entre las secuencias de aparición por primera vez de cada una de las inscripciones y las secuencias de repetición de los textos que determinan el alojamiento en sus respectivas masas. Las obras, según se mantiene desde Bluhme, se insertan en el Digesto según son leídas. Sin embargo, por las abundantes razones expuestas por la Autora, creo que este criterio no solo no es seguro sino que debe ser revisado, en la medida que supone el extrapolar a todo el Digesto principios solo predicables de los dos últimos títulos. Además, las inserciones no respetan el orden de la obra, salvo en D. 50,16 y 17.

Dado el interés de la aparición por vez primera de cada clase de inscripción para la determinación del orden de lectura de las obras, conforme a aquel criterio bluhmiano, puede determinarse con facilidad la relación de inscripciones, clasificadas por masas, según aparecen en el Digesto, con la salvedad de aquellos textos pertenecientes a obras utilizadas por dos masas. Lo mismo sucede con los fragmentos que son de masa incierta por los problemas presentados en la reconstrucción de la inscripción: (?), (?): D.19,5,27; Callistratus, (?): D.48,20,9; Marcianus, (?): D.48,22,12; Paulus, (?): D.48,22,13; Ulpianus, (?): D. 48,22,14; Pomponius, (?): D.48,22,17.

El examen de la primera aparición de cada inscripción en la última parte del manuscrito revela, con cierta claridad, el cansancio —o las prisas— de las distintas personas que intervienen en la realización del Digesto, tanto de los comisarios como de los copistas. Los errores se evidencian más que en otros lugares. Los ejemplos que puedo presentar son muy variados: indebidamente se atribuyen obras a juristas, como el caso de adjudicar a Venuleyo un libro *disputationum* o a Modestino otro *ad Quintum Mucium*; se modifica el nombre de los autores, como cuando se denomina a Quinto Mucio simplemente Scaevola, produciendo la consiguiente ambigüedad con los trabajos de Cervidio en su ὅρων; se omite el nombre de la obra en algunas inscripciones de Marciano y Ulpiano; las crisis de transcripción llegan a producir la desaparición de textos e inscripciones (bien pudiera ser un problema del quasi-arquetipo) que afectan a extractos de Pomponio, Ulpiano, Paulo, Marciano y Calistrato; se abrevian las citas jurisprudenciales utilizando pronombres; y, sobre todo, irrumpe una nueva terminología usada para identificar obras previamente mencionadas bajo otro título, como son los casos de (Claudius), *Ex libro vicensimo primo digestorum Scaevolae;* (Marcellus), *Pomponius libro singulari regularum ex nota;* (Marcianus), *In libro secundo de adulteriis Papiniani notat;* Paulus, *ex libris sex libro primo imperialium sententiarum in cognitionibus prolatarum* (cfr. Paulus, *imperialium sententiarum in cognitionibus prolatarum ex libris sex libro secundo*)*;* y un larguísimo etcétera expuesto con detenimiento en otro lugar (cfr. IVRA 58 , 2010, 101 ss).

Una circunstancia muy significativa se da en estos textos, correspondientes a la primera aparición de cada clase de inscripción: con frecuencia son geminaciones de fragmentos recogidos también en otras obras ajenas al Digesto, sobre todo en las Instituciones de Justiniano, pero también en su Código y en *Fragmenta Vaticana* y en la Epítome de Ulpiano. Para comprobar ahora la intensidad de este fenómeno, expondré unos pocos ejemplos de geminaciones externas de textos alojados bajo una inscripción aparecida en el Digesto por primera vez. Insisto en este último dato: la primera aparición de una concreta inscripción, y todos los ejemplos que siguen se encuentran en ese caso:

1. Ulpianus *institutionum* en D. 1,1,1. Este texto, en sus parágrafos segundo y tercero, tiene dos importantes similitudes con fragmentos de las Instituciones de Justiniano. Así, puede confrontarse D.1,1,1,2 con I.1,1,4 —*huius studii duae sunt positiones, publicum et privatum. publicum ius est quod ad statum rei Romanae spectat, privatum quod ad singulorum utilitatem <:sunt enim quaedam publice utilia, quaedam privatim. publicum ius in sacris, in sacerdotibus, in magistratibus consistit. privatum ius/*pertinet. dicendum est igitur de iure privato, quod> <*tripertitum est/*est tripertitum>*: collectum* <*etenim est/*est enim> *ex naturalibus praeceptis aut gentium aut civilibus*— y D.1,1,1,3 con I.1,2pr. —*ius naturale est, quod natura omnia animalia docuit: nam ius istud non humani generis proprium* <est>*, sed omnium animalium,* <quae in caelo,> *quae in terra, quae in mari nascuntur* <*, avium quoque commune est*>*. hinc descendit maris atque feminae* <*coniunctio/*coniugatio>*, quam nos matrimonium appellamus, hinc liberorum procreatio,* <*hinc/*et> *educatio: videmus etenim cetera quoque animalia*—.

2. Gaius *institutionum* en D.1,1,9. Se da una geminación triple de este fragmento, que aparece prácticamente sin modificaciones en D.1,1,9, en I.1,2,1 y en Gai.1,1 (*omnes*

populi, qui legibus et moribus reguntur, partim suo proprio, partim communi omnium hominum iure utuntur. nam quod quisque populus ipse sibi ius constituit, id ipsius proprium civitatis est vocaturque ius civile, quasi ius proprium ipsius civitatis: quod vero naturalis ratio inter omnes homines constituit, id apud omnes <populos> *peraeque custoditur vocaturque ius gentium, quasi quo iure omnes gentes utuntur).*

3. Ulpianus *regularum* en D.1,1,10. Aquí se contienen definiciones famosísimas que justifican el haber pasado a varias obras de la compilación justinianea. En D.1,1,10 pr. y en I.1,1 pr. *iustitia est constans et perpetua voluntas ius suum cuique*; en D.1,1,10,1 y en I.1,1,3 *iuris praecepta sunt haec: honeste vivere, alterum non laedere, suum cuique tribuere;* en D.1,1,10,2 y en I.1,1,1: *iuris prudentia est divinarum atque humanarum rerum notitia, iusti atque iniusti scientia.*

4. Gaius *rerum cottidianarum sive aureorum* en D.1,8,5. Aunque esta obra cuenta con muchas denominaciones diferentes, esta es la primera vez que aparece con esta forma. También D.1,8,5 repite I.2,1,4, aunque se omite un pequeño periodo (*gentium sicut ipsius fluminis. itaque navem ad eas appellere, funes ex arboribus ibi natis religare, <retia siccare et ex mare reducere> onus aliquid in his reponere cuilibet liberum est, sicuti per ipsum flumen navigare. sed proprietas <earum> illorum est, quorum praediis haerent: qua de causa arbores quoque in*).

5. Modestinus *de heurematicis* en D.3,3,65. En D.3,3,65 se contiene parte de una constitución de Diocleciano recogida en C.2,56,1,1 (*... itaque etsi postea mutata voluntate procuratorem esse noluerit, tamen iudicium, quo quasi procurator expertus est, ...*)

6. Paulus *ad Vitellium* en D.7,1,1. Como otros textos que contienen definiciones, repiten pronunciamientos de las Instituciones justinianeas; en este caso la definición de usufructo contenida en I.2,4pr. (*usus fructus est ius alienis rebus utendi fruendi salva rerum substantia).*

7. Gaius *rerum cottidianarum vel aureorum* en D.7,1,3. Desde luego el material empleado en las Instituciones de Justiniano sería reutilizado para la composición del Digesto. Si se observa el texto anterior, perteneciente a otro jurista, resulta más que elocuente que el mismo orden de postulados seguido por las Instituciones, se repita, sin práctica solución de continuidad en Digesto. Ahora D.7,1,3pr. coincide con I.2,4,1 —*usum fructum constituere, pactionibus et stipulationibus id efficere*— y D.7,1,3,1 con I.2,4,2 —*autem usus fructus non tantum in fundo et aedibus, verum etiam in servis et iumentis ceterisque rebus— y* D.7,1,3,2 con I.2,4,1 —*ne tamen in universum inutiles essent proprietates semper abscedente usu fructu, placuit certis modis extingui usum fructum et ad proprietatem reverti*—.

8. Gaius *cottidianarum rerum* en D.17,2,72. Una nueva inscripción de la misma obra anterior pero con una forma distinta. En este caso D.17,2,72 rectifica considerablemente a I.3,25,9 aún disponiendo ambos de una misma inspiración (*id est desidiae atque neglegentiae* <nomine, quaesitum est: praevaluit tamen etiam culpae nomine teneri eum>. *culpa autem non ad exactissimam diligentiam dirigenda est: sufficit* <*etenim*/enim> *talem diligentiam* <in> *communibus rebus adhibere* <socium>, *qualem suis rebus adhibere solet).*

9. Ulpianus *libro singulari regularum* en D.22,5,17. Este es un texto muy interesante y capaz de generar información sobre el material empleado por los compiladores. Se trata de una geminación triple que figura en D.22,5,17, en I.2,10,8 y en

UE.20,6. Si se comparan los dos textos justinianeos (*qui in potestate eius est, item duo fratres qui in eiusdem patris potestate sunt <testes utrique in eodem testamento vel eodem negotio/*utrique testes in unum testamentum> *fieri possunt <quoniam/*: quia> *nihil nocet ex una domo plures testes alieno negotio adhiberi*) se observan ligeras diferencias en la redacción que afectan exactamente al mismo periodo que la distingue de UE.20,6 (*pater et filius qui in potestate eius est, item duo fratres qui in eiusdem patris potestate sunt testes utrique <vel alter testis alter libripens fieri possunt alio familia emente> quoniam nihil nocet ex una domo plures testes alieno negotio adhiberi).*

10. Ulpianus *de officio praetoris tutelaris* en D.27,1,3. Este texto, D.27,1,3, se encuentra recogido también en FV.186 (*tria autem onera sic sunt accipienda, ut non numerus pupillorum plures tutelas faciat, sed patrimoniorum separatio: et ideo qui tribus fratribus tutor datus est, qui indivisum patrimonium ... vel quibusdam tutor, quibusdam curator, unam tutelam suscepisse creditur*).

11. Ulpianus *excusationum* en D.27,1,7. Esta obra no está registrada en el *index auctorum* de *F* y la primera vez que aparece es en D.27,1,7 y repite parcialmente FV.240 (*dat excusationem, si quis imparem se oneri iniuncto possit ... idque divorum fratrum rescripto continetur*).

12. Etcétera.

La Autora maneja sobre todo el *Codex Florentinus* en la edición preparada bajo la supervisión de A. Corbino y B. Santalucia (Florencia 1988), reproducida aquí varias veces, pero ha tenido en cuenta otros manuscritos de la misma época y autoridad. Como recuerda Bartol en su espléndida traducción de la *praefatio* mommseniana, *F* y los *mmss. Neapolitanus IV.4.8* (contiene

D.10,2,3 - 16; 10,3,23 - 29; 10,4,12 - 19) y *Pommerfeldensis pap. lat. 1-7* (contiene D.45,1,35 - 73, con varias lagunas) son los únicos testimonios que nos llegan del tiempo de la redacción, a los que se añaden los cuatro testimonios poco posteriores a este período, es decir, el *ms. Heidelbergensis*, Inv. 1272, que contiene D.5,2,17-19; un ms. sobre los agrimensores, con referencias a D.10,1, y al que aluden dos textos de los siglos noveno y décimo —el *Guelferbytanus Godianus* n.105 y el *Vaticanus Palatinus* n.1564—; el papiro *Reinach*, Inv. 2173, relativo a D.19,2,54-57; y por último el papiro *Reyland* 479, sobre el libro treinta.

En relación con las fuentes más antiguas del Digesto, resulta curioso lo que comenta Krüger a propósito de algunos índices utilizados por los propios compiladores, cuando se sorprende del escaso conocimiento que éstos demuestran del contenido del Digesto.

El libro que ahora prologo recupera el estudio de las siete partes originarias de Digesto (cfr. sobre todo el anexo I), es decir *prota*, *de iudicis* y *de rebus*, a las que se suman cuatro partes innominadas más que la propia constitución *Tanta* distingue cuando trata de la división de Digesto: la cuarta, quinta y sexta, compuestas cada una de ellas por ocho libros, tratan las fianzas, compra-ventas, matrimonio, dote y tutela (cuarta), testamento, codicilos, legados y fideicomisos (quinta), dignidades, propiedad, aceptación de la herencia *ab intestato*, esclavitud y acciones (sexta). La séptima y última parte, se refiere, entre otras cuestiones, a las garantías, *acceptilatio*, edictos pretorios, recursos y penas.

Esa clasificación es utilizada por la Autora porque afecta directamente a la numeración secundaria de los libros del Digesto. Como he descrito en otro lugar, junto a la numeración primaria, que alude al ordinal de cada libro (*primus*, *secundus* ... *quinquagensimus*), aparece aquélla, que hace alusión a esta otra partición, de forma que el libro *ex ordine* quinto sería el primero de la sección *de iudicis* y así hasta el libro decimo primero que está numerado en secundaria *de iudiciis liber septimus*. Lo mismo sucede con los ocho libros *de rebus*, que en inscripción primaria corresponden a los libros décimo segundo hasta el décimo noveno. Sin embargo, esta numeración secundaria varía a partir del libro vigésimo. Este libro es el *singularium primus*, manteniéndose esta ordenación hasta el libro trigésimo octavo, a partir del cual desaparece la numeración secundaria, que tampoco se presenta en los libros primero al cuarto ni en el trigésimo cuarto. Mommsen, en una tabla, propone una reconstrucción para salvar las omisiones de *F*, según la cual los *singularia* I-III (libros *ex ordine* XX a XXII) serían los tres Antipapinianos; los IV-VI serían *de dotibus* I-III; los VII y VIII serían *de tutelis et curationibus* I y II; los IX y X serían *de testamentis* I y II; los XI-XVII serían *de legatis et fideicommissis* I-VII. Por último, los libros *ex ordine* trigésimo séptimo y octavo se corresponden con los dos libros *de bonorum possessionibus*.

La Autora no opera –como tantas veces ocurre– sobre una conjetura de trabajo ajustada a un esquema provisional. No hay prejuicios, ni tan siquiera los asumidos por todos *nemine discrepante*. Los hechos y conclusiones expuestos son los que arrojan las fuentes tras su vaciado: *contra facta non sunt argumenta*.

Las tesis sobre la elaboración del Digesto son como un orfeón de voces agudas y graves, casi todas buenas pero en su conjunto –reconozcámoslo– incapaces hasta ahora de cantar unidas con un mínimo de cadencia, ritmo o armonía. Este libro proporciona buena parte de esa *musicalidad* que el problema exige. Digo que la proporciona en buena parte porque seguimos aún en la zona empinada de la cuesta. Para llegar al final serán precisos más años y más investigadores. Pero alcanzado este punto, la responsabilidad es ya inexcusable.

En definitiva, este excelente libro sobre el Digesto se incorpora al grupo de producciones europeas más refrescantes del presente siglo.

Fernando Reinoso Barbero

CAPÍTULO I.

LA OBRA LEGISLATIVA DE JUSTINIANO

Introducción

El objetivo de Justiniano fue crear un imperio fuerte y duradero asentado en tres pilares: la religión, el ejército y la ley[1]. Este propósito excedía, sin duda, de su primer proyecto que consistía en la restauración del imperio[2] —*Renovatio imperii romanorum*—. Para lograr su ambiciosa empresa, e instaurar la unidad del imperio, decidió establecer un nuevo orden jurídico y emprendió la obra que pretendía ser una auténtica labor legislativa[3].

---

[1]KRÜGER, *Geschichte der Quellen und Literatur des römischen Rechts*, Leipzig 1888, 322 nt. 1, afirma que no hay duda de que la ambición y la vanidad personal fue la fuente principal de las acciones de Justiniano en la promoción de la legislación. Literalmente dice: "Dass Ehrgeiz und persönliche Eitelkeit die Haupttriebfeder seines Handelns in der Förderung der Gesetzgebung war, kann kaum zweifelhalt sein.". BIONDI, *Giustiniano primo principe e legislatore cattolico*, Milano 1936, señala que el rasgo que mas caracteriza la obra del emperador es su tendencia constante hacia la unificación. DE FRANCISCI, *Síntesis histórica del Derecho Romano*, Madrid 1954, 696 s., señala que el emperador tenía como objetivos la reconstrucción de la unidad religiosa, y la reorganización de la administración y que el medio para lograrlos era la reconstrucción del Derecho".

[2] ARCHI, *Giustiniano legislatore,* Bologna 1970, 182 s., cuestiona los logros conseguidos por Justiniano en su esfuerzo por lograr la unidad legislativa, política y religiosa, en tanto que el imperio no fue reconstruido. Su intención, en este sentido, es considerada, por este autor, como sueño o error.

[3] Para VOLTERRA, *Istituzioni di Diritto Privato Romano*, Roma 1988, Justiniano diseñó el programa legislativo en el ideal de transmitir la obra de los jurista romanos clásicos, conservar las leyes de los emperadores precedentes y la voluntad de dar a los estudios jurídicos una orientación concreta, pero también en la exigencia de llevar a cabo una unidad jurídica en el Imperio.

Este nuevo orden exigía una legislación clara y precisa, que eliminase la confusión de las leyes y de la jurisprudencia, tal y como Justiniano manifiesta repetidamente en las constituciones que promulga[4]. Para alcanzar este propósito diseña un programa legislativo que se va a acometer en distintas fases y que, posteriormente, se denominará *Corpus Iuris Civilis*[5]. El emperador, en febrero del año 528, promulga la Constitución *Haec quae necessario* en virtud de la cual se crea una comisión de 10 miembros (presidida por Juan de Capadocia y en la que figuraban Triboniano y Teodosio) con el encargo de preparar un nuevo Código que sustituya a los tres entonces vigentes: Gregoriano, Hermogeniano y Teodosiano, y que incluya las constituciones de los emperadores posteriores a este último[6].

El emperador, una vez que ha iniciado este proyecto, declara la importancia de las leyes en la *Constitutio De Conceptione Digestorum* indicando que con la autoridad de las mismas se pone en orden lo divino y lo humano y se evita toda la injusticia[7] —

---

[4] CC. *Deo auctore, Tanta* y *Δέδωκεν*.

[5] Esta denominación es utilizada por primera vez por Hugo a Porta en la edición de 1540-41, para diferenciarlo del *Corpus Iuris Canonici* publicado en 1500, cfr. BETANCOURT, *Derecho romano clásico,* Sevilla 2007, 114.

[6] *Haec, quae necessario corrigenda esse multis retro principibus visa sunt, interea tamen nullus eorum hoc ad effectum ducere ausus est, in praesenti rebus donare communibus auxilio dei omnipotentis censuimus et prolixitatem litium amputare, multitudine quidem constitutionum, quae tribus codicibus Gregoriano et Hermogeniano atque Theodosiano continebantur, illarum etiam, quae post eosdem codices a Theodosio divinae recordationis aliisque post eum retro principibus, a nostra etiam clementia positae sunt, resecanda, uno autem codice sub felici nostri nominis vocabulo componendo, in quem colligi tam memoratorum trium codicum quam novellas post eos positas constitutiones oportet.*

[7] AMELOTTI, *Appunti su Giustiniano e la sua compilazione, vol.* II , Turín 1983, 127 ss., comenta que los escritores tanto contemporáneos o inmediatamente posteriores a Justiniano olvidaron mencionar la relevancia de esta obra del emperador. Únicamente se refieren a ella Procopio (Aedif.1,10);

quam legum auctoritas, quae et diuinas et humanas res bene disponit et omnem iniquitatem expellit—. A continuación, anuncia la conclusión del *Codex*, que reune, en un solo volumen, las Constituciones de los sacratísimos príncipes[8] una vez han sido depuradas y enmendadas[9] y que, tras esta labor, se dispone a realizar la más importante depuración de la jurisprudencia. Mantiene que es una tarea mayor y más complicada tanto por el número de libros de los autores y por la dispersión de los mismos[10]

Giovani Lido y Giovani Malala, Marcellino Comes, Giovani de Nikiu y Paolo Diacono.

[8] Este *Codex* consta de 12 libros subdivididos en títulos y éstos a su vez en fragmentos, es promulgado por la Constitución *Summa rei publicae (De Iustiniano codice confirmando*, a. 529 a. C.*)*, en la que, a su vez, se deroga la legislación precedente (considerando a los que contravinieran dicho mandato reos de *crimen falsi*). Únicamente permanecen vigentes las Pragmáticas que contenían concesiones de privilegio y las Constituciones sobre los *regesta* de los funcionarios y referentes a los gastos públicos y del fisco. Dicho Código, por la legislación que continúa emanándose, queda obsoleto en el año 534 y essustituido por una nueva edición, promulgada con la Constitución *Cordi (De emendatione codicis Iustiniani et secunda eius editione)* en diciembre del año 534. Este segundo Código, llamado *repetitae praelectionis,* es el que ha llegado a nuestras manos. Del primer Código únicamente se ha preservado un fragmento del índice (en griego, con las inscripciones de las leyes incluidas en los Títulos 11-16 del primer Libro; en este fragmento se afirma que el Código contenía la ley de Citas) conservado en un Papiro de Oxirinco (*Pap. Oxy XV*, 1814). El Segundo Código se realizó en seis años.

[9] Afirma haber emendado, dilucidado y, especialmente, haberlas depurado de toda repetición y contradicción. C. *Deo auctore*, 1: ... *primum nobis fuit studium, a sacratissimis retro principibus initium sumere, et eorum constitutiones emendare, et uiae dilucidae tradere, quatenus in unum codicem congregatae, et omni superuacua similitudine et iniquissima discordia absolutae uniuersis hominibus promtum suae sinceritatis praebeant praesidium.*

[10] C. *Deo auctore*,2: ... *cum ex paucis et tenuioribus releuati ad summam et plenissimam iuris emendationem peruenire properaremus, et omnem Romanam sanctionem et colligere et emendare, et tot auctorum dispersa uolumina uno codice indita ostendere, quod nemo neque sperare neque optare ausus est, res quidem nobis difficillima, immo magis impossibilis uidebatur. ...*

como por las contradicciones y el desorden[11]. Da instrucciones, a su colaborador Triboniano[12], de que se recopilen y corrijan las respuestas de los juristas y se recojan en una obra que se llamará *Digesta* o *Pandectae*[13].

Justiniano no se dispone únicamente a realizar una mera compilación del derecho sino que persigue la más plena depuración de las leyes y de la jurisprudencia. Establece que la obra tenga plena vigencia porque procede de su autoridad[14]. Para alcanzar este último propósito diseña un programa legislativo (*Corpus Iuris Civilis*[15]) que se va a acometer en distintas fases[16].

---

[11] *C. Tanta,*1: ... *Postea uero maximum opus aggredientes ipsa uetustatis studiosissima opera, iam paene confusa et dissoluta, eidem uiro excelso permisimus tam colligere, quam certo moderamini tradere...*

[12] Procopio de Cesarea, *Historia de las Guerras* I, 24, 16: señala que el nivel cultural de Triboniano era adecuado si bien era persona muy codiciosa lo que le llevaba *a vender la justicia por su lucro personal.*

[13] Siendo cónsules Lampadio y Orestes (CJ.1,17,1). *Vid.,* KASER, *Ein Jahrhundert Interpolationenforschung an den römischen Rechtsquellen,* ahora en *Römische Rechtsquellen und angewandte Juristenmethode,* Wien-Köln-Graz 1986, 112-154 . Hay una traducción española, *Las interpolaciones en las fuentes jurídicas romanas,* de Coma & Gallenkamp, Madrid 1998, 22 nt.1

[14] El emperador deja claras sus pretensiones de forma insistente a lo largo de la Constitución *De Confirmatione Digestorum* de que la obra procede de su *auctoritas* y es él quien da vigencia al Derecho.

[15] La denominación *Corpus Iuris* se debe a los glosadores, a la que, como he indicado más arriba, Hugo a Porta añade el adjetivo *Civilis.*

[16] Para HOFMANN, *Die compilation der digesten Justinians. Kritische Studien.* Nach des Verfassers tode Herausgegeben von Dr. Ivo Pfaff, Wien 1900, 6s., esta obra es principalmente una antología jurisprudencial de 39 autores de la época comprendida entre Cicerón y Constantino.

1. *Constitutiones de conceptione et confirmatione Digestorum*

El 15 de diciembre del año 530 se promulga la Constitución *Deo auctore (De conceptione Digestorum)* con la orden a Triboniano de compilar la jurisprudencia más autorizada[17].

En esta importante Constitución se advierten dos partes cuyo elemento diferenciador es la utilización de distintos tiempos verbales. La primera estaría formada por los cuatro primeros fragmentos. En ellos se da cuenta de algo ya realizado. Los verbos que utiliza están en distintos tiempos de pretérito. Así, en C. *Deo auctore*,2: *properaremus*[18] y *reposuimus*; en C. *Deo auctore*,3: *respeximus*, *commisimus*, *iussimus*, y *permisimus*[19]. A partir del cuarto y hasta el final recoge la voluntad del emperador, manifestada a través de la exposición de los objetivos que pretende con la realización de tan magna obra; las instrucciones o directrices a seguir en la elaboración de la misma; y las prohibiciones para el futuro.

La diferencia de los tiempos verbales empleados me induce a pensar en dos posibilidades: una que en el momento de la promulgación ya se hubieran acometido los trabajos previos a la fase de lectura; y otra que la versión que conocemos de esta Constitución –publicada en el *Codex repetitae praelectonis*, en el

---

[17] PESCANI, *Il piano del Digesto e la sua attuazione*, en *BIDR* 15 (Terza serie), (1974) 221 ss., mantiene que Triboniano excluyó de la comisión a los burócratas que habían colaborado en la redacción del *Codex* a favor de colaboradores del ámbito docente y abogados de prestigio del foro que aportaban la notable contribución de su experiencia.

[18] Properaremus introducido por el nexo subordinado *cum* –con valor tempora– está en pretérito imperfecto de subjuntivo.

[19] El resto de estos verbos está en pretérito perfecto de indicativo, en la voz activa.

534- sea una versión modificada de la que se promulga en su momento, es decir, en el año 530.

En relación a la primera posibilidad, como hemos adelantado, el tenor de sus palabras parece estar refiriendo algo ya acometido. En este sentido, apuntamos que se advierte una inmediatez entre la conclusión del *Codex*, que tien lugar en abril del año 529, y el comienzo de la compilación de los *iura*. En este estado de la cuestión, extraña que se esperara más de un año para acometer esta empresa cuando posteriormente simultanéa la elaboración de los *Digesta* con la de los *Instituta*.

El que ya se hubiera realizado la fase anterior a la de lectura, explicaría que el emperador no sea tan explícito en las instrucciones sobre el método a seguir como lo es en la C. *Omnem* sobre las materias a impartir en las escuelas de Derecho y en la C. *Tanta* donde da cuenta detallada del resultado del trabajo realizado, en el que señala haber participado. Esta fase anterior a la que nos referimos, habría consistido en la selección de comisarios, así como en la labor de recopilación de toda la materia y distribución de las tareas a acometer.

La segunda hipótesis, de modificación de la C. *De Conceptione Digestorum* no resultaría extraña a la mentalidad de Justiniano quien quería que todo lo que se publicase no supusiera una contradicción con el estado actual. Los argumentos son los siguientes:

En la primera parte de esta Constitución se utilizan distintos tiempos de pretérito en los fragmentos 2 y 3. Es decir, está relatando una situación realizada y no por realizar, mientras que en a partir del fragmento 4 da instrucciones para un futuro próximo. Rechaza en esta Constitución con energía y rotundidad las repeticiones y contradicciones en el Código en aras a la autoridad de las leyes y como garantía de autenticidad y, sin embargo, muestra una actitud tolerante y benevolente con las que puedan recogerse en esta obra. Es decir, pasa de calificarlas de repetición inútil y contradicción intolerable a aconsejar que "en la medida de los posible" se deje la obra sin repeticiones y contradicciones. Finalmente se refiere en el párrafo noveno a las repeticiones que Digesto pueda recoger en relación con el texto del *Codex* y señala que si bien no están permitidas, se autorizan aquellas que fuesen necesarias por razón de sistema, de complemento o de mejor interpretación. Parece como si el emperador adoptara una actitud bastante menos exigente en este aspecto que otros[20].

Antes de la lectura, selección y extracción de los textos ya establece la estructura de la obra con una absoluta precisión. Señala que la obra se dividirá en cincuenta libros y éstos en títulos, debiéndose ordenar en proporciones perfectas. De admitirse, que verdaderamente ésta fue una directriz previa al trabajo, habría que considerar o bien que habría un trabajo ya adelantado o anterior cuando, a tenor del texto, no estaban ni seleccionados los colaboradores o que era una instrucción quizá no muy prudente, en el sentido que podía mediatizar el trabajo de los compiladores[21].

---

[20] Reinoso-Barbero, tras la exégesis de los parágrafos de las constituciones en las que se hace referencia a las repeticiones, afirma que la ordenación de estos textos "pone de manifiesto que la C. *Tanta*, en contra de lo que mantiene algún autor, no introduce cambios de criterio en relación con los previamente expuestos por la C. *Deo auctore*". En nuestra opinión, quizá esto podría explicarse por una posterior modificación de esta Constitución.

[21] SINAÏSKI, *Ordre des matières dans la législation de Justinien*, en *Studi Albertoni I*, Padova 1935, 181 ss., explica a que criterios, según su opinión, responde las divisiones de Digesto. La primera parte, *Prota*, está dividida en 4 libros y éstos, a su vez, en 52 títulos, lo que se corresponde con las 4 estaciones del año y con las 52 semanas. La segunda parte, *De Iudiciis*, son siete libros como son 7 los reyes romanos, aclara que el sistema de división por 7 es de origen semítico. La tercera parte, *De rebus*, son 8 libros y se corresponde al sistema de división griego con las 8 semi-estaciones. Los diez libros singulares (20-29) y otros libros (30-38) se corresponden al sistema digital, los primeros.

Tal vez, el deseo de respetar la división en cincuenta libros, cuyo número pudo responder a la ciencia de los números, dificulta que la ordenación fuese perfecta en proporciones. Al final de esta Constitución reitera esta instrucción junto con la de que realicen el trabajo con celeridad (también en este caso fue capaz de predecir el resultado). En la observación de esta última directriz podríamos decir que los compiladores ponen el máximo empeño, tanto que provoca, aún en la actualidad, un extraordinario asombro el tiempo empleado en la lectura, selección, extracción de las obras y edición de la compilación, además de introducir las modificaciones que, según su testimonio en la C. *Tanta*, son muchas.

La misma Constitución en sí misma tiene contradicciones que podrían explicarse por la realización una *emmendatio* posterior. Así en principio el emperador autoriza simplemente a utilizar las obras de aquellos juristas que habían gozado del *ius respondendi*, dice "*que toda la materia se tome de ellos... porque también hay otros autores que escribieron libros sobre derecho, cuyas obras, sin embargo, no fueron citadas ni usadas por nadie, ni tampoco nos vamos a molestar en dar vigencia a sus libros*". Sin embargo, pocas líneas más abajo señala "*que nada quede olvidado fuera de la mencionada compilación, sino que todo el derecho antiguo, acumulado durante casí mil quinientos años y purificado ahora por Nos quede en estos cincuenta libros como en una fortaleza sin dejar nada fuera, gozando de la misma diginidad todos los autores de derecho, sin respetar preferencia de ninguno*", y en la C. Tanta, 17*: las leyes han sido seleccionadas de tantos volúmenes, cuyos*

De los otros libros no dice nada. Del resto, libros 39-50 señala que se corresponden al sistema solar (duocedimal). La división en 50 y en 7 se corresponde con la división del año en 7 como lo hacían los antiguos 350: 7= 50 Aclara que aunque los distintos juristas tenían su obra de *Digesta* divididos en diferentes libros (Alfeno, 40 libros; Escévola, 40; Marcelo, 31; Juliano, 90; y Modestino, 12) el número 50 como división de las leyes es dado por Servio Tulio y comenta que Apolón tneía 7 grupos de animáles blancos con un total de 50 cabezas, y 7 grupos de animales rojos con un total, también de 50 cabezas.

títulos no decimos ya que no conocían los antiguos, sino que jamás habían oído mencionar. En nuestra opinión, no se cumple con el objetivo que señala el emperador de recoger el derecho de 1500 años de antigüedad ya que se advierten importantes omisiones de la jurisprudencia imperial y casi la totalidad de la jurisprudencia republicana.

Cotejada esta Constitución con las Constituciones *Omnem* y *Tantam* advertimos a favor de estas últimas un mayor esfuerzo en la parte dispositiva aunque quizá hubiera sido más recomendable este esfuerzo en las instrucciones.

Esta Constitución se recoge en el *Codex repetitae praelectionis* (CJ.1,17,1) publicado en el año 534 d. C., lo que da margen a la, quizá, conveniente adaptación, tras la conclusión de la obra.

Justiniano, en esta constitución, hace público el objetivo que pretende y las directrices que da a su colaborador Triboniano y que debían seguirse en su realización[22]. Los objetivos que se propone, son: realizar la más importante y plena depuración del derecho, recopilando y enmendando toda la jurisprudencia Romana vigente (C. *Deo auctore*,2 "*... ad summan et plenissimam iuris emendationem pervernire properaremus et omnem Romanam sanctionem et colligere et emmendare"*); publicar en un solo volumen los libros dispersos de muchos (tantos) autores[23]; (C. *Deo auctore*, 2 "*tot auctorum dispersa volumina uno codice indita*

[22] En la introducción Justiniano, realiza una *laudatio* a su gobierno, que desempeña por petición divina, y deposita su esperanza en la *providentia summae trinitatis.* A continuación se refiere a la compilación de leyes imperiales ya realizada, y a exponer su propósito de acometer, en palabras suyas, "la más importante y plena depuración del derecho, recopilando y enmendando toda la jurisprudencia romana vigente".

[23] Dos mil libros y tres millones de líneas (C. *Omnen*). Según el *Index Auctorum* son 1.625 libros.

ostendere"); que todo el derecho antiguo, de casi mil quinientos años, purificado se recoja en cincuenta libros como una fortaleza, sin que nada quede fuera, y en la que todos los autores gocen de la misma dignidad (C. *Deo auctore,*5 "*sed his quinquaginta libris totum ius antiquum, per millesimum et quadringentesimum paene annun confusum et a nobis purgatum, quasi quodam muro vallatum nihil extra se habeat: omnibusauctoribus iuris aequa dignitate pollentibus";* que los testimonios recogidos se consideren como más auténticos, y perfectos y su redacción como más genuina, (C. Deo auctore,7 "*ut hoc videatur esse verum et optimum et quasi ab initio scriptum, quod a vobis electum et ibi positum fuerit"*); que la vigencia del Derecho dependa de "su (Nos) autoridad" y no de la de diversos autores. (C. Deo auctore,7 "*omne ius omnisque potestas populi Romani in imperatoriam tanslata sunt potestatem"*); que todo se rija por los dos códigos: uno el de las Constituciones y por este otro del derecho extractado que se publicará en un solo códice o también por el que de promulgará a modo de Instituciones (C. *Deo auctore,*11 "*Ideoque iubemus duobus istis codicibus omnia gubernari, uno codicem compositi vel si quid aliud a nobis fuerit promulgatum institutionum vicem optinens"*).

Las directrices consistían en: elegir los colaboradores entre los más doctos profesores o los más preclaros abogados (C. *Deo auctore,*3 "*et iussimus quos probaveris tam ex facundissimis antecessoribus quam ex viris disertissimis togatis fori amplissimae sedis ad sociandum labore eligere"*); leer los libros de aquellos a quienes sus antecesores (sacratísimos príncipes) concedieron autoridad para redactar e interpretar las leyes y, en la medida de lo posible, evitando repeticiones y contradicciones, pero manteniendo aquello que valga, depurar y recopilar las obras dispersas de éstos; (C. *Deo auctore*, 4 "*Iubemus igitur vobis antiquorum prudentium, quibus auctoritatem conscribendarum interpretandarumque legum sacratissimi principes praebuerunt, libros ad ius Romanum pertinentes et legere et eliminare, ut ex his omnis materia colligatur, nulla -secundum quod possibile est- neque similitudine* *neque discordia derelicta"*); que no se repita lo que se recoge en el *Codex* a no ser que fuese necesario (C. *Deo auctore*,9: "*Sed et similitudinem -secundum quod dictum est- ab huiusmodi consummatione volumus exulare: et ea, quae sacratissimis constitutionibus quas in codicem nostrum redegimus cauta sunt,, iterum poni ex vetere iure non concedimus";* que se ordene en proporciones perfectas y se consagre como templo de justicia; (C. *Deo auctore*,5 "*Oportet eam pulcherrimo opere extruere et quasi proprium et sanctissimum templum iustitiae consecrare"*); que se divida esta obra en cincuenta libros y títulos y se siga, en la medida que le parezca conveniente, el orden del Código de las Constituciones y del Edicto Perpetuo; (C. *Deo auctore*,5 "*in libros quinquaginta et certos titulos totum ius digerere, tam secundum nostri constitutionum codicis quaem edicti perpetui imitationem"*); que no quede nada fuera de la compilación; (C. *Deo auctore*, 5: "*Ut nihil extra memoratam consummationem possit esse derelictum"*); que no se de preferencia a ningún jurisprudente sobre otro; (C. *Deo auctore*,5: "*omnibus auctoribus iuris aequa dignitate pollentibus et nemini quadam praerogativa servanda, quia non omnes in omnia"*); que se evite lo superfluo, se complete lo imperfecto (C. *Deo auctore*,7: " *Sed et hoc studiosum vobis esse volumus, ut si quid in veteribus non bene positum libris inveniatis vel aliquod superfluum vel minus perfectum, super vacua longitudines semota"*) y se corrija lo incorrectamente copiado; (C. *Deo auctore*,7: *si aliquid in veteribus legibus vel constitutionibus, quas antiqui in suis libris posuerunt, non recte scriptum inveniatis, et hoc reformetis et ordini moderato tradatis"*); que se llame *Digesta* o *Pandectae* y que nadie le añada comentarios (C. *Deo auctore*,12: "*digestorum vel pandectarum nomen habere sancimus, nullis iuris peritis in posterum audentibus commentarios illi applicare et verbositate sua supra dicti codicis compendium confundere*"); que se eviten las abreviaturas y siglas enigmáticas y los signos, a fin de que en el futuro no haya ninguna duda en su redacción. (C. *Deo auctore*, 3: "*Ne autem per scripturam aliqua fiat in posterum dibutatio, iubemus non per siglorum captiones et compendiosa aenigmata*")[24].

Una vez concluida la obra el emperador promulga la *C. De confirmatione Digestorum*, que se recoge en la *Littera* Florentina tanto en versión griega como en versión latina.

Justiniano comienza en esta Constitución agradeciendo la ayuda divina que le había concedido realizar, gracias también a su empeño, la purificación del derecho, algo que, hasta el momento, no se consideró posible a la inteligencia humana. A continuación sigue con una *laudatio* sobre esta labor que había consistido en reducir a una sola esta legislación de manera "que no se encuentre nada en ella nada discrepante ni repetido y que en ella no aparezcan leyes gemelas para las mismas cosas"[25].

Aunque el objetivo de esta constitución es la entrada en vigor de *Digesta*, en ella se confirma, no obstante, el trabajo realizado. Así, Justiniano da cuenta de: que para la elaboración de esta obra se leyeron, casi dos mil libros, con un total de tres millones de líneas con la finalidad de elegir lo mejor de todos ellos (C. *Tanta*,1: "*sed cum omnia percontabamur, a praefato viro excelso suggestum est duo paene milia librorum esse conscripta et plus quam trecenties decem milia versuum a veteribus effusa, quae necesse esset omnia et legere et perscrutari et ex his si quid optimum fuisset eligere*);

---

[24] Mommsen, en su *Praefatio* de la *Editio Maior*, advierte que si bien es cierto que en la Florentina se pueden observar algunas abreviaturas, principalmente numerales, éstas podrían haber sido introducidas en el arquetipo de F. *Vid.*, BARTOL-HERNÁNDEZ, F., "*Versio Praefationis Editionis Maioris" (Th. Mommsen),* Madrid 2004, 64 s.

[25] Reconoce haber seguido el trabajo con atención y que fue enmendado y reformando todo lo que se consideraba impreciso (C *Tanta* pr.: "*nostra quoque maiestas semper investigando et perscrutando ea quae ab his componebantur, quidquid dubium et incertum inveniebatur, hoc numine caelesti erecta emendabat et in competentem formam redigebat"*).

que se reune todo lo útil en cincuenta libros, una vez que se aclararan todas las dudas y se eliminan las contradicciones (C. *Tanta*,1: "*quae ab initio ad memoratum virum excelsum fecimus, et in quinquaginta libros omne quod utilissimum erat colectum est et omnes ambiguitates decisae nullo seditioso relicto*"); que la obra que se ha llamado Digestos o Pandectas (C. *Tanta*,1: "*nomenque libris inposuimus digestorum se pandectarum"*); que la obra se divide en 7 partes (C. *Tanta*, : "*in septem partes eos digessimus*") no sin fundamento sino por la naturaleza y ciencia de los números (C. *Tanta*,1: "*non perperam neque sine ratione, sed in numerorum naturam et artem rescipientes et consentaneam eis divisionem partium conficientes"*); que por reverencia a lo antiguo se ha querido que figurase el nombre de los juristas en las inscripciones (C. *Tanta*,10: "*Tanta autem nobis antiquitati habita est reverentia, ut nomina prudentium taciturnitati tradere nullo patiamur modo: sed unusquisque eorum, qui auctor legis fuit, nostris digestis inscriptus est"*); que se han realizado modificaciones que han consistido en quitar, añadir y adaptar (C. *Tanta*,10: "*hoc tantummodo a nobis effecto, ut, si quid in legibus eorum vel supervacuum vel inperfectum vel minus idoneum visum est, vel adiectionem vel deminutionem necessariam accipiat et rectissimis tradatur regulis"*); que es mucho y muy importante todo lo que se ha modificado, ya que por cuestiones prácticas ha pensado que se debía corregir y mejorar (C. *Tanta*,10: "*quia multa et maxima sunt, quae propter utilitatem rerum transformata sunt"*). No obstante, ha mantenido todo lo que era necesario y conveniente, respetando el nombre de los autores (C. *Tanta*,10: "*nominibus etenin veteribus relictis, quidquid legum veritati decorum et necessarium fuerat*"); justifica tanto las repeticiones y las omisiones. Las primeras señalando que si en tan grande recopilación de leyes, extraída de un número inmenso de libros, se encuentra algo repetido que nadie lo censure ya que es debido a las limitaciones humanas y además algunas de ellas no son inútiles sino convenientes a causa de conexión de las materias (C. *Tanta*,13: "*Si quid autem in tanta legum compositione, quae ab immenso librorum numero collecta est, simile forsitan raro inveniatur, nemo hoc vituperandum existimet, sed primum quidem inbecillitati humana, quae naturaliter inest..." "quod similitudo in quibusdam et his brevissimis adsumpta non inútiles est, et nec citra nostrum propositum hoc subsecutum: aut enim ita lex necessaria erat, ut diversis titulis propter rerum cognationem applicari eam oporteat"*). Para justificar las omisiones da tres razones: la primera, la limitada inteligencia humana; segunda, porque no es fácil descubrir lo que está mezclado con muchas cosas inútiles; tercera, porque es mejor olvidarse de una cosa conveniente que abrumar con abundantes cosas inútiles (C. *Tanta*,16: "*Sed et si quid forsitan praetermissum est, quod in tantis milibus quasi in profundo positum latitabat... primo quidem propter ingenii mortalis exiguitatem: deinde porpter ipsius rei vitium, quod multis inutilibus permixtum nullam sui ad eruendum praebuit copiam: deinde quod multo utilius est pauca idonea effugere, quam multis inutilibus homines praegravari*"); que Triboniano aportó muchos de los libros, incluso alguno desconocido para los más doctos juristas. (C. *Tanta*,17: *quorum et nomina antiquiores homines non dicimus nesciebant, sed nec usquam audiebant.*); para que no se ignore que jurisconsultos y que libros se utilizaron y quede constancia de los miles de libros con los que se ha edificado este templo de justicia, se dispone que se consigne al principio de la obra un índice de autores (C. *Tanta*,20: "*Ne autem incognitum vobis fiat, ex quibus veterum libris haec consummatio ordinata est, iussimus et hoc in primordiis digestorum nostrorum inscribi, ut manifestissimum sit, ex quibus legislatoribus quibusque libris eorum et quot milibus hoc iustitiae Romanae templum aedificatum est").*

Contiene, además, prescripciones que obligan desde el mismo dia de la promulgación de esta *Constitutio*. Así, establece que: se tenga todo el derecho anterior por derogado, y que no ose comparar el contenido en la compilación con el anterior (C. *Tanta*,19: *Quo enim antiquitas digna diuino non est uisa iudicio, hoc uestris temporibus indultum est. Hasce itaque leges et adorate et obseruate, omnibus antiquioribus quiescentibus, nemoque uestrum audeat uel comparare eas prioribus, uel, si quid dissonans in utroque est, requirere, quia omne, quod hic positum est, hoc unicum et solum obseruari censemus);* para el caso que surja un nuevo negocio no contemplado, se solicite el remedio al emperador (C. *Tanta*,18*: non desperamus, quaedam postea emergi negotia, quae adhuc legum laqueis non sunt innodata. Si quid igitur tale contigerit, augustum imploretur remedium, quia ideo imperialem).* Confirma la prohibición futura, recogida en la C. *Deo auctore*, de hacer comentarios a las leyes, aunque permite su traducción a la lengua griega, no obstante permite hacer anotaciones a los títulos para facilitar el uso de las leyes pero sin que ello pueda conducir a controversia, duda o profusión de las mismas[26] (C. Tanta,21: "*nobis videtur et in praesenti sancire, ut nemo neque eorum, qui praesenti iuris peritiam habent, nec qui postea fuerint audeat commentarios isdem legibus adnectere: nisi tantum si velit eas in Graecam vocem transformare sub eodem ordine eaque consequentia, sub qua et voces Romanae positae sunt (hod quod Graeci* κατὰ πόδα *dicunt), et si qui forsitan per titulorum suptilitatem adnotare maluerint et ea quae paratitla nuncupantur componere. Alias autem legum interpretationes, immo magis perversiones eos iactare non concedimus, ne verbositas eorum aliquid legibus nostris adferat ex confusione dedecus"*. Establece que quien no observe esta prohibición será acusado de

[26] PESCANI, *Sul divieto di Giustiniano ai commentari del Digesto*, en *Labeo* 7, 1961, 45 ss., mantiene, con fundamento en la información que se recoge en la Constitución *Δέδωκεν*, que Justiniano no autorizaba la traducción completa de las obras del pasado sino únicamente de aquellas partes que servían para su interpretación. El emperador tiene la voluntad de no permitir interpretaciones diversas de los *Digesta* mediante nuevas obras, como había sucedido anteriormente. Pretende que el emperador sea la única fuente del derecho. En este sentido, en opinión de Pescani, el emperador pretende prohibir cualquier actividad científica de investigación, análisis y especialmente de cotejo y comparación de la que puedan surgir interpretaciones, y por consiguiente nuevas leyes.

falsedad y se le secuestrará y destruirá lo que hubiera escrito (C. Tanta,21: ("*si quid autem tale facere ausi fuerint, ipsi quidem falsitatis rei constituantur, volumina autem eorum omnimodo corrumpentur").* También prohíbe la utilización de siglas y abreviaturas.

Justiniano reconoce que son muchas las modificaciones que se han realizado y las justifica en cuestiones prácticas, sin embargo aclara que se ha respetado todo lo que era necesario y conveniente. Éstas estaban justificadas, según comenta, en intentar evitar las repeticiones y contradicciones, por lo que se trataría de correcciones y otras medidas para eliminar aquello que era inconveniente por no estar vigente e introducir lo que resultara conveniente y útil. Sin embargo, mantiene la dualidad entre el derecho civil y el derecho honorario, con continuas referencias a acciones útiles y acciones *in factum conceptae*, así como alusiones a la ley de las XII Tablas, etc. Por otro lado, y a su pesar, son numerosas las controversias y las repeticiones, que hoy son de gran utilidad ya que permiten conocer el derecho en sus épocas anteriores y arrojan alguna luz sobre el método de elaboración de los compiladores. En este estado de la cuestión podemos plantearnos qué era lo que realmente quería Justiniano.

El emperador insiste repetidamente en esta Constitución y en la Constitución *Deo auctore* en que uno de sus principales objetivos, es que todo lo que se encierre en estas compilaciones se considere que procede de su autoridad. Sin embargo, y a pesar de que no se recogía instrucción alguna en la Constitución *De conceptione digestorum* considera, como un acto de reconocimiento, que se recojan en las *inscriptiones* de los textos el nombre de los autores de los que proceden las obras. Igualmente en la Constitución *Tanta* dispone que se incorpore al principio de la obra la relación de los juristas así como la de los miles de obras que se han utilizado, en este "templo de justicia". La razón que da es para que no se ignoren las obras utilizadas. Todo esto —y sin olvidar que las tres constituciones (*Deo auctore, Omnem* y *Tanta*) constituyen una *laudatio* de sí mismo por la obra realizada, que considera, en repetidas ocasiones, como templo de justicia, a la vez que una prescripción imperial de que todo el derecho que no se recoja en su compilación quede derogado y que nada de lo allí recogido se modifique ni tan siquiera se comente — nos induce a pensar que tanto la incorporación de las inscripciones como la del *Index auctorum* responden únicamente a un deseo de contribuir a dar mayor magnitud a la tarea realizada. No podemos dejar de considerar las deficiencias del *Index* así como el hecho de que las inscripciones no reflejan la obra de donde proceden, como veremos más adelante.

Señala además, como se ha visto, que él mismo participaba en la realización de tan magna obra.

Una de las preocupaciones de Justiniano era que lo dispuesto en la compilación pudiera considerarse como una copia falsa, por el cotejo con una edición antigua ya que era su deseo que lo que se encontraba en *Digesta* fuera considerado como redacción genuina[27]. La cuestión que nos planteamos es la de si igual que prescribe que se destruirán los *volumina* que contengan comentarios a sus leyes si no es posible que tuviera interés en que desaparecieran las miles de obras de los antiguos con el fin de que nada pueda cotejarse, ya que lo que la compilación recoge procede de su autoridad[28]. Lo cierto es que ha conseguido quizá más de lo que pretende, en principio, y es el reconocimiento presente y futuro de todo estudioso del Derecho Romano por proporcionarnos

---

[27] C. *Deo auctore,7: ut hoc videatur esse verum et optimum et quasi ab initio scriptum, quod a vobis electum et ibi positum fuerit, et nemo ex comparatione veteris voluminis quasi vitiosam scripturam arguere audeat.*

[28] Esta forma de actuar es una constante en muchísimas civilizaciones en la antigüedad, e incluso, en épocas no tan antiguas.

la principal fuente del Derecho, y durante muchos siglos la única. Tanto es así, que nadie le reprocha las muchas modificaciones que introduce que dificultan el conocimiento del derecho en sus distintas etapas.

2. La obra legislativa de Justiniano

El emperador, en las constituciones que promulga, pone un gran empeño en resaltar, de modo reiterado, los numerosos libros de tantos juristas que se han empleado para la redacción de *Digesta*, si bien se preocupa con más énfasis en dejar claro que la obra procede de "su autoridad".

El mejor argumento a favor de que esta producción es una auténtica obra legislativa, y cuya autoría corresponde al propio emperador, es el mismo testimonio de Justiniano que se recoge en las constituciones. Por ello, seleccionaré aquéllas partes de las mismas donde se refiere a ambos extremos: obra legislativa / procede de su autoridad.

El emperador se refiere de modo reiterado a la plena depuración del derecho y a que todo el derecho que se recoge en esta obra, y también en el *Codex* y en los *Instituta*, es el único derecho vigente y procede de su autoridad.

C. *Deo auctore,*2: *... ad summam et plenissimam iuris emendationem peruenire properaremus, et omnem Romanam sanctionem et colligere et emendare, et tot auctorum dispersa uolumina uno codice indita ostendere... .*

C. *Deo auctore,*5: *Cumque haec materia summa numinis liberalitate collecta fuerit, oportet eam pulcherrimo opere extruere, et quasi proprium et sanctissimum templum iustitiae consecrare,...'*

C. *Deo auctore*,5: ... *sed his quinquaginta libris totum, ius antiquum, per millesimum et quadringentesimum paene annum confusum, et a nobis purgatum, quasi quodam muro uallatum,...*

C. *Deo auctore*,6: ... *et hoc ponere legis uicem optinens non moremini, ut omnes, qui relati fuerint in hunc codicem prudentissimi uiri, habeant auctoritatem, tam, quasi eorum. studia ex principalibus constitutionibus profecta et a nostro diuino fuerant ore profusa*....

C. *Deo auctore*,6: ... *Omnia enim merito nostra facimus, quia ex nobis omnis eis impertietur auctoritas; nam qui suptiliter factum emendat, laudabilior est eo, qui primus inuenit.*

C. *Deo auctore*,7: ... *Cum enim lege antiqua, quae regia nuncupabatur, omne ius omnisque potestas populi Romani in inperatoriam translata sunt potestatem, nos uero sanctionem omnem non diuidimus in alias et alias conditorum partes, sed totam nostram esse uolumus, quid possit antiquitas nostris legibus abrogare?...*

C. *Deo auctore*,7: ... *Et in tantum uolumus eadem omnia, cum reposita sunt, optinere, ut, et si aliter fuerant apud ueteres conscripta, in contrarium autem in positione inueniantur, nullum crimen scripturae imputetur, sed nostrae electioni hoc adscribatur.*

C. *Deo auctore*,11: *Ideo iubemus, duobus istis codicibus omnia gubernari, uno constitutionum, altero iuris enucleati et in futurum codicem compositi, uel si quid aliud a nobis fuerit promulgatum institutionum uicem optinens,...*

C. *Deo auctore*,12: *Nostram autem consummationem, quae a uobis deo annuente componetur,...*

C. *Deo auctore,*14*: Haec igitur omnia deo placido facere tua prudentia una cum aliis facundissimis uiris studeat, et tam suptili quam celerrimo fini tradere, ut codex consummatus et in quinquaginta libros digestus nobis offeratur in maximam et aeternam rei memoriam, deique omnipotentis prudentiae argumentum, nostrique imperii uestrique ministerii gloriam. Data octauo decimo Kalendas Ianuarias, Lampadio et Oreste uiris elarissimis consulibus.*

C. *Omnem* pr.: *Omnem reipublicae nostrae sanctionem iam esse purgatam et compositam tam in quatuor libris Institutionum seu elementorum, quam in quinquaginta Digestorum seu Pandectarum, nec non in duodecim Imperialium Constitutionum,...*

C. *Tanta* pr.: *Erat enim mirabile, Romanam sanctionem ab urbe condita usque ad nostri imperii tempora...*

C. *Tanta,*1: *Et principales quidem constitutiones duodecim libris digestas iam ante in Codicem nostro nomine praefulgentem contulimus. Postea uero maximum opus aggredientes...*

C. *Tanta,*1: *...nomenque libris imposuimus Digestorum seu Pandectarum, quia omnes disputationes et decisiones in se habent legitimas, et quod undique fuit collectum, hoc in sinus suos receperunt, in centum quinquaginta paene milia uersuum totum opus consummantes, et in septem partes eos digessimus,...*

C. *Tanta,*10: ... *Et in multis similibus uel contrariis, quod rectius habere apparebat, hoc pro aliis omnibus positum est, unaque omnibus auctoritate indulta, ut, quidquid ibi scriptum est, hoc nostrum appareat, et ex nostra uoluntate compositum; nemine audente comparare ea, quae antiquitas habebat, et quae nostra auctoritas introduxit, ...*

C. *Tanta*,11: ... *Admonuimus autem eos, ut memores etiam nostrarum fiant constitutionum, quas pro emendatione iuris promulgauimus, et in confectione Institutionum etiam eadem emendatione ponere non morentur, ut sit manifestum, et quid antea uacillabat, et quid postea in stabilitatem redactum est....*

C. *Tanta*,12: ... *Omni igitur Romani iuris dispositione composita, et in tribus uoluminibus, id est Iustitutionum, et Digestorum seu Pandectarum, nec non Constitutionum, perfecta,...*

C. *Tanta*,12: ... *uberesque gratias maximae deitati reddidimus, quae nobis praestitit et bella feliciter agere, et honesta pace perpotiri, et non tantum nostro, sed etiam omni aeuo, tam instanti quam posteriori, leges optimas ponere....*

C. *Tanta*,17: ... *In praesenti autem consummatione nostrorum Digestorum e tantis leges collectae sunt uoluminibus, quorum... nostram compositionem peruenit. ... quod exceptum nostris Digestis applicarent.*

C. *Tanta*,19: ... *Hasce itaque leges et adorate et obseruate, omnibus antiquioribus quiescentibus, nemoque uestrum audeat uel comparare eas prioribus, uel, si quid dissonans in utroque est, requirere, quia omne, quod hic positum est, hoc unicum et solum obseruari censemus.*

C. *Tanta*,19: ... *Nec in iudicio, nec in alio certamine, ubi leges necessariae sunt, ex aliis libris, nisi ab iisdem Institutionibus nostrisque Digestis et constitutionibus, a nobis compositis uel promulgatis, aliquid uel recitare uel ostendere conetur, nisi temerator uelit falsitatis crimini, subiectus una cum iudice, qui eorum audientiam patiatur, poenis grauissimis laborare.*

C. *Tanta*,20: *Ne autem incognitum uobis fiat, ex quibus ueterum libris haec consummatio ordinata est, iussimus et hoc in primordiis Digestorum nostrorum inscribi...*

C. *Tanta*,20: ... *Cum enim constitutionum uicem et has leges obtinere censuimus, quasi ex nobis promulgatas, quid amplius aut minus in quibusdam esse intelligatur, cum una dignitas, una potestas omnibus est indulta?*

C. *Tanta*,21: ... *Alias autem legum interpretationes, immo magis peruersiones, eos iactare non concedimus, ne uerbositas eorum aliquod legibus nostris afferat ex confusione dedecus;...*

C. *Tanta*,21: *...Si quid uero, ut supra dictum est, ambiguum fuerit uisum, hoc ad imperiale culmen per iudices referatur, et ex auctoritate augusta manifestetur, cui soli concessum est leges et condere et interpretari.*

C. *Tanta*,22: *Eandem autem poenam falsitatis constituimus et aduersus eos, qui in posterum leges nostras per siglorum obscuritates ausi fuerint conscribere....*

C. *Tanta*,23: *Leges autem nostras, quae in his codicibus, id est Institutionum seu Elementorum et Digestorum uel Pandectarum, posuimus, suum optinere robur ex tertio nostro felicissimo sancimus consulatu praesentis duodecimae indictionis, tertio Kalendas Ianuarias, in omne aeuum ualituras, et una cum nostris Constitutionibus pollentes, et suum uigorem in iudiciis ostendentes in omnibus causis,...*

C. *Tanta*,24: *Omnes itaque iudices nostri pro sua iurisdictione easdem leges suscipiant, et tam in suis iudiciis, quam in hac regia urbe habeant et proponant, et praecipue uir excelsus, huius almae urbis praefectus. Curae autem erit tribus excelsis praefectis praetoriis, tam Orientalibus quam Illyricis nec non Libyeis, per suas auctoritates omnibus, qui suae iurisdictioni suppositi sunt, eas nianifestare. Data septimo decimo Kalendas Ianuarias Iustiniano domino nostro ter Consule.*

Como puede comprobarse, por los textos que se recogen, son numerosas las ocasiones en las que el emperador mantiene con firmeza que la obra procede de "su autoridad" y no de la de tantos autores. Él es quien le imprime autoridad a sus escritos (C. *Deo auctore*,6). Donatuti señala que esta reverencia encuentra límites en las propias declaraciones de Justiniano puesto que la misma constitución *Deo auctore* "*nos advierte de no confiar en la idea de absoluto respeto por la antigua jurisprudencia*"[29].

El emperador es quien detenta toda *auctoritas* y, en virtud de una ley regia, es al único que se le permite hacer las leyes e interpretarlas (C. *Tanta,*21), y es quien establece la vigencia y derogación de las leyes[30]. Archi mantiene que Justiniano reafirma que el único y auténtico *conditor iuris,* tanto en tiempo pasado, presente como futuro, es el emperador.

Deroga el derecho anterior y ordena la vigencia del *Codex*, de los *Digesta* y los *Instituta*, reconociendo a estos tres códigos el mismo valor. Archi cuestiona la *auctoritas legum* en razón de su redacción en latín[31]. Señala que la parte oriental del imperio, a la

---

[29] DONATUTI, *Antiquitatis reverentia*, en *Studi Parmensi* III (1953) 232 ss., citado por ARCHI, *Giustiniano legislatore, cit., 172.*

[30] C. *Δέδωκεν,*21*: ... hoc imperator recte interpretabitur, cui soli id a legibus permissum est...*

[31] ARCHI, *Giustiniano legislatore*, cit., 183 s., a esta cuestión formal le añade ptra de fondo al señalar que la mayor parte de la obra está integrada por respuestas de siglos anteriores para una sociedad de ideas religiosas, culturales diversas y con una economía diferente.

que de forma más inmediata estaba destinada la compilación de Justiniano, hablaba, en general, en griego[32].

La obra, además, es de su autoría, puesto que él es quien la concibe, la encarga, y quien da las instrucciones de cómo debe realizarse lo que el llama "la plena depuración del derecho". Por ello establece que *todo lo que allí aparece escrito se entienda como Nuestro y como redactado por Nuestra propia voluntad.* Para Archi la actividad de la jurisprudencia clásica está concebida como un instrumento de la voluntad imperial. Este autor señala que hay una cuestión olvidada y de gran interés y que es la polémica de Justiniano con la función creadora de la jurisprudencia. El emperador encuentra en la actividad de los juristas, especialmente en la interpretativa, un riesgo para la certeza del derecho. Por ello, establece dos principios: uno eliminar la confusión que pueda derivarse de la conservación de los manoscritos; y otro, evitar toda controversia entre autores que pueda suponer incertidumbre del derecho[33] . Shulz considera que el emperador persigue que la

---

[32] Son escasos los textos redactados en lengua griega. Algunos de ellos refieren constituciones redactadas en griego de algunos emperadores de Adriano a Alejandro Severo. DELL´ORO, *Le costituzione in greco nei frammenti dei "Digesta"*, en *Studi in onore di Gaetano Scherillo* II , Milano 1971, 749 ss., expone los siguientes textos: uno de Paulo (D.5,1,48) y otro de Calistrato (D.5,1,37) que recogen un rescripto de Adriano; Otros referidos a constituciones de Antonino Pío, Calistrato (D.8,3,16), Maeciano (D.14,2,9), Modestino (27,1,6,2.7.8), Ulpiano (D.49,1,1,1), Marciano (D.48,6,5,1); a un rescripto de Marco Aurelio y Lucio Vero, Calistrato (D.50,6,6,6), a una constitución de Commodo, Modestino (D.27,21,6,8); a tres constituciones de Pertinaz se refieren Modestino (D.40,5,12,2) y Calistrato (D.50,6,6,2.13); De una constitución de Septimio Severo, Ulpiano (D.16,1,2,3); De Caracalla, Ulpiano (D.1,16,4,5); De Alejandro Severo, Paulo (D.49,1,25). Este autor apunta que de estos juristas, todos a excepción de Maeciano, sus textos no son considerados genuinos. Indica que en el *Codex* únicamente se recoge una constitución en griego, de Septimio Severo.

[33] ARCHI, *Giustiniano legislatore,* cit., 174 s.: Non si tratta dunque di un giudizio tratto solo da esperienze del presente, ma da una esigenza di principio collegata alla convinzione che il diritto discende dalla volontà imperiale. Non è

estabilidad adquirida con esta obra se mantenga toda la eternidad. Por este motivo prohíbe las interpretaciones y controversias[34].

Justiniano afirma la plena autoría de la obra realizada, porque aunque los comisarios utilizan respuestas de distintos juristas, se ha procedido a la plena depuración del derecho, eliminando las cuestiones inútiles y las contradicciones y antinomias y ha modificado todo lo que se ha estimado digno de ser cambiado.

El emperador concluye sancionando: "Estas leyes Nuestras, que incluimos en estos libros, a saber, las Instituciones o Elementos y el Digesto o Pandectas, dispusimos obtuvieran su vigencia desde Nuestro tercer afortunado consulado, el treinta de diciembre de la presente duodécima indicción <o año 533>, para que valgan siempre, a la par que Nuestras «Constituciones». (C. *Tanta*,23)".

Pretende una legislación para hoy y para el futuro, depurada de contradiciones que contribuían a la incertidumbre sobre la autenticidad, aplicabilidad y vigencia de las fuentes del derecho.

---

concepibile che questa volontà nelle su manifiestazioni possa essere resa "incerta" dalla disputa dei giuristi, cioè da quella *prolixitas supervacua* (c. *Cordi*,1) e da quell'*altercatio*, che fu propia anche della *vetustas*.

[34] SCHULZ F., *Storia della giurisprudenza romana,* cit., 518, afirma que no puede encontrarse una expresión "más radical y clara" de la tendencia a la estabilización del derecho.

CAPÍTULO II

AUTORES Y OBRAS PRESENTES EN DIGESTO

Introducción

A pesar de la insistencia del emperador en dejar claro que la obra no es una mera recopilación de decisiones jurisprudenciales y que ha realizado una auténtica depuración del derecho[35], manifiesta su reverencia por los antiguos juristas[36]. Informa que las leyes se han hecho preceder de inscripciones en las que se indica el nombre de los autores y la obra de donde proceden[37]. La finalidad, que declara Justiniano, de esta instrucción es que los autores de las decisiones jurisprudenciales no queden en el olvido[38].

---

[35] Nuevamente se refiere a su obra que ha promulgado para depurar el Derecho al indicar a Triboniano que tiene que tener en cuenta esas mismas enmendaciones al redactar las Instituciones. *Vid.* C. *Tanta,*11: *Admonuimus autem eos, ut memores etiam nostrarum fiant constitutionum, quas pro emendatione iuris promulgauimus, et in confectione Institutionum etiam eadem emendatione ponere non morentur,...*

[36] SCHULZ F., *Storia della giurisprudenza romana*, Firenze 1968, 507 s., mantiene que la codificación de la jurisprudencia es el fruto más importante de la tendencia clasicista del emperador que la pone de manifiesto en la afirmación que se recoge en C.*Tanta,*10: *Tanta nobis antiquitati habita est reverentia.*

[37] *Esencialmente revelador, en el estudio de las inscripciones es la interesante aportación* REINOSO-BARBERO, *Inscripciones inciertas y falsas inscripciones en la Florentina*, en *SDHI*, 76, 2010, 397 ss.

[38] *C. Tanta,*10: *Tanta autem a nobis antiquitati habita est reuerentia, ut nomina prudentium taciturnitati tradere nullo patiamur modo, sed unusquisque eorum, qui auctor legis fuit, nostris Digestis inscriptus est;...*

Asimismo en la *Constitutio De confirmatione digestorum* el emperador da cuenta de que ha dispuesto la introducción de un índice de autores y obras al comienzo de *Digesta.* Este *Index,* conforme se recoge en las versiones latina y griega de esta constitución, responde a tres objetivos: 1º) para que se conozcan los libros de los prudentes con los que se ha redactado la obra (*C. Tanta*, 20)[39]; 2º) para que quede manifiesto "con cuantos miles de ellos se ha edificado este templo de la justicia romana" (*C. Tanta*, 20)[40]; y 3º) "a fin de que todos vieran cuál era la infinitud e imprecisión de antes y cuál, en cambio, ha sido Nuestra innovación"[41].

Es evidente que, tanto a través de las *inscriptiones* como del *index auctorum operarumque,* se persigue informar de los juristas y autores presentes en Digesto, si bien, como veremos a continuación, esta información no es del todo correcta ni precisa.

1. *Inscriptiones*

Justiniano en la C. *Deo auctore* describe la situación caótica en la administración de justicia debido al "caudal de leyes... tan difuso" -*ita esse confusum, ut in infinitum extendatur*-[42], situación que se propone enmendar. La preocupación sobre la seguridad jurídica ha sido una constante en el devenir histórico de Roma. El

---

[39] C. *Tanta*,20: *Ne autem incognitum uobis fiat, ex quibus ueterum libris haec consummatio ordinata est, iussimus et hoc in primordiis Digestorum nostrorum inscribi...*

[40] C. *Tanta*,20: ... *ut manifestissimum sit, ex quibus legislatoribus quibusque libris eorum et quot millibus hoc iustitiae Romanae templum aedificatum est.*

[41] C. *Δέδωκεν*,20: ... *ut omnibus manifestum sit, quam infinita res et imperfecta antea fuerit et quid nos perfecerimus.*

[42] C. *Tanta*,1: *Postea uero maximum opus aggredientes ipsa uetustatis studiosissima opera, iam paene confusa et dissoluta, eidem uiro excelso permisimus tam colligere, quam certo moderamini tradere.*

ingente número de obras jurisprudenciales y de leyes[43], así como su dispersión, y las contradicciones o antinomias que se advertían entre ellas, contribuían a la incertidumbre sobre la autenticidad, aplicabilidad y vigencia de las fuentes del derecho. Todo ello permitía que se alegaran en juicio leyes y decisiones jurisprudenciales sin ofrecer ningún tipo de certeza[44].

Una de las medidas que toma el emperador en aras a conseguir la ansiada seguridad jurídica consiste en garantizar la autenticidad de las decisiones jurisprudenciales. Para ello, hace preceder a las respuestas del nombre de "*qui auctor legis fuit*"[45], sin embargo, cuando confirma que ha ordenado esta medida aclara que las decisiones han sido objeto de numerosas modificaciones y que ahora todo procede de su autoridad.

En este capítulo son dos las cuestiones principales que pretendemos abordar: 1) sobre si las inscripciones ofrecen o no testimonio cierto de las obras que han sido utilizadas por los compiladores para la extracción de textos, o simplemente reflejan la autoría de las decisiones jurisprudenciales que se recogen en los fragmentos que encabezan; 2) la finalidad que persigue el

---

[43] Tácito, Annales, 2,27,3.

[44] *Vid.* BASSANELLI-SOMMARIVA, *La legge di Valentiniano III del 7 de novembre 426,* en *Labeo* 29 , 1983, 282, considera que la constitución de Teodosio II y Valentiniano III responden a un objetivo práctico y a la exigencia de la certeza del derecho, tanto para una efectiva aplicación de las normas del gobierno como a la protección del ciudadano frente a los abusos de los funcionarios. A. d'ORS, rec. a FALCHI, *Sulla codificazione del diritto romano nel V e VI secolo,* Roma 1989, en *Crítica Romanística*, Santiago de Compostela 1999, 203 s., publicada en *SDHI* 56 , 1990, 498 ss., al referirse a la fusión ordenada de leyes y derecho en los Basílicos, señala que puede verse "la culminación de un proceso legislativo promovido por la necesidad de certeza normativa y el deseo de hacer posible la seguridad jurídica implicada en la regla post-romana de *iura novit curia*".

[45] Cfr. *C. Tanta*,10.

emperador al hacer preceder los textos de estas *inscriptiones* cuando insiste, con vehemencia, que todo lo que allí aparece escrito se entienda como Nuestro y como redactado por Nuestra propia voluntad[46].

En relación a la primera cuestión, la cita del jurista, obra y libro en las inscripciones que encabezan los fragmentos parece evidenciar, *prima facie*, la extracción o utilización directa de las obras de cada uno de los juristas presentes en *Digesta*. Sin embargo, Justiniano testimonia que en las inscripciones figuran los nombres de los autores de las sentencias que se incluyen, es decir, hayan sido extractadas de forma directa desde las mismas obras de los autores o de forma indirecta a través de las citas de otros autores. Esta hipótesis, de que únicamente reflejan la autoría de la ley y no de la obra extractada, encuentra fundamento en la información que se recoge en la Constitución *De confirmatione digestorum*[47].

En la primera parte del párrafo décimo de esta constitución se recoge la información relativa al nombre del jurista que debe indicarse en la inscripción.

La versión latina transmite literalmente que en ella se recoge el autor de la ley *-qui auctor legis fuit-*. Conforme a este testimonio, las inscripciones no proporcionan información sobre las obras

---

[46] *C. Tanta*, 10: ... *ut, quidquid ibi scriptum est, hoc nostrum appareat, et ex nostra uoluntate compositum...*

[47] De la consecución de los objetivos y del seguimiento de las directrices da cuenta en la Constitución *De confirmatione digestorum*, donde confirma el resultado de la obra. La exégesis y cotejo de las constituciones *Tanta* y *Δέδωκεν*, ponen de manifiesto que no son dos versiones idénticas de una misma Constitución, y que esta última, no es una traducción literal de la *C. Tanta*. En ambas, se advierten matices distintos que vienen a completar y aclarar la información que se recoge en la otra.

utilizadas por los compiladores puesto que la autoría de una *opinio* no es, en muchos casos, la del autor que la transmite o recoge en su obra sino la de un jurista que es citado por otro, que es de quien verdaderamente procede la decisión jurisprudencial. Esta hipótesis presupone que, en ocasiones, los comisarios extraen de las obras que utilizan determinadas decisiones que eran citadas, dándoles la categoría de fragmentos autónomos. Es decir, proceden a realizar una auténtica emancipación del jurista, desde la cita de un tercero.

Lenel, en su Palingenesia, ha realizado una labor extraordinaria al extractar las numerosísimas citas de los distintos jurisprudentes. Es, por tanto, una herramienta muy útil e imprescindible para cualquier investigación sobre Digesto[48]. En este punto, la información que proporciona esta obra pone de manifiesto la labor deficiente realizada por los compiladores. Sobre este extremo volveremos con más detalle más adelante.

C *Tanta*, 10:	C. *Δέδωκεν*, 10:
Tanta autem a nobis antiquitati habita est reuerentia, ut nomina prudentium taciturnitati tradere nullo patiamur modo, sed unusquisque eorum, qui auctor legis fuit, nostris Digestis inscriptus est;...	*Tanta autem antiquitati a nobis habita reverentia est, ut ne nomina quidem priorum iuris peritorum mutare*[49] *sustinuerimus, sed singulorum nomina legibus praescripserimus,...*

Esta interpretación también se ajustaría a la lectura de la versión griega - *C. Δέδωκεν*, 10 - que podría incluir estas dos posibilidades. No obstante, la redacción en este punto es un tanto confusa y, por tanto, la información que transmite es ambigua.

---

48 LENEL, *Palingenesia Iuris Civilis,* I, Graz 1960, reimpr. (2000).

49 *Inmo delere Vid.,* MOMMSEN-KRÜGER, *Corpus Iuris Civilis. Digesta, Recognovit Mommsen- Retractavit Krüger,* reimpr., Hildesheim 1993, 18.

El emperador, señala, en primer lugar, que *no hemos consentido alterar la indicación de los nombres de los antiguos autores* y a continuación añade que *antepusimos a las leyes la indicación del nombre de cada uno*. De la lectura de este testimonio sobre lo que se ha hecho sería posible enunciar la tesis de la emancipación de autores a partir de las citas, como señalábamos antes. Esta hipótesis vendría a confirmar la no utilización directa de las obras de todos los juristas autores de fragmentos de Digesto.

El hecho de que ahora los juristas citados se recojan en textos autónomos, figurando sus nombres y obras en las inscripciones, es una novedad que introduce la compilación. Hasta el momento, en las inscripciones de las colecciones simplemente figuraban los autores de la ley de citas, en cuyos fragmentos se recogían decisiones jurisprudenciales de otros juristas. Justiniano pretende dar a cada uno lo suyo *–suum cuique tribuere-* y que, por tanto, igualmente figuren estos juristas en las inscripciones. De esta forma sus opiniones pueden ser alegadas en juicio, con independencia de que sean, o no, citadas. Se trata de reconocer, como el mismo emperador señala, fuerza de ley a las decisiones de juristas[50] de la que, hasta ahora, carecían[51]. Esto se ve reforzado al prescribir que ningún jurista goce de mayor autoridad que el resto[52]. Estas

[50] Al referirse a las notas a Papiniano, hasta el momento prohibidas, autoriza a introducirlas, señalando que ahora tendrán fuerza de ley, de modo que todos los juristas que se inserten en la compilación tendrán la misma autoridad que si sus escritos procedieran de las Constituciones, cfr. C. *Deo autore*, 6: ... *et hoc ponere legis uicem optinens non moremini, ut omnes, qui relati fuerint in hunc codicem prudentissimi uiri, habeant auctoritatem, tam, quasi eorum. studia ex principalibus constitutionibus profecta et a nostro diuino fuerant ore profusa.*

[51] C. *Deo autore*, 7: ... *ut hoc videatur esse verum et optimum et quasi ab initio scriptum, quod a vobis electum et ibi positum fuerit, et nemo ex comparatione ueteris uoluminis quasi uitiosam scripturam arguere audeat.*

[52] C. *Deo autore*, 5: ... *omnibus auctoribus iuris aequa dignitate pollentibus, et nemini quadam praerogatiua seruanda, quia non omnes in omnia, sed certi per certa uel meliores uel deteriores inueniuntur.*

instrucciones suponen una auténtica derogación de la ley de citas[53].

La hipótesis de que las inscripciones recojan nombres de juristas, que si bien son autores de las decisiones jurisprudenciales, eran, antes, citados por otros, y que, por tanto, que las inscripciones no siempre indiquen las obras extractadas, explicaría:

1. Las numerosas variantes de una misma obra y las irregularidades que se advierten en las inscripciones.
2. Inscripciones que consisten en notas de un jurista a otro y existencia de notas en el seno de textos de los juristas anotados.
3. Inscripciones que recogen obras de epítomes y en las que figuran como autores los juristas cuyas obras son resumidas o seleccionadas.
4. Algunas correcciones de F_2.
5. Las reconstrucciones que hace Lenel de algunos textos.
6. Citas del mismo jurista en el seno de los fragmentos en cuya inscripción figura su nombre.
7. La llamativa ausencia de citas de determinados libros de algunos juristas. Precisamente no están citados los libros de algunos autores de los que tampoco hay textos.

---

53 La ley de citas establece el criterio de la autoridad de los juristas, que reconoce el emperador, como el único válido para regular el *ius* aplicable en la administración de justicia. Se confirma la autoridad de cinco juristas: Papiniano, Paulo, Ulpiano, Modestino y Gayo al asimilar la obra de este último a la de aquéllos. Asimismo se extiende a los juristas citados por estos cinco, nombrando expresamente a Escévola, Juliano, Marcelo, y Sabino. CTh.1,4,3 Impp. Theodos. Et Valentin. AA. ad Senatum Urbis Romae. Post alia: *Papiniani, Pauli, Gaii, Ulpiani atque Modestini scripta universa firmamus ita, ut Gaium quae (atque) Paulum, Ulpianum et ceteros (cunctos) comitetur auctoritas, lectionesque ex omni eius (eorum) opere recitentur. eorum quoque scientiam, quorum tractatus atque sententias praedicti omnes suis operibus miscuerunt, ratam esse censemus, ut Scaevolae, Sabini, Iuliani atque Marcelli, omniumque, quos illi celebrarunt, si tamen eorum libri, propter antiquitatis incertum, codicum collatione firmentur...* Es discutido si la posibilidad de poder alegar en juicio a otros juristas, además de los cinco, es introducida posteriormente por Teodosio. *Vid.*, AAVV, *Lineamenti di storia del diritto romano*, Milano 1989, a cargo de Talamanca, 606 ss.

8. La existencia de obras de las que se recogen en *Digesta* escasos textos.

Comprobamos que, en numerosas ocasiones, se advierten dos o más de estas circunstancias en un mismo jurista y en determinadas obras.

1.1. Variantes e irregularidades en las inscripciones[54]

Las diferentes versiones de una misma obra en las inscripciones ponen de manifiesto[55], en principio, la falta de un criterio unánime en su trascripción[56]. No obstante, esta diversidad puede obedecer a: a) la negligencia de los compiladores; b) que realmente, en la distribución del trabajo, no se siguiera el criterio de división por obras, ni siquiera por libros entre las distintas subcomisiones, lo que sería un argumento en contra de la teoría de las masas; c) la utilización de distintas reediciones d) la utilización de colecciones de *iura*; e) la existencia y utilización de predigestos; f) que, en algunas ocasiones, los fragmentos procedan de citas de otros juristas.

---

[54] Los principales trabajos consultados: REINOSO-BARBERO, *Entropía en las obras jurisprudenciales de Digesto,* en *IURA,* 58 , 2010, 101 ss.; REINOSO-BARBERO, *Inscripciones inciertas y falsas inscripciones en la Florentina*, en *SDHI* 76 , 2010, 397 ss.; REINOSO-BARBERO, *Tradición diplomática de las inscripciones en los manuscritos del Digesto*, en *Studi Metro,* 5 , 2010, 233 ss.; REINOSO-BARBERO, *Inscripciones en Digesta*, obra inédita.

[55] REINOSO-BARBERO, *Entropía en las obras jurisprudenciales de Digesto,* cit., 101, utiliza el término entropía "para expresar el nivel de desorden que presenta tanto la cita de los nombres de los juristas como la de las obras jurisprudenciales en las inscripciones que preceden a cada uno de los textos recogidos en Digesto".

[56] REINOSO-BARBERO, *Las inscripciones en Digesto*, obra inédita que el autor me ha permitido consultar.

Reinoso-Barbero, en un interesante trabajo de próxima publicación, y que, generosamente, me ha permitido consultar, hace un estudio exhaustivo de las inscripciones de *Digesta*. En él, proporciona novedosa y relevante información determinante para el estudio de la obra, detecta las irregularidades en las inscripciones, que son numerosas, y recoge todas y cada una de las variantes que se contienen en el manuscrito florentino[57].

Entre las irregularidades más destacables, este autor, señala:

- Inscripciones en las que no figura el nombre del jurista
- Inscripciones en las que no figura el nombre de la obra
- Inscripciones en las que no figura el número del libro.

Detecta igualmente las inscripciones erróneas, algunas de ellas ya corregidas en F^2 por los correctores, y aquéllas en las que en otros códices figuran juristas distintos. Recoge, asimismo los casos de inscripción errónea por la sustitución del nombre del jurista por el pronombre *Idem* cuando no procedía o cuando, por el contrario, "se ha prescindido de su uso aún procediendo".

Son significativas las variantes que consisten en diversas formas de citar el nombre del jurista y/o de la obra. A continuación procedemos a exponer algunos casos, a título de ejemplo, de estas dos categorías.

---

[57] REINOSO-BARBERO, *Inscripciones inciertas y falsas inscripciones en la Florentina*, cit., 397, apunta que se ha comprobado que el ms *Laurentianus sine numero* tiene algunas alteraciones con respecto al arquetipo del que deriva y aclara que estos errores (refiriéndose tanto a los textos como a las *inscriptiones*) se evidencian en el cotejo con otros mms. que tienen la misma autoridad que F e incluso en el cotejo con las constituciones imperiales que están igualmente recogidas en el *Codex Iustiniani*.

Dentro de los numerosos casos que podrían señalarse de distintos nombres del autor[58], citamos las inscripciones que atribuyen la autoría de los textos a *Arcadius*. La *ratio* es: 6 textos/3 variantes. Señalamos las tres variantes[59]:

---

[58] Un ejemplo también muy interesante es el que expone REINOSO-BARBERO, *Entropía en las obras jurisprudenciales de Digesto,* cit., 101 s., en relación con Venuleyo. La *ratio* es 70 textos/4 variantes. Las formas en las que figura este jurista en las inscripciones son: *Venuleius Saturninus* en los siguientes textos y obras (*interdictorum* [libro 6]: D. 42.8.8; 42.8.11; *de iudiciis publicis* [libro 2]: D.29.5.13; 48.13.9; 47.15.5; 48.2.12; 48.3.5; 48.4.6 [libro 3]: D. 48.11.4; 48.11.6; 48.13.10; *de officio proconsulis* [libro 1]: D. 48.3.9; 48.8.6; 48.19.15 [libro 2]: D. 1.16.11; 48.3.10; 49.3.2.); *Claudius Saturninus* en un texto del *l.s. de poenis paganorum* recogido en D. 48.19.16; *Saturninus* en *de officio proconsulis* [libro 1]: D. 40.14.2; *Venuleius (de actionum* [libro 4]: D. 43.26.21 [libro 5]: D. 21.1.65 [libro 7]: D. 40.12.44 [libro 8]: D. 46.5.11 [libro 10]: D. 33.2.43; 34.4.32; *interdictorum* [libro 1]: D. 41.2.52; 43.19.4; 43.21.4; 43.23.2 [libro 2]: D.43.24.2; 43.24.4; 43.24.8; 43.24.10; 43.24.12; 43.24.22 [libro 3]: D. 43.26.7; 43.26.22 [libro 4]: D. 43.29.2; 43.29.4; 43.30.5 [libro 5]: D. 41.2.53; 44.3.15 [libro 6]: D. 41.1.66; 42.8.25; *de iudiciis publicis* [libro 1]: D. 22.5.23 [libro 2]: D. 22.5.20 y 47.10.39; *de officio proconsulis* [libro 2]: D. 22.5.22; *stipulationum* [libro 1]: D. 45.1.137; 45.3.21; 46.5.9 [libro 2]: D. 14.6.18; 45.2.12 [libro 3]: D. 45,2.13; 46.2.31.[libro 4]: D. 45.1.138 [libro 6]: D. 26,7.51; 45.1.139; 46.7.17 [libro 7]: D. 10.2.7; 50,16,224 [libro 9]: D. 46,7,19 [libro 11]: D. 46,4,21 [libro 12]: D. 7,9,4; 45,3,25; 50,17,99 [libro 13]: D. 35,2,6 [libro 15]: D. 46.8.8 [libro 16]: D. 21.2.75 [libro 17]: D. 21.2.76; 47.8.6. Resulta llamativo las variantes que se recogen en dos textos dentro de un mismo título y colocados por los compiladores uno a continuación de otro: D.48,19,15 *Venuleius Saturninus libro primo de officio proconsulis* y D. 48,19,16 *Claudius Saturninus libro singulari de poenis paganorum.* La perplejidad aumenta porque ambos textos proceden de la masa Sabiniana, conforme a la teoría de Bluhme. Reinoso-Barbero comenta la opinión de Krüger quien considera que se trata de dos juristas distintos con fundamento en la "intencionada distinción que los comisarios justinianeos hicieron entre *Venuleius Saturninus* y *Claudius Saturninus*" en estos dos textos.

[59] Para REINOSO-BARBERO, *Entropía en las obras jurisprudenciales de Digesto,* cit., 103, las tres formas distintas en las que aparece el nombre del jurista citado "provoca que en una inscripción (D.48.18.10) de su obra *de testibus* se produzca la consiguiente diferencia".

1) *Aurelius Arcardius Charisius magister libellorum*, esta *inscriptio* se recoge en el único texto de la obra *liber singularis de officio praefecti praetorio* (D.1,11,1). Esta primera variante es descriptiva e incluye el apelativo del jurista, *magister libellorum,* por razón del cargo que desempeñó en la cancillería.

2) *Arcadius qui et Charisius*, figura en tres de los cuatro textos del *liber singularis de testibus*, los cuales se encuentran en un mismo título (D.22,5,1; 22,5,21 ; 22,5,25). Esta variante introduce *qui et* entre *Arcadius* y *Charisius* lo que sugiere que nuevamente se está refiriendo a otro apelativo, que sería precisamente *Charisius*, a pesar de que parece faltar un participio (*notus, appellatus, nominatus*).

3) *Arcadius Charisius*, figura en la *inscriptio* del único texto del *liber singularis de muneribus civilibus* (D.50,4,18) y en el otro pasaje de la obra anterior - *liber singularis de testibus* -, que se encuentra en un título distinto (D.48,18,10).

A la vista de las tres versiones entendemos que el nombre de este jurista –que hubiera debido figurar en las inscripciones, si los textos hubieran sido extractados directamente de sus obras,– sería *Aurelius Arcadius.* Apuntamos como hipótesis que *"Charisius"* y "*magister libellorum*" que acompañan a *Arcadius* pudieran ser los dos apelativos por los que se le conocía al jurista, lo que puede ser indicativo de que los textos son encabezados por inscripciones con estas variantes procedan de citas de otros autores.

En los casos de variantes en las obras, Reinoso-Barbero considera que la realidad que se presenta en la obra es todavía más caótica. Ofrece datos que acreditan esta situación: 52 obras afectadas con un total de 156 denominaciones distintas[60].

Un ejemplo de variante en la obra, de los numerosos supuestos que se advierten, es *Iulianus ad Urseium Ferocem*. La ratio es 42/2 (*Iulianus ad Ferocem/Iulianus ad Urseium Ferocem*), por lo que este caso no sería especialmente significativo, si no fuera porque en la *inscriptio* del texto que supone la variante se omite la referencia al libro. A juicio de Reinoso-Barbero, dos casualidades en una misma inscripción (la omisión del nombre de Urseyo y la del libro) son demasiadas[61].

---

[60] REINOSO-BARBERO, *Entropía en las obras jurisprudenciales de Digesto,* cit., 104 s., ofrece la relación de las 52 obras que presentan anomalías: Alfenus Varus *digestorum a Paulo epitomatorum;* de Callistratus *ad edictum monitorium, de cognitionibus, de iure fisci;* de Gaius *ad edictum provinciale, ad edictum urbicum, de formula hypothecaria, rerum cottidianarum sive aureorum;* de Hermogenianus *iuris epitomarum;* de Iavolenus *ad Plautium, ex posterioribus Labeonis;* de Iulianus *ad Minicium, ad Urseium Ferocem, digestorum;* de Labeo *pithanon, posteriorum;* de Macer *ad legem vicensimam hereditatium, de re militari, publicorum iudiciorum;* de Maecianus *de iudiciis publicis;* de Marcellus *notae ad Iuliani digesta, notae ad l.s. regularum Pomponii;* de Marcianus *ad formulam hypothecariam, de iudiciis publicis;* de Papinianus *de adulteriis, libro singulari de adulteriis, responsorum;* de Papirius *constitutionum;* de Paulus *ad edictum, ad orationem divi Antonini et Commodi, ad Plautium, ad senatus consultum Orfitianum, ad senatus consultum Tertullianum, brevium, de excusationibus tutelarum, de iure codicillorum, de libertatibus, de publicis iudicis, epitomarum Alfeni, imperialium sententiarum in cognitionibus prolatarum seu decretorum, notae ad Iuliani digesta, notae ad quaestiones Papiniani;* de Pomponius *ad Plautium, epistularum, variarum lectionum;* de Scaevola *notae ad Iuliani digesta, quaestionum;* de Tarruntenus *de re militari;* de Tryphoninus *notae Claudii ad Scaevolam digestorum;* de Ulpianus *ad edictum, ad Sabinum, de adulteriis, de appellationibus;* de Valens *fideicommissorum;* de Venuleius *de iudiciis publicis.*

[61] Reinoso-Barbero recoge los textos en que se advierten estas dos versiones de la misma obra. La relación es la siguiente: D.19,2,10 con la *inscriptio: Iulianus ad Ferocem* y en D.7,1,35; D.28,6,32; D.29,2,45; D.30,104; D.32,63; D.35,1,29; D.38,2,25; D.39,6,20; D.46,3,36 con *inscriptio: Iulianus libro primo*

Existen además algunas diferencias que por no ser significativas no deben tener la consideración de variantes, en el contexto que empleamos este término, aunque el número de casos en los que se advierte sea numeroso. Un supuesto es la omisión de la "n" en el número de la obra o del título, en el caso de que lo lleve. Un ejemplo, entre los numerosos que existen, de esta omisión en el ordinal de la obra se da en D.30,34 y D.36,2,9 con las inscripciones: *Ulpianus libro vicesimo primo ad Sabinum* y *Ulpianus libro vicensimo primo ad Sabinum*, respectivamente. Esta omisión resulta más llamativa cuando no se observa siempre dentro del mismo Título. Vemos, a modo de ejemplo el Título 18,1. No se omite en: D.18,1,1 *Paulus libro trigensimo tertio ad edictum*; D.18,1,3 *Ulpianus libro vicensimo octavo ad Sabinum*; D.18,1,7 *Ulpianus libro vicensimo octavo ad Sabinum*; D.18,1,9 *Ulpianus libro vicensimo octavo ad Sabinum*; D.18,1,17 *Paulus libro trigensimo tertio ad edictum*; D.18,1,19 *Pomponius libro trigensimo primo ad Quintum Mucium*; D.18,1,22 *Ulpianus libro vicensimo octavo ad Sabinum*; 18,1,28 *Ulpianus libro quadragensimo primo ad Sabinum*; D.18,1,29 *Ulpianus libro quadragensimo tertio ad Sabinum*; D.18,1,30 *Ulpianus libro trigensimo secundo ad edictum*; D.18,1,31 *Pomponius libro vicensimo secundo ad Sabinum*; D.18,1,32 *Ulpianus libro quadragensimo quarto ad Sabinum*; D.18,1,33 *Pomponius libro trigensimo tertio ad Sabinum*; D.18,1,34 *Paulus libro trigensimo tertio ad edictum*; D.18,1,36 *Ulpianus libro quadragensimo tertio ad edictum*; D.18,1,47 *Ulpianus libro vicensimo nono ad Sabinum*; D.18,1,49 *Ulpianus libro vicensimo nono ad Sabinum*; D.18,1,51

---

ad Urseium Ferocem; D.9,4,41; D.10,2,52; D.10,3,5; D.23,3,48; D.23,4,22; D.24,3,32; D.24,3,59; D.28,5,8; D.39,6,21; D.40,2,6; D.40,4,18; D.40,9,7; D.45,1,61; D.46,3,37 con *inscriptio: Iulianus libro secundo ad Urseium Ferocem*; D.12,5,5; D.12,6,37; D.13,6,20; D.17,1,32; D.18,1,41; D.18,6,14; D.19,1,28; D. 40,4,19; D.41,3,35; D.41,4,9; D.41,7,6; D.45,3,14 con *inscriptio Iulianus libro tertio ad Urseium Ferocem*; D.3,3,47; D.9,4,34; D.11,1,18; D.16,1,16; D.44,1,15; D. 47,2,59 con *inscriptio Iulianus libro quarto ad Urseium Ferocem. Vid.*, REINOSO-BARBERO, *Entropía en las obras jurisprudenciales de Digesto,* cit., 112.

Paulus libro vicensimo primo ad edictum; D.18,1,52 *Paulus libro quinquagensimo quarto ad edictum*; D.18,1,53 *Gaius libro vicensimo octavo ad edictum provincial<e>*; D.18,1,56 *Paulus libro quinquagensimo ad edictum*; D.18,1,61 *Marcellus libro vicensimo digestorum*; D.18,1,66 *Pomponius libro trigensimo primo ad Quintum Mucium*; D.18,1,67 *Pomponius libro trigensimo nono ad Quintum Mucium.* Por el contrario, se omite la "n" en: D.18,1,11 *Ulpianus libro vicesimo octavo ad Sabinum*; D.18,1,12 *Pomponius libro trigesimo primo ad Quintum Mucium;* D.18,1,14 *Ulpianus libro vicesimo octavo ad Sabinum;* D.18,1,24 *Ulpianus libro vicesimo octavo ad Sabinum;* D.18,1,25 *Ulpianus libro trigesimo quarto ad Sabinum.*

De esta relación se advierte que las inscripciones en las que figura el libro *vicensimo octavo* de la obra *ad Sabinum* de Ulpiano la "n" no se omite en D.18,1,3; D.18,1,7; D.18,1,9 y D.18,1,22 y, por el contrario, sí en D.18,1,11; D.18,1,14 y D.18,1,24. En la inscripciones de *Pomponius libro trigensimo primo ad Quintum Mucium* no se omite en D.18,1,19 y D.18,1,66 y sí en D.18,1,12. A tenor de esta información, la omisión en el mismo título y en el mismo libro de la misma obra podría obedecer: 1) a errores del copista y al consiguiente descuido del corrector que no los advirte; 2) al empleo de distintos ejemplares de las obras; y 3) a que el error fuera anterior y procediera de las colecciones de *iura* utilizadas. Reinoso-Barbero, ante la presencia de un número elevado de variantes, mantiene que éstas no pueden deberse al descuido de los correctores ni tampoco al de los escribas. Señala la posibilidad de que este hecho esté vinculado al material que utilizaron los compiladores. Encuentra razonable que de una misma obra los comisarios hubieran utilizado distintos ejemplares considerando que si en éstos hubiera habido alguna diferencia en la portada ésta pasara a la inscripción[62].

---

[62] *Vid.*, REINOSO-BARBERO, *Entropía en las obras jurisprudenciales de Digesto,* cit., 102.

La misma omisión también se advierte en el numeral pero del título de la obra como, por ejemplo, en el caso de Macer en D.35,2,68. La *inscriptio* en otros dos textos de esta obra - D. 2,15,13 y D. 28,1,7- es *Aemilius Macer libro primo ad legem vicensimam hereditatium*, mientras que en D.35,2,68 es *Aemilius Macer libro secundo ad legem vicesimam hereditatium.*

1.2. Inscripciones que consisten en *notae* de un jurista a otro

En Digesto hay inscripciones que consisten, o describen, anotaciones de un jurista a la obra de otro autor. Así:

Notae de Paulo a los *digesta* de Juliano
Notae de Paulo a las *quaestiones* de Papiniano
Notae de Marcelo a los *digesta* de Juliano
Notae de Marcelo al libro singular *regularum* de Pomponio
Notae de Escévola a los *digesta* de Juliano
Notae de Claudio a los *digesta* de Escévola
Notae de Marciano a la obra de *adulteriis* de Papiniano.

El hecho en sí de que muchas de las notas se recojan en las inscripciones, unido a que el nombre que figura en nominativo, es el del jurista anotante nos lleva al planteamiento de tres hipótesis: 1) que lo que recoge la *inscriptio* sea verdaderamente la referencia a una auténtica obra, es decir, a un libro de notas que un jurista realizara, a modo de una recensión crítica, de la obra de otro autor; 2) que la *inscriptio* simplemente recoja la indicación de una opinión, que consistía en una nota de un jurista a otro. En este caso, los compiladores habrían extractado la indicación de estas notas, de fragmentos de los juristas autores de las mismas y las habrían recogido en fragmentos autónomos o independientes, es decir, una vez más habrían emancipado una decisión jurisprudencial; 3) que las notas procedan de citas o referencias de un tercer jurista. Las dos últimas posibilidades no se excluirían entre sí[63].

En cualquiera de estas tres hipótesis, se observaba la directriz Justinianea de que en las inscripciones se indicaran aquellos juristas que son autores de las leyes.

El escaso número de inscripciones que recogen notas podría ser un primer argumento en contra de la existencia de auténticos "libros de notas". Es cierto que, tal y como informa Justiniano en la Constitución *Deo auctore* 6, algunas de ellas, estuvieron prohibidas[64], como las de Ulpiano, Paulo y Marciano a Emilio Papiniano *propter honorem splendidissimi Papiniani*[65]. Pero con fundamento en la razón que da no parece que esta «especie» de prohibición afectara a las anotaciones a juristas distintos del «insigne e ingenioso» Papiniano. En este punto, resulta llamativo que, aunque el emperador autoriza a introducirlas, no se recoge

[63] SIASCIA, *Appunti sulla tradizione scientifica della letteratura giuridica romana*, en *BIDR* 8 y 9, 1947, 426, señala que el que aparezca mencionada la obra y libro del jurista que ha sido anotado era un recurso para distinguir la contribución más antigua de la más reciente.

[64] Constantino prohíbe las notas de Paulo y Ulpiano a Papiniano en una constitución emitida el 28 de septiembre del año 321: CTh.1,4,1: *Perpetuas prudentium contenciones eruere cupientes Ulpiani ac Pauli in Papinianum notas, qui, dum ingenii laudem sectantur, non tam corrigere eum, quam depravere maluerunt, aboleri praecipimus.*

[65] SANTALUCIA, *Le note pauline ed ulpianee alle "Quaestiones" ed ai "Responsa" di Papiniano,* en *BIDR* 68 (1965) 109 ss. Otros autores alegan la explicación que da Justiniano en la Constitución. *De Auctore* 6, de que las notas estaban prohibidas por consideración al mayor ingenio de Papiniano. *Vid.*, COSTA, *Papiniano Studio di storia interna del diritto romano*, vol. I, Roma 1964, 365. Sin embargo, en mi opinión, el emperador ofrece esta justificación con fundamento en el juicio sobre este emperador que se recoge en la ley de citas *in qua excellentis ingenii vir Papinianus emineat.*

ninguna inscripción que consista o describa una nota de Ulpiano a este autor y sí, por el contrario, de Paulo y Marciano[66].

Otros argumentos en contra de la existencia de los libros de notas serían: a) las obras o libros de notas tendrían un nombre determinado, del que parecen carecer; b) se recogerían en el *Index Auctorum*, lo cual no sucede; c) no habría tantas variantes en las inscripciones como se constatan; d) los textos donde figuran las anotaciones a continuación de la *inscriptio* formarían parte de la misma; e) Justiniano cuando se refiere a las notas de Ulpiano, Marciano y Paulo a Papiniano las menciona como anotaciones, pero no como libros u obras a incluir en la compilación[67]; f) la existencia de notas dentro de los textos de los juristas anotados; g) el mayor número de anotaciones en el seno de los textos frente al de las inscripciones y h) la forma en que aparecen mencionadas en los textos de un tercer jurista. En este sentido, es preciso señalar

---

[66] No obstante, sí se recoge una nota en el seno de un texto de Papianiano. En D.3,5,30,2 Ulpiano ratifica la opinión de aquél de que no incurrió en culpa el amigo que defiende a un amigo que había abandonado el litigio y ante una sentencia en su contra no apela. Ulpiano añade que, no obstante, si, una vez condenado el amigo reclamase por la *actio negotiorum gestorum* deberá asumir él las consecuencias por no haber apelado pudiéndolo haber hecho. D.3,5,30,2 *Papinianus libro secundo responsorum.* [P] *Litem in iudicium deductam et a reo desertam frustratoris amicus ultro egit, causas absentiae eius allegans iudici: culpam contraxisse non videbitur, quod sententia contra absentem dicta ipse non provocavit. Ulpianus notat: hoc verum est, quia frustrator condemnatus est: ceterum si amicus, cum absentem defenderet condemnatus, negotiorum gestorum aget, poterit ei imputari, si cum posset non appellasset.*

[67] C. *Deo auctore*, 6: … *Et ideo ea, quae antea in notis Aemilii Papiniani ex Ulpiano et Paulo, nec non Marciano adscripta sunt, quae antea nullam uim optinebant propter honorem splendidissimi Papiniani, non statim respuere, sed si quid ex his ad repletionem summi ingenii Papiniani laborum uel interpretationem necessarium esse perspexeritis, et hoc ponere legis uicem optinens non moremini, ut omnes, qui relati fuerint in hunc codicem prudentissimi uiri, habeant auctoritatem, tam, quasi eorum. studia ex principalibus constitutionibus profecta et a nostro diuino fuerant ore profusa.*

que Krüger no los recoge en los *Additamenta* I, en los que además de la adscripción de las obras a las cuatro masas, indica el orden de lectura de los libros.

En D.28,5,17,5, Ulpiano plantea la cuestión de la distribución de la herencia, para el supuesto de que a un tercer heredero no se le haya hecho asignación de parte, se expone la respuesta de Labeón sobre la que informa Ulpiano que *Aristo* y *Aulus* no anotan nada. Este testimonio puede utilizarse también como argumento en contra de los libros de notas puesto que parece que era frecuente recoger en los libros las opiniones y notas, críticas o no, entre los juristas.

Retomando el planteamiento de las tres hipótesis apuntadas, centremos la atención en la segunda, es decir, que estas inscripciones recojan simples comentarios o notas de un autor a otro, sin que tengan naturaleza de auténticos libros de notas. En este punto surge la duda del modo en qué son realizadas: bien en los libros de los juristas anotados, como una especie de glosas marginales; o bien en las obras de los autores que anotaron, citando al jurista que comenta y expresando el juicio que le merecía dicha opinión de ese otro autor, a modo de referencia crítica.

En opinión de Sciascia las notas son escritas en el texto original (al margen del manuscrito) y son recogidas por copistas posteriores. Comenta a favor de esta tesis que propone que es impensable que los juristas copiaran obras vastísimas para añadir cualquier comentario que nos han sido transmitidos como *notae*[68].

Otro punto a determinar es la naturaleza o carácter de las notas. Algunas de ellas contienen una opinión crítica a la tesis de otro

---

[68] SIASCIA, *Appunti sulla tradizione scientifica della letteratura giuridica romana*, cit., 420 ss.

autor y, sin embargo, en otras se utilizan para ratificar la decisión adoptada.

Sciascia distingue entre las notas procedentes de los discípulos, es decir, de origen escolástico de las que no tienen esta procedencia. Enfatiza el hecho de que muchas de ellas son escritan por juristas casi contemporáneos porque ponen de manifiesto que eran sobre cuestiones de mayor actualidad, así como la mayor disponibilidad de los manuscritos de las obras anotadas (Marcelo con respecto a Pomponio y Juliano; Paulo, Ulpiano y Marciano a Papiniano; Paulo y Trifonino a Escévola)[69].

Con el objeto de despejar algunas de estas cuestiones procede revisar los textos de Digesto en los que es utilizado el verbo *notare*. Se advierte que, en la mayoría de los casos, está en presente de indicativo y tercera persona, si bien el significado no siempre es el mismo y éste se corresponde con las diversas acepciones que se recogen en los diccionarios etimológicos: escribir, advertir, anotar, señalar, comentar, indicar, observar, censurar, etc.

En el tema que nos ocupa, nos interesan aquéllos textos en los que un jurista ratifica, hace un comentario, más o menos crítico, o incluso, completa la opinión de otro autor. Una vez seleccionados, considero que una primera distinción a hacer es diferenciar entre la presencia de este verbo en las inscripciones o por el contrario, en el seno de los textos. Esta última categoría es, a su vez, susceptible de otra clasificación que, junto con la anterior, detallo a continuación incluyendo los textos en cada una de ellas:

---

[69] SIASCIA, *Appunti sulla tradizione scientifica della letteratura giuridica romana*, cit., 414 ss.

A Notas en las *inscriptiones*

A.1 *Notat* en las *inscriptiones*

D.32,36 *Apud Scaevolam libro octavo decimo digestorum Claudius notat* [A].
D.34,9,26 *Apud Scaevolam libro trigesimo digestorum Claudius notat* [A].
D.2,14,54*Scaevola apud Iulianum libro vicensimo secundo digestorum notat* [S].
D.18,6,11 *In libro septimo digestorum Iuliani Scaevola notat* [S].
D.4,2,11 *Paulus libro quarto Iuliani digestorum notat* [S].
D.18,5,4 *Libro octavo digestorum Iuliani Paulus notat* [S].
D.15,3,14 *Iulianus libro undecimo digestorum Marcellus notat:* [S].
D.28,5,5 *Apud Iulianum libro vicensimo nono digestorum Marcellus notat* [S].
D.28,5,40 *Libro trigesimo digestorum Iuliani Marcellus notat* [S].
D.30,80 *Apud Iulianum libro trigesimo secundo digestorum Marcellus notat* [S].
D.35,1,20 *Marcellus apud Iulianum libro vicesimo septimo digestorum notat* [S].
D.35,2,34 *Marcellus libro quadragesimo secundo digestorum Iuliani notat* [E].
D.39,6,15 *Iulianus libro vicensimo septimo digestorum Marcellus notat:* [S]-*Paulus notat*[70].
D.6,2,16 *Papiniani libro decimo quaestionum Paulus notat* [P].
D.8,1,18 *Paulus libro trigensimo primo quaestionum Papiniani notat* [P][71].
D.46,5,8pr. *Papinianus libro quinto quaestionum. Paulus notat:* [P].
D.23,2,57a *In libro secundo de adulteriis Papiniani Marcianus notat* [S].
D.48,5,8 *In libro secundo de adulteriis Papiniani Marcianus notat* [S].
D.29,2,63 *Libro singulari regularum Pomponii Marcellus notat* [S].
D.49,17,10 *Pomponius libro singulari regularum ex nota Marcelli* [S].
.

A.2. Sin *notat* en las inscripción

D.40,5,17 *Ex libro vicensimo primo digestorum Scaevolae. Claudius*: [A].
D.35,2,75 *Ex libro quadragesimo digestorum Iuliani Marcellus* [S].
D.42,8,16 *Paulus libro quinto responsorum Papiniani* [P].

---

[70] Este texto es susceptible de encuadrarlo en dos apartados distintos conforme a la clasificación que realizamos puesto que en su interior se recoge una nota de Paulo.

[71] Este texto en el parágrafo quinto recoge una nota de Marcelo a Juliano, por lo que se recoge en el apartado B.3 de este epígrafe.

B. Notas en el interior de los textos

B.1. *Notat* en los textos del jurista que también es autor de la nota[72].

D.6,1,61 *Iulianus libro sexto ex Minicio* [S] - *Iulianus notat*[73]
D.33,3,1 *Iulianus libro primo ex Minicio* [S] - *Iulianus notat*[74]
D.23,3,48,1 *Iulianus libro secundo ad Urseium Ferocem* [S] - *Iulianus notat* [75]
D.30,104,1 *Iulianus libro primo ad Urseium Ferocem* [S] - *Iulianus notat*[76]
D.46,3,36 *Iulianus libro primo ad Urseium Ferocem* [S] - *Iulianus notat* [77]

---

[72] El orden que se ha seguido en la exposición ha sido el ordinal de los Títulos una vez agrupados los textos por obras.

[73] D.6,1,61 *Iulianus libro sexto ex Minicio* [S]. *Minicius interrogatus, si quis navem suam aliena materia refecisset, num nihilo minus eiusdem navis maneret. respondit manere. sed si in aedificanda ea idem fecisset, non posse Iulianus notat: nam proprietas totius navis carinae causam sequitur.*

[74] D.33,3,1 *Iulianus libro primo ex Minicio* [S]. *Qui duas tabernas coniunctas habebat, eas singulas duobus legavit: quaesitum est, si quid ex superiore taberna in inferiorem inaedificatum esset, num inferior oneri ferundo in superioris tabernae loco contineretur. respondit servitutem impositam videri. Iulianus notat: videamus, ne hoc ita verum sit, si aut nominatim haec servitus imposita est aut ita legatum datum est: 'tabernam meam uti nunc est do lego'.*

[75] D.23,3,48,1 *Iulianus libro secundo ad Urseium Ferocem* [S]. *Socer genero suo sic legaverat: 'Lucio Titio filiae meae nomine centum heres meus damnas esto dare'. hanc pecuniam generum petere debere, exactam acceptam legatis referri, sed divortio facto de dote action<e> mulieri reddendam Proculus respondit et nihilo minus dotis esse factam. Iulianus notat: immo nec filiae, si voluerit, deneganda est huiusmodi actio.*

[76] D.30,104,1 *Iulianus libro primo ad Urseium Ferocem* [S]. *In testament sic erat scriptum: 'Lucio Titio, si is heredi meo tabellas, quibus ei pecuniam expromiseram, dederit, centum dato': Titius deinde antequam tabellas heredi redderet, decesser<a>t: quaesitum est, an heredi eius legatum deberetur. Cassius respondit, si tabulae fuissent, non deberi, quia non redditis his dies legati non cessit. Iulianus notat: si testamenti faciendi tempore tabulae nullae fuerunt, una ratione dici potest legatum Titio deberi, quod ¢dÚnatos condicio pro non scripta habetur.*

[77] D.46,3,36 *Iulianus libro primo ad Urseium Ferocem* [S] . *Si pater meus praegnate uxore relicta decesserit et ex causa hereditaria totum hoc, quod patri meo debitum fuisset, petissem, nihil me consumpsisse quidam existimant: si nemo natus sit, recte me egisse, quia in rerum natura verum fuisset me solum*

D.24,1,63 *Paulus libro tertio ad Neratium* [P] - *Paulus notat*[78]

B.2. *Notat* en los textos del jurista anotado.

D.1,21,1,1 *Papinianus libro primo quaestionum* [P] - *Paulus notat* [79].
D.18,1,72,1 *Papinianus libro decimo quaestionum* [P] - *Paulus notat* [80].
D.22,1,1,2 *Papinianus libro secundo quaestionum* [P] - *Paulus notat* [81].

---

heredem fuisse. Iulianus notat: verius est me eam partem perdidisse, pro qua heres fuissem, antequam certum fuisset neminem nasci, aut quartam partem, quia tres nasci potuerunt, aut sextam, quia quinque: nam et Aristoteles scripsit quinque nasci posse, quia vulvae mulierum totidem receptacula habere possunt: et esse mulierem Romae Alexandrinam ab Aegypto, quae quinque simul peperit et tum habebat incolumes, et hoc et in Aegypto adfirmatum est mihi.

[78] D.24,1,63 *Paulus libro tertio ad Neratium* [P]. *De eo, quod uxoris in aedificium viri ita coniunctum est, ut detractum alicuius usus esse possit, dicendum est agi posse, quia nulla actio est, ex lege duodecim tabularum, quamvis decemviros non sit credibile de his sensisse, quorum voluntate res eorum in alienum aedificium coniunctae essent. Paulus notat: sed in hoc solum agi potest, ut sola vindicatio soluta re competat mulieri, non in duplum ex lege duodecim tabularum: neque enim furtivum est, quod sciente domino inclusum est.*

[79]D.1,21,1,1 *Papinianus libro primo quaestionum* [P]. *Qui mandatam iurisdictionem suscepit, proprium nihil habet, <sed> eius, qui mandavit, iurisdictione utitur. verius est enim more maiorum iurisdictionem quidem transferri, sed merum imperium quod lege datur non posse transire: quare nemo dicit animadversionem legatum proconsulis habere mandata iurisdictione. Paulus notat: et imperium, quod iurisdictioni cohaeret, mandata iurisdictione transire verius est.*

[80] D.18,1,72,1 *Papinianus libro decimo quaestionum* [P]. *Pacta conventa, quae postea facta detrahunt aliquid emptioni, contineri contractui videntur: quae vero adiciunt, credimus non inesse. quod locum habet in his, quae adminicula sunt emptionis, veluti ne cautio duplae praestetur aut ut cum fideiussore cautio duplae praestetur. sed quo casu agente emptore non valet pactum, idem vir<e>s habebit iure exceptionis agente venditore. an idem dici possit aucto postea vel deminuto pretio, non immerito quaesitum est, quoniam emptionis substantia constitit ex pretio. Paulus notat: si om<nib>us integris manentibus de augendo vel deminuendo pretio rursum convenit, recessum a priore contractu et nova emptio intercessisse videtur.*

D.38,2,42pr. *Papinianus libro tertio decimo quaestionum* [P] - *Paulus notat*[82].
D.45,1,116 *Papinianus libro quarto quaestionum* [P] - *Paulus notat*[83].
D.3,5,30,2 *Papinianus libro secundo responsorum.* [P] - *Ulpianus notat*[84].
D.28,4,4 *Papinianus libro sexto responsorum* [P] - *Paulus notat*[85].

---

81 D.22,1,1,2 *Papinianus libro secundo quaestionum* [P]. *Nec tamen iudex iudicii bonae fidei recte iubebit interponi cautiones, ut, si tardius sententiae condemnatus paruerit, futuri temporis pendantur usurae, cum in potestate sit actoris iudicatum exigere. Paulus notat: quid enim pertinet ad officium iudicis post condemnationem futuri temporis tractatus?*

82 D.38,2,42pr. *Papinianus libro tertio decimo quaestionum* [P]. *Filius, qui patri heres exstitit, fratrem exheredatum adrogavit atque ita herede eo relicto defunctus est: bonorum possessionem libertum patris naturalis exheredatus non habebit: nam cui non exheredato talis adoptio noceret, nocere debet exheredato, quoniam poena, quae legibus aut edicto inrogaretur, adoptionis remedio non obliteraretur. Paulus notat: ei, qui alio iure venit quam eo, quod amisit, non nocet id quod perdidit, sed prodest quod habet: sic dictum est patrono eodemque patronae filio non obesse, quod quasi patronus deliquit, si ut patronae filius venire possit.*

83 D.45,1,116 *Papinianus libro quarto quaestionum* [P]. *Decem stipulatus a Titio postea, quanto minus ab eo consequi posses, si a Maevio stipularis, sine dubio Maevius universi periculum potest subire. sed et si decem petieris a Titio, Maevius non erit solutus, nisi iudicatum Titius fecerit. Paulus notat: non enim sunt duo rei Maevius et Titius eiusdem obligationis, sed Maevius sub condicione debet, si a Titio exigi non poterit: igitur nec Titio convento Maevius liberatur (qui an debiturus sit, incertum est) et solvente Titio non liberatur Maevius (qui nec tenebatur), cum condicio stipulationis deficit, nec Maevius pendente stipulationis condicione recte potest conveniri: a Maevio enim ante Titium excussum non recte petetur.*

84 D.3,5,30,2 *Papinianus libro secundo responsorum.* [P] *Litem in iudicium deductam et a reo desertam frustratoris amicus ultro egit, causas absentiae eius allegans iudici: culpam contraxisse non videbitur, quod sententia contra absentem dicta ipse non provocavit. Ulpianus notat: hoc verum est, quia frustrator condemnatus est: ceterum si amicus, cum absentem defenderet condemnatus, negotiorum gestorum aget, poterit ei imputari, si cum posset non appellasset.*

85 D.28,4,4 *Papinianus libro sexto responsorum* [P]. *Pluribus tabulis eodem exemplo scriptis unius testamenti voluntatem eodem tempore dominus sollemniter complevit. si quasdam tabulas in publico depositas abstulit atque delevit, quae iure gesta sunt, praesertim cum ex ceteris tabulis quas non abstulit*

D.33,1,9 *Papinianus libro septimo responsorum* [P] - *Paulus notat*[86].
D.4,6,41 *Iulianus libro trigensimo quinto digestorum* [S] - *Marcellus notat* [87].
D.5,1,75 *Iulianus libro trigensimo sexto digestorum* [S] - *Marcellus notat- Paulus notat* [88].
D.15,1,16 *Iulianus libro duodecimo digestorum* [S] - *Marcellus notat*[89].
D.19,1,23 *Iulianus libro tertio decimo digestorum* [S] - *Marcellus notat* [90].

---

res gesta declaretur, non constituentur irrita. Paulus notat: sed si, ut intestatus moreretur, incidit tabulas et hoc adprobaverint hi qui ab intestato venire desiderant, scriptis avocabitur hereditas.

[86] D.33,1,9 *Papinianus libro septimo responsorum* [P] - *Paulus notat*[86]. *Fundus, quem pater familias libertis legatorum nomine, quae in annos singulos relinquit, pignus esse voluit, ex causa fideicommissi rei servandae gratia recte petetur. Paulus notat: hoc admittendum est et in aliis rebus hereditariis, ut et in eas legatarius mittatur.*

[87] D.4,6,41 *Iulianus libro trigensimo quinto digestorum* [S]. *Si quis Titio legaverit, si mortis suae tempore in Italia esset, aut in annos singulos, quod in Italia esset, et ei succursum fuerit, quia ob id, quod rei publicae causa afuit, exclusus fuerit a legato: fideicommissum ab eo relictum praestare cogitur. Marcellus notat: quis enim dubitabit salva legatorum et fideicommissorum causa militi restitui hereditatem, quam ob id perdidit, quod rei publicae causa afuit?*

[88] D.5,1,75 *Iulianus libro trigensimo sexto digestorum* [S]. *Si praetor iusserit eum a quo debitum petebatur adesse et ordine edictorum peracto pronuntiaverit absentem debere, non utique iudex, qui de iudicato cognoscit, debet de praetoris sententia cognoscere: alioquin lusoria erunt huiusmodi edicta et decreta praetorum. Marcellus notat: si per dolum sciens falso aliquid allegavit et hoc modo consecutum eum sententia<m> praetoris liquido fuerit adprobatum, existimo debere iudicem querellam rei admittere. Paulus notat: si autem morbo impeditus aut rei publicae causa avocatus adesse non potuit reus, puto vel actionem iudicati eo casu in eum denegandam vel exsequi praetorem ita iudicatum non debere.*

[89] D.15,1,16 *Iulianus libro duodecimo digestorum* [S] . *Quis ergo casus est, quo peculium servi communis ad alterum ex dominis solum pertineat? in primis si quis servi partem dimidiam vendiderit nec peculium ei concesserit: deinde si quis servo communi pecuniam vel res aliquas ea mente dederit, ut proprietatem earum retineret, administrationem autem servo concederet. Marcellus notat: est etiam ille casus, si alter ademerit: vel si omni quidem modo concesserit dominus, sed in nominibus erit concessio.*

[90] D.19,1,23 *Iulianus libro tertio decimo digestorum* [S]. *Si quis servum, quem cum peculio vendiderat, manumiserit, non solum peculii nomine, quod*

D.26,8,12 *Iulianus libro vicesimo primo digestorum* [S] - *Marcellus notat*[91].
D.30,92pr. *Iulianus libro trigesimo nono digestorum* [S] - *Marcellus notat*[92].
D.39,6,13,1 *Iulianus libro septimo decimo digestorum* [S] - *Marcellus notat*[93].
D.5,1,75 *Iulianus libro trigensimo sexto digestorum* [S] - *Marcellus notat- Paulus notat.*
D.15,3,14 *Iulianus libro undecimo digestorum Marcellus notat:* [S] - *Paulus notat.*
D.37,6,3,1 *Iulianus libro vicensimo tertio digestorum* [S] - *Paulus notat*[94].
D.39,6,15 *Iulianus libro vicensimo septimo digestorum Marcellus notat:* [S] - *Paulus notat* [95].

---

servus habuit tempore quo manumittebatur, sed et eorum, quae postea adquirit, tenetur et praeterea cavere debet, quidquid ex hereditate liberti ad eum pervenerit, restitu<tu> iri. Marcellus notat: illa praestare venditor ex empto debet, quae haberet emptor, si homo manumissus non esset: non continebuntur igitur, quae, si manumissus non fuit, adquisiturus non esset.

[91] D.26,8,12 *Iulianus libro vicesimo primo digestorum* [S]. *Si servus communis tuus et Titii a pupilla tua te auctore aliquam rem per traditionem acceperit, tota ad Titium pertinebit. Marcellus notat: nam quodcumque ad omnes dominos non potest pertinere, id pro solido ad eum, cui adquiri potest, pertinere veteres comprobaverunt.*

[92] D.30,92pr. *Iulianus libro trigesimo nono digestorum* [S]. *Si fundum per fideicommissum relictum unus ex heredibus, excusso pretio secundum reditum eius fundi, mercatus sit propter aes alienum hereditarium praesente et adsignante eo, cui fideicommissum debebatur, placet non fundum, sed pretium eius restitui deberi. Marcellus notat: si fundum restituere malit heres, audiendum existimo. Iulianus.*

[93] La nota de Paulo no se sabe si está referida a la opinión de Juliano o a la nota de Marcelo a aquél. D.39,6,13,1 *Iulianus libro septimo decimo digestorum* [S]. *Marcellus notat: in mortis causa donationibus etiam facti quaestiones sunt. nam et sic potest donari, ut omnimodo ex ea valetudine donatore mortuo res non reddatur: et ut reddatur, etiamsi prior ex eadem valetudine donator decesserit, si tam<en> mutata voluntate restitui sibi voluerit. sed et sic donari potest, ut non aliter reddatur, quam si prior ille qui acceperit decesserit. sic quoque potest donari mortis causa, ut nullo casu sit eius repetitio, id est nec si convaluerit quidem donator.*

[94] D.37,6,3,1 *Iulianus libro vicensimo tertio digestorum* [S]. *Emancipatus filius controversiam facit impuberi, qui se filium et in potestate patris fuisse dicit: quaero, si bona sua ei emancipatus conferre debeat. Paulus notat: puto conferendum esse exacta cautione, ut victus sicut hereditatem, ita et quae collata sunt praestet. Iulianus.*

D.40,2,4,2 *Iulianus libro quadragensimo secundo digestorum* [S] - *Paulus notat*[96].
D.5,2,13 *Scaevola libro tertio responsorum* [P] - *Paulus notat*[97].
D.20,1,27 *Marcellus libro quinto digestorum* [E]- *Ulpianus notat*[98].
D.26,7,28,1 *Marcellus libro octavo digestorum* [E] - *Ulpianus notat* [99].

---

[95] D.39,6,15 *Iulianus libro vicensimo septimo digestorum Marcellus notat:* [S]. *cum testamento relinquendi, cui velint, adepti sint filii familias milites liberam facultatem, credi potest ea etiam remissa, quae donationes mortis causa fieri prohibent. Paulus notat: hoc et constitutum est et ad exemplum legatorum mortis causa donationes revocatae sunt.*

[96] D.40,2,4,2 *Iulianus libro quadragensimo secundo digestorum* [S]. *Minor viginti annis dominus nec communem quidem servum sine consilio recte manumittit. Paulus notat: sed si pignori obligatum sibi minor viginti annis manumitti patiatur, recte manumittitur, quia non tam manumittere is quam non impedire manumittentem intellegitur.*

[97] D.5,2,13 *Scaevola libro tertio responsorum* [P]. *Titia filiam heredem instituit, filio legatum dedit: eodem testamento ita cavit: 'Ea omnia quae supra dari fieri iussi, ea dari fieri volo ab omni herede bonorumve possessore qui mihi erit etiam iure intestato: item quae dari iussero, ea uti dentur fiantque, fidei eius committo.' quaesitum est, si soror centumvirali iudicio optinuerit, an fideicommissa ex capite supra scripto debeantur. respondi: si hoc quaeratur, an iure eorum, quos quis sibi ab intestato heredes bonorumve possessores successuros credat, fidei committere possit, respondi posse. Paulus notat: probat autem nec fideicommissa ab intestato data deberi, quasi a demente.*

[98] D.20,1,27 *Marcellus libro quinto digestorum* [E]. *Servum, quem quis pignori dederat, ex levissima offensa vinxit, mox solvit, et quia debito non satisfaciebat, creditor minoris servum vendidit: an aliqua actio creditori in debitorem constituenda sit, quia crediti ipsius actio non sufficit ad id quod deest persequendum? quid si eum interfecisset aut eluscasset? ubi quidem interfecisset, ad exhibendum tenetur: ubi autem eluscasset, quasi damni iniuriae dabimus actionem ad quantum interest, quod debilitando aut vinciendo persecutionem pignoris exinanierit. fingamus nullam crediti nomine actionem esse, quia forte caus<a> ceciderat: non existimo indignam rem animadversione et auxilio praetoris. Ulpianus notat: si, ut creditori noceret, vinxit, tenebitur, si merentem, non tenebitur.*

[99] D.26,7,28,1 *Marcellus libro octavo digestorum* [E]. *Tutor, qui post pubertatem pupilli negotiorum eius administratione abstinuit, usuras praestare non debet ex quo optulit pecuniam: quin etiam iustius mihi videtur eum per quem non stetit, quo minus conventus restitueret tutelam, ad praestationem usurarum*

B.3. *Notat* en los textos de un tercer jurista[100].

Proculus apud Labeonem notat

D.3,5,9,1 *Ulpianus libro decimo ad edictum* [E][101].
D.35,1,69 *Gaius libro tertio decimo ad legem Iuliam et Papiam* [E][102].

Proculus apud Sabinum notat

D.7,8,4pr. *Ulpianus libro septimo decimo ad Sabinum*[103] [S][104].

---

non compelli. Ulpianus notat: non sufficit optulisse, nisi et deposuit obsignatam tuto in loco.

[100] En la exposición se ha seguido el orden de Digesto, si bien agrupando los textos por las notas de cada uno de los juristas a los diferentes autores.

[101] D.3,5,9,1 *Ulpianus libro decimo ad edictum* [E]. *Is autem qui negotiorum gestorum agit non solum si effectum habuit negotium quod gessit, actione ista utetur, sed sufficit, si utiliter gessit, etsi effectum non habuit negotium. et ideo si insulam fulsit vel servum aegrum curavit, etiamsi insula exusta est vel servus obit, aget negotiorum gestorum: idque et Labeo probat. sed ut Celsus refert, Proculus apud eum notat non semper debere dari. quid enim si eam insulam fulsit, quam dominus quasi impar sumptui dereliquerit, vel quam sibi necessariam non putavit? oneravit, inquit, dominum secundum Labeonis sententiam, cum unicuique liceat et damni infecti nomine rem derelinquere. sed istam sententiam Celsus eleganter deridet: is enim negotiorum gestorum, inquit, habet actionem, qui utiliter negotia gessit: non autem utiliter negotia gerit, qui rem non necessariam vel quae oneratura est patrem familias adgreditur. iuxta hoc est et, quod Iulianus scribit, eum qui insulam fulsit vel servum aegrotum curavit, habere negotiorum gestorum actionem, si utiliter hoc faceret, licet eventus non sit secutus. ego quaero: quid si putavit se utiliter facere, sed patri familias non expediebat? dico hunc non habiturum negotiorum gestorum actionem: ut enim eventum non spectamus, debet utiliter esse coeptum.*

[102] D.35,1,69 *Gaius libro tertio decimo ad legem Iuliam et Papiam* [E]. *Si ita expressum erit: 'Titio, si voluerit, do lego', apud Labeonem Proculus notat non aliter ad heredem legatarii pertinere, quam si ipse legatarius voluerit ad se pertinere, quia condicio personae iniuncta videtur.*

[103] La nota de Próculo, por razones cronológicas es a Sabino y no a Ulpiano.

Marcellus apud Iulianum notat

D.4,2,9,8 *Ulpianus libro undecimo ad edictum* [E][105].
D.4,4,11,4.5 *Ulpianus libro undecimo ad edictum*[106] [E][107].

---

104 D.7,8,4pr. *Ulpianus libro septimo decimo ad Sabinum*[104] [S]. *ceterum sine eo ne hos quidem habitare posse. Proculus autem de inquilino notat non belle inquilinum dici, qui cum eo habitet. secundum haec et si pensionem percipiat, dum ipse quoque inhabitat, non erit ei invidendum: quid en<i>m si tam spatiosae domus usus sit relictus homini mediocri, ut portiuncula contentus sit? sed et cum his, quos loco servorum in operis habet, habitabit, licet liberi sint vel servi alieni.*

105 D.4,2,9,8 *Ulpianus libro undecimo ad edictum* [E]. *Cum autem haec actio in rem sit scripta nec personam vim facientis coerceat, sed adversus omnes restitui velit quod metus causa factum est: non inmerito Iulianus a Marcello notatus est scribens, si fideiussor vim intulit, ut accepto liberetur, in reum non esse restituendam actionem, sed fideiussorem, nisi adversus reum quoque actionem restituat, debere in quadruplum condemnari. sed est verius, quod Marcellus notat: etiam adversus reum competere hanc actionem, cum in rem sit scripta.*

106 D.4,4,11,7 *Ulpianus libro undecimo ad edictum* [E]. *Plane si minor annis cum filio familias maiore contraxerit, et Iulianus libro quarto digestorum et Marcellus libro secundo digestorum scribit posse in integrum restitui, ut magis aetatis ratio quam senatus consulti habeatur.*

107 D.4,4,11,4.5 *Ulpianus libro undecimo ad edictum*[107] [E]. *Item non restituetur, qui sobrie rem suam administrans occasione damni non inconsulte accidentis, sed fato velit restitui: nec enim eventus damni restitutionem indulget, sed inconsulta facilitas. et ita et Pomponius libro vicensimo octavo scripsit. unde Marcellus apud Iulianum notat, si minor sibi servum necessarium comparaverit, mox decesserit, non debere eum restitui: neque enim captus est emendo sibi rem pernecessariam, licet mortalem. (5) Si locupleti heres extitit et subito hereditas lapsa sit (puta praedia fuerunt quae chasmate perierunt, insulae exustae sunt, servi fugerunt aut decesserunt): Iulianus quidem libro quadragensimo sexto sic loquitur, quasi possit minor in integrum restitui. Marcellus autem apud Iulianum notat cessare in integrum restitutionem: neque enim aetatis lubrico captus est adeundo locupletem hereditatem, et quod fato contingit, cuivis patri familias quamvis diligentissimo possit contingere. sed haec res adferre potest restitutionem minori, si adiit hereditatem, in qua res erant multae mortales vel praedia urbana, aes autem alienum grave, quod non prospexit posse evenire, ut*

D.8,1,18,5 *Paulus libro trigensimo primo quaestionum Papiniani notat* [P][108].
D.13,4,2,7 *Ulpianus libro vicensimo septimo ad edictum* [S][109].
D.15,1,7,1 *Ulpianus libro vicensimo nono ad edictum* [S][110].
D.16,1,8,2 *Ulpianus libro vicensimo nono ad edictum* [S][111].

---

demoriantur mancipia, praedia ruant, vel quod non cito distraxerit haec, quae multis casibus obnoxia sunt.

[108] D.8,1,18,5 *Paulus libro trigensimo primo quaestionum Papiniani notat* [P]. *Si quis mihi itineris vel actus vel viae controversiam non faciat, sed reficere sternere non patiatur, Pomponius libro eodem scribit confessoria actione mihi utendum: nam et si arborem impendentem habeat vicinus, qua viam vel iter invium vel inhabile facit, Marcellus quoque apud Iulianum notat iter petendum vel viam vindicandam. sed de refectione viae et interdicto uti possumus, quod de itinere actuque reficiendo competit: non tamen si silice quis sternere velit, nisi nominatim id convenit.*

[109] D.13,4,2,7 *Ulpianus libro vicensimo septimo ad edictum* [S]. *Idem Iulianus tractat, an is, qui Ephesi sibi aut Titio dari stipulatus est, si alibi Titio solvatur, nihilo minus possit intendere sibi dari oportere. et Iulianus scribit liberationem non contigisse atque ideo posse peti quod interest. Marcellus autem et alias tractat et apud Iulianum notat posse dici et si mihi alibi solvatur, liberationem contigisse, quamvis invitus accipere non cogar: plane si non contigit liberatio, dicendum ait superesse petitionem integrae summae, quemadmodum si quis insulam alibi fecisset quam ubi promiserat, in nihilum liberaretur. sed mihi videtur summae solutio distare a fabrica insulae et ideo quod interest solum petendum.*

[110] D.15,1,7,1 *Ulpianus libro vicensimo nono ad edictum* [S]. *Quam Et adicit pupillum vel furiosum constituere quidem peculium servo non posse: verum ante constitutum, id est ante furorem vel a patre pupilli, non adimetur ex his causis. quae sententia vera est et congruit cum eo, quod Marcellus apud Iulianum notans adicit 'posse fieri, ut <apud alterum> ex dominis servus peculium habeat, apud alterum non, ut puta si alter ex dominis furiosus sit vel pupillus, si (ut quidam, inquit, putant) peculium servus habere non potest nisi concedente domino. ego autem puto non esse opus concedi peculium a domino servum habere, sed non adimi, ut habeat'. alia causa est peculii liberae administrationis: nam haec specialiter concedenda est.*

[111] D.16,1,8,2 *Ulpianus libro vicensimo nono ad edictum* [S]. *Si mulier apud Primum pro Secundo intervenerit, mox pro Primo apud creditorem eius, duas intercessiones factas Iulianus libro duodecimo digestorum scribit, unam pro Secundo apud Primum, aliam pro Primo apud creditorem eius, et ideo et Primo restitui obligationem et adversus eum. Marcellus autem notat esse aliquam*

D.29,2,42pr. *Ulpianus libro quarto disputationum* [S][112].
D.33,9,1 *Ulpianus libro vicesimo quarto ad Sabinum* [S][113].
D.34,3,3,5 *Ulpianus libro vicesimo tertio ad Sabinum* [S][114].

---

differentiam, utrum hoc agatur, ut ab initio mulier in alterius locum subdatur et onus debitoris, a quo obligationem transferre creditor voluit, suscipiat, an vero quasi debitrix delegetur, scilicet ut, si quasi debitrix delegata est, una sit intercessio. proinde secundum hanc suam distinctionem in prima visione, ubi quasi debitrix delegata est, exceptionem ei senatus consulti Marcellus non daret: sed condemnata vel ante condemnationem condicere utique ei a quo delegata est poterit vel quod ei abest vel, si nondum abest, liberationem.

[112] D.29,2,42pr. *Ulpianus libro quarto disputationum* [S]. *Iulianus libro vicesimo sexto digestorum scripsit, si pupillus paterna hereditate se abstinuisset, deinde ei aliquis heres exstitisset, non esse eum compellendum creditoribus paternis respondere, nisi substitutus ei fuit: inclinat enim in hoc, ut putet substitutum etiam patris onera subiturum. quae sententia a Marcello recte notata est: impugnat enim utilitatem pupilli, qui ipse saltem potest habere successorem: metu enim onerum patris timidius quis etiam impuberis hereditatem adibit. alioquin, inquit, et si frater fuit, omissa causa testamenti ab intestato possidebit hereditatem et quidem impune: nec enim videtur voluisse fraudare edictum, qui sibi prospicit, ne oneribus patris pupilli hereditas implicaretur. sed quod in fratre scripsit, credo ita intellegendum, si non impuberis frater fuit, sed testatoris: ceterum utique si frater a patre fratri substitutus impuberi sit, sine dubio necessarius heres existet.*

[113] D.33,9,1 *Ulpianus libro vicesimo quarto ad Sabinum* [S]. *Uxori suae in annos singulos penoris aliquid heres dare iussus est, si non dedisset, nummos dare damnatus est: quaeritur, an penus legata peti possit an vero solummodo sit in praestatione et, si non praestetur, tunc quantitas petatur. et si quidem semel penus sit legata, non per singulos annos, certo iure utimur, ut et Marcellus libro trigesimo nono digestorum apud Iulianum notat, in praestatione esse dumtaxat penum, quantitatem vero et peti posse. habebit igitur heres oblationem tamdiu, quamdiu lis cum eo de pecunia contestetur, nisi forte aliud tempus vel mente vel verbis testator praestituit. quod si in annos singulos penus legata sit, per singulos annos penus adhuc poterit praestari, si minus, summae per singulos annos petentur. quid ergo, si una summa legata sit et primo penus non sit praestita? utrum tota summa debeatur, quasi toto penoris legato transfuso, an vero quantitas primi anni aestimationis sola sit translata, dubitari potest. puto tamen sic voluntatem sequendam testatoris, ut tota summa ilico, postquam cessaverit heres dare penum uxori, praestetur, heredis indevotione coercenda.*

[114] D.34,3,3,5 *Ulpianus libro vicesimo tertio ad Sabinum* [S]. *Utrique autem legatarii habentur et in hoc casu. nam et si quod ego debeo Titio sit ei legatum*

D.42,4,3pr. *Ulpianus libro quinquagensimo nono ad edictum* [E][115].
D.46,1,8,8 *Ulpianus libro quadragensimo septimo ad Sabinum* [S][116].
D.50,16,9 *Ulpianus libro quinto ad edictum* [E][117].

Marcellus apud Pomponium notat

D.7,4,29,2 *Ulpianus libro septimo decimo ad Sabinum* [S].

Aristo apud Cassium notat

D.7,1,7,3 *Ulpianus libro septimo decimo ad Sabinum* [S][118].

---

mei gratia, ut ego liberer, nemo me negabit legatarium, ut et Iulianus eodem libro scribit. et Marcellus notat utriusque legatum esse tam meum quam creditoris mei, etsi solvendo fuero: interesse enim creditoris duos reos habere.

115 D.42,4,3pr. Ulpianus libro quinquagensimo nono ad edictum [E]. *Apud Iulianum quaeritur, si communem rem cum Titio pater pupilli habuerit et communi dividundo iudicio pupillus non defendatur nihilque erit, cuius nomine propter personam patris condemnatio fieri debeat: utrum venire bona patris oporteat an vero rei servandae causa possideantur. et ait Iulianus, si quidem pater aliquos fructus percepit aut fecerit rem deteriorem, bona eius venire possunt: si vero nihil sit, propter quod patris bona veneant, pupilli possideri. Marcellus autem notat perquam iniquum esse eum, qui nihil cum pupillo contraxit, expectare eius pubertatem. quae sententia habet rationem: ideoque cum contractus ex persona patris descendat, dicendum erit non esse exspectandam pupilli pubertatem.*

116 D.46,1,8,8 Ulpianus libro quadragensimo septimo ad Sabinum [S]. *Si qu<i> Stichum stipulatus fuerit, fideiussorem ita acceperit: 'Stichum aut decem fide tua iubes?', non obligari fideiussorem Iulianus ait, quia durior eius fit condicio, utpote cum futurum sit, ut mortuo Sticho teneatur. Marcellus autem notat non ideo tantum non obligari, quia in duriorem condicionem acceptus est, sed quia et in aliam potius obligationem acceptus est: denique pro eo, qui decem promiserit, non poterit fideiussor ita accipi, ut decem aut Stichum promittat, quamvis eo casu non fit eius durior condicio.*

117 D.50,16,9 Ulpianus libro quinto ad edictum [E]. *Marcellus apud Iulianum notat verbo 'perisse' et scissum et fractum contineri et vi raptum.*

118 D.7,1,7,3 Ulpianus libro septimo decimo ad Sabinum [S]. *Cassius quoque scribit libro octavo iuris civilis fructuarium per arbitrum cogi reficere, quemadmodum adserere cogitur arbores: et Aristo.*

D.7,1,17,1 *Ulpianus libro octavo decimo ad Sabinum* [S][119].

Aristo apud Sabinum notat

D.7,8,6 *Ulpianus libro septimo decimo ad Sabinum* [S][120].

Aristo apud Sabinum et Q. Mucium notat

D.33,9,3pr.1[121] *Ulpianus libro vicesimo secundo ad Sabinum* [S][122].

Iulianus apud Urseium notat

D.10,3,6,12 *Ulpianus libro nono decimo ad edictum* [E][123].

---

notat haec vera esse. Neratius autem libro quarto membranarum ait non posse fructuarium prohiberi, quo minus reficiat, quia nec arare prohiberi potest aut colere: nec solum necessarias refectiones facturum, sed etiam voluptatis causa ut tectoria et pavimenta et similia facere, neque autem ampliare nec utile detrahere posse.

[119] D.7,1,17,1 Ulpianus libro octavo decimo ad Sabinum [S]. *Ex eo, ne deteriorem condicionem fructuarii faciat proprietarius, solet quaeri, an servum dominus coercere possit. et Aristo apud Cassium notat plenissimam eum coercitionem habere, si modo sine dolo malo faciat: quamvis usufructuarius nec contrariis quidem ministeriis aut inusitatis artificium eius corrumpere possit nec servum cicatricibus deformare.*

[120] D.7,8,6 Ulpianus libro septimo decimo ad Sabinum [S]. *Non solum autem cum marito, sed et cum liberis libertisque habitare et cum parentibus poterit: et ita et Aristo notat apud Sabinum. et huc usque erit procedendum, ut eosdem quos masculi recipere et mulieres possint.*

[121] En este mismo fragmento, en el parágrafo sexto, se recoge una nota de Servio a Quinto Mucio.

[122] D.33,9,3pr.1 Ulpianus libro vicesimo secundo ad Sabinum [S]. *Qui penum legat quid legato complectatur, videamus. et Quintus Mucius scribit libro secundo iuris civilis penu legata contineri, quae esui potuique sunt. idem Sabinus libris ad Vitellium scribit: quae harum, inquit, patris familiae uxoris liberorumve eius vel familiae, quae circa eos esse solet, item iumentorum, quae dominici usus causa parata sunt.* (1) *Sed Aristo notat etiam quae esui potuique non sunt contineri legato, ut puta ea, in quibus esse solemus, oleum forte, garum muria<m> mel ceteraque his similia.*

Servius apud Q. Mucium notat

D.17,2,30 *Paulus libro sexto ad Sabinum* [S][124].
D.33,9,3,6[125] *Ulpianus libro vicesimo secundo ad Sabinum* [S][126].

Servius apud Alfenum notat

D.17,2,65,8 *Paulus libro trigensimo secundo ad edictum* [S][127].

---

123 D.10,3,6,12 *Ulpianus libro nono decimo ad edictum* [E]. *Urseius ait, cum in communi aedificio vicinus nuntiavit ne quid operis fieret, si unus ex sociis ex hac causa damnatus fuisset, posse eam poenam a socio pro parte servare: Iulianus autem recte notat ita demum hoc verum esse, si interfuit aedium hoc fieri.*

124 D.17,2,30 *Paulus libro sexto ad Sabinum* [S]. *Mucius libro quarto decimo scribit non posse societatem coiri, ut aliam damni, aliam lucri partem socius ferat: Servius in notatis Mucii ait nec posse societatem ita contrahi, neque enim lucrum intellegitur nisi omni damno deduct<o> neque damnum nisi omni lucro deducto: sed potest coiri societas ita, ut eius lucri, quod reliquum in societate sit omni damno deducto, pars alia feratur, et eius damni, quod similiter relinquatur, pars alia capiatur.*

125 En este mismo fragmento, como hemos señalado, se recoge una nota en el parágrafo primero de Aristo a Sabino y Q. Mucio.

126 D.33,9,3,6 *Ulpianus libro vicesimo secundo ad Sabinum* [S]. *Sed quod diximus 'usus sui gratia paratum' accipiendum erit et amicorum eius et clientium et universorum, quos circa se habet, non etiam eius familiae, quam neque circa se neque circa suos habet: puta si qui sunt in villis deputati. quos Quintus Mucius sic definiebat, ut eorum cibaria contineri putet, qui opus non facerent: sed materiam praebuit Servio notandi, ut textorum et textricum cibaria diceret contineri: sed Mucius eos voluit significare, qui circa patrem familias sunt.*

127 D.17,2,65,8 *Paulus libro trigensimo secundo ad edictum* [S]. *Item scriptum est posse procuratori quoque meo socium meum renuntiare. quod Servius apud Alfenum ita notat: esse in potestate domini, cum procuratori eius renuntiatum est, an velit ratam habere renuntiationem. igitur is cuius procuratori renuntiatum est liberatus esse videbitur: an autem ipse quoque <qui> renuntiavit procuratori liberetur, in potestate eius erit, quemadmodum diximus in eo, qui socio renuntiat.*

Scaevola apud Marcellum notat

D.23,3,12,1 *Ulpianus libro trigesimo quarto ad Sabinum* [S][128].
D.24,1,11,6 *Ulpianus libro trigesimo secundo ad Sabinum* [S][129].
D.31,24 *Ulpianus libro secundo fideicommissorum* [P][130].

---

[128] D.23,3,12,1 *Ulpianus libro trigesimo quarto ad Sabinum* [S]. *Si mulier se dicat circumventam minoris rem aestimasse, ut puta servum, si quidem in hoc circumventa est, quod servum dedit, non tantum in hoc, quod minoris aestimavit: in eo acturam, ut servus sibi restitu<a>tur. enimvero si in aestimationis modo circumventa est, erit arbitrium mariti, utrum iustam aestimationem an potius servum praestet. et haec, si servus vivit. quod si decessit, Marcellus ait magis aestimationem praestandam, sed non iustam, sed eam quae facta est: quia boni consulere mulier debet, quod fuit aestimatus: ceterum, si simpliciter dedisset, procul dubio periculo eius moreretur, non mariti. idemque et in minore circumventa Marcellus probat. plane si emptorem habuit mulier iusti pretii, tunc dicendum iustam aestimationem praestandam idque dumtaxat uxori minori annis praestandum Marcellus scribit: Scaevola autem in marito notat, si dolus eius adfuit, iustam aestimationem praestandam: et puto verius, quod Scaevola ait.*

[129] D.24,1,11,6 *Ulpianus libro trigesimo secundo ad Sabinum* [S]. *Consequenter Scaevola apud Marcellum notat, si servum interposuit mulier, ut ei tradatur mortis causa, isque adhuc servus dederit mulieri, deinde mortis tempore liber inveniatur, tantundem esse dicendum.*

[130] D.31,24 *Ulpianus libro secundo fideicommissorum* [P]. *Cum quidam ita fideicommissum reliquisset: 'rogo restituas libertis meis, quibus voles', Marcellus putavit posse heredem et indignum praeferre. at si ita: 'his quos dignos putaveris', petere posse ait eos qui non offenderint. idem ait, si neminem eligat, omnes ad petitionem fideicommissi admitti videri quasi iam praesenti die datum, cum sic relinquitur 'quibus voles' nec ulli offerat. plane si ceteri defuncti sunt, superstiti dandum vel heredi eius, si prius quam peteret decessit. Scaevola autem notat: si omnes petere potuerunt, cum nulli offertur, cur non et qui decesserunt ad heredem transmiserunt, utique si uno petente iam eligere non potest, cui det? videtur enim Marcellus, cum fideicommissum ita relinquitur 'ex libertis cui volueris', arbitrari, nisi offerat cui heres velit et statim offerat sine aliquo scilicet intervallo, statim competere omnibus petitionem: cum igitur omnibus competat, merito notatus est, cur superstiti soli putet dandum, nisi forte antequam iustum tempus praetereat, quo potuit eligere cui potius offe<r>at, ceteri decesserint.*

Ulpianus apud Aristonem notat

D.29,7,9 *Marcellus libro nono digestorum* [E][131].

Cassius apud Vitellium notat

D.33,7,12,27 *Ulpianus libro vicesimo ad Sabinum* [S][132].

B.4. Sin *notat* en los textos

D.18,7,10 *Scaevola libro septimo digestorum* [A][133].
D.26,7,58pr. *Scaevola libro undecimo digestorum* [A][134].

---

[131] D.29,7,9 *Marcellus libro nono digestorum* [E]. *Aristo negavit valere codicillos ab eo factos, qui pater familias nec ne esset, ignorasset. Ulpianus notat: nisi veteranus fuit: tunc enim et testamentum valebit.*

[132] D.33,7,12,27 *Ulpianus libro vicesimo ad Sabinum* [S]. *Sed si fundus non sit cum instrumento legatus, sed ita ut instructus sit, quaesitum est, an plus contineatur, quam si cum instrumento legatus esset. et Sabinus libris ad Vitellium scribit fatendum esse plus esse, cum instructus fundus legetur, quam si cum instrumento: quam sententiam cottidie increscere et invalescere videmus. quanto igitur hoc legatum uberius est, videndum est. et Sabinus definit et Cassius apud Vitellium notat: omnia quae eo collocata sunt, ut instructior esset pater familias, instructo, inquit, continebuntur, id est quae ibi habuit, ut instructior esset. hoc ergo legato non agri instrumentum, sed proprium suum instrumentum reliquisse videtur.*

[133] D.18,7,10 *Scaevola libro septimo digestorum* [A]. *Cum venderet Pamphilam et Stichum, venditioni inseruit pactum conventum, uti ne eadem mancipia Pamphila et Stichus, quos minorato pretio vendidit, alterius servitutem quam Seii paterentur post mortemque eius in libertate morarentur: quaesitum est, an haec mancipia, de quibus inter emptorem et venditorem convenit, post mortem emptoris iure ipso liberata sin<t>. respondit secundum constitutionem divi Hadriani super hoc prolatam Pamphilam et Stichum, de quibus quaereretur, si manumissi non sint, liberos non esse. Claudius: Divus Marcus ex lege dicta libertatis in vendendo quamvis non manumissos fore liberos in semenstribus constituit, licet in mortis tempus emptoris distulit venditor libertatem.*

[134] D.26,7,58pr. *Scaevola libro undecimo digestorum* [A]. *Qui negotiationem per Pamphilum et Diphilum prius servos, postea libertos*

D.31,88,12 *Scaevola libro tertio responsorum* [P][135].
D.32,37,4 *Scaevola libro octavo decimo digestorum* [A][136].

---

exercebat, suo testamento eos tutores reliquit et cavit, ut negotium eodem more exerceretur, quo se vivo exercebatur: hique tutelam administraverunt non tantum, cum impubes patroni filius fuisset, sed etiam post pubertatem eius. sed Diphilus quidem cum incremento negotiationis rationes optulit, Pamphilus autem putavit reddere oportere non ad incrementum negotiationis, sed ad computationem usurarum, ut in tutelae iudicio solet. quaesitum est, an secundum voluntatem defuncti exemplo Diphili Pamphilus quoque rationem reddere debeat. respondit debere. Claudius Tryphoninus: quia lucrum facere ex tutela non debet.

135 D.31,88,12 *Scaevola libro tertio responsorum* [P]. *Damae et Pamphilo, quos testamento manumiserat, fundum dedit ita, ut post mortem suam filiis suis restituerent: eodem testamento petiit ab heredibus suis, ut Pamphilam manumitterent, quae Pamphila filia naturalis erat Pamphili: idem Pamphilus post diem legati sui cedentem testamento heredem instituit Maevium eiusque fidei commissit, ut hereditatem suam, id est fundi supra scripti partem dimidiam, quam solam in bonis ex testamento patronae suae habebat, Pamphilae filiae suae, cum primum libera fuisset, restitueret. quaero Pamphila manumissa, utrum ex testamento superiore patris sui patronae eam partem petere possit an vero ex testamento patris naturalis ex causa fideicommissi habita ratione legis Falcidiae. respondi ex his quae proponerentur probari Pamphilam dumtaxat ex testamento superiore fideicommissum petere posse. Claudius. quia creditur appellatione filiorum et naturales liberos, id est in servitute susceptos contineri. Scaevola.*

136 D.32,37,4 *Scaevola libro octavo decimo digestorum* [A]. *Nuptura duobus filiis suis, quos ex priore marito habebat, mandavit, ut viginti, quae doti dabat, stipularentur in omnem casum, quo solvi posset matrimonium, ut etiam alterutri ex his tota dos solvatur: constante matrimonio uno ex filiis mortuo uxor per epistulam petit a superstite filio, uti quandoque partem dimidiam dumtaxat dotis exigeret et ea contentus erit, alteram autem partem apud maritum eius remanere concedat. quaesitum est postea in matrimonio muliere defuncta, an maritus, si de tota dote conveniatur a filio, doli mali exceptione se tueri possit et an ultro ex causa fideicommissi actio ei competit, ut de parte obligationis accepto ei feratur. respondit et exceptionem utilem fore et ultro ex fideicommisso peti posse. idem quaerit, an de reliqua dimidia parte mandati actio utilis sit heredibus mulieris adversus filium eius. respondit secundum ea quae proponerentur, maxime post litteras ad filium scriptas non fore utilem. Claudius: quoniam in his expressit, ut contentus* esset *partis dimidiae dotis. quibus verbis satis fideicommissum filio relinqui placuit.*

D.32,38,5 *Scaevola libro nono decimo digestorum* [A][137].
D.32,41,13 *Scaevola libro vicesimo secundo digestorum* [A][138].
D.33,2,32,1 *Scaevola libro quinto decimo digestorum*[A][139].
D.34,1,15,1 *Scaevola libro septimo decimo digestorum* [A][140].

---

137 D.32,38,5 *Scaevola libro nono decimo digestorum* [A]. *Quindecim libertis, quos nominaverat, praediolum cum taberna legaverat et adiecerat haec verba: 'sibique eos habere possidere volo ea lege et condicione, ne quis eorum partem suam vendere donareve aliudve quid facere alii velit: quod si adversus ea quid factum erit, tunc eas portiones praediumve cum taberna ad rem publicam Tusculanorum pertinere volo'. quidam ex his libertis vendiderunt partes suas duobus conlibertis suis ex eodem corpore, emptores autem defuncti Gaium Seium extraneum heredem reliquerunt: quaesitum est, partes quae venierunt utrum ad Gaium Seium an ad superstites collibertos suos, qui partes suas non vendiderunt, pertinerent. respondit secundum ea quae proponerentur ad Gaium Seium pertinere. idem quaesiit, an partes venditae ad rem publicam Tusculanorum pertinerent. respondi non pertinere. Claudius: quia non possidentis persona, qui nunc extraneus est, respicienda est, sed emptorum, qui secundum voluntatem defunctae ex illis fuerunt, quibus permiserat testatrix venundari, nec condicio exstitit dati fideicommissi Tusculanis.*

138 D.32,41,13 *Scaevola libro vicesimo secundo digestorum* [A]. *Scaevola respondit: cum heres scriptus rogatus esset, cum volet, alii restituere hereditatem, interim non est compellendus ad fideicommissum. Claudius: post mortem enim utique creditur datum.*

139 D.33,2,32,1 *Scaevola libro quinto decimo digestorum* [A]. *Filios ex Seio et filiam ex alio marito heredes instituit aequis portionibus et matri ita legaverat: 'Aeliae Dorcadi matri meae dari volo, quoad vivat, usum fructum bonorum meorum, ita ut post obitum eius ad liberos meos aut ad eum, qui ex his vivet, pertineat'. filii post aditam hereditatem decesserant: quaesitum est mortua matre superstite filia testatricis usus fructus utrum ad solam filiam an vero pro portione hereditatis pertineret. respondit ad eos redire, apud quos proprietas esset. Claudius: non credidit ipsum usum fructum in vicem portionum hereditariarum post mortem aviae inter ipsos datum, eo magis, quod aequis partibus heredes erant scripti.*

140 D.34,1,15,1 *Scaevola libro septimo decimo digestorum* [A]. *Testator concubinae mancipia rustica numero octo legavit et his cibaria praestari iussit in haec verba: 'eisque mancipiis, quae supra legavi, cibarii nomine ab heredibus meis praestari volo, quae me vivo accipiebant'. quaesitum est, cum vivo testatore semper mancipia rustica tempore messium et arearum delegata fuerint, et eo tempore cibaria ex ratione domini sui numquam acceperint excepto custode*

D.34,1,16,2 *Scaevola libro octavo decimo digestorum* [A][141].
D.34,2,16 *Scaevola libro octavo decimo digestorum* [A][142].
D.34,3,28,7 *Scaevola libro sexto decimo digestorum* [A][143].
D.35,1,109 *Scaevola libro vicesimo digestorum* [A][144].

---

praedii, an heres eius quoque temporis, id est messis et arearum, et cibaria concubinae pro mancipiis rusticis praestare deber<e>t. respondit eum, cuius notio est, aestimaturum. Claudius: merito: nam si eodem modo, quo apud testatorem fuerunt, et apud concubinam futura legavit, non debebantur eius temporis, de quo quaesitum est, cibaria: verum si velut in ministerium urbanum ab his transferentur, debebuntur.

[141] D.34,1,16,2 Scaevola libro octavo decimo digestorum [A]. *Basilice libertae decem dedit, quam apud Epictetum et Callistum libertos esse voluit, ut, cum fuerit Basilice annorum viginti quinque, cum usuris quincuncibus restituerentur ita, ut ex usuris aleretur, prout aetatem ampliaverit: quaesitum est, an ex alio capite, quo generaliter libertis libertabusque cibaria et vestiaria et habitationem reliquit, etiam Basilice debere<n>tur. respondit secundum ea quae proponerentur non deberi, nisi hoc quoque ei datum probaretur. Claudius: quia destinaverat alimentis eius usuras pecuniae, quas specialiter ei praelegaverat.*

[142] D.34,2,16 Scaevola libro octavo decimo digestorum [A]. *Filiam in potestate patris manentem mater scripsit heredem eique patrem Maevium substituit et ita scripsit: 'quisquis mihi heres erit, fidei eius committo, uti ornamenta mea omnia aurum argentum vestimenta, quibus ego usa sum, ne veneant et filiae meae reserventur': quaesitum est, cum filia recusante pater ex substitutione heres exstitisset et intestato decessisset, filia autem bonis eius abstinuerat, an fideicommissum petere possit. respondit secundum ea quae proponerentur videri patris utiliter fidei commissum. Claudius: quoniam verbo servandi, quod scriptum est, videri in id tempus dilatum fideicommissum, quo sui iuris futurus esset is cui dabatur.*

[143] D.34,3,28,7 Scaevola libro sexto decimo digestorum [A]. *Sticho testamento manumisso fundum instructum et alia legavit et haec verba adiecit: 'quem rationem reddere veto, quia instrumenta penes se habet': quaesitum est, an Stichus reliqua, quae ex administratione actus debuerat, reddere debuerit. respondi Stichum eo nomine non teneri. Claudius: nemo enim ex servitutis actu post libertatem tenetur et consultatio ad ius debiti relata fuerat: retineri ergo reliqua possunt cum peculio aut ex eo deduci, si legatum est.*

[144] D.35,1,109 *Scaevola libro vicesimo digestorum* [A]. *A testatore rogatus, ut acceptis centum nummis restitueret hereditatem Titiae coheredi suae, adita hereditate decessit: similiter et Titia, antequam daret centum: quaesitum est, an*

D.36,1,79,1 *Scaevola libro vicensimo digestorum* [A][145].
D.36,1,80,6.9 *Scaevola libro vicensimo primo digestorum* [A][146].
D.36,1,82 *Scaevola libro quinto digestorum* [A][147].

---

heres Titiae offerendo centum fideicommisso partem hereditatis consequi possit. respondit heredem condicioni parere non posse. Claudius. magno ingenio de iure aperto respondit, cum potest dubitari, an in proposito condicio esset.

145 D.36,1,79,1 *Scaevola libro vicensimo digestorum* [A]. *Titius nepotes ex filia et furiosam filiam suam heredes instituit et fidei commisit filiae, ut, si sine liberis decessisset, pars ei data perveniret ad coheredes: eam furiosam ipse Titius in matrimonio collocavit et enixa est filia<m> post mortem patris. quaesitum est, defuncta furiosa superstite ex eiusmodi coniunctione parta filia, an fideicommissum ad coheredes pertineret. respondit, cum filiam rel<i>quisse proponeretur, fideicommissum non deberi. Claudius: nam etsi matrimonium cum furiosa non fuit, satis tamen factum est eiusmodi condicioni.*

146 D.36,1,80,6.9 *Scaevola libro vicensimo primo digestorum* [A]. *Titia ex asse heres scripta partem dimidiam hereditatis Maeviae rogata restituerat: fundum a testatore obligatum luere noluit, sed eum vendente creditore mandavit redimendum Seiae: quaesitum est, an Titia ex causa fideicommissi Maeviae teneatur. respondit, cum rogata hereditatem restituere proponatur, nihil proponi, cur non teneatur. Claudius: subest enim praestari oportere id, quanto pluris fundus fuit, quam ad creditorem pervenire oportuit. (9) Idem quaesiit eandem uxorem marito herede scripto fideicommis<is>se, ut, cum moreretur, filio communi omne, quod ad eum ex hereditate sua pervenisset, restituere<t>: an illae quoque res et possessiones, quae in dotem datae et post divortium restitutae mulieri fuerant, fideicommisso contineantur. respondit, quod mulier in bonis suis rel<i>quisset, id fideicommisso contineri. Claudius: et alias de eodem facto consultus ita respondit, sive restitutae sint res, secundum id quod supra responsum est in bonis mulieris computari, sive non si<n>t restitutae, quia ex stipulatione de dote reddenda interposita restituendae sint, eo auctiorem hereditatem computari.*

147 D.36,1,82 *Scaevola libro quinto digestorum* [A]. *Matrem et avunculum eosdemque creditores suos heredes scripsit Lucius Titius et eorum fidei commisit, ut post mortem restituerent, quod ex re familiari testatoris superfuerit, Septicio. heredes non modicam partem bonorum testatoris consumpserunt et multos heredes reliquerunt, quibus scientibus multa corpora, quae remanserant ex bonis Lucii Titii, Septicius possedit. quaesitum est, an id, quod Lucius Titius debuit matri et avunculo, heredes eorum a Septicio petere possint. respondit non posse. Claudius: aditione enim hereditatis confusa obligatio interciderat, sed fideicommissi repetitio erat: cuius aequitas defecit his, qui multa ex hereditate consumpsisse proponuntur.*

D.40,4,59,1 *Scaevola libro vicensimo tertio digestorum* [A][148].
D.46,3,88 *Scaevola libro quinto digestorum* [A][149].
D.46,7,20 *Scaevola libro vicensimo digestorum* [A][150].

De la información que se ofrece en los distintos grupos advertimos que:

- Prácticamente hay tantas inscripciones como variantes o versiones de las mismas, a excepción de aquéllas en las que figuran las notas de Marciano a Papiniano.

---

148 D.40,4,59,1 *Scaevola libro vicensimo tertio digestorum* [A]. *Puram et directam domini sui testamento libertatem Stichus acceperat et ex hereditate multa per fraudem amovisse dicitur: quaesitum est, an non ante in libertatem proclamare debeat, quam ea, quae ex hereditate amovisse probari poterit, heredibus restitueret. respondit secundum ea, quae proponerentur, eum de quo quaereretur liberum esse. Claudius: videtur absolvisse et id de quo quaeritur: nam heredibus satis consultum est edicto de furtis.*

149 D.46,3,88 *Scaevola libro quinto digestorum* [A]. *Filiae intestato patri heredis negotia mater gessit et res vendendas per argentarios dedit idque ipsum codice conscriptum est: argentarii universum redactum venditionis solverunt et post solutionem novem fere annis, quidquid agendum erat, nomine pupillae mater egit eamque marito nuptum collocavit et res ei tradidit. quaesitum est, an puella cum argentariis aliquam actionem habet, quando non ipsa stipulata sit pretium rerum, quae in venditione<m> datae sunt, sed mater. respondit, si de eo quaereretur, an iure ea solutione argentarii liberati essent, responderi iure liberatos. Claudius: subest enim illa ex iurisdictione pendens quaestio, an pretia rerum, quae sciebant esse pupillae, bona fide solvisse videantur matri, quae ius administrationis non habebat: ideoque si hoc sciebant, non liberantur, scilicet si mater solvendo non sit.*

150 D.46,7,20 *Scaevola libro vicensimo digestorum* [A]. *Cum apud Sempronium iudicem datum reus defenderetur, stipulatione cautum est, ut, quod Sempronius iudex iudicasset, praestaretur: a cuius sententia petitor appellavit et, cum apud competentem appellationi iudicem res ageretur, defensore condemnato quaesitum est, an stipulatio commissa esset. respondit secundum ea quae proponerentur non esse iure commissam. Claudius: ideo stipulatione adicitur: 'quive in eius locum substitutus erit'.*

- En las inscripciones, el jurista autor de la anotación aparece en nominativo a excepción de la que se recoge en D.49,17,10 (*Pomponius libro singulari regularum ex nota Marcelli*) donde el jurista anotado, es el que figura en este caso.

-Alguna de estas inscripciones es una cita que se recoge en un texto de un tercer jurista. Así, D.28,5,40 forma parte del texto de *Marcianus libro secundo regularum.*

En este caso se observa que no hay ningún signo corrector que indique que las leyes deben ser separadas.

- En otro caso, si bien la inscripción no es tal en F1 sí lo es en F2. Esto sucede en D.18,6,10 *Ulpianus libro octavo disputationum* - D.18,6,11 *In libro septimo digestorum Iuliani Scaevola notat.*

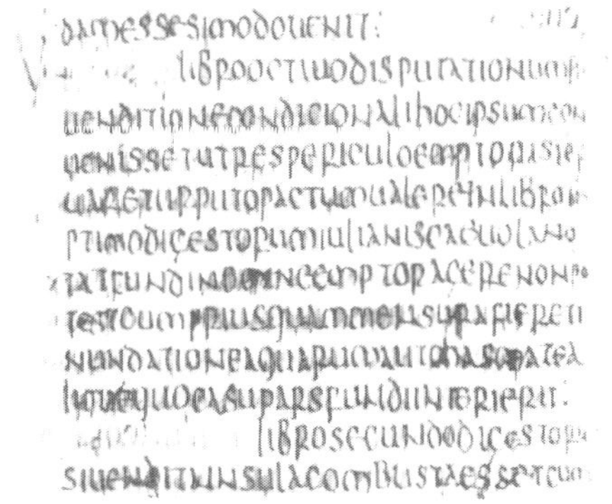

Es decir, en F1, D.18,6,11 forma parte del fragmento anterior de Ulpiano. Los correctores separan los textos colocando una línea *traducta* al margen izquierdo[151], en este caso, para separar los textos que considera están incorrectamente unidos. Mommsen incorpora esta corrección.

---

[151] Uno de los *signa adhibita emendationem*, que utilizaron los correctores, es la línea *traducta* utilizada para la *coniunctio vel separatio legorum et verborum.*

- Un tercer supuesto es el contrario, la inscripción de F_1 no lo es tal en F_2. Esto sucede con D.18,5,4 *Libro octavo digestorum Iuliani Paulus notat.*

La secuencia de textos en F_1 es:

D.18,5,3 *Paulus libro trigensimo tertio ad edictum*
D.18,5,4 *Libro octavo digestorum Iuliani Paulus notat*
D.18,5,5 *Iulianus libro quinto decimo digestorum*

Por el contrario, en F_2 sería:

D.18,5,3 *Paulus libro trigensimo tertio ad edictum*
D.18,5,4 *Iulianus libro quinto decimo digestorum.*

Mommsen no incorpora la corrección y mantiene la inscripción que consiste en la anotación de Paulo a los *digesta* de Juliano.

- Las notas que se encuentran en el seno de los textos, normalmente, son superiores en número a las inscripciones de esos mismos juristas: *Paulus libri Iuliani digestorum notat* (2 textos /2 variantes y 5 notas de Paulo en la obra de *Iulianus libri digestorum*)

Paulus quaestionum Papiniani notat (3 textos /3 variantes y 6 notas en la obra de *Papinianus libri quaestionum*)

Marcellus digestorum Iuliani notat (8 textos/6 variantes y 7 notas en la obra de *Iulianus libri digestorum*)

Claudius apud Scaevolam digestorum notat (3 textos /2 variantes y 18 notas en la obra de *Scaevola*)

Paulus libro quinto responsorum Papiniani (1 texto y 2 notas en la obra de *Papinianus*)

No existen notas de: *Marcellus en el libro singulari regularum Pomponii* (2 textos /2 variantes); *Scaevola Iuliani digestorum* (2 textos /2 variantes); *Marcianus Papiniani de adulteriis* (2 textos / sin variantes)

Por el contrario, existen notas de *Paulus* en textos de *Papinianus libri responsorum* y en uno de *Scaevola libri responsorum;* notas de Ulpianus en textos de *Marcellus libri digestorum*. Sin embargo, no existen textos con inscripciones que recojan estas notas.

- Hay ocasiones en las que las anotaciones (*notae*) figuran al comienzo del fragmento, a continuación de la inscripción, por lo que bien podrían haberse considerado parte de la inscripción. Así en D.15,3,14 y en D.39,6,15:

En D.15,3,14 la nota de Marcelo está a continuación de lo que sería la inscripción en F_1 pero no en F_2 (*IULIANUS libro undecimo digestorum*) M*ARCELLUS notat.*

F_2 corrige *Iulianus* por *Iuliani*, por lo que podríamos pensar que está incorporando la nota de Marcelo a la inscripción. Sin embargo, otra corrección de F_2 nos hace pensar en una segunda posibilidad. La línea *traducta* que figura al final del texto anterior, en esta ocasión en el margen derecho, indica que el texto de Juliano forma parte del anterior, que procede de *ULPIANUS libro vicensimo nono ad edictum*. En este caso advertimos que los correctores se olvidaron de sustituir, en el pasaje siguiente, el nombre de Ulpiano por *Idem*.

Mommsen no incorpora ninguna de las dos correcciones. En mi opinión, debería haberlo hecho. En primer lugar, porque a tenor del contenido el texto de Juliano es, evidentemente, parte del de Ulpiano y, en segundo lugar, porque en realidad, en este texto se recoge la opinión de Marcelo y la de Paulo, pero en ningún caso la de Juliano. No está justificada la inscripción que tiene.

Mi propuesta no se limita a unir estos textos mal separados, a juicio del corrector (F2), sino, además, a colocar la indicación del libro y obra de Juliano entre su nombre y el *scribit* del texto de Ulpiano. Es decir: D.15,3,13 *Ulpianus libro vicensimo nono ad edictum* [S]. *Si in re<m> alterius ex dominis versum sit, utrum is solus in cuius rem versum est an et socius possit conveniri, quaeritur. et Iulianus libro undecimo digestorum scribit eum solum conveniri in cuius rem versum est, sicuti cum solus iussit: quam sententiam puto veram. Marcellus notat: interdum et propter hoc quod in rem alterius socii versum est de in rem verso cum altero agi potest, qui conventus a socio petere potest id in quo damnatus fuerit. quid enim dicemus, si peculium servo ab altero ademptum fuerit? Paulus: ergo haec quaestio ita procedit, si de peculio agi non potest.*

En D.39,6,15, las razones que han podido llevar a no considerar la anotación de Marcelo como parte de la inscripción es el *Idem* con el que comienza la misma, lo que supondría

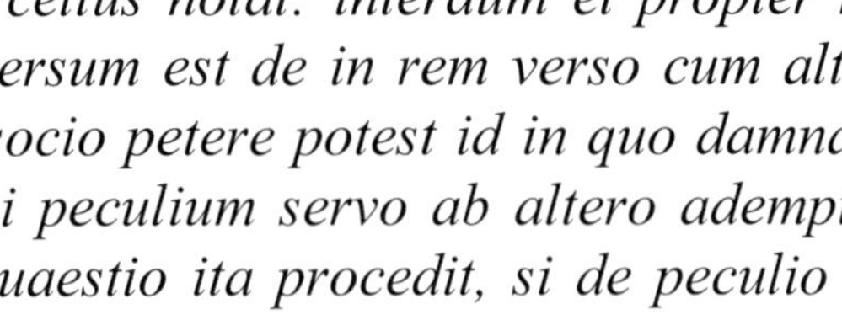

el nombre de Juliano en nominativo.

- En algunos casos las notas aparecen en los textos de idéntica forma en la que aparecen los comentarios de los juristas autores de obras de epítomes. En este sentido, las notas de Claudio a los *digesta* de Escévola y los comentarios de Paulo que se recogen en los epítomes de este autor a los *pithana* de Labeón.

- En los pasajes incluidos en el apartado de "*Notat* en el seno de textos del jurista autor de la nota" se advierten dos situaciones diferentes. En algunos de ellos, la nota o comentario es, o parece realizarse, a su propia exposición, mientras que en otros la nota se efectúa a la opinión de un tercero. Dentro del primer grupo – notas a su propia exposición- pueden citarse los textos: D.33,3,1 Juliano duda de la certeza de la respuesta que él mismo recoge en el texto sin citar a nadie; y D.24,1,63, en este texto Paulo apostilla el contenido de la decisión que se recoge . Del segundo grupo –notas a un tercer autor- son los siguientes pasajes: D.6,1,61, donde Juliano recoge, a su vez, una nota de él mismo mediante la cual completa una respuesta de Minicio; D.23,3,48,1, Juliano nuevamente recoge una nota propia y mediante la misma viene a completar la respuesta de Próculo; y D.30,104,1, en este texto, nuevamente, el jurista recoge una nota propia a opinión de Casio.

Los supuestos en los que el jurista hace un comentario, o nota, propia a su opinión permiten enunciar tres hipótesis: 1) que sea el propio Paulo quien introduzca esta nota; 2) que sea un tercer autor que, citando la obra del jurista, recoja la opinión del mismo mencionando el nombre en nominativo y utilizando el verbo *notare* evidentemente en tercera persona; 3) que proceda de una alteración, y por tanto, de la redacción de los comisarios justinianeos.

La utilización del verbo en tercera persona, empleado por el mismo sujeto que expresa su opinión, no era un recurso que se utilizaba con frecuencia, a pesar de que en Digesto se advierte en algunos autores como *Iulianus, Papinianus, Proculus, Neratius, Iavolenus, Celsus, Pomponius, Marcellus, Scaevola, Paulus, y Modestinus* con los verbos *"notare, putare* y *respondere"* (ver sub epígrafe 2.6). Julio César, en sus *Commentarii De bello Gallico* y *De bello civili*, utiliza la tercera persona en el relato de las batallas y de las costumbres de las tribus galas. Según algunos autores Cesar persigue despersonalizar la narración para transmitir objetividad, mientras otros opinan que parece pretender despojarse de su naturaleza humana para transformarla en divina[152]. Lo que es cierto es que la tercera persona es utilizada, normalmente, por un tercero para referirse a un sujeto distinto, que es quien realiza la acción.

Unidas dos de estas circunstancias que acabamos de señalar - la utilización de la tercera persona por el propio sujeto autor de la nota y que con ella se matiza y comenta su propia exposición-, junto a otras como son: las numerosas citas que recogen algunos autores, con indicación del libro y la obra, como por ejemplo Ulpiano y Paulo; la presencia mucho mayor de estos autores en Digesto; y la secuencia de textos, en la que se advierten determinadas proximidades, me lleva a la consideración de que estos textos, como otros muchos, proceden de un tercer jurista y los compiladores, cumpliendo la directriz de Justiniano de hacer figurar en la *inscriptio* el autor de la decisión, los han extractado de citas convirtiéndoles de este modo, a través de su emancipación, en fragmentos autónomos.

- En relación con las notas a otros juristas que se recogen en el seno de pasajes del jurista anotado, me permito reiterar la cuestión ya planteada anteriormente de si era el autor de la nota quien la introducía en la obra del jurista a quien anota o, por el contrario,

---

[152] BALLESTEROS, *Las obras romanas de Shakespeare como paradigma de subversión política en la Inglaterra Isabelina: El ejemplo de Iulius Caesar*, en MORENO HERNÁNDEZ, *Julio César: textos, contextos y recepción. De la Roma clásica al mundo actual,* Madrid 2010, 377.

era un tercer autor que cita a ambos, tal como hemos visto que ocurre en los textos incluídos en el apartado B.3.

Un argumento a favor de esta última hipótesis son los pasajes en los que se recogen notas de dos juristas distintos. En D.5,1,75 *Iulianus libro trigensimo sexto digestorum* [S] se recogen notas de *Marcellus* y *Paulus*. Evidentemente es más probable que éste texto proceda de la cita de otro autor. La ubicación de este pasaje permite conjeturar que los comisarios lo extractan de un texto de Ulpiano[153]. En este sentido, numerosos textos de Ulpiano recogen notas de Marcelo a Juliano: D.4,2,9,8 *Ulpianus libro undecimo ad edictum* [E]; D.4,4,11,4.5 *Ulpianus libro undecimo ad edictum* [E]; D.13,4,2,7 *Ulpianus libro vicensimo septimo ad edictum* [S]; D.15,1,7,1 *Ulpianus libro vicensimo nono ad edictum* [S]; D.16,1,8,2 *Ulpianus libro vicensimo nono ad edictum* [S]; D.29,2,42pr. *Ulpianus libro quarto disputationum* [S]; D.33,9,1 *Ulpianus libro vicesimo quarto ad Sabinum* [S]; D.34,3,3,5 *Ulpianus libro vicesimo tertio ad Sabinum* [S]; D.42,4,3pr. *Ulpianus libro quinquagensimo nono ad edictum* [E]; D.46,1,8,8 *Ulpianus libro quadragensimo septimo ad Sabinum* [S]; D.50,16,9 *Ulpianus libro quinto ad edictum* [E].

Otro supuesto de doble anotación se da en D.15,3,14 *Iulianus libro undecimo digestorum Marcellus notat:* [S] y D.39,6,15 *Iulianus libro vicensimo septimo digestorum Marcellus notat:* [S], si bien la nota de Marcelo figura en la inscripción, y la de Paulo en el interior del texto. Estos textos ya han sido analizados con fundamento en la información que proporciona la Florentina.

- Otra circunstancia que viene a apoyar, igualmente, la tesis del tercer jurista, y, por tanto, que estos textos procedan de las citas de otros autores, es el hecho de que, en alguna ocasión, la nota precede a la respuesta del autor que anota. Así D.37,6,3,1, la nota

[153] El texto que le precede es de Ulpiano. Este Título tiene 82 fragmentos y únicamente tres son de Juliano.

de Paulo, en la que da respuesta a la cuestión planteada, precede a la respuesta de Juliano.

- La similitud que existe entre dos notas de distinto autor -*Paulus* y *Claudius*-, ambas recogidas en dos textos de Escévola: D.5,2,13 y D.32,36[154].

- El texto D.39,6,13,1 *Iulianus libro septimo decimo digestorum Marcellus notat:* [S] se reproduce en otro texto del mismo título (39,6): D.39,6,35 *Paulus libro sexto ad legem Iuliam et Papiam* [E][155].

---

[154] D.5,2,*13 Scaevola libro tertio responsorum* [P]. *Titia filiam heredem instituit, filio legatum dedit: eodem testamento ita cavit: 'Ea omnia quae supra dari fieri iussi, ea dari fieri volo ab omni herede bonorumve possessore qui mihi erit etiam iure intestato: item quae dari iussero, ea uti dentur fiantque, fidei eius committo.'quaesitum est, si soror centumvirali iudicio optinuerit, an fideicommissa ex capite supra scripto debeantur. respondi: si hoc quaeratur, an iure eorum, quos quis sibi ab intestato heredes bonorumve possessores successuros credat, fidei committere possit, respondi posse. Paulus notat: probat autem nec fideicommissa ab intestato data deberi, quasi a demente.*; D.32,36 *Apud Scaevolam libro octavo decimo digestorum Claudius notat* [A]. *Nec fideicommissa ab intestato data debentur ab eo, cuius de inofficioso testamento constit<i>sset, quia crederetur quasi furiosus testamentum facere non potuisse, ideoque nec aliud quid pertinens ad suprema eius iudicia valet.*

[155] D.39,6,13,1 *Iulianus libro septimo decimo digestorum Marcellus notat:* [S]. *in mortis causa donationibus etiam facti quaestiones sunt. nam et sic potest donari, ut omnimodo ex ea valetudine donatore mortuo res non reddatur: et ut reddatur, etiamsi prior ex eadem valetudine donator decesserit, si tam<en> mutata voluntate restitui sibi voluerit. sed et sic donari potest, ut non aliter reddatur, quam si prior ille qui acceperit decesserit. sic quoque potest donari mortis causa, ut nullo casu sit eius repetitio, id est nec si convaluerit quidem donator.*; D.39,6,35 *Paulus libro sexto ad legem Iuliam et Papiam* [E].*Mortis causa donatio fit multis modis: alias extra suspicionem ullius periculi a sano et in bona valetudine posito et cui ex humana sorte mortis cogitatio est: alias ex metu mortis aut ex praesenti periculo aut ex futuro, si quidem terra marique, tam in pace quam in bello et tam domi quam militiae multis generibus mortis periculum metui potest. nam et sic potest donari, ut omnimodo ex ea valitudine*

- Las notas que son recogidas por un tercer jurista únicamente se encuentran en textos de Ulpiano, Paulo, Marcelo y Gayo : *Proculus apud Labeonem notat, Proculus apud Sabinum notat; Marcellus apud Iulianum notat; Marcellus apud Pomponium notat; Aristo apud Cassium notat; Aristo apud Sabinum notat; Aristo apud Sabinum et Q. Mucium notat; Iulianus apud Urseium notat; Servius apud Q. Mucium notat; Servius apud Alfenum notat; Scaevola apud Marcellum notat; Ulpianus apud Aristonem notat y Cassius apud Vitellium notat.*

Todas estas circunstancias y consideraciones son argumentos a favor de que muchos de los textos, presentes en Digesto, procedan de citas, siendo, por tanto, parte de otros textos cuando se incorporan a la obra.

1.3. Inscripciones de obras de epítomes en las que figuran como autores los juristas cuyas obras son extractadas

Al igual que sucedía en las inscripciones que consisten en anotaciones de un jurista a otro, también se recogen distintas versiones en las inscripciones de epítomes de la obra de otro autor.

Las obras de epítomes que figuran en *inscriptiones* son:

Paulus libri epitomarum Alfeni digestorum
Iavolenus libri ex posterioribus Labeonis
Labeo libri epitomatorum a Paulo
Hermogenianus libri iuris epitomarum.

---

donatore mortuo res non reddatur, et ut reddatur, etiamsi prior ex eadem valetudine decesserit, si tamen mutata voluntate restitui sibi voluerit. et sic donari potest, ut non aliter reddatur, quam si prior ille qui accepit decesserit. sic quoque potest donari mortis causa, ut nullo casu sit repetitio, id est ne si convaluerit quidem donator.

Las circunstancias que centran la atención son: en primer lugar, la atribución al jurista en el *Index Auctorum* y, en segundo, las dos formas diferentes de referencia en las inscripciones de dos de las obras, con independencia de las diferentes variantes formales que se aprecian en cada una de ellas:

Inscripción en la que se indica en nominativo al autor de los epítomes	Inscripción que recoge en nominativo el jurista cuya obra ha sido resumida
Paulus libri epitomarum Alfeni digestorum	*Alfenus libri digestorum a Paulo epitomatorum*
Iavolenus libri ex posterioribus Labeonis	*Labeo libri posteriorum a Iavoleno epitomatorum*
Proculus ex posterioribus Labeonis	*Labeo pithanon a Paulo epitomatorum*
Hermogenianus libri iuris epitomarum	

Conforme al *Index Auctorum,* donde únicamente se recogen tres obras, dos de ellas se atribuyen a Labeón[156]:

Labeo: Libri pithanon a Paulo epitomatorum
Labeo: Libri posteriorum a Iavoleno epitomatorum

Reinoso-Barbero recoge las seis versiones de inscripciones en la obra *pithanon* y las tres variantes en la obra *posteriorum.* En su opinión, tienen en común el referirse a epítomes practicados a la obra de Labeón por juristas posteriores.[157]

---

[156] La tercera obra es *Hermogenianus libri iuris epitomarum.*

[157] A LABEÓN le atribuyen las inscripciones dos obras: *pithanon* – con seis formas diferentes (*pithanon:* D.19,1,53;D. 16,3,34; D.18,4,25; D.19,1,54 ; D.40,7,42 ; D.26,8,22; *pithanon a Paulo epitomatorum:* D.8,5,21; D.14,2,10; D.20,1,35; D.38,2,51; D.40,7,41 ; D. 24,1,67; D.47,2,92 ; D.43,16,20 ; D.6,1,78; D.33,10,12; D.49,15,28; D.50,16,244 ; D.22,2,9; D.41,3,49; D.46,4,23 ; D.6,1,79; D.23,3,84; D.41,1,65; D.44,1,23; D.46,3,91; D.49,15,29 ; D.22,3,28 ;

En dicho índice, el criterio que se ha seguido, en la atribución de la autoría, ha sido el de la asignación al jurista cuya obra ha sido resumida, es decir, se atribuye a quien es verdadero autor del escrito. Este criterio, no obstante, es el contrario al que se ha utilizado en relación con tantas obras de comentarios, donde éstas son atribuidas al autor que los comenta y no al autor de las obras comentadas[158]. Conforme a este segundo criterio, en el *Index Auctorum* las obras deberían haber sido atribuidas a:

Paulus: libri epitomarum Alfeni digestorum
Paulus: Libri epitomarum pithanon Labeonis
Iavolenus: Libri ex posterioribus Labeonis

Esta propuesta, también, supondría una corrección del *additamentum* I de Krüger, que recoge el *ordo librorum iuris veteris in compilandis digestis observatus*. Según esta relación, los *Libri posteriorum Labeonis a Iavoleno epitomatorum* se atribuyen tanto a Labeón (orden 265, masa A) como a Javoleno (orden 94, masa S). Esto quizá se deba a la diferente redacción de las inscripciones o a que los compiladores utilizaron dos reediciones de la misma obra pero con nombres distintos. En cualquier caso, se trata de una misma obra, y por tanto, que ha sido asignada a dos masas distintas[159].

D.49,15,30 - *pithanorum:* D.19,2,62 - *pithanorum a Paulo epitomatorum:* D.32,31; D.33,4,13- piqanîn: D.33,7,29, y piqanîn *a Paulo epitomatorum:* D. 33,7,5, – y *posteriorum*, citada de tres maneras (*posteriorum:* D.40,12,42- *posteriorum a Iavoleno epitomatorum:* D.28,1,2; D.28,6,9 ; D. 28,7,20; D.32,29; D.32,30; D.33,1,17;33,2,31; D.33,4,6; D.33,5,20; D.33,8,22; D.34,2,31; D.36,4,14 ; D.36,2,30 ; D.8,1,19; D.18,1,78; D.18,4,24; D.19,1,50; D.19,2,58 ; D.18,1,80; D.19,1,51; D.19,2,60; D.20,6,14 ; D.16,3,33; D.17,2,84; D.23,3,79; D.24,1,65, y *posteriorum epitomatorum a Iavoleno:* D. 19,2,28 ; D.3,5,42.

158 *Vid.*, las obras: *ad Sabinum (Ulpianus, Paulus et Pomponius), ad Plautium (Paulus, Iavolenus et Pomponius), ad Neratium (Paulus), ad Vitellium (Paulus), ad Quintum Mucium (Modestinus et Pomponius), ad Minicium (Iulianus), ad Urseium Ferocem (Iulianus), ex Cassio (Iavolenus).*

159 GUARINO, *La compilazione di "Digesta Iustiniani"*, en *Studi in onore di Gaetano Scherillo* II, Milano 1971, 726, señala que los *libri posteriores* de

No obstante, en un intento de buscar otra propuesta que resulte más satisfactoria, proponemos argumentos en contra de que se trate de una misma obra. Estos son: 1) de ser así, supondría que Javoleno realiza una obra de comentarios y otra de epítome a la misma obra de Labeón, es decir, a "*ex posterioribus*", lo que no es del todo improbable; 2) la proximidad de unos textos y otros, lo que supone que se refieren a la misma materia; y 3) que en el *Index Auctorum* no se atribuye esta obra a *Iavolenus* y sí, con una única referencia, a Labeón, al igual que sucede con la obra *Labeo pithanon a Paulo epitomatorum*. En los textos de ambas inscripciones se cita a Labeón, aunque advertimos que esto sucede con mayor frecuencia en aquéllos que tienen por *inscriptio*: *Iavolenus ex posterioribus Labeonis*.

Los textos con inscripción *Iavolenus libri ex posterioribus Labeonis* son 47, mientras que los de *Labeo libri posteriorum a Iavoleno epitomatorum* son 29 fragmentos. Es decir, un número de textos menor en los que figura como autor Labeón, que es a quien le es atribuida la obra en el *Index*.

Resultan muy llamativas las secuencias de los textos en los que se alternan las dos variantes, y de las que García-Garrido hace una relación exhaustiva[160]. Nos limitamos a ofrecer una parte ilustrativa de la misma.

D.18,1,77 *Iavolenus libro quarto ex posterioribus Labeonis* [S]
D.18,1,78 *Labeo libro quarto posteriorum a Iavoleno epitomatorum* [A]
D.18,1,79 *Iavolenus libro quinto ex posterioribus Labeonis* [S]
D.18,1,80 *Labeo libro quinto posteriorum a Iavoleno epitomatorum* [A]
D.18,1,81 *Scaevola libro septimo digestorum* [A]

Labeón, reelaborados por Javoleno aparecen en la compilación extractados de dos ediciones diferentes.

[160] GARCÍA-GARRIDO, *Similitudines e masse bluhmiane*, en *Orbis Iuris Romani*. Journal of Ancient Law Studies IV , Bratislava 1998, 162 ss.

D.19,2,57 *Iavolenus libro nono ex posterioribus Labeonis* [S]
D.19,2,58 *Labeo libro quarto posteriorum a Iavoleno epitomatorum*[A]
D.19,2,59 *Iavolenus libro quinto Labeonis posteriorum* [S]
D.19,2,60 *Labeo posterior<u>m libro quinto a Iavoleno epitomatorum*[A]
D.19,2,61 *Scaevola libro septimo digestorum*[A]
D.23,3,79 *Labeo libro sexto posteriorum a Iavoleno epitomatorum* [A]
D.23,3,80 *Iavolenus libro sexto ex posterioribus Labeonis* [S]
D.24,1,64 *Iavolenus libro sexto ex posterioribus Labeonis* [S]
D.24,1,65 *Labeo libro <s>exto posteriorum a Iavoleno epitomatorum* [A]
D.24,1,66 *Scaevola libro nono digestorum* [A]
D.33,2,30 *Iavolenus libro secundo ex posterioribus Labeonis* [S]
D.33,2,31 *Labeo libro secundo posteriorum a Iavoleno epitomatorum* [A]
D.33,2,32 *Scaevola libro quinto decimo digestorum* [A]

Los textos que se alternan proceden del mismo libro, a excepción de D.19,2,57 y D.19,2,58. También se advierte que casi todas estas secuencias preceden a un texto de *Scaevola,* si bien ha se señalarse que es frecuente la proximidad en ubicación entre los textos que, en el *Index,* se atribuyen a Labeón y los de este otro jurista.

Estas secuencias en las que se alternan los textos podrían suponer que son obras pertenecientes al mismo grupo, o masas de obras, por lo que aún tratándose de dos ediciones distintas los comisarios tuvieron que percatarse de que estaban ante una misma obra. Lo que antecede sugiere la hipótesis de que los textos de inscripción *Labeo posteriorum a Iavoleno epitomatorum,* procedan, por tanto, de citas de terceros autores.

De esta obra, se recoge, en uno de los textos, una nota u opinión de Javoleno: D.40,12,42 *Labeo libro quarto posteriorum*, y una nota de Paulo, jurista posterior, donde señala que Próculo rechaza la decisión de Labeón y confirma la de Javoleno: D.29,2,60 *Iavolenus libro primo ex posterioribus Labeonis.* A esta obra parece referirse Ulpiano en sus comentarios a Sabino en D.18,4,2,17[161]. Estas

[161] *Vid.*, LENEL, *Palingenesia Iuris Civilis,* cit., col. 308, 200.

circunstancias, junto con la atribución en el *Index* a Labeón, podrían indicar que estos fragmentos proceden de fragmentos de otro jurista.

En relación con los epítomes de Paulo a los *digesta* de Alfeno, advertimos que en el *additamentum* I de Krüger no se ha seguido el criterio de doble asignación. Cuando la circunstancia de dualidad de las inscripciones es la misma que en la obra anterior, en este caso se atribuye la obra al jurista autor del epítome. Sin embargo, este último criterio no es el que se ha observado con los epítomes a las obras de Labeón, ni siquiera cuando el autor es Paulo.

A este respecto, vemos que los fragmentos procedentes de epítomes a los *digesta* de Alfeno se recogen en textos en cuyas inscripciones se aprecian distintas variantes:

21 textos con la versión: *Paulus libri epitomarum Alfeni digestorum;*

25 textos con la versión: *Alfenus libri digestorum a Paulo epitomatorum,*

Todo ello, sin perjuicio de las variantes formales que se advierten en estas inscripciones.

Esta obra, lógicamente, debe atribuirse a Paulo pero nos planteamos por qué no figura en el *Index Auctorum* cuando la suma total de textos es de 46, y por tanto, en el conjunto de la obra de este autor ocuparía el séptimo lugar, en razón del número de textos. Es posible que la omisión de la misma, unida al hecho de que la obra figura en las inscripciones de dos formas distintas, pueda obedecer a que la extracción de la misma no haya sido realizada de forma directa por los compiladores.

Como se ha señalado, los epítomes de Paulo a los *pithana* de Labeón son atribuidos a este último jurista. Sin embargo, razones cronológicas hacen inexplicable esta atribución. Además, se da el hecho de que en esta obra, en la mayoría de los textos, se menciona a Paulo[162]. El nombre de este jurista suele preceder al adverbio *inmo*, por el que ratifica lo dicho, a favor o, en contra, de la opinión de Labeón. Estas circunstancias unidas al hecho de que no se haya atribuido a Paulo, parece indicar que estos fragmentos procedan de la obra de un tercer jurista.

En relación con las inscripciones se advierten cuatro variantes: *Labeo pithanon a Paulo epitomatorum; Labeo pithanorum a Paulo epitomatorum; Labeo pithanon* y la referencia de esta obra en griego, *Labeo* πιθανῶν *a Paulo epitomatorum.* Estas cuatro formas distintas de citar se aprecian, entre otros, en el libro primero. Es decir, conforme a la teoría de las masas, este libro, extractado por un mismo comisario, y sin embargo, aparece recogido de estas diversas formas[163].

En uno de los textos D.41,1,65,4, en el último parágrafo, se recoge la opinión de Labéon, indicando el libro mediante la fórmula *Labeo eodem libro.* Nuestra propuesta, conforme al criterio seguido por los comisarios, es que esta referencia, podría haber sido una inscripción independiente: D.41,1,(66) *Labeo libro sexto pithanon a Paulo epitomatorum.*

De la hipotética obra de Próculo *ex posterioribus Labeonis*, únicamente hay un texto (D.33,6,16); según la inscripción, pertenece al libro tercero. Junto con Labeón aparece citado Trebacio. No obstante, tal y como señala Reinoso-Barbero, existe un error en la

[162] Paulo aparece mencionado en: D.6,1,78; 6,1,79; 8,5,21; 14,2,10; 18,4,25; 19,1,53; 19,1,54; 19,2,62; 22,3,28; 23,3,84; 32,31; 33,4,13; 33,7,5; 33,7,29; 38,2,51; 40,7,41; 41,1,65; 41,3,49; 43,16,20; 44,1,23; 46,3,91; 46,4,23; 47,2,92; 49,15,28; 49,15,29; 49,15,30; 50,16,244. No se menciona en: 16,3,34; 20,1,35; 22,2,9; 24,1,67; 26,8,22; 33,10,12; 40,7,42.

[163] Las dos últimas variantes se encuentran en un mismo libro de Digesto, concretamente el libro 33.

inscriptio que procede del empleo indebido del pronombre *Idem*. Donde figura éste debería haber figurado el nombre de *Iavolenus*[164]. En el mismo Título 33,6 se advierte una secuencia tal y como se propone, para este caso:

D.33,6,6 *Proculus libro quinto epistularum* [E]
D.33,6,7 *Iavolenus libro secundo ex posterioribus Labeonis* [S]

D.33,6,15 *Proculus libro secundo epistularum* [E]
D.33,6,16 *Idem libro tertio ex posterioribus Labeonis* [A]

La corrección del nombre del autor supondría el cambio de adscripción del texto a la masa Sabiniana. Las secuencias, una vez sustituido el pronombre *Idem* por *Iavolenus* en lugar de *Proculus*, serían:

D.33,6,6 *Proculus libro quinto epistularum* [E]
D.33,6,7 *Iavolenus libro secundo ex posterioribus Labeonis* [S]

D.33,6,15 *Proculus libro secundo epistularum* [E]
D.33,6,16 *Iavolenus libro tertio ex posterioribus Labeonis* [S]

En relación a los epítomes de Hermogeniano se da esta circunstancia llamativa: es una obra en la que se recogen lecturas selectas[165] de otros juristas (Juliano, Papiniano, Ulpiano, Paulo, Marciano, y Modestino)[166], y en ninguno de los 107 fragmentos que se han incluido en la compilación se cita a alguno de estos autores. Esto sugiere la posibilidad de que las referencias a estos

---

[164] REINOSO-BARBERO, *Las inscripciones en Digesto*, cit.

[165] D´ORS, A., recen. a LIEBS, *Hermogenians "iuris epitomae". Zum Stand der römischen Jurisprudenz im Zeitalter Diokletians*, Göttingen, 1964, en *Crítica Romanística,* 124, comparte la opinión de Liebs de que el término *epitomae* "no debe entenderse en el sentido de resúmenes (un resumen, aunque abrevie, pretende ser completo), sino de selecciones o lecturas selectas".

[166] MOLLÁ, *s.v. Aurelio Hermogeniano,* en *Juristas Universales* I, AAVV, a cargo de Rafael Domingo, Madrid 2004, 217.

juristas se extractan de los textos y pasan a ser fragmentos y pasajes independientes.

1.4. Correcciones de F_2

Las correcciones de F_2 para unir textos y, en ocasiones, la ausencia de signos que indiquen la conclusión de una ley, evidencian que determinados fragmentos son parte del anterior.

Por el contrario, otras correcciones, que consisten en separar leyes, suponen que lo que en F_1 son simples citas, en F_2 pasan a ser auténticas inscripciones[167]. Algunas de estas correcciones no han sido incorporadas por Mommsen.

Para este autor prevalece F_1 sobre F_2 :

F_1	F_2
D.14,4,3 *Ulpianus libro vicensimo nono ad edictum* D.14,4,4 *Paulus libro trigensimo ad edictum*	D.14,4,3 *Ulpianus libro vicensimo nono ad edictum* D.14,4,4 *Iulianus libro duodecimo digestorum* D.14,4,5 *Paulus libro trigensimo ad edictum*
D.15,3,13 *Ulpianus libro vicensimo nono ad edictum* D.15,3,14 *Iulianus libro undecimo digestorum*	D.15,3,13 *Ulpianus libro vicensimo nono ad edictum* D.15,3,14 *Ulpianus libro secundo disputationum*

---

167 REINOSO-BARBERO, *Inscripciones inciertas y falsas inscripciones en la Florentina,* cit., 403, apunta que algunas correcciones plantean dudas sobre si los correctores utilizaron el mismo original que los escribas. Considera mejor la información de los correctores en algunos casos como, por ejemplo, cuando corrigen las siguientes inscripciones: D.32,15 (*Marcianus - Maecianus*), D.32,16 (*Papinianus - Pomponius)*, D.32,17 (*Marcianus - Maecianus*), D.32,19 (*Clemens - Valens*) y D.32,20 (*Papinianus – Ulpianus).*

D.15,3,15 *Ulpianus libro secundo disputationum*	
D.18,5,3 *Paulus libro trigensimo tertio ad edictum* D.18,5,4 *Libro octavo digestorum Iuliani Paulus notat* D.18,5,5 *Iulianus libro quinto decimo digestorum*	D.18,5,3 *Paulus libro trigensimo tertio ad edictum* D.18,5,4 *Iulianus libro quinto decimo digestorum*
D.47,11,7 *Ulpianus libro nono de officio proconsulis* D.47,11,8 *Ulpianus eodem libro*	D.47,11,7 *Ulpianus libro nono de officio proconsulis*
D.47,11,9 *Ulpianus eodem libro* D.47,11,10 *Ulpianus eodem libro*	D.47,11,9 *Ulpianus eodem libro*
D.50,7,2 *Ulpianus libro secundo opinionum* D.50,7,3 *Ulpianus ex eodem libro* D.50,7,4 *Africanus libro tertio quaestionum*	D.50,7,2 *Ulpianus libro secundo opinionum* D.50,7,3 *Africanus libro tertio quaestionum*

En la primera secuencia, F_2 emancipa la cita de *Iulianus libro duodecimo digestorum* del texto D.14,4,3 *Ulpianus libro vicensimo nono ad edictum,* y lo convierte en un texto autónomo (D.14,4,4) por lo que el siguiente de *Paulus libro trigensimo ad edictum* pasa a ser D.14,4,5. Mommsen no considera esta corrección y no incorpora el texto de Juliano, manteniendo la propuesta de los comisarios.

En la secuencia segunda sucede curiosamente lo contrario, lo que evidencia un distinto criterio seguido tanto por F_1 como por F_2. El corrector incorpora el texto D.15,3,14, con inscripción *Iulianus libro undecimo digestorum,* al texto anterior D.15,3,13 de *Ulpianus libro vicensimo nono ad edictum.* Es decir, lo que sucede en este caso es: lo que en F_1 es una obra el corrector lo considera una cita del texto anterior, es decir, de Ulpiano.

En la tercera secuencia, sucede algo similar a la anterior, si bien se da la circunstancia extraordinaria según la cual el texto donde actúa el corrector tiene por *inscriptio* una nota de Paulo a los *Digesta* de Juliano, pues o bien podría haber sido emancipada por los comisarios del texto anterior, precisamente es un texto de Paulo. Quizá esta nota de Paulo se recogiera en la propia obra de este jurista.

En otros casos Mommsen hace prevalecer F_2 sobre F_1 e incorpora las correcciones en sus ediciones de *Digesta (Editio Maior et editio minor).* Advertimos que, en ocasiones, en idénticos supuestos, el autor alemán unas veces considera F_2 y otras veces no.

F_1	F_2
D.3,5,5 *Ulpianus libro decimo ad edictum* D.3,5,6 *Iulianus libro tertio digestorum* D.3,5,7 *Paulus libro nono ad edictum*	D.3,5,5 *Ulpianus libro decimo ad edictum* D.3,5,6 (7) *Paulus libro nono ad edictum*
D.3,5,8 *Ulpianus libro decimo ad edictum* D.3,5,9 *Iulianus libro tertio* D.3,5,10 *Scaevola libro primo quaestionum*	D.3,5,7(8) *Ulpianus libro decimo ad edictum* D.3,5,8(9) *Scaevola libro primo quaestionum*
D.7,1,13 *Ulpianus libro octavo decimo ad Sabinum* D.7,1,14 *Iulianus libro trigensimo octavo digestorum* D.7,1,15 *Iulianus libro trigensimo octavo digestorum* D.7,1,16 *Paulus libro tertio ad Sabinum*	D.7,1,13 *Ulpianus libro octavo decimo ad Sabinum* D.7,1,14 *Paulus libro tertio ad Sabinum*
D.14,2,9 *Volusius M<a>ecianus ex lege Rhodia* (se cita a *Labeo*)	D.14,2,9 *Volusius M<a>ecianus ex lege Rhodia*

	D.14,2,10 *Labeo libro primo pithanon a Paul<o> epitomatorum*
D.14,3,19 *Papinianus libro tertio responsorum* (se cita a *Scaevola*)	D.14,3,19 *Papinianus libro tertio responsorum* D.14,3,20 *Scaevola libro quinto digestorum*
D.18,3,4 *Ulpianus libro trigensimo secundo ad edictum* D.18,3,5 *Papinianus libro tertio responsorum* D.18,3,6 *Neratius libro quinto membranarum*	D.18,3,4 *Ulpianus libro trigensimo secundo ad edictum* D.18,3,5 *Neratius libro quinto membranarum*
D.18,6,10 *Ulpianus libro octavo disputationum.* D.18,6,11 *Alfenus Varus libro secundo digestorum*	D.18,6,10 *Ulpianus libro octavo disputationum.* D.18,6,11 *In libro septimo digestorum Iuliani Scaevola notat* D.18,6,12 (11) *Alfenus Varus libro secundo digestorum*
D.27,9,13 *Paulus libro singulari ad orationem divi Severi* D.27,9,14 *Papinianus libro quinto responsorum* D.27,9,15 *Paulus libro nono responsorum*[168]	D.27,9,13 *Paulus libro singulari ad orationem divi Severi* D.27,9,14 *Paulus libro nono responsorum*
D.30,49 *Ulpianus libro vicesimo tertio ad Sabinum* D.30,50 *Iulianus libro trigesimo nono digestorum* D.30,51 *Ulpianus libro vicesimo quarto ad Sabinum*	D.30,49 *Ulpianus libro vicesimo tertio ad Sabinum* D.30,50 *Ulpianus libro vicesimo quarto ad Sabinum*

---

[168] En este caso, además de la línea *traducta* al finalizar el primer texto para incorporar el de Papiniano, los correctores escriben el pronombre *idem* encima del nombre de *Paulus* en el segundo texto.

D.32,55 *Ulpianus libro vicesimo quinto ad Sabinum* D.32,56 *Idem libro secundo* D.32,57 *Paulus libro quarto ad Sabinum*	D.32,55 *Ulpianus libro vicesimo quinto ad Sabinum* D.32,56 *Paulus libro quarto ad Sabinum*
D.39,1,5 *Ulpianus libro quinquagensimo secundo ad edictum* D.39,1,6 *Iulianus libro quadragensimo nono digestorum* D.39,1,7 *Iulianus libro quadragensimo primo digestorum*	D.39,1,5 *Ulpianus libro quinquagensimo secundo ad edictum* D.39,1,6 *Iulianus libro quadragensimo primo digestorum*

1.5. La reconstrucción de Lenel: *Celsus*, *Iavolenus* et *Iulianus*

Lenel propone algunas reconstrucciones de textos que consisten en incorporarlos al texto anterior o al siguiente, como si se tratara de una cita, e incluso, en ocasiones, a un texto que se aparta de la secuencia, o bien se encuentra en otro Título[169]. Es decir, parece admitir que el compilador ha realizado, lo que hemos venido llamando, la emancipación de autores y él invierte esta tarea, transformando la *inscriptio,* y con ella el texto nuevamente en una cita.

- *Celsus*

De las reconstrucciones de Lenel, una consiste en incorporar un texto de Celso (D.31,15 *Celsus libro sexto digestorum*) a uno de Ulpiano (D.12,6,26 *Ulpianus libro vicensimo sexto ad edictum*) donde aparece citado el libro sexto de *Celsus.*

[169] La relación que ofrecemos no es exhaustiva. Referimos, simplemente, algunas reconstrucciones de este autor.

Otra corrección consiste: primero, en unir dos textos de Ulpiano entre los que se encuentra el de Celso, y luego incorporar este último. Según esta propuesta no se produciría la desviación de masas [S] [E] [S] Las secuencias serían:

F	Lenel
D.15,1,5 *Ulpianus libro vicensimo nono ad edictum* [S]	D.15,1,5 *Ulpianus libro vicensimo nono ad edictum* (incorporaría D.15,1,7 y luego D.15,1,6) [S]
D.15,1,6 *Celsus libro sexto digestorum* [E]	
D.15,1,7 *Ulpianus libro vicensimo nono ad edictum* [S]	

Igualmente propone la incorporación de un texto de Celso (D.23,2,22 *Celsus libro quinto decimo digestorum*) a otro de Ulpiano (D.29,2,6 *Ulpianus libro sexto ad Sabinum*) en el que se cita el *libro quinto digestorum* de ese jurista.

- *Iavolenus*

Propone la incorporación de un texto de Javoleno (D.15,3,9 *Iavolenus libro duodecimo ex Cassio*) a otro de Ulpiano (D.15,3,7 *Ulpianus libro vicensimo nono ad edictum*). Entre ambos está un texto breve de Paulo, que mantiene a continuación. Las secuencias serían:

F	Lenel
D.15,3,7 *Ulpianus libro vicensimo nono ad edictum*	D.15,3,7 *Ulpianus libro vicensimo nono ad edictum* (Incorporaría D.15,3,9)
D.15,3,8 *Paulus libro trigensimo ad edictum*	D.15,3,8 *Paulus libro trigensimo ad edictum*
D.15,3,9 *Iavolenus libro duodecimo ex Cassio*	

- *Iulianus*

En relación con la obra de *Iulianus* comprobamos que el autor alemán completa 3 de los textos de la obra *ad Urseium Ferocem,* añadiendo una primera parte inicial con los textos precedentes, de Ulpiano, Paulo y nuevamente Ulpiano. Se da la circunstancia de que los textos posteriores proceden del mismo jurista, libro y obra que el anterior, es decir, igualmente de Ulpiano, Paulo y Ulpiano, por lo que no debe descartarse que aquéllos de Juliano sean simples citas de estos juristas[170], y que la secuencia de cada uno de estos tres textos debiera ser, en realidad, un solo fragmento.

1) D.10,3,5 se completa con el texto anterior de *Ulpianus,* que procede del *libro nono ad edictum*, en D.10,3,4,4[171]. El texto posterior (D.10,3,6) pertenece a la misma obra de Ulpiano, por lo que se produciría una desviación de orden conforme a la teoría de las masas, puesto que la secuencia sería entre estos tres textos: [E] [S] [E].

D.10,3,4 *Ulpianus libro nono ad edictum* [E]
D.10,3,5 *Iulianus libro secundo ad Urseium Ferocem* [S]
D.10,3,6 *Ulpianus libro nono ad edictum* [E]

Nuestra propuesta, a partir, de esta reconstrucción de Lenel sería incorporar el texto de Juliano al de Ulpiano que le precede lo que supondría la necesaria omisión de la *inscriptio* del segundo texto de este último jurista, pues los tres fragmentos formarían uno solo[172]. A favor de esta tesis hemos de comentar que el parágrafo

---

[170] *Vid.,* LENEL, *Palingenesia Iuris Civilis* I, cit., col. 493, 898.

[171] *Vid.,* LENEL, *Palingenesia Iuris Civilis* I, cit., col. 493, 897.

[172] Esto que no pasa de ser una hipótesis podría responder a la intención de aparentar un trabajo mayor (que había exigido la lectura de más obras) y más completo por parte de los compiladores, lo que por otro lado parece evidente.

12 del último de estos textos (D.10,3,6,12[173]) recoge una referencia a una nota de Juliano a *Urseius*.

2) D.18,6,14 se completa también con el texto anterior que pertenece a *Paulus libro tertio Alfeni epitomatorum,* e igualmente el texto siguiente es de la misma obra de Paulo, aunque la *inscriptio* presenta dos variantes que consisten en invertir el orden del nombre de jurista con respecto a la obra y en la diferente mención de ésta: *Alfeni epitomarum* por *epitomatorum Alfeni.* La única diferencia con el supuesto anterior es que no se produce ninguna desviación en el orden de las masas, ya que los tres pertenecen a la masa Sabiniana.

D.18,6,13 *Paulus libro tertio Alfeni epitomarum* [S]
D.18,6,14 *Iulianus libro tertio ad Urseium Ferocem* [S]
D.18,6,15 *Paulus libro tertio epitomatorum Alfeni* [S]

3) D.19,2,10 se completa con el último texto del párrafo anterior, de *Ulpianus libro trigesimo secundo ad edictum* del que procede también el fragmento siguiente. De este último texto, se advierte en la *inscriptio* que la mención de obra supone una variante, puesto que aparece citada de forma incompleta: *ad Ferocem* en lugar de *Ad Urseium Ferocem,* y sin indicación del libro, lo que es un argumento más a favor de que proceda de la cita del jurista que le precede en el orden de secuencias.

D.19,2,9 *Ulpianus libro trigesimo secundo ad edictum* [S]
D.19,2,10 *Iulianus libro ad Ferocem* [S]
D.19,2,11 *Ulpianus libro trigesimo secundo ad edictum* [S]

4) En relación con los *libri Digestorum* de este mismo jurista puede mencionarse, en primer lugar, la incorporación de D.12,2,12

[173] *Vid.*, LENEL, *Palingenesia Iuris Civilis* I, cit., col. 493, 898.

Iulianus libro nono digestorum a D.12,2,11 *Ulpianus libro vicensimo secundo ad edictum*, donde se cita a Juliano.

Al texto de Juliano le sigue otro de Ulpiano, del mismo libro y obra, por lo que consideramos que los tres textos que forman la secuencia, y en la que se produce una desviación de las masas [E] [S] [E], pudieran formar uno solo fragmento.

D.12,2,11 *Ulpianus libro vicensimo secundo ad edictum* [E]
D.12,2,12 *Iulianus libro nono digestorum* [S]
D.12,2,13 *Ulpianus libro vicensimo secundo ad edictum* [E]

5) Otra reconstrucción similar es la que propone Lenel con una secuencia de cuatro textos de la masa Sabiniana. Incorpora a D.15,1,11 *Ulpianus libro vicensimo nono ad edictum* dos textos de Juliano y otro del propio jurista En estos dos textos de Ulpiano se cita el libro *duodecimo digestorum* de Juliano.

D.15,1,11 *Ulpianus libro vicensimo nono ad edictum*
D.15,1,12 *Iulianus libro duodecimo digestorum*
D.15,1,13 *Ulpianus libro vicensimo nono ad edictum*
D.15,1,14 *Iulianus libro duodecimo digestorum*

1.6. Citas en textos del propio autor de la obra

El nombre del jurista que figura en la *inscriptio* como autor del fragmento, aparece citado, a veces, en nominativo y va acompañado de los verbos *notare*, *putare* y *respondere*, en tercera persona. Este último verbo aparece generalmente en pretérito. En otros casos, como sucede con Celso y Próculo, se recoge como deseo de salud al otro (era el saludo ordinario romano). Sin embargo, bien podría indicar que la inscripción no refleje la verdadera procedencia del fragmento, me refiero a la obra extractada.

Los ejemplos seleccionados, y que de estos juristas suponen una relación exhaustiva, son:

Jurista	Obra	Textos donde se cita al jurista y forma en la que aparece citado
Iulianus	*Ad Urseium Ferocem*	*Iulianus notat*: D.23,3,48,1; 30,104,1; 46,3,36 *Iulianus putat*: D.16,1,16,1
	Ad Minicium	*Iulianus notat*: D.6,1,61; 33,3,1 *Iulianus putat*: D.17,1,33 *Iulianus respondit*: D.3,3,76; 46,8,23
	Digesta	*Iulianus*: D.30,82,3; 30,92pr.; 37,6,3,1; 46,8,22,5
Papinianus	*Quaestiones*	*Papinianus*: D.18,1,72,1[174]; 22,1,1,3[175]; 38,2,42pr. [176]
Proculus	*Epistularum*	*Proculus respondit*: D.8,2,13; 12,6,53; 18,1,69; 23,4,17; 31,47; 41,1,56pr.1; 45,1,113pr.1 *Proculus*: D.28,5,70; 50,16,125 *Proculus salutem*: D.23,3,67; 31,47; 31,48pr.
Neratius	*Responsa*	*Neratius*: D.39,6,43
Iavolenus	*ex posterioribus Labeonis*	*Iavolenus*: D.40,12,42
Celsus	*Digesta*	*Celsus respondit*: D.8,6,6,1; 31,30

174 En este fragmento se recoge una nota de Paulo (D.18,1,72pr.)

175 En este fragmento se recoge una nota de Paulo (D.22,1,1,2)

176 En este texto se recoge una nota de Paulo

		Celsus salutem: D.28,1,27; 29,7,18 *Celsus*: D.31,22
Pomponius	*Ad Quintum Mucium*	*Pomponius*: D.9,2,39,1; 19,1,40; 33,1,7; 34,2,10; 34,2,34
	Epistularum	*Pomponius putat*: D.26,7,61
	Ex variis lectionibus	*Pomponius refert*: D.28,5,42
Marcellus	*Digesta*	*Marcellus respondit*: D.8,2,10
	Responsa	*Marcellus respondit:* D.13,5,24; 13,7,34; 17,1,38pr.; 24,3,38; 26,7,21; 39,6,28; 40,5,56; 46,1,24; 46,3,48; 28,5,54; 29,1,25; 30,123pr.1; 32,69,1; 34,2,6pr.-2; 35,1,36pr.1
Scaevola	*Digesta*	*Scaevola respondit*: D.32,41,13; 36,1,78; 50,16,243
	Responsa	*Scaevola respondit*: D.37,14,18; 39,3,26 *Scaevola*: D.31,88
	Quaestiones	*Scaevola putat*: D.3,5,8 *Scaevola*: D.37,6,10
Paulus	*Ad Neratium*	*Paulus notat*: D.24,1,63 *Paulus*: D.7,8,23; 15,1,56; 16,1,31; 17,1,61; 33,7,24; 34,1,23; 35,1,96; 35,1,97; 40,2,24; 45,1,140,1; 46,2,32; 47,19,6
	Ad Plautium	*Paulus*: D.34,2,8; 35,1,43; 35,1,44,10; 35,2,49pr.

Quaestiones	*Paulus*: D.35,1,81; 35,2,22; 40,13,4; 45,3,20,1; 46,1,71pr.
Responsa	*Paulus respondit*: D.1,5,11; 2,8,14; 3,2,21; 3,3,69; 5,1,49pr.; 8,3,37; 10,2,38; 16,1,29pr.1; 16,3,26; 16,3,27; 17,1,59,1-4.6; 19,2,54pr.-2; 20,1,29pr.2; 20,6,11; 20,6,12pr.; 21,1,58pr-2 ; 21,2,11pr.; 21,2,73; 22,1,12; 22,1,14pr.1; 23,3,72pr.-2; 24,1,57; 24,3,49,1; 26,1,12; 26,2,32pr.-2; 26,7,46pr.-2.4-6; 27,7,8,1; 27,9,14; 28,2,25pr.1; 28,6,45,1; 29,2,92; 29,5,22; 31,86pr.1; 31,87pr.2.4; 33,1,12; 33,2,28; 33,7,19,1; 34,1,12; 34,2,35pr.1; 34,5,4; 35,1,83; 35,1,84; 36,1,50; 36,1,63; 37,1,15; 37,6,11; 37,10,13; 38,2,46; 38,2,47pr.-4; 40,1,23; 40,4,53; 40,5,39pr.; 40,5,40pr.1; 40,12,38pr.2.3; 41,7,8; 42,1,42; 42,1,43; 44,2,31; 44,3,12; 44,4,14; 44,7,29; 46,1,59; 46,3,100; 46,3,101pr.1; 48,5,41pr.1; 48,10,16,1; 48,16,5; 49,8,2pr; 49,8,3pr.; 50,1,21pr.1; 50,5,9,1; 50,7,9,2; 50,7,10; 50,16,221
Epitomatorum Labeonis pithanorum	*Paulus*: D.6,1,78; 6,1,79; 8,5,21; 14,2,10pr.-2; 18,4,25; 19,1,53pr.-2; 19,1,54pr.; 19,2,62; 22,3,28; 23,3,84; 32,31; 33,4,13; 33,7,5; 33,7,29; 38,2,51; 40,7,41pr.; 41,1,65pr.-3; 41,3,49; 43,16,20; 44,1,23; 46,3,91; 46,4,23; 47,2,92; 49,15,28; 49,15,29; 49,15,30; 50,16,244

Modestinus	*Responsa*	*Modestinus respondit* : D.1,5,22; 2,14,35; 3,5,25; 3,5,26pr.; 4,4,29,1.2; 10,2,30; 13,7,39; 19,1,39; 20,1,26pr.-2; 20,6,9pr.1; 21,2,63pr.-2; 22,1,41pr.-2; 22,1,42; 22,1,43; 22,3,15; 23,3,62; 26,7,32pr.-2.4.6.7; 27,1,16; 27,8,8 ; 28,5,62; 28,7,27pr.1; 31,33,1; 31,34pr.-3.5-7; 33,1,5; 33,1,6; 34,1,4pr.1; 34,1,5; 34,3,20pr.1; 34,4,19; 35,1,66; 37,14,12; 38,8,8; 39,5,23pr.1; 40,4,44; 40,5,14; 42,1,27; 42,1,28; 44,1,10; 44,1,11; 45,1,102; 46,3,76; 47,2,73; 48,16,17; 49,1,18; 49,14,9; 50,1,36pr.1; 50,2,10; 50,12,10; 50,16,105

Igualmente hay numerosos textos en los que se recoge el verbo *respondere* en tiempo pretérito y en tercera persona, sin que se mencione al jurista que figura en la *inscriptio* pero claramene referido a él. García-Garrido, tras proceder a la exégesis de varios textos, en los que se da la circunstancia aludida, atribuye la respuesta a un tercer jurista. Así, en D.19,2,27 y 19,2,31 donde Alfeno recoge una opinión de Servio.

Este verbo, en este tiempo y modo verbal forma parte de numerosas expresiones que son detectadas en *Digestorum Similitudines* y son consideradas como cláusulas de estilo, así:

Respondit eum cuius notio est aestimaturum (2 textos de Escévola)[177]
Respondit eum cuius notio est aestimaturum, ut (2 textos de Escévola)[178]

---

[177] *Vid.*, GARCÍA-GARRIDO & REINOSO-BARBERO, *Digestorum Similitudines*, XI vols., Madrid 1994, simil. 7492.

[178] *Ibidem*, simil. 7493.

Respondit eum, de quo (2 textos de Escévola)[179]
Respondit ex his, quae (1 texto de Escévola, 1 de Paulo)[180]
Respondit nihil proponi, cur (28 textos de Escévola, 2 de Paulo, 4 de Modestino)[181]
Respondit nihil proponi cur non (17 textos de Escévola, 1 de Paulo, 2 de Modestino)[182]
Respondit nihil proponi cur non sit (2 textos de Escévola)[183]
Respondit: non dubito, quin (4 textos de Javoleno)[184]
Respondit non esse liberum (1 texto de Africano, 1 de Alfeno Varo)[185]
Respondit posse,agi cum (2 textos de Alfeno Varo)[186]
Respondit posse, item quaero (2 textos de Escévola)[187]
Respondit secundum ea quae (83 textos de Escévola, 4 de Paulo, 2 de Marcelo)[188]
Respondit secundum ea quae proponerentur (72 textos de Escévola, 1 de Paulo)[189]
Respondit secundum ea quae proponerentur deberi (4 textos de Escévola)[190]
Respondit secundum ea quae proponerentur non (23 textos de Escévola)[191]
Respondit secundum ea quae proponerentur non deberi (3 textos de Escévola)[192]
Respondit secundum ea quae proponerentur non esse (3 textos de Escévola)[193]
Respondit secundum ea quae proponerentur non posse (3 textos de Escévola, 1 de Paulo)[194]

---

[179] *Ibidem*, simil. 7494.

[180] *Ibidem*, simil. 7495.

[181] *Ibidem*, simil. 7496.

[182] *Ibidem*, simil. 7497.

[183] *Ibidem*, simil. 7498.

[184] *Ibidem*, simil. 7499.

[185] *Ibidem*, simil. 7500.

[186] *Ibidem*, simil. 7501.

[187] *Ibidem*, simil. 7502.

[188] *Ibidem*, simil. 7503.

[189] *Ibidem*, simil. 7504.

[190] *Ibidem*, simil. 7505.

[191] *Ibidem*, simil. 7506.

[192] *Ibidem*, simil. 7507.

[193] *Ibidem*, simil. 7508.

[194] *Ibidem*, simil. 7509.

Respondit secundum ea quae proponerentur non videri (5 textos de Escévola)[195]
Respondit secundum ea quae proponerentur posse (6 textos de Escévola)[196]
Respondit secundum ea quae proponerentur... secundum ea quae proponerentur (3 textos de Escévola)[197]
Respondit secundum ea quae proponerentur... secundum ea quae proponerentur recte (2 textos de Escévola)[198]
Respondit secundum ea quae proponerentur, si (2 textos de Escévola)[199]
Respondit secundum ea quae proponerentur teneri (2 textos de Escévola)[200]
Respondit secundum ea quae proponerentur videri (6 textos de Escévola)[201]
Respondit secundum ea quae proponuntur (3 textos de Escévola, 2 de Paulo)[202]
Respondit . Sed et si (1 texto de Ulpiano, 1 de Africano)[203]
Respondit si convenisset, ut (1 texto de Escévola, 1 deJuliano)[204]
Respondit, si eam pecuniam (3 textos de Paulo, 1 de Javoleno)[205]
Respondit si is qui (2 textos de Escévola, 2 de Paulo)[206]
Respondit, si nihil es (1 texto de Africano, 1 de Alfeno Varo)[207]
Respondit, si prius, quam (2 textos de Escévola)[208]
Respondit verba qua proponerentur (2 textos de Escévola)[209]
Respondit verbis quae proponerentur (7 textos de Escévola)[210]
Respondit verbis quae proponerentur id (2 textos de Escévola)[211]

---

[195] *Ibidem*, simil. 7510.

[196] *Ibidem*, simil. 7511.

[197] *Ibidem*, simil. 7512.

[198] *Ibidem*, simil. 7513.

[199] *Ibidem*, simil. 7514.

[200] *Ibidem*, simil. 7515.

[201] *Ibidem*, simil. 7516.

[202] *Ibidem*, simil. 7517.

[203] *Ibidem*, simil. 7518.

[204] *Ibidem*, simil. 7519.

[205] *Ibidem*, simil. 7520.

[206] *Ibidem*, simil. 7521.

[207] *Ibidem*, simil. 7522.

[208] *Ibidem*, simil. 7523.

[209] *Ibidem*, simil. 7524.

[210] *Ibidem*, simil. 7524.

1.7. Ausencia de citas de juristas de los libros de los que faltan textos de algunos autores

Es llamativa la ausencia de referencias o citas precisamente de los libros (ordinales) de determinados juristas de los que no existe ningún texto en *Digesta*. Principalmente si tenemos en cuenta que gran parte de la obra de estos juristas se conoce, por las referencias de otros autores. Esta circunstancia se aprecia, especialmente, en los *digesta* de Juliano, Celso y Marcelo.

En Juliano vemos que la obra *Digestorum* se conoce, además de por los textos en los que figura este jurista en la inscripción, por las citas de Ulpiano, Paulo y, en menor medida, por las de Gayo y Pomponio. Sin embargo, resulta llamativo que de los libros de esta obra que no figuran en las inscripciones, tampoco existan referencias de ningún jurista. Así de los libros: 66, 67, 71, 72, 74, 76 y 79. Igualmente observamos que no suele haber referencias a los libros de los que hay una o dos inscripciones.

En los *Digesta* de Celso sucede algo similar. Hay numerosas referencias de Ulpiano, la mayor parte de ellas con indicación del libro y obra, y en menor número de Paulo, Marciano y Pomponio. En este caso, sólo es un libro el que falta (libro 30) pero también resulta curioso que no se mencione este libro en las obras de estos juristas.

A los *Digesta* de *Marcellus* se refiere en numerosas ocasiones Ulpiano y en algunas Paulo y Marciano y en muchas de estas referencias con mención expresa de los libros. También comprobamos este hecho en relación con los libros 2, 29, 20 y 31.

---

[211] *Ibidem*, simil. 7526.

Esta circunstancia también se puede comprobar en *Neratius libri responsorum* (falta el libro 3); *Scaevola libri quaestionum* (faltan los libros 3, 7, 10,11, 15, 17 y 20).

Estas ausencias podrían evidenciar que las inscripciones de estos juristas procedan precisamente de referencias de terceros autores, y que se hayan producido, una vez que ha tenido lugar, la emancipación del jurista.

1.8. Obras jurisprudenciales de un solo texto en Digesto

Hay varias obras de las que únicamente se extractan uno o dos textos. Recogemos la relación de obras de las que hay un solo texto en Digesto, con indicación del mismo:

Iulianus liber ad edictum (D.3,2,1) [S]
Papinianus liber de cura urbis (D.43,10,1) [E]
Proculus libri III ex posterioribus Labeonis (D.33,6,16) [A]
Alburnius Valens libri VII actionum (D.36,4,15) [A]
Maecianus ex lege Rhodia (*Volusius*) (D.14,2,9) [S]
Mauricianus libri II de poenis (D.2,13,3) [E]
Marcellus libri II publicorum (D.3,2,22) [S]
Marcellus libri de officio praesidis (D.4,4,43) [S]
Gaius l. sing. regularum (D.1,7,21) [P]
Gaius ad edictum praet. urbani titulo de aquae pluviae arcendae (D.39,3,13) [E]
Gaius l. sing. de tacitis fideicommissis (D.34,9,23) [P]
Gaius l. sing. ad legem Glitiam (D.5,2,4) [E]
Gaius ad edictum praetoris urbani titulo de praediatoribus (D.23,3,54) [E]
Gaius ad edictum praetoris urbani titulo qui neque sequantur neque ducantur (D.50,16,48) [E]
Gaius ad edictum praetoris urbani titulo de operis novi nuntiatione (D.39,1,9) [E]
Gaius l. sing. ad SC Orfitianum (D. 38,17,9) [P]
Gaius l. sing. ad SC Tertullianum (D.38,17,8) [P]
Ulpianus l. sing. de officio praefecti vigilum (D.1,15,2) [P]
Ulpianus l. sing. de officio consularium (D.12,1,25) [S]

Ulpianus l. sing. excusationum (D.27,1,7) [E]
Ulpianus l. sing. pandectarum (D.40,12,34) [S]
Paulus l. sing. ad legem Cinciam (D.1,3,29) [E]
Paulus l. sing. de officio praefecti urbi (D.1,12,2) [P]
Paulus l. sing. de intercessionibus feminarum (D.16,1,24) [S]
Paulus l. sing. ad SC Velleianum (D.16,1,23) [S]
Paulus l. sing. de iuris et facti ignorantia (D.22,6,9) [P]
Paulus l. sing. de usuris (D.22,1,17) [P]
Paulus l. sing. de forma testamenti (D.32,98) [P]
Paulus libri I de iure fisci (D.34,9,5) [E]
Paulus l. sing. de senatus consultis (D.36,1,27) [S]
Paulus l. sing. de conceptione formularum (D.44,1,20) [S]
Paulus l. sing. de articulis liberalis causae (D.40,12,41) [P]
Paulus l. sing. de gradibus et adfinibus et nominibus eorum (D.38,10,10) [P]
Paulus l. sing. de articulis liberalis causa (D.40,12,33) [S]
Paulus libri V responsorum Papiniani (D.42,8,16) [P]
Paulus l. sing. ad regulam Catonianam (D.49,17,20) [P]
Paulus l. sing. de adulteriis (D.48,16,16) [S]
Paulus libri II de censibus (D.50,15,8) [E]
Paulus l. sing. de dotis repetitione (D.50,17,68) [S]
Paulus l. sing. de iure libellorum (D.50,7,12) [P]
Paulus l. sing. de de tacitis fideicommissis (D.50,16,229) [P]
Marcianus libri VII digestorum (D.23,5,17) [E] ¿Marcellus?
Marcianus l. sing. ad SC Turpillianum (D.48,16,1) [P]
Aelius Gallus Liber I de verborum quae ad ius pertinent significatione (D.50,16,157) [E]
Modestinus l. sing. de inofficioso testamento (D.5,2,9) [E]
Modestinus libri IV de praescriptionibus (D.45,1,101) [E]
Modestinus l. sing. de differentia dotis (D.23,3,13) [E]
Arcadius Charisius l. sing. de officio praefecti praetorio (D.1,11,1) [P]
Arcadius Charisius l. sing. de muneribus civilibus (D.50,4,18) [P]
Rutilius Maximus l. sing. ad legem Falcidiam (D.30,125) [S]
Claudius l. sing. de poenis paganorum (D.48,19,16) [S]

Es cierto que muchas de estas obras cuentan con un único libro, si bien alguna de ellas tiene varios libros, por lo que considero que los comisarios, de haber contando con ellas, materialmente, éstas habrían sido más y mejor utilizadas.

Son muchas y muy variadas las circunstancias que acreditan la utilización de distintos ejemplares de una misma obra por parte de los comisarios para la extracción de los textos. Asimismo queda, también, evidenciada la emancipación de autores desde las citas que hacían otros juristas, lo que supone que muchas de las obras que figuran en las inscripciones no fueron utilizadas directamente por los compiladores. Se trataba de cumplir las instrucciones de Justiniano de hacer figurar en la inscripción al verdadero autor de la sentencia con preferencia sobre el autor de la obra que recogía la cita del jurista.

2. *Index Auctorum*

Justiniano testimonia que para la elaboración de *Digesta* se han utilizado las obras de numerosos autores. Declara ser una tarea mayor y más complicada, que la que se ha realizado con la redacción del *Codex*, tanto por el número de libros de los autores y la dispersión de los mismos[212], como por las contradicciones y el desorden en que se encuentran las obras[213]. Da instrucciones, a su colaborador Triboniano, de que se recopilen y corrijan las respuestas de los juristas[214].

El emperador aclara, con insistencia, que se han realizado modificaciones y resuelto antinomias en las obras de estos juristas,

---

[212] C. *Deo auctore*,2: *... cum ex paucis et tenuioribus releuati ad summam et plenissimam iuris emendationem peruenire properaremus, et omnem Romanam sanctionem et colligere et emendare, et tot auctorum dispersa uolumina uno codice indita ostendere, quod nemo neque sperare neque optare ausus est, res quidem nobis difficillima, immo magis impossibilis uidebatur. ...*

[213] *C. Tanta,*1: *... Postea uero maximum opus aggredientes ipsa uetustatis studiosissima opera, iam paene confusa et dissoluta, eidem uiro excelso permisimus tam colligere, quam certo moderamini tradere...*

[214] Procopio de Cesarea, Historia de las Guerras I, 24, 16: señala que el nivel cultural de Triboniano era adecuado si bien era persona muy codiciosa lo que le llevaba *a vender la justicia por su lucro personal.*

de forma que toda la legislación anterior queda derogada y que todo el derecho que se recoge en la obra realizada procede de Su autoridad[215]. Por esta razón, prohíbe el cotejo y que se indaguen los desacuerdos entre las decisiones de los juristas incluidos y su Digesto[216]. No obstante, esta prohibición, dispone que se inserte al comienzo de la obra un índice que contenga la relación de autores y obras utilizados.

Da instrucciones precisas para que se proceda a la lectura de aquellos juristas que habían gozado de la *auctoritas* de los príncipes para redactar e interpretar las leyes y se descarte al resto de autores. La justificación que esgrime para la no inclusión de esos juristas es que no se iba a dar vigencia, en esta obra, a aquéllos cuyas obras no fueron anteriormente citadas ni usadas por nadie[217]. En este sentido, gran parte de la doctrina mantiene que Justiniano se está refiriendo a los juristas que gozaron del *ius respondendi*[218],

---

[215] Nuevamente se refiere en su obra, que la ha promulgado para enmendar el Derecho, al indicar a Triboniano que tiene que tener en cuenta esas mismas enmendaciones al redactar las Instituciones. *Vid. C. Tanta* 11: *Admonuimus autem eos, ut memores etiam nostrarum fiant constitutionum, quas pro emendatione iuris promulgauimus, et in confectione Institutionum etiam eadem emendatione ponere non morentur...*

[216] *C. Tanta,*19: *Hasce itaque leges et adorate et obseruate, omnibus antiquioribus quiescentibus, nemoque uestrum audeat uel comparare eas prioribus, uel, si quid dissonans in utroque est, requirere, quia omne, quod hic positum est, hoc unicum et solum obseruari censemus. Nec in iudicio, nec in alio certamine, ubi leges necessariae sunt, ex aliis libris, nisi ab iisdem Institutionibus nostrisque Digestis et constitutionibus, a nobis compositis uel promulgatis, aliquid uel recitare uel ostendere conetur, nisi temerator uelit falsitatis crimini, subiectus una cum iudice, qui eorum audientiam patiatur, poenis grauissimis laborare; Vid.* también notas 3,5,6,9 y 12.

[217] C. *Deo auctore*,4: ... *Quia autem et alii libros ad ius pertinentes scripserunt, quorum scripturae a nullis auctoribus receptae nec usitatae sunt, neque nos eorum uolumina nostram inquietare dignamur sanctionem.*

[218] Sobre el alcance y vida del *ius publice respondendi* los autores han expresado distintas opiniones. Así, en AAVV, *Lineamenti di storia del diritto*

en mi opinión, en la directriz que da el emperador deben incluirse también aquellos juristas cuyas obras se permitieron alegar en juicio[219], si bien esta cuestión la trataré en relación con la

---

romano, a cargo de TALAMANCA, cit., 439 s.,, se señala que Augusto mediante este privilegio pretendía establecer relaciones de amistad con determinados juristas, que gozaban de mayor autoridad, sin embargo, con Adriano este privilegio deja de utilizarse ya que él utiliza la política de promociones individuales. Así, crea un organismo estable el "*consilium principis*". KRÜGER, *Geschichte der Quellen und Literatur des römischen Rechts*, cit., mantiene que Augusto introduce una innovación importante con la concesión de este privilegio, ya que consiguió una cierta influencia sobre los jurisconsultos principales. Para él, este reconocimiento tenía consecuencias en la administración de justicia ya que las decisiones que se contenían en los *responsa* de los juristas que gozaban de este privilegio eran vinculantes. En estas respuestas el jurista no tenía que motivar su opinión, únicamente se exigía que estuviesen escritas y selladas. KUNKEL, *Historia del Derecho Romano*, Barcelona 1994, 114, considera que si bien este reconocimiento se ha interpretado como un privilegio especial por el cual los juristas daban sus respuestas en nombre del emperador "juristas de la corona", en realidad era una medida más radical, puesto que únicamente las respuestas de los juristas que el Príncipe designara podían ser alegadas en juicio, por lo que se les dotaba de influencia directa sobre la administración de justicia. FERNÁNDEZ DE BUJÁN, A., *Derecho Público Romano. Recepción, jurisdicción y arbitraje*, Madrid 2004, 166, comparte la teoría de Wieacker de que únicamente consistía en una distinción que el Príncipe hacía a determinados juristas, sin que esto supusiera un derecho de exclusividad para dictaminar. Para Guarino la introducción del *ius publice respondendi* no supuso la exclusión de la actividad de *respondere* al resto de juristas que no gozaban de este privilegio, y si bien, sus *responsa* no tenían fuerza de ley, igualmente se podían alegar en juicio. *Vid*., GUARINO, *Storia del diritto romano*, Napoli 1981, 421.

[219] Prohíbe asimismo las obras que hubieran quedado en desuso porque únicamente quiere que se incluya el derecho que se usa en la práctica forense. C. *Deo auctore*,10: *Sed et si quae leges in ueteribus libris positae iam in desuetudinem abierunt, nullo modo uobis easdem ponere permittimus, cum haec tantummodo optinere uolumus, quae uel iudiciorum frequentissimus ordo exercuit, uel longa consuetudo huius almae urbis comprobauit,...;* A este respecto REINOSO-BARBERO, *Digesta Iustiniani Augusti. Introducción a su estudio,* en Revista General de Derecho Romano 4, 2005, hace una exposición acertadísima de los obstáculos existentes en la administración de la Justicia. Destaca *el que las fuentes del derecho se hubieran visto reducidas, al menos en*

participación de autores en Digesto. No obstante, finalmente, a la vista del resultado de la obra, esta prescripción no fue plenamente observada.

C. *Deo auctore*,4: *Iubemus igitur uobis, antiquorum prudentium, quibus auctoritatem conscribendarum interpretandaramque legum sacratissimi principes praebuerunt,...*

A pesar, de su insistencia en dejar claro que la obra no es una mera recopilación y que ha realizado una verdadera obra legislativa[220], declara su reverencia por los antiguos juristas y confirma que en las inscripciones se ha hecho constar el nombre de los autores de las leyes[221].

Con la declaración de este reconocimiento y reverencia hacia los juristas clásicos pretende dejar constancia de su actitud clasicista[222]. Sin embargo, no deja claro si las leyes se ha

---

la práctica, a las decisiones imperiales, lo cual facilitó la proliferación de colecciones privados. No obstante, es muy posible que se sucedieran las tentativas, tanto públicas como privadas, de compilar la jurisprudencia clásica.

220 Nuevamente se refiere en su obra, que la ha promulgado para enmendar el Derecho, al indicar a Triboniano que tiene que tener en cuenta esas mismas enmendaciones al redactar las Instituciones. *Vid. C. Tanta,*11: *Admonuimus autem eos, ut memores etiam nostrarum fiant constitutionum, quas pro emendatione iuris promulgauimus, et in confectione Institutionum etiam eadem emendatione ponere non morentur,...*

221 Esencialmente revelador, en el estudio de las inscripciones es la interesante aportación de Reinoso-Barbero. *Vid.* REINOSO-BARBERO, *Inscripciones inciertas y falsas inscripciones en la Florentina*, cit., 397 ss.

222 En este sentido, muchos autores sostienen que la obra en sí misma y la reverencia a los autores clásicos es una manifestación del clasicismo de Justiniano. Es interesante el planteamiento de Falchi sobre este punto. Este autor se pregunta, en primer lugar, qué debe entenderse por clasicismo. Recoge la opinión de Schulz, Wenger, Levy y Wieacker, entre otros autores. Según la opinión del primero el clasicismo era una característica de la cultura jurídica que comenzó en la segunda mitad del s. III y que se mantuvo, especialmente en las

extractado directamente de la obras de los juristas o a través de la cita de otros autores.

En Digesto son numerosísimas las citas y las reproducciones de opiniones ajenas cuyos auténticos autores son aquéllos que figuran citados[223]. La finalidad de esta instrucción de Justiniano es que los autores de las decisiones jurisprudenciales no queden en el olvido[224].

La directriz de incluir este *Index auctorum operarumque* se recoge en las *Constitutiones Tanta* y *Δέδωκεν*. De la redacción de ambas versiones no se desprende que se consigne en el *Index* las obras extractadas, sino los nombres de los autores y los libros que están presentes en Digesto.

Este índice podría constituir apariencia de la utilización directa de las obras jurisprudenciales por los compiladores, sin embargo, las numerosas deficiencias cuestionan esta evidencia. En la información que da el emperador en la *Constitutio Tanta* no

---

escuelas orientales. Para Wenger, la compilación de *iura* se realiza con objeto tanto de conservar la jurisprudencia romana, principalmente clásica, que corría el riesgo de perderse, como de utilizar dicho tesoro en los tiempos de Justiniano que eran distintos del periodo clásico. Es decir, para este autor a Justiniano tanto le mueve un motivo práctico como de glorificación del nombre romano. Falchi resume este último pensamiento y presenta a Justiniano como un romántico y a la vez como un legislador práctico. Comenta que de ideas similares es Levy. Este autor señala que el emperador, con los *Digesta,* persigue hacer revivir el derecho clásico en su antiguo esplendor. Falchi señala, no obstante, que un pronunciamiento, en este sentido, merece el estudio y análisis de la obra del emperador en su conjunto.

223 *Vid.*, MARTÍN-MINGUIJÓN, *Inscriptiones: sive legum auctores sive auctores collectiorum?*, en Revista General de Derecho Romano, Estudios 18, 2012, RI §412175.

224 *C. Tanta* 10: *Tanta autem a nobis antiquitati habita est reuerentia, ut nomina prudentium taciturnitati tradere nullo patiamur modo, sed unusquisque eorum, qui auctor legis fuit, nostris Digestis inscriptus est;...*

confirma expresamente, pudiéndolo haberlo hecho, esa utilización directa de las diferentes obras que se recogen en Digesto, si es que la hubo. Guarino, tras señalar que el emperador se expresa de forma muy vaga en sus constituciones, mantiene que en ningún momento declara que la extracción de los textos fuera realizado por los comisarios directamente de las obras de los juristas[225]. Cuestiona el tiempo empleado en la redacción de la obra y mantiene que es razonable pensar la utilización de compilaciones precedentes que los compiladores utilizaron y supieron sacar fruto de ellas.

C Tanta, 20	*C.* Δέδωκεν, 20
Ne autem incognitum vobis fiat, ex quibus veterum libris haec consummatio ordinata est, iussimus et hoc in primordiis digestorum nostrorum inscribi, ut manifestissimum sit, ex quibus lesgilatoribus quibusque libris eorum et quot milibus hoc iustitiae Romanae templum aedificatum est.	*Et cum, conveniens esse iudicaremus digestorum libro veteres iuris auctores eorumque libros praescribere et delectus legum iam, colletarum unde proficiscatur, hoc fieri iussimus et factum est, et simul ea huic nostrae sacrae constitutioni subici praecepimus, ut omnibus manifestum sit, quam infinita res et imperfecta antea fuerit et quid nos perfecerimus.*

El cotejo del *Index* con la obra pone de manifiesto que dicha relación ha sido realizada teniendo en cuenta más las obras presentes en Digesto que las obras de los juristas, es decir, en el *Index* no se consignan las obras que se van a extractar sino las obras que figuran en las inscripciones. Se confirma porque de

[225] GUARINO, *Storia del Diritto Romano*, cit., 529, afirma "Supporre che essi abbiano fatto ricorso a qualche scorciatoia è, dunque perfettamente lecito, almeno a chi si rifiuti di ammettere che tutto sia stato davvero frutto, per dirla con le parole di Giustiniano, di un miracolo".

algunas obras existen más libros, que los que figuran en el *Index*. De ellos tenemos información por las referencias de otros autores. Así, por ejemplo, de la obra *Iulianus ad Minicium*, de la que figuran VI libros en el *Index* que coinciden con los que se recogen en las inscripciones. Sin embargo, Ulpiano en D.19,1,11,15 se refiere al libro décimo de la referida obra.

Se advierte, además, que en las *inscriptiones*, como hemos señalado, se indican los autores de los fragmentos. Viene confirmado por la atribución de determinadas obras a juristas distintos. Por ejemplo, las obras que en el *Index* se asignan a Labeón y que analizaré más adelante [226].

Todo ello nos lleva a sugerir que el *Index Auctorum* se realiza una vez concluida la obra. Además, sabemos que el emperador ordena su inclusión una vez concluido Digesto, puesto que su instrucción se recoge en tiempo presente en la C. *Tanta*[227]. Opinión enunciada por Rotondi quien considera que se realiza utilizando el elenco de obras que le facilitaron las distintas subcomisiones al principio de trabajo. No obstante, según este autor, en el momento de su redacción se introducen cambios de criterio y se completa con las obras del *Appendix*[228].

Como hemos apuntado, la finalidad que declara el emperador y que justifica su inclusión, es que se conozcan los jurisconsultos y

---

226 REINOSO-BARBERO, *Una nueva lectura de las instrucciones de Justiniano sobre la repetición de textos,* en "Atti dell'Accademia Romanistica Costantiniana" IX Congreso Internazionale. Università degli Studi di Perugia , 1993, 481 ss., realiza la exégesis de los *primordia* de forma minuciosa y señala con acierto los matices de las instrucciones del emperador.

227 Para BASSOLS, *Sintaxis latina* I, Madrid 1976, 295, todo tiempo verbal sitúa la acción en el tiempo respecto a la persona que habla.

228 *Vid.,* ROTONDI, *L'indice florentino delle Pandette e l'ipotesi del Bluhme,* en *Scritti* I (1922) 298 ss.

las obras presentes en Digesto[229]. No obstante, este objetivo, se alcanzaba con la referencia expresa de los juristas y sus obras en las inscripciones de los fragmentos. Por ello creemos que el verdadero motivo que perseguía era resaltar la grandeza de la inmensa labor realizada en tan escaso tiempo.

A esta última consideración podríamos añadir la finalidad de aparentar la utilización directa de las obras por los comisarios, y disimular, a su vez, el haberse servido de colecciones, bien privadas o bien oficiales.

No obstante, hablar de duplicidad de información (a través de *Index-inscriptiones*), no es del todo exacto ya que, como veremos a continuación, la que se recoge en el índice y en las inscripciones no se corresponde en su totalidad.

Antes de ocuparnos de esta falta de exactitud, conviene precisar, que aún en el caso de que el Índice no contuviera deficiencia alguna, la información, que a simple vista da de la mayor o menor presencia de los juristas en Digesto, podría inducir a error. Así, el jurista con mayor número de obras, es decir, que ocupa un número de líneas superior en el Índice es Paulo, sin embargo, el jurista más utilizado, con mayor número de textos y líneas en la compilación es Ulpiano. Así el porcentaje de textos sobre el total de la obra de Ulpiano es del 26,96 frente al 22,78 de Paulo. La diferencia de líneas entre ambos es mucho mayor, el 39,33% del primero frente al 17,55% del segundo.

Sobre las deficiencias del *Index*, la doctrina denuncia que hay importantes omisiones en relación a las obras de los juristas que se recogen en él y, por el contrario, aparecen citadas obras que no han

[229] *Vid.*, REINOSO-BARBERO, *Entropía en las obras jurisprudenciales de Digesto*, en IVRA, 58, 2010.

sido utilizadas. Guarino observa que únicamente recoge con exactitud las obras que pertenecen al *Appendix*[230]. Sin embargo, a la hora de indicar las omisiones el criterio seguido no ha sido el mismo, ya que mientras en ocasiones se señalan como presentes en los *Digesta* obras que no figuran en las inscripciones, por el mero hecho de que aparecen citadas por otros juristas, otras veces este hecho no se tiene en cuenta. Por el contrario, sucede que otras obras son consideradas correctamente citadas por estar recogidas al comienzo del texto, como sucede en el caso de *Labeo libro primo pithanon a Paulo epitomatorum.*

Las incorrecciones que hemos advertido, son:

1) Obras y juristas presentes en los *Digesta* y omitidos en el *Index Auctorum.*

2) Obras que figuran en el *Index Auctorum* y no se encuentran en los *Digesta.*

3) Obras y juristas fuera de orden, según los criterios seguidos de mayor a menor número de libros y cronológico para los autores.

4) Diferencias en la obra o en el número de libros entre el *Index Auctorum* y los *Digesta.*

5) Obras que se adscriben a un jurista distinto.

El comentario de estas incorrecciones es el siguiente:

---

[230] GUARINO, *La compilazione dei Digesta Justiniani,* cit., 717 ss.

2.1. Obras y autores presentes en los *Digesta* omitidos en el *Index Auctorum Operarumque*

I. *Iulianus*

- *Libri ad edictum*. Esta obra se conoce por la información que se recoge en la inscripción del texto D.3,2,1 *Iulianus* libro primo ad *edictum*. Tanto Lenel como Mommsen consideran que esta obra nunca fue escrita[231].

VI. *Proculus*

- *Libri III ex posterioribus Labeonis*. Lenel y Krüger afirman la existencia de III libros de esta obra. No obstante, por las razones ya expuestas creemos que en la *inscriptio* de este fragmento debe figurar el nombre de *Iavolenus*.

XI *Pomponius*

- *Liber singularis enchiridii*: D.1,1,2; 1,2,1; 50,16,239.

XII. *Valens*

- *Libri VII actionum*. De esta obra hay únicamente un texto del libro VII: D.36,4,15.

---

[231] *Vid*., LENEL, *Palingenesia Iuris Civilis* I, cit., col. 484 nt.4. GARCÍA-GARRIDO & REINOSO-BARBERO, *Digestorum Similitudines*, cit., I, 290 nt. 2: "*Magna cum verisimilitudine Iulianus nullum scripsit opus ad edictum, comuni doctorum consensu. Id enim opus Ind. Flor. non continet. Vnicus locus eius operis, 3,2,1, forte originem ducat ex Digestis. Duplici de causa ductus compilator operis nomen forte mutaverit: tum ex argumento, quod exhibet dicendi genus peculiare librorum ad edictum ('Praetoris verba dicunt: Infamia...'), cum ex eo quod sit primum fragmentum tituli. Kr., II index librorum, p. 936, coniectat eius originem ex edicto perpetuo a Iuliano composito*".

XIII. *Maecianus*

- *Ex lege Rhodia.* De esta obra hay únicamente un texto: D.14,2,9.

XIV. *Mauricianus*

- *Libri II de poenis.* De esta obra hay únicamente un texto: D.2,13,3, que es atribuido a Modestino, por Haloandro[232] y Bluhme[233]. No supondría ningún cambio de adscripción de masa.

XVII *Marcellus*

- *Libri II publicorum.* De esta obra hay únicamente un texto: D.3,2,22. Es atribuido a *Macer* o Marciano por Bluhme[234]. En la Florentina y los *Basilica* figura Marcellus, *Macer* en los Bononienses y *Marcianus* en *Scholia Basilicorum*[235].

- *Libro primo de officio praesidis.* De esta obra hay únicamente un texto: D.4,4,43. Este texto es atribuido a Macer por Haloandro, propuesta que acepta Bluhme[236].

- *Digestorum Iuliani notat.* Hay 8 textos con esta *inscriptio*: 15,3,14; 28,5,5; 28,5,40; 30,80; 35,1,20; 35,2,34; 35,2,75; 39,6,15 si

---

232 *Vid.*,MOMMSEN-KRÜGER, *Corpus Iuris Civilis. Digesta,* cit.,55 nt.8.

233 *Vid.*,BLUHME, *Die Ordnung der Fragmmente in den Pandectentiteln*, cit., 369, h.

234 *Vid.*,BLUHME, *Die Ordnung der Fragmmente in den Pandectentiteln*, cit., 369, a.

235 *Vid.*,MOMMSEN-KRÜGER, *Corpus Iuris Civilis. Digesta,* cit.,*67* nt.18.

236 *Vid.*,BLUHME, *Die Ordnung der Fragmmente in den Pandectentiteln*, cit., 369, b.

bien no consideramos que se trate de una obra por las razones expuestas.

- *Libro singulari regularum Pomponii notat.* Hay 2 textos con esta *inscriptio*: D.29,2,63 y 49,17,10, nos remitimos al comentario anterior.

XVIII. *Scaevola*

- *Iuliani digestorum notat.* Si bien hay dos textos con esta inscripción. Consideramos que esta obra no existe: D.2,14,54; 18,6,11.

XX. *Gaius*

- *Libri III regularum I.III* : D.47,10,43; 50,17,100.

- *Libri II ad ed. aedilium curulium:* D.21,1,3; 21,1,13; 21,1,18; 21,1,20; 21,1,22; 21,1,24;.21,1,26; 21,1,28; 21,1,32; 21,1,45; 21,2,57.

- *L. sing. de tacitis fideicommissis:* D.34,9,23.

- *L. sing. ad legem Glitiam:* D.5,2,4.

- *L. sing. ad SC Tertullianum:* D.38,17,8.

- *L. sing. ad SC Orfitianum:* D.38,17,9.

XXI. Venuleius

- *Libri VII disputationum.* Únicamente hay un texto con esta inscripción (D.46,7,18). Lenel considera que es de Ulpiano, lo que supone un cambio de adscripción de la masa Papiniana a la Sabiniana. Para Mommsen-Krüger, siguiendo a Labitte, el error está en la trascripción de la obra, ya que este fragmento pertenecería a la obra *stipulationum*[237]. Por nuestra parte, teniendo en cuenta la sustitución del nombre por *Idem*, compartimos la tesis de Mommsen-Krüger. La secuencia de los textos explica las dos posturas. Es decir, se trata de un error en la utilización de *Idem*.

D.46,7,13 *Ulpianus libro septimo disputationum.*	[S]
D.46,7,14 *Iulianus libro quinquagensimo quinto digestorum.*	[S]
D.46,7,15 *Africanus libro sexto quaestionum.*	[S]
D.46,7,16 *Neratius libro tertio membranarum.*	[S]
D.46,7,17 *Venuleius libro sexto stipulationum.*	[P]
D.46,7,18 *Venuleius libro septimo disputationum.* (*Idem*)	[P]
D.46,7,19 *Venuleius libro nono stipulationum.* (*Idem*)	[P]

XXIV. *Ulpianus*

- *Libri IV ad legem Aeliam Sentiam.* Hay textos de los libros I.II y IV: D.40,2,12; 40,2,16; 40,9,30; 50,16,216.

- *Libri II ad ed. aedilium curulium.* No figura en el *Index,* si bien podrían estar contabilizados dentro de los LXXXIII *libri ad edictum*, de los que hay textos de LXXXI libros.

- *L. sing. Pandectarum.* D.12,1,24 y 40,12,34.

- *L. sing. de officio consularium* : D.12,1,25.

- *L. sing. Excusationum:* D.27,1,7.

---

[237] *Vid.*, LENEL, *Palingenesia Iuris Civilis* II, cit., col. 1029 not.4. MOMMSEN-KRÜGER, *Corpus Iuris Civilis,* cit., 810 nt.20.

XXV. *Paulus*

- *Libri VIII epitomarum Alfeni digestorum.* Esta inscripción cuenta con la variante en la que *Alfenus* está en nominativo: *Alfenus libri digestorum a Paulo epitomatorum.* Nos remitimos a los comentarios hechos sobre la misma.

- *Libri II ad ed. aedilium curulium.* De esta obra hay 14 textos. Lenel completa con ellos los LXXX libros *ad edictum.*

- *L. sing. de dotis repetitione :* D.50,17,68.

- *L. sing. de adsignatione libertorum :* D.23,2,59; 28,3,14; 34,2,30; 34,4,15; 50,17,69.

- *L. sing. de conceptione formularum* : D.44,1,20.

- *L. sing. ad Fufiam Caniniam:* D.35,1,37; 50,16,215.

- *L. sing. de variis lectionibus:* D.14,3,18; 38,1,1; 44,1,22.

- *L. sing. de cognitionibus:* D.26,3,9; 26,5,29; 27,1,42; 27,1,46; 49,18,5; 50,16,228; 50,17,101.

- *L. sing. ad SC Turpillianum:* D.23,2,68.

- *L. sing. ad SC Tertullianum et Orphitianum.* Podría tratarse de cualquiera de las dos obras que tratan estos dos senadoconsultos: D.38,17,7. Mommsen considera que se refiere al *SC Tertullianum* [238]

---

[238] MOMMSEN, *Digesta Iustiniani Agusti,* cit.373 nt.3: *et Orphitianum delere*. MOMMSEN-KRÜGER, *Corpus Iuris Civilis. Digesta,* cit.,633 nt.14.

- *L. sing. de articulis liberalis causae:* D.40,12,41.

- *L. sing. de liberali causa:* D.40,12,33.

- *L. sing. de officio adsessorum:* D.1,18,21; 1,22,1; 3,3,73; 5,1,55.

- *L. sing. de forma testamenti :* D.32,98.

- *Libri Iuliani digestorum notat.* No consideramos la existencia de esta obra. Las inscripciones que recogen las anotaciones vienen a confirmar que aquéllas recogen los autores de las opiniones y no las obras extractadas: D.4,2,11 y 18,5,4.

- *Quaestionum Papiniani notat.* Nos remitimos al comentario anterior. Los textos con esta inscripción: D.6,2,16 y 8,1,18 y D.46,5,8.

- *Paulus responsorum Papiniani.* Del mismo modo no creemos en la existencia de una obra autónoma de Notas a los *responsa* de Papiniano: D.42,8,16.

XXVI. *Tryphoninus*

- *Apud Scaevolam digestorum notat.* Negamos nuevamente que se trate de una obra. Hay tres textos con esta inscripción: D.32,36; 34,9,26; 40,5,17.

XXIX. *Marcianus*

- *Libri digestorum.* Existe un único texto con esta inscripción 23,5,17 *Marcianus libro septimo digestorum.* Este texto es considerado de *Marcellus* por Haloandro[239] y Lenel[240]. Este último autor señala en el aparato crítico, que así lo consideró Haloandro. No obstante, en este Título el único texto con inscripción *digestorum* es de *Iulianus* (23,5,7). Se da la circunstancia que en textos de Marciano se cita libros de esta obra de Juliano, por lo que también podría ser que esta inscripción procediera de una cita y que, por error, se mantiene el nombre del autor de la referencia. Según esta hipótesis, nuestra propuesta sería que la inscripción debía ser: *Iulianus libro septimo digestorum.*

- *Papiniani de adulteriis notat*. Esta inscripción encabeza los textos D.23,2,57 y 48,5,8. Por las razones expuestas no la consideramos una obra.

XXX. *Aellius Gallus*

- *Libri de verborum quae ad ius pertinent significatione.* Existe un único texto de esta obra que debió constar de varios libros por la utilización del plural *–libri–*: D.50,16,157 *Aelius Gallus libro primo de verborum quae ad ius pertinent significatione.*

XXXI. *Modestinus*

- *Libri IV de praescriptionibus*. De esta obra hay únicamente un texto: D.45,1,101.

- *Libri XXXI ad Quintum Mucium.* De esta obra hay dos textos: D.41,1,53; 41,1,54. Bluhme[241], Lenel[242] y Mommsen[243], consideran

---

[239] *Vid.*, MOMMSEN-KRÜGER, *Corpus Iuris Civilis. Digesta,* cit., 346 nt.16.

[240] *Vid.*, LENEL, *Palingenesia Iuris Civilis* I, cit., col, 603, 84 y col. 644.

[241] *Vid.*,BLUHME, *Die Ordnung der Fragmmente in den Pandectentiteln*, cit., 369, f.

que estos textos pertenecen a *Pomponius,* según indicó Antonio Agustín. Sería un supuesto igualmente de utilización incorrecta del pronombre *Idem*[244].

XXXIX. *Claudius Saturninus*

- Este autor no se menciona en el índice, según Lenel, por considerarlo con *Venuleius* una misma persona[245].

- *Liber singularis de poenis paganorum,* Esta obra asignada a *Venuleius* sería un supuesto de atribución errónea. De ella únicamente hay un texto: D.48,19,16 *Claudius Saturninus libro singulari de poenis paganorum.*

XL. *Iulius Aquila*

- Este autor no se menciona en el *Index* y por tanto, tampoco su obra r*esponsorum* de la que hay dos textos: D.26,7,34; D.26,10,12.

Expuestas más gráficamente, las omisiones afectan a:

- A 18 Juristas (*Iulianus; Proculus; Pomponius; Valens; Maecianus; Mauricianus; Marcellus; Scaevola; Gaius; Venuleius; Ulpianus; Paulus; Tryphoninus;Marcianus; Aellius Gallus; Modestinus; Claudius Saturninus; Iulius Aquila).*

---

[242] *Vid.*, LENEL, *Palingenesia Iuris Civilis* I, cit., col. 721.

[243] *Vid.*, MOMMSEN-KRÜGER, *Corpus Iuris Civilis. Digesta,* cit., 696 nt.1.

[244] *Vid.*, LENEL, *Palingenesia Iuris Civilis* I, cit., col. 721. MOMMSEN-KRÜGER, *Corpus Iuris Civilis. Digesta,* cit., nt.1.

[245] *Vid.*, LENEL, *Palingenesia Iuris Civilis* II, cit., col. 1027 not.1.

- Al menos, 58 libros. No se incluyen, además, aquéllos que no pueden contabilizarse por figurar con los términos: *libro*, que supone la existencia de otros; o *libri*, imposible precisar el número de libros (*Iulianus libro primo ad edictum*; *Marcellus Libro primo de officio praesidis; Aelius Gallus libro primo de verborum quae ad ius pertinent significatione*). Tampoco se contabilizan las inscripciones en las que figura el término *notat* por no considerarlas obras.

2.2. Obras y autores presentes en el *Index Auctorum* que no se encuentran en Digesto

V. *Sabinus*

- *Liber I de iure civili*. De esta obra no hay textos en Digesto ni tampoco referencias. Se conoce por las citas de Aulo Gellio.

XVIII. *Scaevola*

- *Libri V de quaestione familiae*. No existen textos, ni citas de autores a esta obra.

XX. Gaius

- *Liber singularis dotalicion*. No existen textos, ni citas de autores a esta obra.

XXV. *Paulus*

- *L. sing. regularum*. Está duplicada en la relación de obras. Únicamente consideramos la segunda, si bien está fuera de orden.

- *L. sing. de officio praetoris tutelaris*. No existen textos en Digesto pero sí en Fragmenta Vaticana: *Vat.*244 y 245. El primer texto es una ley gemela de una parte del parágrafo 19 de D.27,1,6,19 de *Modestinus*[246].

- *L. sing. de extraordinariis criminibus.* No existen textos, ni citas de autores a esta obra.

- *L. sing. ad formulam hypothecariam.* No existen textos, ni citas de autores a esta obra.

- *L. sing. ad municipalem.* No existen textos en Digesto pero sí en *Fragmenta Vaticana: Vat.* 237 y 243.

- *Ad legem Velleam.* No existen textos, ni citas de autores a esta obra.

- *L. sing. de testamentis.* No existen textos, ni citas de autores a esta obra.

- *L. sing. de iure patronatus quod ex lege Iulia et Papia venit.* No existen textos, ni citas de autores a esta obra.

- *L. sing. de actionibus.* No existen textos, ni citas de autores a esta obra.

- *L. sing. de donationibus inter virum et uxorem.* No existen textos, ni citas de autores a esta obra.

---

[246] Vat.244: *Mediocritas et rusticitas et domesticate lites interdum excusationem merentur ex epistula divorum Hadriani et Antonini et fratrum ad Caerellium Priscum praetores tutelarum eius qui se neget litteras scire, excusatio accipi non debet, si modo non sit expers negotiorum* D.27,1,6,19 *Modestinus libro secundo excusationum: ... Mediocritas et rusticitas interdum excusationem praebent secundum epistulas divorum Hadriani et Antonini. eius qui se neget litteras scire, excusatio accipi non debet, si modo non sit expers negotiorum.*

- *Liber singularis sententiarum.* No existen textos, ni citas de autores a esta obra. Es la única obra de Paulo que no menciona Lenel.

- *L. sing. de legibus.* No existen textos, ni citas de autores a esta obra.

- *L. sing. de legitimis hereditatibus.* No existen textos, ni citas de autores a esta obra.

XXX. *Aellius Gallus*

- *Responsa.* No existen textos, ni citas de autores a esta obra[247].

XXXI. *Modestinus*

- *L. sing. de legatis et fideicommissis.* No existen textos, ni citas de autores a esta obra.

- *L. sing. de testamentis.* No existen textos, ni citas de autores a esta obra.

2.3. Diferencias en la obra o en el número de libros entre el *Index Auctorum* y Digesto

IV. *Alfenus*

- *Digestorum.* En el *Index* figuran XL libros. Hay textos de los libros II.IV.V.VI.VII. No obstante, sabemos de la existencia de un libro más por dos textos de *Paulus epitomatorum Alfeni*

[247] Existe una referencia a este autor pero sin indicación de libro ni obra: D.22,1,19 *Gaius libro sexto ad legem duodecim tabularum.*

digestorum: D.32,61 *Alfenus libro octavo digestorum a Paulo epitomatorum*; D.33,2,40 *Alfenus Varus libro octavo digestorum a Paulo epitomatorum.*

VI. *Proculus*

- *Libri epistularum.* En el *Index* figuran VIII libros. Hay textos de los libros I.II.IV-VIII.XI. Se recogen los siguientes textos del libro XI: D.18,1,69 *Proculus libro undecimo epistularum*; D.19,5,12 *Proculus libro undecimo epistularum*; D.23,4,17 *Proculus libro undecimo epistularum*;

VIII. *Neratius*

- *Libri regularum.* En el *Index* figuran X libros. Hay textos de los libros III-VI.X.

- *Libri responsorum.* En el *Index* figuran III libros. Hay textos de los libros I y II.

XI *Pomponius*

- *Libri variarum lectionum.* En el *Index* figuran XV libros. Hay textos de los libros I.II.IV.VII.IX-XIV. Se sabe de la existencia de, al menos XLI libros[248].

[248] D.6,1,1,3 *Ulpianus libro sexto decimo ad edictum: ... Pomponius libro lectionum vicensimo quinto scribit. ..*; D.6,1,21 *Paulus libro vicensimo primo ad edictum:... Pomponius libro trigensimo quarto variarum lectionum probat: quod verius est;* D.20,2,2 *Marcianus libro singulari ad formulam hypothecariam: Pomponius libro quadragesimo variarum lectionum scribit...*; D.8,5,8,6.7 *Ulpianus libro septimo decimo ad edictum: ... Pomponium dubitatur libro quadragensimo primo lectionum...*

- *Libri fideicommissorum*. En el *Index* figuran V libros. Hay textos de los libros I-IV.

XIII. *Maecianus*

- *Libri de publicis iudiciis*. En el *Index* figuran XIV libros. Hay textos de los libros V.X.XI.

XIV. *Mauricianus*

- *Libri ad legem Iuliam et Papiam*. En el *Index* figuran VI libros. Hay textos de los libros II.III.

XV. *Terentius*

- *Libri ad legem Iuliam et Papiam*. En el *Index* figuran XX libros. Hay textos de los libros II-V.VII: IX-XIII.XV-XVIII.

XVII. *Marcellus*

- *Libri digestorum*. En el *Index* figuran XXXI libros. Hay textos de los libros I-XXVI.XXVIII.XXXI. XXXIX. De este último libro tenemos conocimiento por la inscripción de D.49,15,2 *Marcellus libro trigensimo nono digestorum*. Lenel considera que hay una utilización errónea del pronombre *Idem* y que este texto es de Celso[249]. En este sentido comentar que tanto de los *digesta* de Celso como de Marcelo son numerosas las referencias, principalmente, de Ulpiano.

---

[249] *Vid*., LENEL, *Palingenesia Iuris Civilis* I, cit., col. 632.

XVIII. *Scaevola*

- *Libri digestorum.* En el *Index* figuran XL libros. Hay textos de los libros I-XI.XIII-XXXIV.

- *Libri quaestionum.* En el *Index* figuran XX libros. Hay textos de los libros I.II.IV-VI.VIII.IX.XII-XVI.XVIII.XIX.

XIX. *Florentinus*

- *Libri institutionum.* En el *Index* figuran XII libros. Hay textos de los libros I.III.VI.VIII.IX.X.XI.

XX. *Gaius*

- *Libri ad edictum urbicum.* En el *Index* figuran X libros. En esta obra se agrupan distintos libros de los cuales es difícil saber el número total:

Libri III de legatis ad ed.praetoris urbani

Libri II de testam. ad ed. praetoris urbani

Libri ad edictum praetoris urbani II

Libro ad edictum praetoris urbani titulo de praediatoribus

Libro ad edictum praetoris urbani titulo qui neque sequantur neque ducantur

Libro ad edictum praetoris urbani titulo de re iudicata

Libri ad edictum praetoris urbani titulo de liberali causa II

Libro ad edictum praetoris urbani titulo de publicanis

Libro ad edictum praetoris urbani titulo de operis novi nuntiatione

Libro ad edictum praetoris urbani titulo de damno infecto

Libro ad edictum praetoris urbani titulo de aqua pluviae arcenda.

Estas agrupaciones en un solo libro de materias que habían sido tratadas en distintos libros, se realizan con objeto de reducir la dos últimas partes de Digesto, según confirma el mismo emperador, en la C. *Tanta*,7 explicando que "*hemos colocado, en un libro único, lo establecido para las denuncias de obra nueva y el daño temido, la demolición de edificios y sus peligros, las opiniones de los antiguos acerca de la <acción de> contención del agua pluvial, así como también lo que hallamos dispuesto en las leyes acerca de los publicanos y sobre las donaciones tanto las que se hacen en vida como a causa de muerte*" [250].

No comparto la propuesta de Lenel en cuanto a la numeración de los libros. Según él, los libros III, IV, V, se corresponderían con los libros *de legatis*. Conforme a las inscripciones había tres libros *de legatis ad edictum praetoris* y son *primo*, *secundo* y *tertio*, en ningún caso *quarto* y *quinto*. Sin embargo, la numeración podría referirse a los títulos. El libro VI se correspondería con los libros *de operis novi nuntiatione, de damno infecto, de aquae pluviae arcendae,* que conforme al testimonio que se recoge en el parágrafo 7 de la C. *Tanta*, estaban en distintos libros y en la compilación se

---

[250] C. *Tanta*,7: *Post haec ea, quae de operis noui nuntiationibus, damnique infecti, et pro aedificiis dirutis, et eorum insidiis, et quae de aqua pluuia arcenda ueteribus auctoribus placita sunt, nec non de publicanis, et donationibus, tam inter uiuos quam mortis causa conficiendis, cauta legibus inuenimus, in librum singularem deduximus...*

ha procedido a su agrupación junto con los libros *de publicanis*, y *de liberali causa*. Los libros VII y VIII se corresponden con el *libro de liberali causa*. En este caso, a esta consideración ha podido llegar el autor alemán, por lo que en mi opinión es un error en la inscripción. De la misma obra hay tres versiones diferentes en las inscripciones de los 11 textos existentes[251]: *Gaius libro secundo de liberali causa edicti urbici* (D.7,7,4); *Gaius libro ad edictum praetoris urbani titulo de liberali causa* (D.10,4,13; 40,12,2; 40,12,4; 40,12,9; 40,12,11; 40,12,13; 40,12,25); *Gaius libro secundo ad edictum praetoris urbani titulo de liberali causa* (D.38,2,30; 40,16,1; 43,16,10). La primera inscripción creemos que es incorrecta y que, al igual que ha sucedido en el libro *de legatis*, se ha omitido el término *titulo*.

- *Libri ad legem duodecim tabularum*. En el *Index* figuran VII libros. Hay textos de los libros I a VI.

- *Libri aureon*. En el *Index* figuran VII libros. Hay textos de los libros I a III

- *Libri institutionum*. En el *Index* figuran IV libros. Hay textos de los libros I a III.

XXI. *Venuleius*

- *Libri de officio proconsulis*. En el *Index* figuran IV libros. Hay textos de los libros I.II.

- *Libri stipulationum*. En el *Index* figuran XIX libros. Hay textos de los libros I-IV.VI.VII.IX.XI-XIII.XV.XVII.

---

[251] REINOSO-BARBERO, *Inscripciones inciertas y falsas inscripciones en la Florentina*, 397 ss., cit.; REINOSO-BARBERO, *Tradición diplomática de las inscripciones en los manuscritos del Digesto*, en *Studi Metro*, 5 (2010), 233 ss.

XXII. *Tertullianus*

- *Libri quaestionum* En el *Index* figuran VIII libros. Hay textos únicamente del libro I. Se sabe de la existencia de, al menos IV libros[252].

XXIII. *Papirius Iustus*

- *Libri de constitutionibus*. En el *Index* figuran XX libros. Hay textos de los libros I y II.

XXIV. *Ulpianus*

- *Libri ad edictum*. En el *Index* figuran LXXXIII libros. Hay textos de los libros I a LXXXI. Pudiera ser que se incluyeran los II *libri ad edictum aedilium curulium* que no aparecen mencionados en el *Index*.

- *Libri de omnibus tribunalibus*. En el *Index* figuran X libros. Hay textos de los libros I-V.VIII.IX.

- *Libri de censibus*. En el *Index* figuran VI libros. Hay textos de los libros I a V.

- *Libri pandectarum*. En el *Index* figuran X libros. No lo recoge Lenel, ni tampoco figura en los *Additamenta* I de Krüger. A pesar de esto en la *Editio Maior* se señala que procede de la masa Edictal. De esta obra únicamente hay un texto del libro IV[253].

XXV. *Paulus*

---

[252] D.29,2,30 *Ulpianus libro octavo ad Sabinum.... Tertullianus libro quarto quaestionum refert...*

[253] D.27,8,9 *Ulpianus libro quarto pandectarum.*

- *Libri ad edictum*. En el *Index* figuran LXXX libros. Hay textos de los libros I a LXXVIII.

- *Libri quaestionum*. En el *Index* figuran XXVI libros. Hay textos de los libros I-XVII.XIX.XXI-XXV.

- *Libri responsorum*. En el *Index* figuran XXIII libros. Hay textos de los libros I-XXI.

- *Libri brevium*. En el *Index* figuran XXIII libros. Hay textos de los libros III.VI.VII.VIII.XVI.

- *Libri ad legem Iuliam et Papiam*. En el *Index* figuran X libros. Hay textos de los libros I-X.XII. De este último texto hay un texto: D.25,7,2 *Paulus libro duodecimo ad legem Iuliam et Papiam.*

- *Libri regularum*. En el *Index* figuran VII libros. Hay textos de los libros I-IV.VI.

- *Libri imperialium sententiarum in cognitionibus prolatarum*. En el *Index* figuran VI libros. Hay textos de los libros I y II.

- *Libri manualium*. En el *Index* figuran III libros. Hay textos de los libros I y II.

- *Libri ad legem Iuliam*. En el *Index* figuran II libros. Hay textos del libro I.

- *Libri de iure fisci*. En el *Index* figuran II libros. Hay textos del libro I.

- *L. sing. ad SC Libonianum seu Claudianum.* Hay textos con inscripciones de cada uno de los senadoconsultos: *L. sing. ad SC Libonianum y L. sing. ad SC Claudianum.*

XXVII. *Callistratus*

- *Libri edicti monitori.* En el *Index* figuran VI libros. Hay textos de los libros I a IV.

- *Libri de iure fisci.* En el *Index* figuran IV libros. Hay textos de los libros I a III.

XXVIII. *Menander*

- *Libri de re militari.* En el *Index* figuran IV libros. Hay textos de los libros I a III.

XXXI. *Modestinus*

- *Libri responsorum.* En el *Index* figuran XIX libros. Hay textos de los libros I a XVIII.

- *Libri regularum.* En el *Index* figuran X libros. Hay textos de los libros I a IX.

XXXII. *Tarruntenus*

- *Libri de re militari.* En el *Index* figuran IV libros. Hay textos de los libros I.II.

XXXV. *Licinius Rufinus*

- *Libri regulae.* En el *Index* figuran XII libros. Hay textos de los libros I-VIII.X.XIII. Del libro XIII que no se recoge en el *Index* hay un único texto: D.42,1,34 *Licinnius Rufinus libro tertio decimo regularum.*

XXXVI. *Furius Anthianus*

- *Libri ad edictum.* En el *Index* figuran V libros. Hay textos únicamente del libro primero.

2.4. Obras y autores fuera de orden

– Obras

XI *Pomponius*

- *Liber singularis regularum* y *Libri II enchiridii.* El orden de estas obras es el inverso, según el criterio seguido de número de libros.

XXI. *Venuleius*

- *Libri III de iudiciis publicis* y *Libri VI interdictorum.* El orden de estas obras es el inverso, según el criterio seguido de número de libros y deben ir a continuación de *Libri X actionum.*

XXIV. *Ulpianus*

- *Libri V de censibus* debe ir a continuación de *Libri V de adulteris,* según nuestra propuesta. Conforme a los libros que se señalaban debería haber estado a continuación de *Libri VI opinionum.*

- *L sing. regularum* debe ir a continuación de *Libri II responsorum.*

XXV. *Paulus*

- *Libri II de censibus* aparece después del *L. sing. regularum* cuando debía estar antes. Tras la corrección propuesta debería estar a continuación *Libri II de officio proconsulis.*

Nuevo orden de obras

Las modificaciones que se proponen, en relación con el número de libros, afectan al orden de las obras, que, en principio, se adecuaban al criterio seguido.

XI. *Pomponius*

- *Libri IV fideicommissorum* (V *libri* conforme el *Index*) deben estar a continuación de los *Libri V senatus consultorum:*

Libri V senatus consultorum

Libri IV fideicommissorum

XX. *Gaius*

- *Libri III aureon* (VII *libri* conforme el *Index*) deben estar a continuación de los *Libri VI ad legem duodecim tabularum* (VII *libri* conforme el *Index*).

Libri VI ad legem duodecim tabularum

Libri III aureon

XXIV. *Ulpianus*

- *Libri IX de omnibus tribunalibus* (X *libri* conforme el *Index*) deben estar a continuación de *Libri X de officio proconsulis.*

Libri X de officio proconsulis

Libri IX de omnibus tribunalibus

- *Libri IV pandectarum* (X *libri* conforme el *Index*) deben estar a continuación de *Libri V de censibus* (VI *libri* conforme el *Index*). Esta última obra ya ocupaba un lugar, en el orden, incorrecto.

Libri V de censibus

Libri IV pandectarum

XXV. *Paulus*

- *Libri XVI brevium* (XXIII *libri* conforme el *Index*) deben estar a continuación de *Libri XVIII ad Plautium.*

Libri XVIII ad Plautium

Libri XVI brevium

- *Libri VI regularum* (VII *libri* conforme el *Index*) deben estar a continuación de *Libri VIII epitomarum Labeonis pithanorum.*

Libri VIII epitomarum Labeonis pithanorum

Libri VI regularum

- *Libri II imperialium sententiarum in cognitionibus prolatarum* (VI *libri* conforme el *Index*) deben estar a continuación de *Libri III ad legem Aeliam Sentiam*. Esta obra ya ocupaba un lugar incorrecto en el orden.

Libri III ad legem Aeliam Sentiam

Libri II imperialium sententiarum in cognitionibus prolatarum

– Autores fuera de orden

- *Iulianus et Papinianus*

En relación a los autores, para los que se sigue el criterio cronológico, están fuera de orden *–ad honorem- Iulianus* y *Papinianus* que figuran al principio del *Index*[254]. *Iulianus*[255] debía

[254] Sobre la autoridad de estos juristas es discutido si, a excepción de Papiniano, el orden en que se mencionan es aleatorio o, por el contrario, reflejaba el prestigio que tenían en esta época los juristas, siendo éste: Papiniano, Paulo, Gayo, Ulpiano y Modestino. En el caso de Papiniano no existe duda de que el primer lugar en la cita responde a la preeminencia que se le quiere dar, como se desprende de la afirmación *"in qua excellentis ingenii vir Papinianus emineat"*. Para ARANGIO-RUIZ, *Historia del Derecho romano*, , trad. esp. de Pelsmaeker, Madrid 1980, 436, se produce una reducción de la jurisprudencia clásica en las escuelas por la predilección espontánea de determinados juristas cuyos escritos les resultaban más sencillos de entender y esta reducción, que califica de arbitraria, pasa de las escuelas a los tribunales y es confirmada por Valentiniano III. LAMBERTINI, *Premessa al corso di esegesi delle fonti del diritto romano,* cit., 77, considera que esta tesis ha gozado de escasa aceptación. No compartimos este parecer.

[255] En el *Index chronologicus auctorum* de LENEL, *Palingenesia Iuris Civilis,* II, cit., col. 1246, figura en el número de orden 57. LIEBS, *s.v. Salvio Juliano,* en *Juristas Universales* I, cit., 172 ss., indica como aproximadas las fechas de su nacimiento y muerte en los años 105 y 170 d.C.

figurar entre *Celsus*[256] y *Pomponius*[257]. *Papinianus*[258]debe ir a continuación de *Florentinus,* y antes que *Callistratus*.

- *Aelius Gallus*[259]

Figura entre *Marcianus* y *Modestinus*, debiendo figurar entre *Q. Mucius Scaevola* y *Alfenus Varus*.

- *Sabinus*[260] *et Proculus*[261]

---

[256] En el *Index chronologicus auctorum* de LENEL, *Palingenesia Iuris Civilis,* II, cit., col. 1246, figura en el número de orden 55. BETANCOURT, *s.v. Juvencio Celso hijo,* en *Juristas Universales* I, cit., 168 ss., señala que nace en el S. I y fallece en s. II d. C. y comenta distintas propuestas de diversos autores que lo relacionan con distintos emperadores y juristas.

[257] En el *Index chronologicus auctorum* de LENEL, *Palingenesia Iuris Civilis,* II, cit., col. 1246, figura en el número de orden 58. LINARES, *s.v. Sexto Pomponio,* en *Juristas Universales* I, cit., 175 s., indica que es contemporáneo de Salvio Juliano bajo los emperadores Adriano, Antonino Pío, y los hermanos Marco Aurelio y Lucio Vero.

[258] En el *Index chronologicus auctorum* de LENEL, *Palingenesia Iuris Civilis,* II, cit., col. 1246, figura en el número de orden 76. FERNÁNDEZ DE BUJÁN, F., *s.v. Emilio Papiniano,* en *Juristas Universales* I, cit., 189 ss., apunta como fechas aproximadas el año 140 d.C.para el nacimiento y el año 212 para su muerte.

[259] En el *Index chronologicus auctorum* de LENEL, *Palingenesia Iuris Civilis,* II, cit., col. 1245, figura en el número de orden 11.

[260] En el *Index chronologicus auctorum* de LENEL, *Palingenesia Iuris Civilis,* II, cit., 1246, figura en el número de orden 28. VARELA, *s.v. Masurio Sabino*, en *Juristas Universales* I, cit., 152 ss., señala el año de su nacimiento en torno al 15 a. C. (ca. 15 a.C. – s. I d.C.)

[261] En el *Index chronologicus auctorum* de LENEL, *Palingenesia Iuris Civilis,* II, cit., col. 1245, figura en el número de orden 33. PARICIO, *s.v. Sempronio Próculo*, en *Juristas Universales* I, cit., 159 ss., señala como aproximadas las fechas de su nacimiento y muerte en 10/15 a.C – 70 d.C.

Figuran antes que *Labeo*[262] debiendo figurar ambos después de él.

- *Neratius*

Neratius[263] figura antes que *Iavolenus*[264] debiendo figurar, conforme al índice cronológico de Lenel, después de él.

No obstante, fueron coetáneos, por lo que no puede considerarse como un error.

- *Mauricianus, Clemens et Maecianus*

Lenel los sitúa después de *Africanus*[265] si bien todos vivieron bajo el emperador Antonino Pío, al igual que *Venuleius* y *Gaius*[266].

---

262 En el *Index chronologicus auctorum* de LENEL, *Palingenesia Iuris Civilis,* II, cit., col. 1245, figura en el número de orden 22. CUENA, *s.v. Marco Antistio Labeón,* en *Juristas Universales* I, cit.,145 ss., indica como aproximadas las fechas de su nacimiento y muerte en 50 a.C. – 15/20 d.C.

263 En el *Index chronologicus auctorum* de LENEL, *Palingenesia Iuris Civilis,* II, cit., col. 1245, figura en el número de orden 54. SIXTO, *s.v. Neracio Prisco,* en *Juristas Universales* I, cit., 165 ss., apunta su nacimiento en la década de los 50 d.C. y su fallecimiento después del año 133 d. C., en el que se emite el Senadoconsulto Tertuliano que tiene presente en sus *responsa.*

264 En el *Index chronologicus auctorum* de LENEL, *Palingenesia Iuris Civilis,* II, cit., col. 1245, figura en el número de orden 45. FUENTESECA, M., *s.v. Javoleno Prisco,* en *Juristas Universales* I, cit., 162 ss., señala los años de su nacimiento y fallecimiento en torno al 49 y 140 d.C.

265 RODRÍGUEZ-ENNES, *s.v. Sexto Cecilio Africano,* en *Juristas Universales* I, cit., 176 ss., indica como aproximadas las fechas de su nacimiento y muerte en los años 120 y 175 d. C.

266 En el *Index chronologicus auctorum* de LENEL, *Palingenesia Iuris Civilis,* II, cit., col. 1246, *Africanus* está en el orden 63, *Mauricianus* en el 64, *Clemens* en el 66, *Venuleius* en 67, *Gaius* en el 68 y *Maecianus* en el 69. LIEBS, *s.v. Gayo,* en *Juristas Universales* I, cit., 179 ss, indica como fechas probables de su nacimiento y muerte los años 120 y 180 d.C.

El orden en el que aparecen en Digesto es : *Gaius* (D.1,1,9), *Venuleius* (D.1,16,11), *Africanus* (D.2,1,18) *Mauricianus* (D.2,13,3) ; *Clemens* (D.7,7,5) *Maecianus* (D.11,7,45).

- *Scaevola* y *Florentinus*

Figuran en el *Index* antes que *Gaius* y que *Tarruntenus*, y, conforme al orden que establece Lenel, deben figurar posteriormente, ya que estos juristas vivieron en la época de los emperadores Marco Aurelio, Cómodo y Septimio Severo[267]. No obstante, coincidieron con el primero bajo Marco Aurelio y con el segundo en época de este emperador y de Cómodo.

- *Tertullianus, Paulus, Ulpianus, Tryphoninus, Callistratus, Menander, Marcianus et Modestinus*

Figuran antes que *Tarruntenus*, y conforme al orden de Lenel deben figurar después de él, ya que todos ellos son de la época de los Severos[268]. A su vez, *Callistratus, Menander et Tryphoninus*[269] figuran después de *Paulus* y *Ulpianus* debiendo figurar antes que éstos últimos. No obstante, estos cinco últimos juristas fueron

---

[267] En el *Index chronologicus auctorum* de LENEL, *Palingenesia Iuris Civilis,* II, cit., 1246, figuran Escévola con el número de orden 74 y Florentino con el 75 (*huius fere aequalis*?), después de *Papirius Iustus* y *Tarruntenus*. GARCÍA-GARRIDO, *s.v. Quinto Cervidio Escévola*, en *Juristas Universales* I, cit., 187 ss., señala que vive bajo los emperadores Marco Aurelio y Cómodo y apunta que tal vez muriera al comienzo de la época de Septimio Severo.

[268] En el *Index chronologicus auctorum* de LENEL, *Palingenesia Iuris Civilis,* II, cit., cols.1247 s., figuran en el siguiente orden: *Callistratus* en el 77, *Menander* en el 79, *Tertullianus* en el 80, *Tryphoninus* en el 81, *Paulus* en el 82, *Ulpianus* en el 83, *Marcianus* en el 84, *Modestinus* en el 87.

[269] SIXTO, *s.v. Claudio Trifonino,* en *Juristas Universales* I, cit., 199 ss, comenta que es contemporáneo de Papiniano, perteneciendo, al igual que éste, al *consilium* de Septimio Severo.

coetáneos y las fechas de sus nacimiento y fallecimiento se sitúan a mediados de los siglos II y III d.C[270].

Marcianus y *Modestinus* fueron de los últimos juristas de la época de los Severos[271].

- *A. Charisius*

Si bien, en el orden que establece Lenel figura antes que *Hermogenianus*, la doctrina mayoritaria lo considera posterior a éste[272].

2.5. Obras que se adscriben a un jurista distinto

VII. *Labeo*

- *Libri epitomatorum a Paulo.* Esta obra en el *Index* se atribuye a *Labeo,* y en realidad debería ser asignada a Paulo.

- *Libri ex posterioribus Labeonis*. Esta obra en el *Index* se atribuye a *Labeo,* y en realidad debería ser asignada a *Iavolenus*.

---

270 *Vid.,* MURGA&SERRANO-VICENTE, *s.v. Julio Paulo* y HONORÉ, *s.v. Domicio Ulpiano*, en *Juristas Universales* I, cit., 204 ss.

271 ANDRÉS, *s.v.Elio Marciano,* en *Juristas Universales* I, cit., 211 ss., comenta que si bien no puede establecerse la fecha exacta de su nacimiento, escribe bajo los emperadores Macrino, Heliogábalo y Alejandro Severo. GÓMEZ-IGLESIAS, *s.v. Herennio Modestino,* en *Juristas Universales* I, cit., 214 ss., apunta que escribe sus obras bajo los emperadores Alejandro Severo y Gordiano III.

272 *Vid.,* D´ORS, A., recen. a LIEBS, *Hermogenians "iuris epitomae",* cit., 113 ss. MOLLÁ, *s.v. Aurelio Hermogeniano,* en *Juristas Universales* I, cit.,217 s., comenta que trabaja en las cancillerías de Diocleciano y Maximiano. PERALTA, *s.v. Aurelio Arcadio Carisio,* en *Juristas Universales* I, cit., 218 s., apunta como probable que viviera bajo Constantino el Grande.

Consideramos que estas asignaciones responden a la directriz seguida que se confirma en el parágrafo 10 de la Constitución *De Confirmatione Digestorum*, de que en las inscripciones se recojan los autores de las leyes.

El *Index,* en cierta medida, refleja el contenido de las inscripciones. De este autor son numerosas las referencias a distintas obras que no figuran en el *Index.*

XXI. Venuleius

- *Liber singularis de poenis paganorum.* Conforme hemos señalado la atribución de esta obra a Venuleyo es por considerar que él y Claudio Saturnino son una misma persona.

2.6. Nuestra propuesta de *Index Auctorum Operarumque*

JURISTAS Orden conforme al *Index chronologicus* de Lenel[273]	OBRAS PRESENTES EN DIGESTO Orden por número de libros
I. *Q. M. Scaevola*	*L. sing. definitionum*
II. *A. Gallus*	*Liber I de verborum quae ad ius pertinent significatione*
III. *Alfenus*	*Libri VII digestorum*
IV. *Proculus*	*Libri XI epistularum* *Libri III ex posterioribus Labeonis**
V. *Iavolenus*	*Libri XV ex Cassio* *Libri XIV epistularum* *Libri X ex posterioribus Labeonis*

[273] A excepción de *Archadius Charisius* y *Hermogenianus.*

	Libri V ad Plautium
VI. *Neratius*	*Libri X regularum* *Libri VII membranarum* *Libri II responsorum*
VII. *Celsus* (*f*)	*Libri XXXIX digestorum*
VIII. *Iulianus*	*Libri XC digestorum Libri VI ex Minicio* *Libri IV ad Urseium Ferocem* *Liber I ad edictum** *L. sing. de ambiguitatibus*
IX. *Pomponius*	*Libri XXXIX ad Quintum Mucium* *Libri XXXVI ad Sabinum* *Libri XX epistularum* *Libri XV variarum lectionum* *Libri VII ad Plautium* *Libri V senatus consultorum* *Libri IV fideicommissorum* *Libri II enchiridii* *L. sing. regularum* *L. sing. enchiridii*
X. *Valens*	*Libri VII fideicommissorum* *Libri VII actionum*
XI. *Africanus*	*Libri IX quaestionum*
XII. *Mauricianus*	*Libri III ad legem Iuliam et Papiam* *Libri II de poenis**
XIII. *Clemens*	*Libri XVIII ad legem Iuliam et Papiam*
XIV. *Venuleius*	*Libri XVII stipulationum* *Libri X actionum* *Libri VII disputationum VII** *Libri VI interdictorum* *Libri III de iudiciis publicis* *Libri II de officio proconsulis*

XV. *Gaius*	*Libri XXX ad edictum provinciale* *Libri XV ad legem Iuliam et Papiam* *Libri VI ad legem duodecim tabularum* *Libri III rerum cottidianarum* *Libri III institutionum* *Libri III de verborum obligationibus* *Libri III de manumissionibus* *Libri III regularum* *Libri III de legatis ad ed.praetoris urbani* *Libri II de testamamentis ad ed. praetoris urbani* *Libri II ad edictum praetoris urbani* *Libri II ad edictum praetoris urbani titulo de liberali causa* *Libri II ad ed. aedilium curulium* *Libri II fideicommissorum* *Ad edictum praetoris urbani titulo de praediatoribus* *Ad edictum praetoris urbani titulo qui neque sequantur neque ducantur* *Ad edictum praetoris urbani titulo de re iudicata* *Ad edictum praetoris urbani titulo de publicanis* *Ad edictum praetoris urbani titulo de operis novi nuntiatione* *Ad edictum praetoris urbani titulo de damno infecto* *Ad edictum praetoris urbani titulo de aquae pluviae arcendae* *L. sing. de casibus* *L. sing. regularum* *L. sing. de formula hypothecaria* *L. sing. de tacitis fideicommissis* *L. sing. ad legem Glitiam* *L. sing. ad SC Tertullianum* *L. sing. ad SC Orfitianum*
XVI. *Maecianus*	*Libri XVI fideicommissorum*

	Libri XI de publicis iudiciis
	ex lege Rhodia (Voluisi)
XVII. *Marcellus*	*Libri XXXIX digestorum*
	Libri III ad legem Iuliam et Papiam
	*Libri II publicorum**
	*Libri I de officio praesidis**
	L. sing. responsorum
	*Digestorum Iuliani notat***
	*Libro singulari regularum Pomponii notat***
XVIII. *Papirius Iustus*	*Libri II de constitutionibus*
XIX. *Tarruntenus*	*Libri II de re militari*
XX. *Scaevola*	*Libri XXXIV digestorum*
	Libri XIX quaestionum
	Libri VI responsorum
	Libri IV regularum
	L. sing. quaestionum publice tractatarum
	*Iuliani digestorum notat***
XXI. *Florentinus*	*Libri XI institutionum*
XXII. *Papinianus*	*Libri XXXVII quaestionum*
	Libri XIX responsorum
	Libri II definitionum
	Libri II de adulteriis
	L. sing. de adulteriis
	Liber de cura urbis
XXIII. *Callistratus*	*Libri VI de cognitionibus*
	Libri IV edicti monitori I-IV
	Libri III de iure fisci I-III
	Libri III institutionum
	Libri II quaestionum
XXIV. *Menander*	*Libri III de re militari*
XXV. *Tertullianus*	*Libri I quaestionum*

	L. sing. de castrensi peculio
XXVI. *Tryphoninus*	*Libri XXI disputationum* *Apud Scaevolam digestorum notat* **
XXVII. *Paulus*	*Libri LXXVIII ad edictum* *Libri XXV quaestionum* *Libri XXI responsorum* *Libri XVIII ad Plautium* *Libri XVI brevium* *Libri XVI ad Sabinum* *Libri XII ad legem Iuliam et Papiam* *Libri VIII epitomarum Alfeni digestorum* *Libri VIII epitomarum Labeonis pithanorum* *Libri VI regularum* *Libri V sententiarum* *Libri IV ad Vitellium* *Libri IV ad Neratium* *Libri III fideicommissorum* *Libri III decretorum* *Libri III de adulteriis* *Libri III ad legem Aeliam Sentiam* *Libri II imperialium sententiarum in cognitionibus prolatarum* *Libri II manualium* *Libri II institutionum* *Libri II de officio proconsulis* *Libri II ad ed. aedilium curulium* *Libri II de censibus* *Libri I ad legem Iuliam* *Libri I de iure fisci* *L. sing. regularum* *L. sing. de poenis paganorum* *L. sing. de poenis militum* *L. sing. de poenis omnium legum* *L. sing. de usuris* *L. sing. de gradibus et adfinibus et nominibus eorum* *L. sing. de iure codicillorum* *L. sing. de excusationibus tutelarum*

L. sing. ad regulam Catonianam
L. sing. ad SC Orfitianum
L. sing. ad SC Tertullianum
L. sing. ad SC Silanianum
L. sing. ad SC Velleianum
L. sing. ad SC Libonianum
L. sing. ad SC Claudianum
L. sing. de officio praefecti vigilum
L. sing. de officio praefecti urbi
L. sing. de iudiciis publicis
L. sing. de inofficioso testamento
L. sing. de centumviralibus iudiciis
L. sing. de iure singulari
L. sing. de secundis tabulis
L. sing. ad orationem divi Severi
L. sing. ad orationem divi Antonini et Commodi
L. sing. ad legem Cinciam
L. sing. ad legem Falcidiam
L. sing. de de tacitis fideicommissis
L. sing. de portionibus quae liberis damnatorum conceduntur
L. sing. de iuris et facti ignorantia
L. sing. de adulteriis
L. sing. de instrumenti significatione
L. sing. de appellationibus
L. sing. de iure libellorum
L. sing. de iure patronatus
L. sing. de concurrentibus actionibus
L. sing. de intercessionibus feminarum
L. sing. de senatus consultis
L. sing. de libertatibus dandis
L. sing. de dotis repetitione
L. sing. de adsignatione libertorum
L. sing. de conceptione formularum
L. sing. ad Fufiam Caniniam
L. sing. de liberali causa
L. sing. de variis lectionibus
L. sing. de cognitionibus
L. sing. ad SC Turpillianum

	*L. sing. ad SC Tertullianum et Orphitianum**
	L. sing. de articulis liberalis causae
	L. sing. de officio adsessorum
	L. sing. de forma testamenti
	*Libri Iuliani digestorum notat***
	*Quaestionum Papiniani notat***
	*Paulus responsorum Papiniani***
XXVIII. *Ulpianus*	*Libri LXXXI ad edictum*
	Libri LI ad Sabinum
	Libri XX ad legem Iuliam et Papiam
	Libri X disputationum
	Libri X de off. proconsulis
	Libri IX de omnibus tribunalibus
	Libri VII regularum
	Libri VI fideicommissorum
	Libri VI opinionum
	Libri V de adulteris
	Libri V de censibus
	Libri IV pandectarum
	Libri IV de appellationibus
	Libri IV ad legem Aeliam Sentiam I.II.IV
	Libri III de officio consulis
	Libri III responsorum
	Libri II institutionum
	Libri II ad ed. aedilium curulium
	L sing. regularum
	L. sing. de sponsalibus
	L. sing. de officio praefecti urbi
	L. sing. de officio praefecti vigilum
	L. sing. de officio curatoris rei publicae
	L. sing. de officio praetoris tutelaris
	L. sing. de officio quaestoris
	L. sing. pandectarum
	L. sing. de officio consularium
	L. sing. excusationum
XXIX. *Marcianus*	*Libri XVI institutionum*
	*Libri VII digestorum**
	Libri V regularum

	Libri II de appellationibus
	Libri II de publicis iudiciis
	L. sing. de delatoribus
	L. sing. ad form. hypothecariam
	L. sing. ad SC Turpillianum
	*Papiniani de adulteriis notat***
XXX. *Macer*	*Libri II de re militari*
	Libri II publicorum iudiciorum
	Libri II de officio praesidis
	Libri II ad legem vicensimam hereditatium
	Libri II de appellationibus
XXXI. *Iulius Aquilia*	*Liber responsorum*
XXXII. *Modestinus*	*Libri XXXI ad Quintum Mucium**
	Libri XVIII responsorum
	Libri XII pandectarum
	Libri IX regularum
	Libri IX differentiarum
	Libri VI excusationum
	Libri IV de poenis
	Libri IV de praescriptionibus
	L. sing. de praescriptionibus
	L. sing. de inofficioso testamento
	L. sing. de manumissionibus
	L. sing. de heurematicis
	L. sing. de enucleatis casibus
	L. sing. de differentia dotis
	L. sing. de ritu nuptiarum
XXXIII. *L. Rufinus*	*Libri XIII regularum*
XXXIV. *Antinianus*	*Liber I ad edictum*
XXXVI. *Maximus*	*L. sing. ad legem Falcidiam*
XXXVII. *Hermogenianus*	*Libri VI iuris epitomarum*

XXXVIII. *A. Charisius* — *L. sing. de testibus*
L. sing. de officio praefecti praetorio
L. sing. de muneribus civilibus

Las incorrecciones del *Index auctorum* permiten la formulación de variadas hipótesis. En este sentido, recordemos de nuevo el parecer de Rotondi cuando considera que se realiza utilizando el elenco de obras que facilitan las distintas subcomisiones al principio del trabajo. No obstante, según este autor, en el momento de su redacción se introducen cambios de criterio y se completa con las obras del *Appendix*[274].

Esta afirmación implica pensar que las obras que aparecen relacionadas en el *Index* y que no están presentes en los *Digesta*, son obras que los comisarios disponiendo de ellas, desecharon. En relación con las omisiones supondría que responden a obras que, en principio, los comisarios no contaron con ellas. Es decir, se darían la misma circunstancia que se señala en relación con las obras del *Appendix,* pero con la diferencia de que se facilitaría la relación de estas últimas y no de las otras de las otras de las otras. Unas se distribuirían entre las distintas masas y otras formarían un cuarto grupo.

Por otro lado, me pregunto con qué fin facilitaron al principio la relación cuando la directriz la da el emperador una vez concluida la obra.

Mantovani considera que las obras que recoge el Índice y que no están presentes en la compilación son las que los compiladores o no tuvieron o, a pesar de contar con ellas, no leyeron. En relación a

---

[274] *Vid.,* ROTONDI, *L'indice florentino delle Pandette e l'ipotesi del Bluhme,* cit., 298 ss. Este autor señala que el orden responde a los grupos de obras o masas, si bien condicionado a los criterios cronológico, para los autores, y de mayor número de libros, para las obras, es decir, constata que el orden de las masas bluhmianas tiene su reflejo en el *Index.*

las omisiones del *Index* considera que responden a los textos que proceden de citas de otros juristas[275].

Tanto una circunstancia como la otra supondrían: negligencia de los comisarios a la hora de dar cuenta de las que habían o no utilizado, y negligencia del encargado de elaborar el *Index* de no realizar la correspondiente comprobación. La correcta relación de las mismas era una tarea mínima y sin ningún tipo de dificultad en relación con la extracción y edición de los textos. En realidad, hubiera consistido en hacer un mero inventario.

Entendemos que las deficiencias pueden deberse a que gran parte de las obras no son utilizadas directamente, lo que dificulta la relación de las mismas y, quizá también, a posteriores modificaciones de los *Digesta* consistentes en inclusión y eliminación de textos.

A este respecto, el mismo emperador autoriza a realizarlas cuando se considerara que incluían algo que no concordara con el derecho vigente[276]. Quizá esto explicaría algunas de las distintas lecturas en varios códices que han permitido corregir F, completar los *hiatus*, e incluso, introducir algún texto no presente en la *littera* Pisana[277].

---

[275] MANTOVANI, *Digesto e masse bluhmiane*, Milano 1987, 136 ss.

[276] C. *Tanta*,18: *Sed quia diuinae quidem res perfectissimae sunt, humani uero iuris conditio semper in infinitum decurrit, et nihil est in ea, quod stare perpetuo possit (multas etenim formas edere natura nouas deproperat), non desperamus, quaedam postea emergi negotia, quae adhuc legum laqueis non sunt innodata. Si quid igitur tale contigerit, augustum imploretur remedium, quia ideo imperialem fortunam rebus humanis deus praeposuit, ut possit omnia, quae nouiter contingunt, et emendare, et componere, et modis et regulis competentibus tradere.*

[277] En relación con las variantes entre F y los manuscritos de los *Basilica* resulta curioso que éstas se encuentren al final de algunos títulos. Consisten, la

Sí es cierto que el *Index* proporciona la única información que puede someterse a comprobación y que supondría la verificación o no de un trabajo bien hecho y , por esta razón, tiene una especial relevancia. No sabemos si Justiniano es consciente de la trascendencia de que el *Index* recogiera con exactitud las obras utilizadas, así como tampoco si tiene conocimiento de las deficiencias existentes ya que, en este caso, probablemente habría dado instrucciones para su corrección.

3. Participación y presencia de autores en Digesto

*C. Deo auctore,*4

Iubemus igitur uobis, antiquorum prudentium, quibus auctoritatem conscribendarum interpretandaramque legum sacratissimi principes praebuerunt, libros ad ius Romanum pertinentes et legere et elimare, ut ex his omnis materia colligatur,...

En relación con los autores presentes en Digesto, en la *C. Deo auctore* el emperador dispone que se lean *los libros sobre derecho Romano de aquellos antiguos prudentes a los que los sacratísimos príncipes dieron autoridad para redactar e interpretar las leyes*. Parte de la doctrina considera que Justiniano, al dar esta indicación [278], establece una limitación a los juristas que han gozado del *ius*

---

mayoría, en fragmentos que faltan al final de algunos títulos en Manuscrito Florentino y que se contienen en los *Basilica*. Así en Título 36,1 (2 fragmentos); en el 36,4 (2); 46,8 (1); 48,29 (5); 48,22 (8). Otra variante es la omisión de un período en el último texto del Título 19,5, que sí se contiene en el texto griego. Estas variantes son las lagunas a las que Bartol denomina *hiatus explendi a Basilicis.*

[278] Esta primera parte del parágrafo *in commento* puede aclarar el contenido y alcance de la concesión a los juristas de autoridad, por parte del emperador que, sin duda, supone la concesión de un reconocimiento. Justiniano dice

respondendi[279]. Otros autores, por el contrario, mantienen que el emperador se refería a los juristas de la ley de Citas[280].

---

expresamente que consiste en la facultad para redactar e interpretar las leyes -*conscribendarum interpretandaramque legum*-.

[279] Para Arangio-Ruiz los juristas investidos del *ius publice respondendi* eran considerados *quibus permissum est iura condere*, por lo que se exigía que sus respuestas llevaran un sello personal de garantía, para evitar falsificaciones o que fueran atribuidas a otros juristas. Señala que el discutido rescripto de Adriano ha sido interpretado, en ocasiones, en el sentido de que imponía la obligación a los jueces de aportar las decisiones de los juristas que gozaban de este privilegio, cuando las partes no alegaran sus *responsa*. En su opinión, de haber sido así, hubiera quedado reflejado en los fallos y no hay testimonio alguno. Además, supondría la accesibilidad de los magistrados a toda la literatura jurídica. Este autor entiende que este rescripto confirmaba una práctica introducida tras la reforma de Augusto, por la que en el caso de que una de las partes alegara la opinión de un jurista que gozara de este reconocimiento, el juez tendría que resolver conforme a ella; sin embargo, si ambas partes alegaban decisiones el juez recuperaba su libertad y resolvía conforme a su propia opinión. *Vid*., ARANGIO-RUIZ, *Historia del Derecho Romano*, cit., 327 ss.; PARICIO, *El "ius publice respondendi ex auctoritate principis"*, en *Poder político y derecho en la Roma clásica*, Madrid 1996, 97, mantiene que la referencia de Gayo al rescripto adrianeo se reduce al supuesto de sentencias jurisprudenciales contradictorias. Este autor señala que con la expresión *permissum est iura condere*, se refiere a los juristas que gozaban del *ius publice respondendi*; FERNÁNDEZ-BARREIRO, *Poder político y jurisprudencia en la época tardo-clasica,* en *Poder político y derecho en la Roma clásica*, cit., 117, mantiene que "este texto no se refiere al *ius publice respondendi* sino, en general, a la *interpretatio* jurisprudencial (*sententiae et opiniones*) que, según la concepción romana, era el modo a través del cual estaba confiada a los juristas la función de *iura condere*, por lo que constituía por si misma fuente del derecho". ALBANESE, *Appunti su D. 1.2.2.48-50, e sulla storia del ius respondendi*, en *Annali del seminario giuridico della Università di Palermo* (AUPA) 49 (2004) 5 ss., se manifiesta conforme a que en el texto gayano se haga referencia a los juristas a quienes se les hubiera reconocido el *ius respondendi* por los príncipes. Para él, si se alegará al juez una o varias respuestas coincidentes de juristas que tenían este reconocimiento imperial, aquél debía decidir conforme a la opinión alegada. Por el contrario, si las respuestas no fueran coincidentes o se alegara la opinión de un jurista que no gozaba de este privilegio, el juez tenía plena libertad para decidir; NICOSIA, *Iura condere,* en *Annali del seminario giuridico della*

Como argumento a favor del *ius publice respondendi,* podría esgrimirse la presencia en *Digesta* de obras de juristas que, al menos en la compilación, no aparecen mencionados por ninguno de los cinco juristas de la Constitución del 426[281]: *Aemilius Macer, Arcadius Charisius, Callistratus, Florentinus, Furius Anthianus, Hermogenianus, Iulius Aquilia, Licinius Rufinus, Papirius Iustus, Rutilius Maximus, Tarruntenus Paternus* y *Terentius Clemens.*

No obstante, esto no quiere decir que no fueran citados, porque de ser así los compiladores no los hubieran incluido cumpliendo la decisión del emperador de no incluir los autores "*cuyas leyes no hubieran sido citadas ni usadas por otros jurisconsultos*". La

---

Università di Palermo (AUPA) 50 (2005) 223 ss. considera que Gayo con la expresión *quorum omnium* se refería a todos los juristas y no solo a aquéllos que tuvieran el *ius respondendi.*

280 REINOSO-BARBERO, *Digesta Iustiniani Augusti. Introducción a su estudio,* cit., describe el caos imperante en la administración de justicia derivado del agotamiento jurisprudencial, a finales del siglo III d. C, y el que las fuentes del derecho se habrían visto reducidas, al menos en la práctica forense, a las decisiones imperiales. Esta situación dificulta la recuperación de la jurisprudencia clásica, si bien, para este autor, *es muy posible que se sucedieran las tentativas, tanto públicas como privadas, de compilarla y, aunque no llegaran a consolidarse en ningún resultado importante, fueron organizando un material que quizás facilitó el proyecto de Justiniano un siglo después.*

281 Realizada la comprobación de los juristas citados por Papiniano, Paulo, Gayo, Ulpiano y Modestino, estamos conformes con la relación que ofrece FERNÁNDEZ CANO, *La llamada "ley de citas" en su contexto histórico*, cit., a excepción de dos de los juristas: *Claudius Tryphoninus* y *Arrius Menander*. El primero es citado por Paulo en el libro tercero de la obra *decretorum* en el texto que se recoge en D.49,14,50: ... *Tryphonino suggerente, quid putaret de aridis fructibus, qui ante percepti in praediis fuissent, respondit, si nondum dies pensionis venisset, cum addicta sunt, eos quoque;* el segundo, por Ulpiano en el libro úndecimo de sus comentarios al edicto recogido en D.4,4,11,2: ... *cum enim susceptam tutelam non alii soleant deponere, quam qui trans mare rei publicae causa absunt vel hi qui circa principem sunt occupati, ut in consiliarii Menandri Arrii persona est indultum, meruisset autem Salvianus excusationem, adulescentes quasi capti in integrum restitui a praetore desideraverant. ...*

confirmación de que, efectivamente, se ha cumplido esta decisión se recoge en la C. *Δέδωκεν,* 20, que señala "*si alguno había de los que ni los antiguos jurisconsultos conocían, les apartamos de formar parte de esta obra*."

El hecho de que no se recojan citas en Digesto puede obedecer a dos razones: a la omisión de los textos donde aparecían mencionados, o a que los fragmentos de estos autores procedan, precisamente, de esas referencias. Todo ello, a excepción de aquéllos cuyas leyes no pudieron ser citadas por ser posteriores a alos juristas de la ley de citas, como: *Iulius Aquilia, Licinius Rufinus, Furius Anthianus, Rutilius Maximus, Archadius y Hermogenianus.*

Argumentos a favor de la Ley de citas, que estaba vigente cuando comienza la compilación[282], son:

- La directriz que acabamos de mencionar: incluir únicamente las los autores cuyas leyes han sido mencionadas por otros juristas.

- La presencia de *Quintus, Alfenus Varus,* y *Aquilius Gallus*, juristas republicanos, que no pudieron gozar de este reconocimiento imperial.

- Los datos objetivos sobre la presencia de los distintos juristas en la compilación. Comprobamos que esta presencia se corresponde prácticamente con los juristas de la ley de citas, es decir, aquellos cuyas decisiones eran vinculantes: Ulpiano, Paulo, Papiniano, Modestino y Gayo y otros a los cuales les viene reconocida la autoridad por la cita de los primeros: Escévola,

---

[282] FALCHI, *Sul coordinamento tra "masse" Bluhmiane e "partes" del Digesto,* en *SDHI* 49 (1983), 60, sostiene que Justiniano un año antes de la promulgación de la C. *Deo Auctore* había confirmado la ley de citas. Cfr. *P. Oxy* 1814.

Juliano y Marcelo y, que son mencionados expresamente en la C. de Valentiniano del 426 d. C.

Así el porcentaje de textos de los cinco juristas es del 65,88% y el de líneas 69,86%. De los 8 juristas el porcentaje de textos es del 75,94% y de líneas un 80,50%.

El porcentaje de los cinco podría haber sido mayor, en primer lugar, si tenemos en cuenta que textos donde figura el nombre de Ulpiano en la inscripción en otras colecciones, son atribuidos en Digesto a otros juristas; en segundo lugar, porque la obra *Epitome Iuris* de Hermogeniano que, en definitiva, viene a ser una reelaboración de leyes de distintos autores, éstas se atribuyen únicamente a aquél. En este sentido es llamativo que en ninguno de los 107 fragmentos que se recogen de esta obra aparezca citado ningún jurista.

Argumento a favor de las dos hipótesis, sería la presencia de Gayo, pues si bien la autoridad, le viene reconocida, por Valentiniano III en la ley de citas, este reconocimiento, a su vez, podría considerarse como un *ius publice respondendi*, quizá a título póstumo.

C *Tanta*, 20	C. *Δέδωκεν*, 20ª
... Legislatores autem uel commentatores eos elegimus, qui digni tanto opere fuerant, et quos et anteriores piissimi principes admittere non sunt indignati, omnibus uno dignitatis apice impertito, nec sibi quoquam antiquam praerogatiuam uindicante....	*Iuris autem, auctores vel interpretes eos elegimus, qui apud omnes probati extitissent et anterioribus principibus placuissent et ab iis allegari meruissent: nam si quis erat ne veteribus quidem, iuris auctoribus notus, eum ab hoc libro procul habuimus. omnibus autem in hoc volumen relatis unum ordinem unamque dignitatem tribuimus non reservata alii prae alio maiore auctoritate: ...*

Esta orden, de incluir aquellos juristas a quienes los emperadores reconocieron autoridad, se confirma en las *Cc. Tanta* y *Δέδωκεν,* y en esta última *oratio* la de que sean, además, citados por los antiguos jurisconsultos: *y si alguno había de los que ni los antiguos jurisconsultos conocían, le apartamos de formar parte de esta obra.*

En la C. *Tanta* se añade que estos autores gozaban de prestigio popular y *eran dignos de que los príncipes les mencionaran.* Este periodo de la *oratio* vendría a reforzar la hipótesis ya propuesta de que el emperador se está refiriendo a los juristas que podían ser alegados en juicio. En relación con la mención de los príncipes está se haría en las propias constituciones imperiales y a través de las leyes de citas.

En relación con estos juristas, un caso muy especial, y llamativo es el de Sabino. Éste es el único jurista del que sabemos expresamente, por el testimonio de las fuentes, que gozó tanto del *ius publice respondendi* como del reconocimiento de Valentiniano III en la ley de Citas. Además es citado en numerosas ocasiones por otros autores. Es decir, cumpliría todos los requisitos y sin embargo, no hay un solo fragmento, en Digesto, en el que figure su nombre como autor en las inscripciones.

A pesar de esto último su nombre figura en el *Index Auctorum*[283], precisamente con indicación de la obra *Iuris Civilis,* que no aparece citada en la compilación[284].

---

[283] REINOSO-BARBERO, *Digesta Iustiniani Augusti. Introducción a su estudio,* cit., considera que su inclusión en el *Index* al igual que la referencia a su obra *ius civile*, parece ser una cita obligada. Por otro lado, en opinión de este autor, la ausencia de inscripciones con su nombre induce a pensar en que los comisarios no disponen de ningún original de su obra.

De él, sabemos la existencia de sus obras por las referencias de otros autores (fuentes jurídicas y literarias): *Ad edictum praetoris urbani*, *Iuris civilis*, *Libri Memorialium*, *Liber singularis de officio adsessorum*, *Liber singularis de furtis*, *Libri ad Vitelum*, *Libri responsorum*.

En las numerosas referencias de otros autores a Sabino se advierte que es de los pocos juristas de los que no se indica la obra de donde procede la cita, a excepción de tres casos: *Sabinus ad edictum praetoris urbani libro quinto* (D.38,1,18 *Paulus libro quadrangesimo ad edictum*), *Massurius libro memorialium* (D.50,16,144 *Paulus libro decimo ad legem Iuliam et Papiam*) y *Sabinus libro secundo responsorum* (D14,2,4pr. *Callistratus libro secundo quaestionum*) Estas tres referencias son las únicas que podrían haber sido inscripciones de Sabino, si bien las dos primeras se encuentran al comienzo del texto. Por tanto, únicamente parece posible la tercera.

En relación con otra obra de este autor que aparece citada, en ninguno de los 8 textos (de Paulo, Ulpiano y Trifonino) donde se menciona *ad Vitellum* se indica el libro de donde procede la opinión que recogen. Siempre aparece la misma referencia: *Sabinus libris ad Vitellum,* por lo que, evidentemente, tampoco pudo ser objeto de inscripción.

Por estas circunstancias apuntadas y teniendo presente que una parte importante de Digesto son los textos de los comentarios *ad Sabinum* de Ulpiano, Paulo y Pomponio[285], considero que de haber

---

[284] En este sentido cabe recordar que en el *Index Auctorum*, donde se incluye este jurista, la obra que figura es *Liber I de iure civili,* que no aparece mencionada a lo largo de *Digesta* y de la que únicamente nos ha llegado información a través de *Aulo Gellio.*

[285] Resulta muy llamativo que ni siquiera en los comentarios *ad Sabinum* de Paulo y Pomponio se cite ninguna obra de este jurista y en los 615 fragmentos de

contado materialmente con sus obras, hubiera habido, con toda probabilidad, una presencia, mas o menos importante, de este autor.

Circunstancias similares se advierten en otros autores. Así Cassio tampoco está presente como autor en los *Digesta*; sin embargo es citado en numerosos textos. Concretamente, conforme a la información que ofrece Lenel en la *Palingenesia Iuris Civilis,* en 143. De todos estos textos únicamente en ocho se indican libro y obra (7 en *Ulpianus ad Sabinum* y 1 en *Paulus ad edictum*).

De los 10 libros que parece contar la obra *Iuris Civilis*, solamente se citan los libros 2,4,7,8 y 10. En los 69 textos de la obra *Iavolenus ex Cassio*, solo en tres se cita a este autor. En estas tres referencias no se indica, ni libro ni obra.

3.1. Juristas de la ley de Citas

Como señalaba antes conforme al porcentaje que se ha ofrecido, 4/5 partes de la obra procede de los juristas de la ley de citas. Ahora bien, si a los textos, de los 8 autores de la Constitución del 426 d. C., le sumamos los porcentajes de Pomponio que figura en 580 inscripciones (bien a través de su nombre o bien a través de *idem*) –de Celso en 141, Neracio en 64, Próculo en 37, y Quinto Mucio en 4 – juristas todos ellos citados frecuentemente por aquéllos de la ley de citas, el porcentaje de textos sería de 84,96 % y de líneas 87,20%, por lo que el de los 28 juristas restantes representaría una mínima parte de la obra[286].

---

los comentarios de Ulpiano a este autor, únicamente, en cuatro se menciona una obra (*ad Vitellum*).

[286] Para SCHULZ F., *Storia della giurisprudenza romana*, cit., 508, todos los juristas que se introducen en la obra son del Principado. Los 5 fragmentos procedente de la obra de Q. Mucio Escévola se han incluido en homenaje al fundador de la jurisprudencia romana.

El jurista más utilizado es Ulpiano; sus textos o fragmentos constituyen aproximadamente más de una cuarta parte de la obra (26,969%) siendo el porcentaje de líneas aún mayor (39,33%). Sin embargo, Justiniano únicamente lo menciona en sus *orationes* con motivo de autorizar que se incluyan las notas de él, de Paulo y Marciano a Papiniano. Su carácter de autor enciclopedista queda manifiesto por las numerosas citas que se recogen en sus textos a los distintos juristas, no todos presentes en Digesto y, en muchas ocasiones, con indicación de la obra y el libro. Es maestro en recoger el *status quaestionis* del tema que se trata.

A Ulpiano le sigue Paulo. Justiniano en la C. *Omnem* parece restarle autoridad y, a pesar de describirlo como el "muy sabio Paulo", sustituye el estudio de sus obras, que los alumnos realizaban en cuarto curso, por diez libros de la colección de los catorce, ya que con ellos podían conseguir, en palabras del emperador, *un tesoro de mucho más alta y extensa prudencia que el que podían antes alcanzar con las Respuestas de Paulo*[287].

De este jurista, del que el emperador se refiere únicamente a los 23 libros de sus Respuestas, son numerosas las obras que se recogen en los *Digesta*. Sin embargo, el criterio de la ubicación de las mismas en el seno del orden de la compilación no es el mismo. Se advierte que generalmente las secuencias ininterrumpidas de textos de este jurista, y en las que es preceptiva la utilización del pronombre *idem,* se dan generalmente en relación con las obras de *quaestiones* y *responsa*.

---

[287] C. *Omnem*, 5: *Sed quia solitum est, anni quarti studiosos Graeco et consueto quodam uocabulo lutaj appellari, habeant quidem, si maluerint, hoc cognomen; pro Responsis autem prudentissimi Pauli, quae antea ex libris uiginti tribus uix in decem et octo recitabant, per iam expositam confusionem eos legentes, decem «libros singulares», qui ex quatuordecim, quos antea enumerauimus, supersunt, studeant lectitare, multo maioris et amplioris prudentiae ex eis thesaurum consecuturi, quam quem ex Paulianis habebant Responsis.*

En la mayoría de ocasiones, los textos procedentes de sus comentarios *ad edictum* están a continuación de textos de Ulpiano de la misma obra, e incluso, en numerosas ocasiones, están intercalados entre dos textos procedentes del mismo libro y misma obra de Ulpiano. Igual sucede entre textos procedentes de los comentarios *ad Sabinum* de ambos juristas.

Dell ´Oro, que hace una relación importante de este último tipo de secuencias alternas, si bien limitada a los supuestos en los que el texto intercalado es breve, comenta la ausencia total de citas entre Ulpiano y Paulo, lo cual le resulta llamativo[288]. Añade que esto, unido a la posición en la que se encuentran los textos en relación al orden de los fragmentos, puede llevar a la deducción de que los textos breves intercalados de Paulo podrían ser meras citas de Ulpiano, si bien son presentados como si hubiesen sido extractados directamente de la obra de los propios juristas[289].

Este autor ofrece, también, una relación breve en la que los textos intercalados son de Ulpiano. No obstante, al reducir su relación a los supuestos de textos breves intercalados entre inscripciones con el mismo libro de igual obra, es susceptible de conducir a resultados contradictorios ya que, en ocasiones, la relación que ofrece refleja como texto intercalado el de Ulpiano cuando la secuencia más completa de textos evidencia que sucede al contrario.

D.27,6,1 *Ulpianus libro duodecimo ad edictum*	[E]
D.27,6,2 *Paulus libro duodecimo ad edictum*	[E]

288 No compartimos la opinión de este autor, pues existen dos textos de Paulo en los que se cita a Ulpiano: D.47,2,21,2 *Paulus libro quadragensimo ad Sabinum* y D.19,1,43 *Paulus libro quinto quaestionum.*

289 DELL´ORO, *Tecniche compostive del Digesto: citazioni reciproche tra giuristi come Paolo e Ulpiano e richiami a Gaio,* en *Rivista di Dirtto Romano* I , 2001, http: /www.ledonline.it/rivistadirittoromano/.

D.27,6,3 *Ulpianus libro duodecimo ad edictum*	[E]
D.27,6,4 *Paulus libro duodecimo ad edictum*	[E]
D.27,6,5 *Ulpianus libro duodecimo ad edictum*	[E]
D.27,6,6 *Paulus libro duodecimo ad edictum*	[E]
D.27,6,7 *Ulpianus libro duodecimo ad edictum*	[E]

Compruebo que en las secuencias de 3 ó más textos generalmente no se advierte ninguna en la que se mezclen obras de los comentarios *ad edictum* y *ad Sabinum* de estos juristas. Es decir, no se da esta sucesión de textos *Ulpianus ad Sabinum- Paulus ad edictum- Ulpianus ad Sabinum*, ni tampoco *Ulpianus ad edictum- Paulus ad Sabinum- Ulpianus ad edictum*. Esta regla, sin embargo no se confirma en dos secuencias en las que los libros de Ulpiano pertenecen a los comentarios del edicto de los ediles curules y se alternan con otros de Paulo procedentes de los comentarios *ad Sabinum*. La secuencia que se relaciona a continuación, constituye, por tanto, la única excepción:

D.21,1,4 *Ulpianus libro primo ad edictum aedilium curulium.*	[E]
D.21,1,5 *Paulus libro undecimo ad Sabinum.*	[S]
D.21,1,6 *Ulpianus libro primo ad edictum aedilium curulium.*	[E]
D.21,1,7 *Paulus libro undecimo ad Sabinum.*	[S]
D.21,1,8 *Ulpianus libro primo ad edictum aedilium curulium.*	[E]

Esta alternancia entre ambos juristas, e incluso de estos juristas con otros, explica el menor porcentaje (Ulpiano 25,79%- Paulo 18,13%) en la utilización de *idem* en relación con otros autores como son Papiniano (48,40%), Modestino (39,07%) y Juliano (34,06%), conforme a las cifras que ofrece Reinoso-Barbero[290].

Así, la alternancia de Ulpiano con otros juristas más frecuentes:

Ulpianus ad edictum

---

[290] REINOSO-BARBERO, *Las inscripciones en Digesto*, cit.

Iulianus digestorum
Ulpianus ad edictum

Ulpianus ad Sabinum
Pomponius ad Sabinum
Ulpianus ad Sabinum

En relación con Papiniano se advierte un cierto cambio de actitud entre las *C. Deo Auctore* y la *C. Omnem*. En la primera, aún reconociendo el superior ingenio de este jurista, prescribe que se incorporen las anotaciones a sus obras realizadas por Ulpiano, Paulo y Marciano, proscritas hasta ese momento[291], y establece que todos los juristas gocen de la misma autoridad.

Sin embargo, en la C. *Omnem*, tras abundantes calificativos como *sublime, el muy agudo, excelente, insigne*, da prioridad a sus obras en el *usus scholarum* frente a la de cualquier otro jurista.

Justiniano cita de este jurista y en esta constitución, todas las obras que aparecen en los *Digesta*, por lo que es posible que la extracción de su obra fuera directa. Al menos la de los *XIX libri Responsorum*[292], obra ya utilizada en las escuelas de derecho.

---

[291] Esta prohibición que, en principio alcanzaba a Paulo y Ulpiano, y posteriormente tácitamente a Marciano, fue obra de Constantino el Grande para quien Papiniano gozaba de la máxima autoridad; CTh.1,4,1 (28 de septiembre del año 321): *Perpetuas prudentium contenciones eruere cupientes Ulpiani ac Pauli in Papinianum notas, qui, dum ingenii laudem sectantur, non tam corrigere eum, quam depravere maluerunt, aboleri praecipimus*. El mismo emperador, ante el temor de que decayese la autoridad de Paulo, confirmó todos los escritos de este jurista, estableciendo que sus sentencias debían ser observadas por los tribunales. *Vid*. KRÜGER, *Geschichte der Quellen und Literatur des römischen Rechts*, cit.

[292] *Libri II de adulteriis; L. sing. de adulteriis; Liber de cura urbis; Libri XXXVII quaestionum; Libri XIX responsorum y Libri II definitionum.*

Se advierten secuencias ininterrumpidas de textos de este autor, lo que justifica el mayor porcentaje en la utilización del pronombre *Idem* (48,40%).

Con respecto a Gayo, la secuencia de los textos procedentes del comentario *ad edictum provinciale* también, en su mayoría, se alternan con los comentarios al edicto de Ulpiano y de Paulo. Lo mismo sucede con la obra *ad edictum aediles curules* de los tres autores:

Ulpianus ad edictum
Gaius ad edictum prov
Ulpianus ad edictum

Ulpianus ad editum aedilium curulium
Gaius ad editum aedilium curulium
Ulpianus ad editum aedilium curulium

Paulus ad edictum
Gaius ad eictum praetoris provincilae
Paulus ad edictum

La inclusión de Gayo en la ley de Citas, quizá pueda explicarse partiendo del argumento que esgrime Schulz para justificar su presencia en colecciones de *iura,* o de *iura* y *leges*, que no es otra que por ser el autor escolástico más conocido[293].

---

[293] Cfr. SCHULZ, *Storia della giurisprudenza romana,* cit., 561, refiriéndose a la datación de la *Collatio legum mosaicarum et romanarum* afirma la utilización de los cinco juristas principales de la ley de Citas, pero ello no significa que la recopilación haya sido hecha después de la ley, ya que era usual limitarse a los cuatro juristas de la época de los Severos y añadir la obra de Gayo como autor escolástico más conocido.

Modestino[294], a pesar de ser numerosas las obras y los libros de este jurista en *Digesta*, son escasos los textos en relación con los otros juristas de la ley de citas Concretamente 343 fragmentos, con un porcentaje sobre el total de textos de 3,75%. Esto sin duda puede obedecer a que, al ser uno de los juristas más tardíos de la época de los Severos (discípulo de Ulpiano), fueran pocas las citas y referencias a su obra por parte de otros autores. Una de sus obras está escrita en griego, así como partes de otras escritas en latín. De estas últimas, se mantiene que sean traducciones postclásicas del original que estaría redactado en griego.

Hasta aquí los cinco juristas. En relación a los otros cuatro , que se mencionan expresamente, diversas circunstancias parecen indicar que sus obras han podido ser extractadas de referencias de otros autores.

De Juliano, jurista que encabeza el *Index Auctorum*, se citan en el mismo cuatro obras que se encuentran recogidas en Digesto. No obstante, en la *inscriptio* de D.3,2,1 figura la obra *ad edictum (libro primo)* que no figura en dicho índice. Es el único testimonio de esta obra. Diversos autores, entre los que se encuentran Mommsen y Lenel, consideran que nunca fue escrita.

Otras circunstancias, como son la ubicación de sus textos y las numerosas referencias a este jurista, con indicación de obra y libro, inducen a pensar que muchos de sus textos procedan de las citas de otros autores.

---

[294] *Libri IX differentiarum, L. sing. manumissionibus, Libri X regularum, L. sing. de ritu nuptiarum, L. sing. de differentia dotis, Libri VI excusationum (escrita en griego), Libri IV de praescriptionibus (de dudosa autoría, Libri XIX responsorum, L. sing. de enucleatis casibus, L. sing. de prescriptionibus, Libri XII pandectarum, L. sing. de heurematicis, L. sing. de inoficioso testamento, Libri IV de poenis.*

De Escévola destacamos las numerosas geminaciones y similitudes presentes en la compilación de sus textos, y la estructura interna de los mismos que responden al esquema caso-pregunta –respuesta, con el verbo *respondere* en tercera persona: *Scaevola respondit;* podría indicar que el fragmento procede de una cita.

En los supuestos de similitudes y geminaciones entre textos de este jurista, se advierten una serie de características que es interesante resaltar:

- La proximidad de los textos entre los que se observan estas identidades.

- La mayoría están entre los libros 31 y 36 .

- Con frecuencia se producen entre textos breves, en los que se considera innecesaria la división en parágrafos.

- La frecuente utilización de los verbos en voz pasiva.

En relación a Marcelo, de la reconstrucción que hace Lenel de su obra, aproximadamente el 45 % son fragmentos en los que figura como autor en inscripciones. El resto procede de las citas de otros juristas, especialmente es mencionado por Paulo y Ulpiano.

3.2. Resto de Juristas

La presencia del resto de juristas es mínima a excepción de Pomponio, con un 6,34%, Marciano 3,08%, Javoleno con un 2,25%, Celso, con 1,54%, Africano, con 1,43%, Hermogeniano, con 1,17%, y Calistrato con 1,10% de los textos.

De estos autores solo Hermogeniano es posterior a los juristas de la época de los Severos. De los otros, apenas son citados Marciano, Calistrato, Javoleno y Africano, que bien pudiera ser que los fragmentos que indican su autoría hayan sido extractados de sus obras directamente.

El porcentaje de la presencia de los diferentes juristas que se ha expuesto se extrae de la participación concreta de cada uno de ellos. En el Anexo IV se ofrece el número total de textos por obra de cada jurista presente en Digesto, con indicación del porcentaje de sus textos y líneas sobre el total de esta obra. Estos datos son el resultado de un estudio más completo, para lo que ha sido necesario separar y, a su vez, agrupar los textos de cada obra de cada uno de los distintos autores.

CAPÍTULO III

OBRAS UTILIZADAS PARA LA EXTRACCIÓN DE TEXTOS

1. *Tot auctorum dispersa volumina uno codice indita ostendere*

C. Deo auctore, 2:

...tot auctorum dispersa volumina uno codice indita ostendere

Justiniano, dispuesto a realizar la gran obra, considerada por él mismo como templo de justicia, quiere se recoja en ella la jurisprudencia de los juristas que han gozado tanto del reconocimiento de los príncipes como del prestigio jurídico. Para ello, dispone que se recoja *"en un solo código tantos volúmenes dispersos de tantos autores"*.

C. Tanta,1	*C. Δέδωκεν*,1
... Postea uero maximum opus aggredientes ipsa uetustatis studiosissima opera, iam paene confusa et dissoluta, eidem uiro excelso permisimus tam colligere, quam certo moderamini tradere.	*... nunc vero omnium qui retro fuerunt iuris conditorum sententias collectas ex librorum, multitudine*

En el primer párrafo de la *Oratio "De confirmatione digestorum"* informa del encargo a Triboniano la recopilación de las obras de los juristas antiguos "*mezcladas y disipadas*" según la C. *Tanta*.

Como acertadamente señala Guarino, la información dada por Justiniano, en este sentido, es muy vaga; pero la utilización de los participios *dispersa*, *confusa* y *dissoluta*[295], vienen a proporcionar alguna luz en relación con las obras a utilizar para la extracción de textos. Conforme al significado de estos verbos las obras están mezcladas y dispersas. Pero ¿qué quiere decir con estos calificativos? Una interpretación capaz de aclarar esta información es: las obras están recogidas en diversas obras por los distintos juristas.

C. Tanta, 1	C. Δέδωκεν, 1
... Sed cum omnia percontabamur, a praefato uiro excelso suggestum est, duo paene millia librorum esse conscripta, et plus quam trecenties decem millia uersuum a ueteribus efusa. Quod caelesti fulgore et summae Trinitatis fauore confectum est secundum nostra mandata,	*..., qui erant ad duo milia, versuum autem numerum habebant ad tricies centena milia, ad moderatum simul et perspicuum corpus reduximus.*

Triboniano, una vez realizadas las indagaciones, informa al emperador que los antiguos escribieron casi dos mil libros. En la *C. Tanta* Justiniano afirma: *era necesario leer, e indagar para elegir lo mejor de todo, lo que se hizo*. La *C. Δέδωκεν* de esto último no dice nada al respecto, simplemente informa que las opiniones han sido extraídas de todos los jurisconsultos, los cuales habían escrito hasta dos mil libros[296].

En realidad, el emperador da dos tipos de información: en la primera dice que la obra de los autores que pretende recopilar, está

[295] *Dispersa* es un participio de *dispargo* (de *di* y *spargo*) que significa esparcir, distribuir. *Confusa* es un participio de *confundo* que significa mezclar, reunir. *Dissoluta* es un participio de *dissolvo*: disipar.

[296] REINOSO-BARBERO, *Digesta Iustiniani Augusti. Introducción a su estudio,* cit., señala sobre la información de que los comisarios leyeron dos mil libros, con tres millones de líneas, que "no todos pasaron a Digesto, y ni tan siquiera un dato tan precario parece seguro".

dispersa, mezclada y en desorden; en la segunda afirma que los "antiguos" habían escrito casi dos mil libros a *leer e indagar para elegir lo mejor de todos ellos*. La utilización del verbo *perscrutor (perscrutari)* con el significado de investigar e indagar en el contexto en el que se inserta bien podría suponer la recuperación de las opiniones jurisprudenciales de las colecciones e incluso de las citas de otros juristas donde se encuentran.

De la cantidad de libros informa Triboniano al emperador. A los datos proporcionados, el entonces cuestor, pudo llegar por un recuento tanto directo de las obras, como a través de la información recogida en las colecciones y a través de las citas de los distintos autores. La utilización del verbo *percontor*[297] y la cifra inexacta (casi dos mil) / (hasta dos mil) podría confirmar esta última posibilidad, máxime si tenemos en cuenta que esta información se proporciona una vez concluida la obra, aún cuando Triboniano como Justiniano disponían de la misma antes del comienzo de la obra, en el examen del material.

Sin embargo, a pesar de ser tantos los libros escritos por los antiguos, el emperador, en el párrafo 17 de las dos versiones, se lamenta de que muy pocos eran utilizados en juicio, por lo que los litigios se resolvían más por el capricho de los jueces que la autoridad de las leyes. Por ello, en la versión latina Justiniano hace una *laudatio,* sobre la obra realizada que viene a corregir esa situación, pues ahora se dispone de un gran número leyes vigentes.

C. *Tanta*,17
Mirabile autem aliquid ex his libris emersit, quod multitudo antiqua praesente breuitate paucior inuenitur. Homines etenim, qui

C. *Δέδωκεν*,17
Tot autem cum essent libri antea conscripti, qui res iudicabant pendebant ex paucissimis auctoribus librisque, alii quod libris carebant,

[297] *Percontabamur* es preterito imperfecto de indicativo de *percontor*, que significa averiguar, indagar y explorar.

antea lites agebant, licet multae leges fuerant positae, tamen ex paucis lites perferebant, uel propter inopiam librorum, quos comparare eis impossibile erat, uel propter ipsam inscientiam; et uoluntate iudicum magis, quam legitima auctoritate lites dirimebantur

alii quod maiori labori non sufficiebant pleraque utilium reperire non valentes:

Justiniano con este testimonio, celebra la utilidad y la contribución importante de su obra a la administración de justicia. La preocupación por el funcionamiento de la misma ha sido una constante en la historia de Roma y, por ende han sido varias las ocasiones en las que se han regulado las fuentes jurídicas y se iniciaron proyectos de codificación del derecho. Todo ello, en aras a resolver el *ius incertum,* como consecuencia del número ingente de *leges et iura*, el *ius controversum* y el problema la autenticidad de las fuentes, en general. Unido esto a la falta de preparación y desconocimiento del derecho por parte de jueces y abogados[298] permitía dilaciones y decisiones injustas, siendo la situación de gran confusión e inseguridad jurídica[299].

Precisamente, por las numerosas ocasiones en las que se adoptan medidas sin resolver esta situación es por lo que Justiniano pretende establecer un orden duradero con su obra denominada "templo de justicia".

---

298 CTh.1,1,2: Impp. Valentinianus, Theodosius et Arcadius aaa. Flaviano pf. P. Illyrici et Italiae. *Perpensas serenitatis nostrae longa deliberatione constitutiones nec ignorare quemquam, nec dissimulare permittimus.*

299 Además de estas causas apuntadas, otras circunstancias favorecieron los abusos, discriminaciones y la arbitrariedad. Así, la *legibus solutio* que era la dispensa de observar las leyes La medida para paliar esta situación fue la aprobación en el año 67 a. C. la *lex Cornelia de legibus solvendo.Vid.* CERAMI, *La crisi della "libera res publica*", en *Poder político y derecho en la Roma clásica*, Madrid 1996, 20.

Como codificaciones precedentes pueden citarse: la primera colección de leyes realizada por Sexto Publio Papirio, conocida como Derecho Civil Papiriano[300], la ley de las XII Tablas[301], tal vez la obra de Cicerón "*De iure civili in artem redigendo*[302]; los

---

[300] Pomponio informa que, la primera colección de leyes, que se habían dado sin ningún orden, donde la legislación regia, en palabras del jurista, "se redujo a una unidad". D.1,2,2,2.36 (*Pomponius libro singulari enchiridii*). *Postea aucta ad aliquem modum civitate ipsum Romulum traditur populum in triginta partes divisisse, quas partes curias appellavit propterea quod tunc reipublicae curam per sententias partium earum expediebat. et ita leges quasdam et ipse curiatas ad populum tulit: tulerunt et sequentes reges. quae omnes conscriptae exstant in libro Sexti Papirii, qui fuit illis temporibus, quibus Superbus Demarati Corinthii filius, ex principalibus viris. is liber, ut diximus, appellatur ius civile Papirianum, non quia Papirius de suo quicquam ibi adiecit, sed quod leges sine ordine latas in un<u>m composuit.* (36) *Fuit autem in primis peritus Publius Papirius, qui leges regias in unum contulit…*

[301] Asismismo, Pomponio comenta que, tras la caída de la monarquía, el pueblo romano comienza a regirse por un derecho indeterminado y por la costumbre - *incerto magis iure et consuetudine*- Para acabar con esta situación se decide la redacción y publicación de la ley de las doce tablas. D.1,2,2,3.4 (*Pomponius libro singulari enchiridii*): *Exactis deinde regibus lege tribunicia omnes leges hae exoleverunt iterumque coepit populus Romanus incerto magis iure et consuetudine ali<qua uti> quam per latam legem, idque prope viginti annis passus est.* (4) *Postea ne diutius hoc fieret, placuit publica auctoritate decem constitui viros, per quos peterentur leges a Graecis civitatibus et civitas fundaretur legibus: quas in tabulas eboreas perscriptas pro rostris composuerunt, ut possint leges apertius percipi: datumque est eis ius eo anno in civitate summum, uti leges et corrigerent, si opus esset, et interpretarentur neque provocatio ab eis sicut a reliquis magistratibus fieret. qui ipsi animadverterunt aliquid deesse istis primis legibus ideoque sequenti anno alias duas ad easdem tabulas adiecerunt: et ita ex acceden<ti> appellatae sunt leges duodecim tabularum. quarum ferendarum auctorem fuisse decemviris Hermodorum quendam Ephesium exulantem in Italia quidam rettulerunt.* De este propósito también dan testimonio Tito Livio, *Ab urbe condita* 3,34,3 y 3,34,6, y Tácito, *Annales* 3,27.

[302] Posteriormente, Cicerón (*De oratore* 1,42,190) pone de relieve la necesidad de conservación y publicación del derecho lo que el orador confirma que se solicita a los escribanos. Cicerón, *De oratore* 1,42,190: *Hisce ego rebus exempla adiungerem, nisi apud quos haec haberetur oratio cernerem; nunc*

fallidos intentos codificadores de Pompeyo y Julio Cesar[303]; la ordenación del Edicto Perpetuo que lleva a cabo *Salvius Iulianus;* los códigos *Gregorianus, Hermogenianus*[304] y *Theodosianus*[305].

---

complectar, quod proposui, brevi: si enim aut mihi facere licuerit, quod iam diu cogito, aut alius quispiam aut me impedito occuparit aut mortuo effecerit, ut primum omne ius civile in genera digerat, quae perpauca sunt, deinde eorum generum quasi quaedam membra dispertiat, tum propriam cuiusque vim definitione declaret, perfectam artem iuris civilis habebitis, magis magnam atque uberem quam difficilem et obscuram; 2,33,142: *In quo etiam isti nos iuris consulti impediunt a discendoque deterrent; video enim in Catonis et in Bruti libris nominatim fere referri, quid alicui de iure viro aut mulieri responderit; credo, ut putaremus in hominibus, non in re consultationis aut dubitationis causam aliquam fuisse; ut, quod homines innumerabiles essent, debilitati [a iure cognoscendo] voluntatem discendi simul cum spe perdiscendi abiceremus. Sed haec Crassus aliquando nobis expediet et exponet discripta generatim; est enim, ne forte nescias, heri nobis ille hoc, Catule, pollicitus [se] ius civile, quod nunc diffusum et dissipatum esset, in certa genera coacturum et ad artem facilem redacturum.";* Cicerón, *De legibus* 3,20,46: ... *Extremae leges sunt nobis non usitatae, rei publicae necessariae. Legum custodiam nullam habemus, itaque eae leges sunt quas apparitores nostri volunt: a librariis petimus, publicis litteris consignatam memoriam publicam nullam habemus. Graeci hoc diligentius, apud quos nomofulakoi (*nomofulakoi) *crea<ba>ntur, nec ei solum litteras — nam id quidem etiam apud maiores nostros erat —, sed etiam facta hominum observabant ad legesque revocabant. Vid.* RICCOBONO, *Roma, la madre de las leyes,* trad. esp. de Santa-Pinter, Buenos Aires 1975. Esta convicción le llevó a escribir esta obra, de la que únicamente nos ha llegado el título.

[303] Las reclamaciones que relata el orador de que el derecho sea codificado y la constatación de de esta situación de inseguridad jurídica, fueron la causa de los proyectos codificadores de Pompeyo (San Isidoro, *Etym.*5,1,5) y Julio Cesar, que finalmente no fueron llevados a cabo (Suetonio, *Divus Iulius*, 44,2) Vid., TALAMANCA, *Pubblicazioni pervenute alla Direzione*, en *BIDR* 33-34 (1991-1992) 548 ss.

[304] En la épode Diocleciano se llevan a cabo dos compilaciones privadas de *leges*: el *codex Gregorianus* (293-294), que recoge las constituciones, principalmente *rescripta*, desde Adriano a Diocleciano; y el *codex Hermogenianus*, con las constituciones de este último emperador, de los años 293 y 293. A partir del siglo IV debieron ser varias las colecciones de *iura*, y de *iura et leges*, de las que sólo unas pocas nos han llegado a nuestras manos.

Los proyectos codificadores culminan con la publicación del *Codex*, los *Instituta* y los *Digesta* de Justiniano[306].

Otras medidas que se adoptan, con objeto de garantizar la seguridad jurídica, son: el *ius publice respondendi ex auctoritate principis,* mediante el cual, en opinión de Guarino, Augusto trata de dar una solución a la situación de desorden en la jurisprudencia, originada porque las partes interesadas eran las que referían los *responsa* de los juristas de forma más o menos arbitraria[307] y, en

---

[305] Posteriormente, a la promulgación de la constitución del 426, que recoge la ley de citas, Teodosio II encarga a dos comisiones la redacción de dos códices, el primero, debía contener las leyes generales promulgadas desde Constantino, sin excluir aquellas derogadas por constituciones posteriores; el segundo, únicamente recoge las leyes vigentes.

[306] Entre estos dos momentos codificadores, se realiza el Breviario de Alarico. En opinión de A. d´ORS, rec. a FALCHI, *Sulla codificazione del diritto romano nel V e VI secolo,* Roma 1989, en *Crítica Romanística*, Santiago de Compostela 1999, 203 s., publicada en *SDHI* 56 (1990) 498 ss., el Breviario es, ante todo, una obra de propaganda política, que se caracteriza por las mutilaciones masivas tanto de las *leges*, que se recogían en el *Codex Theodosianus* como del los *iura*. Este autor, en la recensión que hace a la obra de LAMBERTINI, *La codificazione di Alarico II,* Torino 1990, en *Crítica Romanística*, cit., 206 ss., publicada en *IVRA* 41 (1990) 163 ss., niega el carácter de *codex* al Breviario, y con fundamento en la heterogeneidad del contenido, sostiene que se trata de un *corpus,* y explica que la división en títulos es porque tiene el formato de un *codex* y no de *volumen.*

[307] Sobre si Augusto tiene el propósito de realizar, o no, la codificación del *ius civile* carecemos de información cierta. Cannata apunta la posibilidad de que el hecho de que éste emperador no la realizara es posiblemente por la frontal oposición de Labeón, el gran jurista de la época, quien temía que los juristas perdieran el control jurisprudencial del derecho. *Vid.,* CANNATA, *Potere centrale e giurisprudenza nella formaciones del diritto privato romano,* en *Poder político y derecho en la Roma clásica,* cit., 74 ss. En el mismo sentido PARICIO, *Los juristas y el poder político en la antigua Roma,* Granada 1999, 52 ss., quien mantiene que si bien las fuentes no informan sobre si Augusto tuvo, o no, la intención de retomar el proyecto codificador de Cesar, entra dentro de lo probable que lo hiciera. Sin embargo, es evidente que persistía la situación caótica de dispersión de *leges et iura.*

cierto modo, resolver la situación del *ius incertum* con fundamento en la máxima: *quod principi placuit legis habet vigorem*[308]*;* las medidas adoptadas por Constantino[309] dirigidas a solucionar dos problemas concretos: uno el de la vigencia y el valor de la *leges* y otro el de la autenticidad de los *iura*[310]. En relación con el primero, promulga una constitución[311], recogida en CTh.1,1,1, en la que establece: *aquellas constituciones, que sean alegadas sin citar la fecha de emisión, carecen de autoridad.* Con respecto a los *iura* prohíbe las notas de Paulo y Ulpiano a Papiniano en una constitución[312] emitida el 28 de septiembre del año 321 y en otra, seis años después, confirma las Sentencias de Paulo[313].

---

308 D.1,4,1 (*Ulpianus libro primo institutionum*) *Quod principi placuit, legis habet vigorem: utpote cum lege regia, quae de imperio eius lata est, populus ei et in eum omne suum imperium et potestatem conferat.* En relación a esta máxima GUIZZI, *Potere e consenso nella "constituzione" augustea,* en *Poder político y derecho en la Roma clásica,* cit, 37, señala que Augusto se convierte en juez y en legislador, intérprete y autor del derecho y todo lo que él dice, impone o hace asume el valor de norma inderogable y coactiva".

309 los intentos anteriores a Constantino para solucionar el *ius incertum* no son eficaces. Para A. d´Ors es sabida la preocupación de este emperador por la necesidad de seleccionar autoridades. *Vid.*, A. d´ORS, rec. a FALCHI, *Sulla codificazione del diritto romano nel V e VI secolo,* Roma 1989, en *Crítica Romanística*, cit., 200.

310 DE ROBERTIS, *Un precedente constantiniano alla cossiddetta legge delle citazioni del 426 di Teodosio II e Valentiniano III,* en *SDHI* (1998) 245 considera que Constantino pretende dar respuesta al problema del *ius incertum.*

311 CTh.1,1,1: Imp. Constantinus A. ad Lusitanos. *Si qua posthac edicta sive constitutiones sine die et consule fuerint deprehensa, auctoritate careant.* Dat. VII Kal. Aug. Sabariae, Probiano et Iuliano VV. CC. coss.

312 CTh.1,4,1: *Perpetuas prudentium contenciones eruere cupientes Ulpiani ac Pauli in Papinianum notas, qui, dum ingenii laudem sectantur, non tam corrigere eum, quam depravere maluerunt, aboleri praecipimus.*

313 CTh.1,4,2: *Universa, quae scriptura Pauli continentur, recepta auctoritate firmanda sunt et omni veneratione celebranda. Ideoque sententiarum libros plenissima luce et perfectissima elocutione et iustissima iuris ratione succinctosin iudiccis prolatos valere minime dubitatur.*

Valentiniano III, en el 426 d. C., promulga una constitución con dos partes diferenciadas: una relativa a las constituciones imperiales y otra a los *iura*. Regula las fuentes del derecho con el objetivo de resolver el *ius incertum* y el *ius controversum* que conducían a una aplicación arbitraria del *ius* por parte de los jueces.

La regulación de las fuentes del derecho en la constitución de Valentiniano III, no había conseguido resolver la arbitrariedad de los jueces, y esto a pesar de las reglas absolutamente precisas en ella establecidas[314].

Sin embargo, los motivos alegados por Justiniano eran distintos a los dados cuando se promulga la ley de citas. Así, a principios del siglo V, la situación caótica estaba originada por la ingente cantidad de obras, su dispersión y la falta de seguridad en relación con la autenticidad de las citas, lo cual provocaba el *ius incertum*. Un siglo después, porque son muy pocas las leyes utilizadas.

Esta situación es una consecuencia de la ley de citas al reducir el número de autores alegables en juicio a los cinco juristas (Papiniano, Paulo, Gayo, Ulpiano y Modestino) y aquellos tratados y opiniones de otros autores citados por éstos[315]. Esta situación tienen obviamente que tener como consecuencia el cese de la reedición de las obras del resto de juristas que habían quedado

---

[314] C.Th.1,4,3... *ut Scaevolae, Sabini, Iuliani atque Marcelli, omniumque, quos illi celebrarunt, si tamen eorum libri, propter antiquitatis incertum, codicum collatione firmentur.*

[315] CTh.1,4,3 Impp. Theodos. Et Valentin. AA. ad Senatum Urbis Romae. Post alia: *Papiniani, Pauli, Gaii, Ulpiani atque Modestini scripta universa firmamus ita, ut Gaium quae (atque) Paulum, Ulpianum et ceteros (cunctos) comitetur auctoritas, lectionesque ex omni eius (eorum) opere recitentur. eorum quoque scientiam, quorum tractatus atque sententias praedicti omnes suis operibus miscuerunt, ratam esse censemus, ut Scaevolae, Sabini, Iuliani atque Marcelli, omniumque, quos illi celebrarunt, si tamen eorum libri, propter antiquitatis incertum, codicum collatione firmentur...*

fuera de uso y, por el contrario, aumentase la reedición de las obras de estos juristas.

Por otro lado, la condición impuesta en la ley de citas según la cual, para el supuesto que se alegara la opinión de otros juristas citados por aquéllos quedase confirmada la autenticidad por medio del cotejo de los códices donde se encontraban las citas, determinaría la necesidad y conveniencia de editar obras de los juristas de esta ley que recogieran también las referencias y citas a otros autores, mediante colecciones, bien privadas bien oficiales.

La vigencia de la ley de citas en el momento de la promulgación de la *constitutio De conceptione Digestorum* puede ser la explicación de la situación descrita por el emperador de los escasos libros utilizados en los juicios.

Justiniano, conforme se recoge en la C. *Tanta*, reitera en dos ocasiones: la antigua multitud era más pobre que la presente reducción "*quod multitudo antiqua praesente breuitate paucior inuenitur*" y "*quidem antiqua multitudo inueniatur, opulentissima autem breuitas nostra efficiatur*". Y en la C. *Δέδωκεν* dice: los <jueces> carecían de libros… y los libros apenas se podían hallar "*quod libris carebant*" y "*vix reperiendis*".

Con estas afirmaciones resalta el enriquecimiento y la gran aportación de esta obra a la administración de Justicia.

C. *Tanta*,17

... In praesenti autem consummatione nostrorum Digestorum e tantis leges collectae sunt uoluminibus, quorum et nomina antiquiores homines non dicimus

C. *Δέδωκεν*,17

… nunc vero in hac compositione congestus est magnus vigentium legum numerus ex libris raris et vix reperiendis et quorum plerique etiam ob iuris peritiam celebratorum ne nomina quidem

nesciebant, sed nec usquam audiebant. Quae omnia collecta sunt substantia amplissima congregata, ut egena quidem antiqua multitudo inueniatur, opulentissima autem breuitas nostra efficiatur.	*nossent.*

En esta parte del fragmento, en la *C. Tanta,* se utiliza en dos ocasiones el participio *collecta –tantis leges collectae sunt uoluminibus* y *Quae omnia collecta*- y el participio *congregata*. El primero es participo del verbo "*colligo*" que tiene el significado de recoger, y el segundo de "*congrego*", que significa congregar, reunir, agrupar, presentar juntos. Además utiliza el término *voluminibus* para indicar el origen de donde se han extractado las leyes. Es decir: las numerosas leyes extractadas proceden de volúmenes y de *tanta materia reunida*. A mayor abundamiento, conforme el testimonio de la *C. Δέδωκεν*, numerosas leyes de esta compilación han sido recopiladas de *escasos libros*.

La información dada por ambas versiones es aparentemente contradictoria. Sin embargo, en mi opinión es complementaria y relevante. El testimonio no es contradictorio porque de lo que se informa , en las dos versiones, conforme a mi interpretación que en la obra se han incluido numerosas "*leges*" extractadas de colecciones, que recogen la obra de tantos autores *–substantia amplissima congregata–*.

La dicotomía *tantos volúmenes* / *escasos libros*, de ambas versiones, responde a una diferente forma de decir lo mismo. Justiniano utiliza numerosas colecciones que suponen escasos libros en relación con las obras y las citas de los juristas incluidas en las mismas. Esta interpretación se correspondería con el testimonio recogido posteriormente en estas versiones:

C. *Tanta*,12	C. *Δέδωκεν*,12
... quanta confusione et infinitate absoluti, in quam moderationem et legitimam ueritatem peruenerunt, legesque in posterum habeant tam directas, quam compendiosas,...	*... quod liberati ea quae antea fuerat perturbatione et confusione legumque infinitate iam usuri sint legibus rectis et brevibus...*

La C. *Δέδωκεν* hablaba de escasos libros en el primer fragmento; ahora, habla de infinitud de leyes. Unidos ambos testimonios quedaría como sigue: extractadas infinitud de leyes de escasos libros. Esta situación es explicable a partir de la utilización de colecciones, y de la extracción de "leyes" a partir de las citas de otros juristas. Ambas versiones coinciden al hablar de confusión, también explicable a desde la misma propuesta. De haber existido físicamente los libros de los antiguos autores y si los comisarios hubieran podido trabajar con ellos directamente para extraer las respuestas jurisprudenciales no cabría hablar de confusión.

La situación de confusión es también utilizada para justificar las "leyes" que se han dejado de incluir mediante el empleo de los participios *implicata et abscondita*[316] en la versión griega, y en la latina con el término *permixtum* el emperador describía como se encontraban las leyes, ahora, omitidas[317].

Justiniano resalta el hallazgo y utilización de obras desconocidas, lo cual supone un importante enriquecimiento y

---

316 C. *Δέδωκεν*,16: ... *plurimis et fere in numeris implicata et abscondita neque fere cuiquam nota et propterea facile latentia.*

317 C. *Tanta*,16: ... *quod multis inutilibus permixtum, nullam sui ad eruendum praebuit copiam,...*

aportación de su magna obra. Señala que estos volúmenes eran desconocidos, incluso por los antiguos juristas, por lo que esgrime que no menciona sus nombres. En la versión griega se matiza esta información señalando que no todos los libros eran conocidos.

Es evidente que el emperador se refiere a las obras y no a los autores, y que éstos si eran conocidos puesto que él mismo había dado la instrucción de que únicamente se incluyeran los juristas a quienes sus predecesores hubieran reconocido autoridad: *Disponemos, pues, que leáis los libros sobre derecho Romano de aquellos antiguos prudentes a los que los sacratísimos príncipes dieron autoridad para redactar e interpretar las leyes de modo que toda la materia se tome de ellos* (C. *Deo auctore*,4)*; Hemos seleccionado aquellos jurisconsultos o comentadores que eran dignos de tal obra y que los muy píos príncipes que antecedieron se dignaron admitir* (C. *Tanta*,20) Incluso refuerza esta instrucción al indicar que "*hay otros autores que escribieron libros sobre derecho, cuyas obras, sin embargo, no fueron citadas ni usadas por nadie, ni tampoco Nos vamos a molestarnos en dar vigencia a sus libros*" (C. *Deo auctore*,4).

¿Cómo puede el emperador afirmar que las obras eran desconocidas para los antiguos jurisprudentes? Únicamente puede tener esa información si se está refiriendo a obras que no están recogidas en colecciones o no han sido citadas por estos autores, y que ahora él incorpora. Por otro lado, estas obras "desconocidas" bien pudieran ser las que Triboniano facilita, puesto que las de uso forense estarían fácilmente al alcance de todos.

Pero, ¿habla de libros que permitirían la extracción directa? o, por el contrario, ¿se refiere a colecciones, evidentemente privadas? Puesto que en relación a estas obras, el emperador señala que *no dice los nombres*, y es obvio que lo que silencia es el nombre de colecciones, ya que los títulos de las obras de los autores sí se recogen en las inscripciones de los fragmentos y en el *Index Auctorum Operarumque.*

Advertimos que Justiniano utiliza el término *liber* cuando él se refiere a las obras escritas; que hay que leer; a las que se utilizaban en la práctica forense; las que se pueden adquirir, o eran escasas y las que proporciona Triboniano [*duo paene millia librorum* (C. *Tanta*, 1), *libris relata* (C. *Tanta*,10); *quatenus libris* (C. *Tanta*,11); *ad possidendi libros earum facilitatem idóneas* (C. *Tanta*,12 -*13*-); *ex his libris emersit* (C. *Tanta*,17); *Antiquae autem sapientiae librorum copiam maxime Tribonianus, uir excellentissimus* (C. *Tanta*,17), mientras que cuando se refiere a las obras escritas de donde se han extractado los textos emplea el término *volumina* [et *tot auctorum dispersa uolumina* (C. *Deo auctore*,2); *neque nos eorum uolumina nostram inquietare dignamur sanctionem* (C. *Deo auctore*,4); *et nemo ex comparatione ueteris uoluminis quasi uitiosam scripturam arguere audeat* (C. *Deo auctore*,7*); superuacuae legum multitudinis adipisci uolumina* (C. *Tanta*,12); *tantis leges collectae sunt uoluminibus, quorum et nomina antiquiores homines non dicimus nesciebant* (C. *Tanta*,17); *Sed huius operis conditores non solum ea uolumina perlegerunt, ex quibus leges positae sunt, sed etiam alia multa, quae, nihil uel utile uel nouum in eis inuenientes, quod exceptum nostris Digestis applicarent, optimo animo respuerunt* (C.*Tanta*,17); *uolumina autem eorum, omnimodo corrumpentur* (C. *Tanta*,21).

También emplea el término *volumina* cuando se refiere al Código, a Instituciones y a la propia obra *Digestorum*. Es decir, distingue el libro o la obra individual de la colección o compilación Esta distinción también la pone de manifiesto cuando se refiere a la pena de falsedad que se les impondrá a aquéllos que utilicen siglas, y/o abreviaturas en sus obras: *in qualemcunque locum libri uel uoluminis* (C. Tanta,22)[318].

Es evidente que queda constatado el empleo de colecciones para la extracción de los textos.

No obstante, añadimos otras consideraciones que vienen a apoyar esta teoría:

- El cotejo de colecciones de las que disponemos con Digesto pone de manifiesto las similitudes existentes entre ellos (*Vid.* por ejemplo la *Collatio legum Mosaicarum et Romanarum* y *Fragmenta Vaticana*).

- El antecedente inmediato a esta obra, es la compilación de las constituciones imperiales en el *Codex*, para el que no se cuestiona la utilización de trabajos previos. En este caso, las codificaciones anteriormente realizadas: *Codex Gregorianus*, *Hermogenianus* y *Theodosianus*[319].

---

[318] Como muy bien precisa BURILLO *volumina* es la forma física de las obras escritas. *Libri* es una división interna de los *volumina* que admite subdivisiones. Es evidente que podían circular *libri* o, incluso, algún *liber*, de forma independiente.

[319] Que duda cabe del mérito de esta nueva codificación ya que además de recopilar todas las constituciones vigentes, desechando las demás, lo que implica una importante labor de depuración y concreción, conlleva la separación de las constituciones imperiales de los *iura*. El mismo emperador, aunque reconociendo que la labor de recopilación de la jurisprudencia suponía una tarea más difícil, decide emprenderla porque tenía confianza en que esta empresa pudiera realizarse. C. *Deo auctore,*2: *Hocque opere consummato, et in uno uolumine, nostro nomine praefulgente, coadunato, cum ex paucis et tenuioribus releuati ad summam et plenissimam iuris emendationem peruenire properaremus, et omnem Romanam sanctionem et colligere et emendare, et tot auctorum dispersa uolumina uno codice indita ostendere, quod nemo neque sperare neque optare ausus est, res quidem nobis difficillima, immo magis impossibilis uidebatur.*

- La confirmación del mismo emperador, que se recoge en la *C. Omnem, 2,* de que ha utilizado antiguas colecciones para realizar la obra Instituciones. En este sentido nos planteamos ¿por qué iba a rechazar las colecciones de *iura* existentes?

- El empeño que pone en evitar las leyes gemelas en la *C. Deo auctore* y la justificación que hace en las cc. *Tanta* y *Δέδωκεν* de que su presencia se debe a las limitaciones humanas. Es evidente que la dificultad sería mucho mayor si las decisiones jurisprudenciales estuvieran dispersas y, a su vez, repetidas en distintas colecciones.

- La presencia de numerosas geminaciones y similitudes es, a su vez, un argumento en contra de la utilización directa de las obras ya que, como sostiene García-Garrido, la extracción de un texto hubiera supuesto que éste sería anulado para una utilización posterior[320].

Con nuestro argumento de utilización de colecciones no se pretende negar la utilización directa de muchas de las obras[321]. Pero no puede negarse la existencia de aquellos ni su utilización.

2. *Capita similia et capita geminata*

Las *leges geminae,* o *geminata*, ofrecen información relevante para contribuir a determinar las obras jurisprudenciales o el material utilizado por los compiladores para la elaboración de las *Pandectae.* Así lo ha puesto de manifiesto recientemente

---

[320] GARCÍA-GARRIDO, *Similitudines e masse bluhmiane,* cit., 158 ss.

[321] Todo este material, conforme al testimonio de Justiniano, es proporcionado, en gran parte, por Triboniano.

Honoré[322]. Destaca la vinculación existente entre los "textos duplicados" y la participación de tres comités, en la extracción y edición de textos, que se corresponden con las masas enunciadas por Bluhme: Edictal, sabiniana y papiniana[323]. Su estudio, igualmente, permite extraer consideraciones en relación a cómo se desarrolla la propia labor compilatoria[324].

En el estudio sobre estas cuestiones no debe quedar relegada la información fundamental que proporcionan las Constituciones de Justiniano y transmiten la voluntad del emperador manifestada a través de: la exposición de los objetivos perseguidos con la realización de tan magna obra; las instrucciones o directrices a seguir en la elaboración de la misma; y las prohibiciones para el futuro.

Con estos antecedentes parece oportuno comenzar con una relectura de estas constituciones preliminares donde el emperador se refiere, con insistencia, a las repeticiones de textos: antes del comienzo de la obra, ordenando sean eliminadas; y una vez realizada la obra, justificando las presentes en la debilidad humana y en razones de utilidad.

---

[322] HONORÉ, *Duplicate texts and the compilation of the Digest*, en "Römische Jurisprudenz - Dogmatik, Überlieferung, Rezeption" [Festschrift für Detlef Liebs zum 75. Geburtstag], Berlín 2011, 261-274.

[323]BLUHME, *Die Ordnung der Fragmmente in den Pandectentiteln, Ein Beitrag zur Entstehungsgeschichte der Pandecten,* en "Zeitschrift für geschichliche Rechtswissenschaft" 4 (1820) 257 a 472, reimpr. en "Labeo" 6 (1960) 50 ss, 235 ss, 369 ss.

[324] Honoré considera que la copia intencional, por los comisarios, de un texto de un autor cuyo obra ha sido extractada es un fenómeno revelador en relación al método compilatorio. *Vid.*, HONORÉ, *Duplicate texts and the compilation of the Digest*, cit., 261.

2.1. Instrucciones Contenidas en los primordia

Justiniano, en su tenacidad dirigida a conseguir la unidad del imperio, a través del nuevo orden jurídico que se ha propuesto establecer comienza esta labor recopilando y depurando las constituciones imperiales que reúne en un «Código»[325]. Una vez, concluida esta misión, encarga a su colaborador Triboniano la *magna* labor de recopilar todos los *iura* dispersos en una obra. Establece que se llamará *Digesta* o *Pandectae*. En la constitución *Deo auctore*, promulgada el 15 de diciembre del año 530 d. C.[326], dice: "nada hay más digno de atención, entre todas las cosas, que la autoridad de las leyes, por la cual se pone en orden lo divino y humano, y se evita toda injusticia"[327]. Justiniano aspira a lograr la

---

[325] El emperador en febrero del año 528 promulga la Constitución *Haec quae necessario*, en virtud de la cual se crea una comisión de 10 miembros (presidida por Juan de Capadocia y en la que figuraban Triboniano y Teodosio) con el encargo de preparar un nuevo Código que sustituya a los tres entonces vigentes: Gregoriano, Hermogeniano y Teodosiano. Este *Codex,* consta de 12 libros, subdivididos en títulos y éstos a su vez en fragmentos, fue promulgado por la Constitución *Summa rei publicae (De Iustiniano codice confirmando*, a. 529 a. C.*)*, que, a su vez, se deroga la legislación precedente (considerando a quienes contravinieran dicho mandato reos de *crimen falsi*). Únicamente permanecieron vigentes las Pragmáticas que contenían concesiones de privilegio y las Constituciones sobre los *regesta* de los funcionarios y referentes a los gastos del Estado y del fisco. Este Código queda obsoleto por la legislación inemdiatamente posterior. Lo sustituye una nueva edición, promulgada con la Constitución *Cordi (De emendatione codicis Iustiniani et secunda eius editione)* en diciembre del año 534. Este segundo Código, llamado *repetitae praelectionis,* ha llegado a nuestras manos. Del primer Código únicamente ha llegado a nosotros un fragmento del índice (en griego, en él figuran las inscripciones de las leyes incluidas en los Títulos 11-16 del primer Libro, (en este fragmento se revela que el Código contenía la ley de Citas) conservado en un Papiro de Oxirinco (*Pap. Oxy XV*, 1814). El Segundo Código se realiza en seis años.

[326] (CJ.1,17,1).

[327] *C. Deo auctore*,2: *Hocque opere consummato, et in uno uolumine, nostro nomine praefulgente, coadunato, cum ex paucis et tenuioribus releuati ad summam et plenissimam iuris emendationem peruenire properaremus, et omnem*

plena depuración del derecho, y para ello da instrucciones de cómo debe acometerse esta labor compleja. Centra especialmente su atención en evitar las repeticiones de textos y las contradicciones, si bien en el tono y en la contundencia que emplea en las directrices que dirige a los compiladores, se observan diferencias relevantes[328].

La primera referencia a las similitudes se recoge en el primer parágrafo de la constitución *De conceptione digestorum*, si bien no se refiere a la obra que quiere acometer sino a la obra ya realizada, esto es, al *Codex* donde se recogen las constituciones imperiales.

C. Deo auctore, 1: ... *primum nobis fuit studium, a sacratissimis retro principibus initium sumere, et eorum constitutiones emendare, et uiae dilucidae tradere, quatenus in unum codicem congregatae, et omni superuacua similitudine et iniquissima discordia absolutae uniuersis hominibus promtum suae sinceritatis praebeant praesidium.*

Justiniano emplea los verbos *emendare*, y *dilucidae tradere* para referirse a la labor realizada a la hora de reunir las constituciones. Señala que han sido "depuradas de toda repetición inútil o contradicción intolerable". El emperador, evidentemente, ha centrado su atención, en tres cuestiones: reunir en una obra todas

Romanam sanctionem et colligere et emendare, et tot auctorum dispersa uolumina uno codice indita ostendere, ..."

328 Reinoso-Barbero sostiene que los términos *similitudinem* y *similitudine* hacen referencia a cuatro clases diferentes de repeticiones, y que cada una de éstas tiene un tratamiento diferente en ambas *orationes*. Así: a) las que pueden encontrarse en el Código; b) las que se encuentran dentro de *Digesta*, c) las referidas a que Digesto no repita el Código; d) las existentes en los textos jurispudenciales antes de la compilación. *Vid.*, REINOSO-BARBERO, *Una nueva lectura de las instrucciones de Justiniano sobre la repetición de textos,* en "*Atti dell'Accademia Romanistica Costantiniana*" IX Congreso Internazionale. Universitá degli Studi di Perugia (1993) 481 ss.

las leyes; eliminar toda la repetición pues a su juicio son inútiles; y evitar las contradicciones que afirma son intolerables. Todo ello para la consecución del objetivo que persigue y mantenido ahora, en el comienzo de la compilación de los *iura*, esto es, que "ofrezcan a todos los hombres una pronta garantía de su autenticidad".

No obstante, en esta misma constitución y al referirse a las repeticiones de textos y a las contradicciones en la compilación de los *iura*, el emperador dispone su exclusión de la obra, en la medida de lo posible.

C. Deo auctore,4: ... *nulla, (secundum quod possibile est), neque similitudine, neque discordia derelicta,...*

La información trasnmitida en este parágrafo es diferente de la recogida en el primero de la misma constitución. Justiniano ha evitado los calificativos de "*supervacua*" para referirse a las *similitudines* e "*iniquissima*" para los *discordia*. Además, suaviza el tono empleando en la instrucción dirigida a los compiladores mediante el periodo *secundum quod possibile est.*

Honoré entiende que la frase "*secundum quod possibile*" concedía un cierto margen de apreciación a los comisarios para hacer estas valoraciones[329]. Sin embargo, en nuestra opinión, el significado de esta expresión no va más allá de la tolerancia o la benevolencia ante la dificultad de la empresa.

---

[329] Honoré explica y justifica la presencia de repeticiones en la decisión de los propios compiladores en aras a la utilidad, y a que, en ocasiones, era casi imposible evitar la duplicación. En relación con la utilidad señala que "They are useful when the text concerns two different subjects or when to excise part of a text would have left the remainder confused". HONORÉ, *Duplicate texts and the compilation of the Digest*, cit., 262.

El emperador no sólo se refiere a las repeticiones sino también a las contradicciones y, a la vista de la *laudatio* que hace de la obra, de los calificativos que para él merecen las mismas; y de las instrucciones que da, no creemos que reconociera a los comisarios libertad de apreciación para introducirlas. No sólo se trata de recopilar los *iura*. El principal objetivo perseguido es depurar todo el derecho. Depuración que se debe llevar a cabo con la eliminación de repeticiones y contradicciones.

Reinoso-Barbero advierte expresamente una "notable distancia" entre ambos textos, y señala estas cuatro diferencias: a) la *similitudo* y la *discordia* en el parágrafo 1 de *C. Deo auctore* eran objeto de severos reproches mientras que en *C. Deo auctore*, 4 se advierte cierta consideración; b) el periodo *secundum quod possibile est* mediatiza la orden de Justiniano transformándola en una mera recomendación; c) la utilización de verbos con mucha mayor carga imperativa en las instrucciones relativas a las repeticiones del *Codex* que a las de los *Digesta;* d) el primer parágrafo se refiere a las *similitudines* del Código y el cuarto a las de Digesto. A estas cuatro diferencias añade la siguiente: al tratarse de una instrucción para el futuro utilice una terminología más permisiva[330].

Estas razones, que apunta este autor, suponen un análisis interesante de los dos parágrafos, que nos permite señalar una serie de consideraciones para finalmente llegar a una hipótesis. Sin embargo, para que ésta adquiera naturaleza de hipótesis de trabajo, me permito invertir el orden en la exposición. Primero expondré la propuesta y a continuación los argumentos que me ha conducido a considerarla.

---

[330] REINOSO-BARBERO, *Una nueva lectura de las instrucciones de Justiniano sobre la repetición de textos*, cit., 486 ss.

La redacción de este cuarto parágrafo no responde a la redacción original. Opino que la versión que conocemos de esta Constitución –recogida en el *Codex repetitae praelectonis*, del 534- es una versión modificada de la constitución que se promulga en el año 530. Esta hipótesis es enunciada por Mommsen en la *Praefatio* de la *Editio Maior*. Sería un caso de autointerpolación, como Kaser llama a los supuestos en que el propio Justiniano modificó sus propias constituciones para su inclusión en este *Codex repetitae praelectionis*[331].

Justiniano dispone con rotundidad que se evitaran las repeticiones y contradicciones, como así se hace en el *Codex*. No ocurre lo mismo en la redacción de *Digesta*. Una vez concluida la labor compilatoria, el emperador advierte la existencia de deficiencias o defectos que él había ordenado evitar. Ante esta situación tiene dos opciones: 1) revisar la compilación y hacer una nueva depuración, lo que suponía una labor ardua y retrasaría la finalización de la obra; 2) o modificar su Constitución, y cambiar el tono imperativo y de rechazo hacia las repeticiones y contradicciones sustituyéndolo por el de tolerancia y benevolencia, como más tarde veremos cuando tratemos los parágrafos de la Constitución Tanta. El emperador opta por esta última.

Esta propuesta cobra más crédito a tenor de la información que se recoge en la Constitución *De Confirmatione Digestorum*, en la que, como veremos más adelante, el emperador, en el momento de la conclusión de la obra, admite que hay similitudes pero indica que son muy escasas. No es consciente del número elevado de repeticiones de textos, como más adelante podrá comprobar.

---

331 *Vid.*, KASER, *Ein Jahrhundert Interpolationemforschung an den römischen Rechtsquellen,* en Kaser, *Römische Rechtsquellen und angewandte Juristenmethode*, Wien-Köln-Graz 1986), 112-154, trad. esp., *Las interpolaciones en las fuentes jurídicas romanas,* de Coma & Gallenkamp, Madrid 1998, 22 nt.1.

Es absolutamente cierto que, como mantiene Reinoso-Barbero[332], la distancia entre ambos es notable pero ¿cómo poder justificar que lo sea?. En primer lugar, es difícil de entender que las repeticiones en el *Codex* sean inútiles y las contradicciones intolerables y en *Digesta* no lo sean. Reinoso-Barbero, refiriéndose a los calificativos "*supervacua*" e "*iniquissima*", advierte de la severidad de los mismos hasta tal medida que "los sustantivos a los que se refieren son entendidos como graves defectos que atentarían contra la *legum auctoritas* expresamente perseguida" Compartimos el diagnóstico que hace el autor y mantenemos que el objetivo que Justiniano pretendía alcanzar, con esta compilación de *iura,* es el mismo que en la elaboración del Código "la plena depuración del derecho".

En efecto, mientras que las primeras (repeticiones del *Codex*) son rechazadas de plano, con las similitudes que se recogen en Digesto se admite cierta consideración. El rechazo se convierte en una simple recomendación. Este diverso criterio, que se introduce con el periodo "en la medida de los posible", parece estar justificado por la dificultad de la labor y por lo que podríamos calificar de actitud comprensiva, por parte del emperador. Sin embargo, este tono es inconciliable con el mantenido tanto en esta Constitución como en las constituciones *Omnem* y *Tanta*, referidas también a las *Pandectae*. En todas ellas, se recogen continuas referencias a la magnitud de esta obra, calificada de "la más plena depuración del derecho"; "templo de Justicia"; "la obra que nadie antes de nuestro imperio esperó jamás ni consideró en absoluto posible a la inteligencia humana". Por otro lado, ¿cómo justificar este tono comprensivo con las contradicciones?. Justiniano, quizá, pretende, con la utilización de esta expresión, maquillar las deficiencias que se advierten para no desmerecer la magnitud de su obra.

---

332 *Vid., ut supra* nt. 10.

Además, está el empleo de distintos verbos y, más concretamente, la utilización de *derelicta,* en relación con las repeticiones y contradicciones en los *Digesta.* Este verbo procede de "*dē-rĕlinquo*" y tiene el significado de abandonar, dejar, dejar atrás[333]. Ha de existir algo previo a cualquiera de estas dos acciones. Una obra ya realizada que poder "dejar" por lo que, a no ser que Justiniano se esté refiriendo a un predigesto, evidentemente alude al trabajo ya terminado[334].

Siguiendo con la lectura de los *primordia,* vemos en el parágrafo noveno la alusión a las repeticiones de textos, pero esta vez en relación con el Código. Declara su voluntad de "desterrar las repeticiones", da una instrucción, enunciada en sentido negativo -*non concedimus*-, no permite la reedición de lo ya recogido en las Constituciones recopiladas en el *Codex*[335]. A continuación, parece ceder en el tono enérgico utilizado y permite aquéllas que estén justificadas por razón de sistema, complemento o mejor interpretación.

C. Deo auctore,9: *Sed et similitudinem, (secundum quod dictum est), ab huiusmodi consummatione uolumus exsulare, et ea, quae sacratissimis constitutionibus, quas in Codicem nostrum redegimus, cauta sunt, iterum poni ex uetere iure non concedimus, cum diualium constitutionum sanctio sufficit ad eorum auctoritatem, nisi forte uel propter diuisionem, uel propter repletionem, uel propter pleniorem indaginem hoc contigerit, et*

---

333 *Derelicta* es participio de *reliquo* con el preverbo "*de*".

334 Recordamos que la constitución *De Conceptione Digestorum* es previa a la iniciación de la obra.

335 *Vid.*, GARCÍA-GARRIDO, "*Similitudines codicum (las geminaciones y similitudes textuales en el Código Teodosiano y las coincidencias con el Código de Justiniano)*" en Atti dell' Accademia Romanistica Costantiniana, homenaje a C. Castello, 15 (2005) 463-492.

hoc tamen perraro, ne ex continuatione huiusmodi lapsus oriatur aliquid in tali prato spinosum.

Reinoso-Barbero[336] insiste en la contundencia con la que el emperador manifiesta tanto la prohibición como el rechazo y reflexiona sobre las tres referencias a las repeticiones vistas hasta el momento, y que son las que se recogen en la Constitución *De Conceptione Digestorum.* Concluye que cada una de estas referencias ha sido tratada de forma diversa, con distinto grado de intensidad en la prohibición.

En resumen, mantenemos que Justiniano rechaza, en la C. *Deo auctore*, con energía y rotundidad las repeticiones y contradicciones en el Código en aras a la autoridad de las leyes y como garantía de autenticidad.

Rechaza asimismo de manera rotunda y prohíbe las repeticiones en Digesto de constituciones recogidas en el Código. Sin embargo, muestra una actitud tolerante y benevolente con las que puedan recogerse en *Digesta.* Es decir, pasa de calificarlas de repetición inútil y contradicción intolerable a aconsejar que "en la medida de lo posible" se deje la obra sin repeticiones y contradicciones. Parece como si el emperador adoptara una actitud bastante menos exigente y diferente en este aspecto que en otros. Bien pudiera ser que una vez realizada la obra, suavizara el tono respecto de aquello que él considera menos perfecto y que supondría admitir que la obra que acometió, en palabras suyas "como la más importante y plena depuración de derecho" y que llega a considerar como templo de Justicia, pudiera calificarse prolija, también en palabras suyas, en "repeticiones inútiles y en contradicciones intolerables".

---

336 REINOSO-BARBERO, *Una nueva lectura de las instrucciones de Justiniano sobre la repetición de textos*, cit., 491 s.

También se refiere a las similitudes en la Constitución *De confirmatione digestorum* donde el emperador da cuenta de la consecución de los objetivos, del seguimiento de las directrices y, en general, confirma el resultado de la obra[337].

En ambas versiones de esta constitución el emperador se felicita por la consecución de la obra que nunca nadie, en el imperio, hubiera pensado hacer ni hubiera considerado posible a la inteligencia humana. En la descripción de su excelencia destaca dos virtudes: la ausencia tanto de discrepancias como de repeticiones.

C. Tanta pr.: ... *intestinis proeliis uacillantem, hocque et in imperiales constitutiones extendentem, in unam reducere consonantiam, ut nihil neque contrarium, neque idem, neque simile in ea inueniatur, et ne geminae leges pro rebus singulis positae usquam appareant....*	*C. Δέδωκεν pr.: perspicuitatem perducere et pugnantia sibi inde expellere, similia, autem et gemella tollere et unam omnino pulchritudinis formam ei induere, ut singulae de singulis rebus leges extent caelestis potentiae et divinae benignitatis proprium esse videbatur, non cogitationis vel conatus vel omnino facultatis humanae*

337 En relación a la C. *De confirmatione digestorum* nos referimos a las Constituciones *Tanta* y *Δέδωκεν*. El cotejo de ambas pone de manifiesto que no son dos versiones idénticas de una misma Constitución, y que esta última, no es una traducción literal de la *C. Tanta*. En cada una de ellas, se advierten matices distintos que vienen a completar e, incluso, a aclarar la información que se recoge en la otra. Por esta razón, es de lamentar la falta de versiones griegas en las constituciones *Deo Auctore* y *Omnem* que se incluían en la compilación, conforme al testimonio que se recoge en el *principium* de esta última, donde Justiniano manifiesta su deseo de que permacezcan siempre. *C. Omnem pr.: ... Et omnia quidem, quae oportuerat et ab initio mandare, et post omnium consummationem, factum libenter admittentes, definire, iam per nostras orationes tam Graeca lingua, quam Romanorum, quas aeternas fieri optamus, explicita sunt.*

En la redacción del *principium* de la constitución se advierte una redundancia en la utilización de las expresiones *neque simile* y *ne geminae leges*. Para Reinoso-Barbero estas últimas estarían incluidas en aquéllas y esta reiteración queda aclarada en la redacción de la versión griega al revelar que la primera referencia a la similitud es causal de la segunda[338].

En el parágrafo décimo de la C. Tanta el emperador reconoce haber modificado muchos textos repetidos y discrepantes. Lo justifica en que lo él mismo ha considerado oportuno corregir y mejorar. Prohíbe que nadie compare la nueva redacción con la antigua porque aquélla procede de "su autoridad".

C. Tanta,10: ...Et in multis similibus uel contrariis, quod rectius habere apparebat, hoc pro aliis omnibus positum est, unaque omnibus auctoritate indulta, ut, quidquid ibi scriptum est, hoc nostrum appareat, et ex nostra uoluntate compositum; nemine audente comparare ea, quae antiquitas habebat, et quae nostra auctoritas introduxit, quia multa et maxima sunt, quae propter utilitatem rerum transformata sunt; adeo ut, et si principalis constitutio fuerat in ueteribus libris relata, neque ei pepercimus sed et hoc corrigendum esse putauimus, et in melius restaurandum. Nominibus etenim ueteribus relictis, quidquid legum ueritati decorum et necessarium fuerat, hoc nostris emendationibus seruauimus, et propter hanc causam et si quid inter eos dubitabatur, hoc iam in tutissimam peruenit quietem, nullo titubante relicto.

Reinoso-Barbero[339] aporta un dato interesante en relación a este parágrafo y es que cuando se refiere a las repeticiones y

---

338 REINOSO-BARBERO, *Una nueva lectura de las instrucciones de Justiniano sobre la repetición de textos*, cit., 493 ss.

339 REINOSO-BARBERO, *Una nueva lectura de las instrucciones de Justiniano sobre la repetición de textos*, cit., 497.

discrepancias alude a repeticiones externas a la compilación. Parece lógico pensar que las modificaciones de las que habla fueran realizadas en la fase de redacción, una vez concluidas las fases de extracción y edición de los textos.

El testimonio de este parágrafo es relevante. Habla de muchas repeticiones y contradicciones pero, en ningún caso, para indicar que se encuentran presentes en la obra. Todo lo contrario, lo que el emperador pretende es informar de que *in multis similibus vel contrariis* se han superado porque han sido modificadas. En realidad, se ha producido una eliminación de éstas al ser sustituidas por una nueva redacción. Con estas enmiendas *-hoc nostris emendationibus seruauimus-* ha logrado "lo que era conveniente y necesario para la verdad de las leyes" y "se ha conseguido la más segura armonía, sin dejar lugar a ningún titubeo", todo en aras de la certeza y la seguridad jurídica.

El contenido de la versión griega es similar, porque también da cuenta de las modificaciones realizadas, de por qué las ha llevado a cabo, e igualmente recoge la prohibición de comparar la nueva redacción con la anterior. La justificación que da es la misma, "su autoridad".

Justiniano, en el texto que examinamos a continuación, y que resulta revelador, reconoce que en tan grande recopilación de leyes se pueden encontrar algunas repeticiones. Se utiliza el término *raro,* en el sentido de escasas, ocasionales. En la versión griega añade la orden de "que nadie lo censure".

C. Tanta, 13: Si quid autem in tanta legum compositione, quae ab inmenso librorum numero collecta est, simile forsitan raro inueniatur, nemo hoc uitu-perandum existimet, sed primum

C. Δέδωκεν, 13: Quod si autem, cum nunc quoque multa sint quae proponuntur eaque electa ex tam magno librorum numero, quaedam videantur habere similia, quod rarum fore confidimus, humanam quidem imbecillitati humanae, quae naturaliter inest, hoc inscribat, quia omnium habere memoriam, et penitus in nullo peccare, diuinitatis magis, quam mortalitatis est (quod et a maioribus dictum est); deinde sciat, quod similitudo in quibusdam, et his breuissimis, assumta non inutilis est, et nec citra nostrum propositum hoc subsecutum. Aut enim ita lex necessaria erat, ut diuersis titulis propter rerum cognationem applicari eam oporteat, aut, cum fuerat aliis diuersis permixta, impossibile erat, eam per partes detrahi, ne totum confundatur, et in his partibus, in quibus perfectissime uisiones expositae ueterum fuerant, quod particulatim in eas fuerat sparsum, hoc diuidere ac separare penitus erat inciuile, ne tam sensus, quam aures legentium ex hoc perturbentur.

naturam reputantibus ne hoc quidem citra iustam excusationem accidere videbitur: nam in omnibus culpa carere divinae solum, non humanae virtutis est, ut maiores quoque dixerunt. sunt tamen ubi similium receptionem etiam admisimus, vel quia res propositae id flagitabant propterea quod idem pluribus locis applicandum erat, aut quia id quod ante proposito simile esse videretur permixtum erat novo cuidam nec facile utrumque separari poterat, aut quia saepe custodita est artis universae forma continua nec sententia perturbanda erat sublatis quibusdam alibi iam relatis: ceterum hoc quoque ubi admissum est propter rei necessitatem, breue est et vix persentiendum.

El emperador ofrece justificaciones para aquellas repeticiones que "rara" vez puedan encontrarse. No obstante, distingue entre las que se deben a la naturaleza humana, tratadas con benevolencia por la magnitud de la obra, de aquéllas que justifica y que señala haber introducido de forma voluntaria por resultar útiles. Dentro de estas últimas, destaca las que debían ponerse en títulos distintos por conexión de materias o por no poder dividir un texto sin crear confusión de la ley entera.

En el parágrafo 14 también reconoce la existencia de repeticiones, en este caso de constituciones recogidas en el *Codex* e, igualmente, las justifica por las razones que ha expuesto en el fragmento anterior. También, conforme señala, son muy escasas:

C. *Tanta*, 14:	C. *Δέδωκεν*, 14:
Similique modo, si quid principalibus constitutionibus cautum est, hoc in Digestorum uolumine poni nullo concessimus modo, quasi constitutionum recitatione sufficiente, nisi et hoc raro ex hisdem causis, quibus similitudo assumta est.	*Id ipsum item in iis, quae in constitutionibus imperatoriis iam posita erant, secuti sumus: nam ibi perscripta repeti in hoc libro vetuimus praeterquam secundum ea quae supra definivimus occassione querelarum de similitudine*

Una vez vistos los textos de las constituciones en lo referente a las *similitudines*, expresamos las siguientes consideraciones:

- El término repetición siempre va unido a contradicción, y a ambas situaciones las califica duramente - *supervacua et iniquissima*- por considerar que atentan a la certeza y seguridad jurídica, objetivo principal que declara Justiniano y pretendido con la realización de la obra.

- La actitud del emperador hacia las repeticiones y contradicciones es de prohibición y de rechazo. Evitarlas, o modificarlas, es lo que concede a la obra la magnitud y excelencia que el emperador predica.

- Una vez finalizada la obra, reconoce que pueden encontrarse escasas, y la existencia de esas pocas la justifica en la flaqueza humana (no intencionales) y en la utilidad (intencionales). En cualquier caso, ordena: *nadie las censure*. Esta prohibición parece obedecer a que son, o podrían, ser consideradas como una deficiencia de tan magna obra. Posiblemente Justiniano, en el momento de promulgar esta constitución, no es todavía consciente del número tan elevado de repeticiones presentes en Digesto.

- Simplemente es benévolo y relaja el tono empleado en C. *Auctore*, 4, hasta tal punto que deja un resquicio abierto a la existencia de repeticiones en tanto que no sea posible evitarlas. El hecho de que esta constitución sea tres años anterior a la constitución Tanta nos reafirma en la posibilidad de la modificación de la constitución *De Conceptione digestorum* con objeto de justificar y, en su caso, minimizar sus deficiencias.

2.2. *Leges geminae et capita similia*

Hemos visto como Justiniano, en la constitución *Deo auctore,* da directrices para que se eviten las repeticiones, y en la constitución Tanta da cuenta de las que, una vez realizada la obra, están presentes. Para ello, utiliza de forma genérica, en todos los parágrafos en los que se refiere a ellas, el término *similitudine.* Únicamente aparece la expresión *leges geminae* en la c. *Tanta principio* en la que figuran las dos referencias.

De este testimonio, por tanto, no podemos extraer conclusiones en relación a qué debe entenderse concretamente por *similitudine* y si hay, o no, una diferencia de concepto entre éste término y aquél de *leges geminatae*. Es cierto que por ambas locuciones pueden entenderse "repeticiones de textos" pero dentro de esta categoría hay un amplio abanico y entre las mismas se advierten diferencias significativas, como veremos más adelante.

Antonio Agustín, conforme a la clasificación que ofrece Reinoso-Barbero, distingue entre similitudes de un solo jurista (*similia a uno iureconsulto scripta*) y similitudes de varios juristas (*similia a diversis iureconsultis scripta*). Dentro de las primeras, distingue las que son literales de las que no los son y, a su vez, dentro de cada una de ellas diferencia según tengan la misma *inscriptio* o no. En la segunda categoría, diferencia también las literales de las que no lo son y considera un tercera categoría de similitud derivada de la cita de un jurista a otro[340].

Bluhme utiliza las expresiones *capita geminata* y *capita similia*. Con la primera se refiere a aquellas repeticiones que son absolutamente coincidentes, mientras que la segunda la reserva para las repeticiones que únicamente lo son en parte[341]. Chiazzese mantiene la misma distinción con iguales conceptos, si bien utiliza otra terminología y sustituye *capita geminata* y *capita similia* por *passi gemini* y *passi similes*[342].

Verrey tiene un concepto amplio de *leges geminatae.* En su parecer, integran también a los fragmentos iguales aunque pertenezcan a juristas y obras distintos y no sean idénticos. Un ejemplo que ofrece es la similitud que existe en D. 45,1,83,1 (*Paulus libro septuagensimo secundo ad edictum.* [E]) y D.45,1,137,1 (*Venuleius libro primo stipulationum.* [P])[343].

---

340 REINOSO-BARBERO, *Antonii Augustini: quam multa in iure civili totidem verbis scripta sint,* en "RDUNED" 12 (2012). Conforme señala este autor Antonio Agustín es el primero que, con caracter ciéntifico, estudia la repetición de textos en *Digesta*.

341 BLUHME, *Die Ordnung der Fragmente in den Pandectentiteln. Ein Beitrag zur Entstehungsgeschichte der Pandecten,* en "Zeitschrift für geschichliche Rechtswissenschaft" 4 (1820) 257 a 472, reimpr. en "*Labeo*" 6 (1960) 50 ss, 235 ss, 369 ss.

342 CHIAZZESE, *Confronti testuali. Contributo alla doctrina delle interpolazioni giustinianee*, en *Annali Palermo* 16 (1931) 61.

343 VERREY, "*Leges geminatae" à deux auters et compilation du Digeste*, Lausanne 1973, 190 ss. D.45,1,83, 1 *Paulus libro septuagensimo secundo ad edictum.* [E] *Si Stichum stipulatus de alio sentiam, tu de alio, nihil actum erit. quod et in iudiciis Aristo existimavit: sed hic magis est, ut is petitus videatur, de quo actor sensit. nam stipulatio ex utriusque consensu valet, iudicium autem etiam in invitum redditur et ideo actori potius credendum est: alioquin semper*

Los dos textos proceden de masas distintas - [E] [P] -, están en el mismo título -45,1- y son de distintos juristas -*Paulus* y *Venuleius*-. El segundo texto se comprende en el primero, más amplio. El autor del segundo es citado en el primero. Este tipo de similitudes son muy interesantes y de las mismas pueden inferirse conclusiones sobre las obras utilizadas por los comisarios justinianeos. La explicación más sencilla es que el segundo texto se extractara de la cita del primero. Reinoso-Barbero, en diferentes trabajos realizados sobre los *capita geminatae* y los *capita similia,* afirma que "las similitudes ofrecen una enseñanza fundamental, de la que se derivan otras muchas, sobre el estilo jurisprudencial, y es que las inscripciones que encabezan los textos de Digesto no acreditan la autoría del fragmento" y ratifica que, con excesiva frecuencia, los textos reproducen opiniones que no son del jurista que escribe la obra[344].

Pescani distingue entre geminaciones propias y geminaciones impropias. Las primeras se dan entre textos del mismo autor y del mismo libro. Las segundas entre textos del mismo autor pero de obras diversas, o de las citaciones de otro autor[345]. Un ejemplo

---

negabit reus se consensisse; D.45,1,137,1 *Venuleius libro primo stipulationum.* [P] *Si hominem stipulatus sim et ego de alio sensero, tu de alio, nihil acti erit: nam stipulatio ex utriusque consensu perficitur.*

344 *Vid.,* REINOSO-BARBERO, *Geminaciones ocultas en el Digesto,* en "Index" 25 (1997). Tras el estudio de las similitudes, detectadas en la obra *Digestorum Similitudines,* denuncia siete prevenciones: 1) reproducción literal de opiniones ajenas sin cita alguna; 2) reproducción literal de senadoconsultos, rescriptos y cláusulas Edictales sin cita alguna; 3) enucleación literal de un texto aplicándolo a una institución distinta a la originaria; 4) reproducción literal en clases completas de obras de sentencias pertenecientes a otras obras; 5) reproducción no literal de citas jurisprudenciales; 6) la reproducción literal de opiniones jurisprudenciales atribuidas a juristas diversos; 7) reproducción literal de ejemplos, cláusulas y estipulaciones. *Vid.,* GARCÍA-GARRIDO & REINOSO-BARBERO, *Digestorum Similitudines,* XI volúmenes, Madrid 1994.

345 PESCANI, *Il piano del Digesto e la sua attuazione,* cit., 242.

propuesto de esta última variante es la que existe entre dos textos procedentes de la misma masa, que se recogen en un mismo título, si bien no son del mismo autor ni del mismo libro: (D.42,7,2,2 *Ulpianus libro sexagensimo quinto ad edictum.* [E] y D.42,7,3 *Celsus libro vicensimo quarto digestorum.* [E]). El segundo texto es, en realidad, una cita que se recoge en el primero hecha por un autor distinto, Ulpiano[346].

Estos textos son editados en el mismo título, uno a continuación del otro. Pescani encuentra la explicación de esta duplicidad de textos en la precipitación del extractor por la cual no se percata de la misma[347]. Estamos ante un caso similar al que ofrecía Verrey con alguna diferencia pues ambos pasajes proceden de la misma masa. Del mismo modo el segundo texto se comprende en el primero más amplio e, igualmente, el autor del segundo es citado en el primero. La explicación que aquí ofrecemos es por tanto la misma, que el segundo texto se extractara de la cita del primero[348].

García-Garrido[349] y Reinoso-Barbero reservan el término geminación únicamente para repeticiones de textos que proceden

---

[346] D.42,7,2,2 *Ulpianus libro sexagensimo quinto ad edictum.* [E] *Si plures autem constituantur curatores, Celsus ait in solidum eos et agere et conveniri, non pro portionibus. quod si per regiones fuerint constituti curatores, unus forte rei Italicae, alius in provincia, puto regiones eos suas conservare debere;* D.42,7,3 *Celsus libro vicensimo quarto digestorum.* [E] *Si plures eiusdem bonorum curatores facti sunt, in quem eorum vult actor, in solidum ei datur actio tam quam quivis eorum in solidum aget.*

[347] PESCANI, *Il piano del Digesto e la sua attuazione,* cit., 260.

[348] VERREY, "*Leges geminatae" à deux auters et compilation du Digeste,* cit.

[349] GARCÍA-GARRIDO, *"Similitudines codicum (las geminaciones y similitudes textuales en el Código Teodosiano y las coincidencias con el Código de Justiniano)",* cit., 463 señala "En cuanto a la terminología utilizada, reservamos la denominación de *leges geminatae* o *capita geminata* para designar las varias redacciones coincidentes de una misma constitución de los

de un mismo autor, obra y libro, y que el resto de casos de pasajes repetidos y coincidencias deben ser considerados *similitudes*. No obstante, aclara que éstas, a su vez, comprenderían a aquéllas es decir, a las *leges geminatae*. En este sentido, se consideran geminaciones cuando un texto es introducido por segunda vez a pesar de haber sido modificado para utilizarse en otra institución distinta y, sin embargo, deben dejarse fuera textos idénticos pero que proceden de autores diferentes[350]. Es decir, conforme a esta teoría, la diferencia estriba en la identidad, o no, de la *inscriptio*[351].

García-Garrido[352] señala que, a pesar de las directrices de Justiniano de evitar las leyes gemelas[353], son muy numerosas las existentes en la compilación[354]. Las explicaciones dadas hasta el

---

emperadores citados, que suelen tener el mismo destinatario y la misma fecha, pero a veces aparecen con destinatarios diversos y con fechas diferentes".

350 REINOSO-BARBERO, *Geminaciones ocultas en el Digesto*, cit., 213 s.

351 Reinoso-Barbero en relación con las *similitudines* presentes en Digesto pone de manifiesto el número de hipótesis enunciadas por la doctrina en relación con los *capita geminata*. Resumiendo las distintas posturas que señala este autor, estas repeticiones han sido consideradas: a) prohibidas por el emperador (Berger); b) intencionadas (Verrey); c) no propiamente prohibidas (Honoré); d) identificadas antes de la promulgación (Mayer-Maly); e) consideradas como un defecto de redacción (Krüger y A. d´Ors) . *Vid.* REINOSO-BARBERO, *Una nueva lectura de las instrucciones de Justiniano sobre la repetición de textos*, cit., 481 ss.

352 GARCÍA-GARRIDO, *Similitudines e masse bluhmiane,* en *Orbis Iuris Romani.* "Journal of Ancient Law Studies IV" (Bratislava 1998) 162 ss. distingue las *similitudines* de las *leges geminatae*, reservando esta última expresión a los fragmentos coincidentes del mismo autor, obra y libro.

353 C. *Deo auctore*,4.9: ... *libros ad ius Romanum pertinentes et legere et elimare, ut ex his omnis materia colligatur, nulla, (secundum quod possibile est), neque similitudine, neque discordia derelicta* ... (9): *Sed et similitudinem, (secundum quod dictum est), ab huiusmodi consummatione uolumus exsulare.*

354 *Vid.,* REINOSO-BARBERO, *Una nueva lectura de las instrucciones de Justiniano sobre la repetición de textos*, cit., 481 ss. Justiniano a pesar de que en la C. *Tanta* confirma que se han eliminado muchas leyes gemelas en el *principio*

momento para explicar su presencia son bien diversas. Bluhme, en la propuesta que hace sobre *leges geminatae,* se refiere, principalmente, a las que se advierten a lo largo de la obra en relación con textos de los dos últimos títulos de Digesto[355]. Explica la existencia de leyes gemelas en la desconexión entre las distintas masas. Sin embargo, esta tesis, compartida por parte de la doctrina, no encuentra fundamento en la *leges geminae* presentes en la obra ya que un número importante de las mismas proceden de la misma masa, como más adelante se expondrá, y especialmente en el título 50,17.

Verrey considera que las que, en principio, son involuntarias pasan a ser intencionales, en la medida que son permitidas por la comisión porque consideran que sirven para una mejor lectura y

---

de la *oratio*, posteriormente admite la existencia de las mismas que justifica en las limitaciones humanas y en el hecho de que algunas eran convenientes para la conexión de las materias C. *Tanta* pr.: *et leges antiquas iam senio praegrauatas per nostram uigilantiam praebuit in nouam pulchritudinem et moderatum peruenire compendium; quod nemo ante nostrum imperium unquam sperauit, neque humano ingenio possibikle esse penitus existimauit. Erat enim mirabile, Romanam sanctionem ab urbe condita usque ad nostri imperii tempora, quae paene in mille et quadringentos annos concurrunt, intestinis proeliis uacillantem, hocque et in imperiales constitutiones extendentem, in unam reducere consonantiam, ut nihil neque contrarium, neque idem, neque simile in ea inueniatur, et ne geminae leges pro rebus singulis positae usquam appareant*; C.*Tanta*,13: *Si quid autem in tanta legum compositione, quae ab immenso librorum numero collecta est, simile forsitan raro inveniatur, nemo hoc vituperandum existimet, sed primum quidem inbecillitati humana, quae naturaliter inest..." "quod similitudo in quibusdam et his brevissimis adsumpta non inútiles est, et nec citra nostrum propositum hoc subsecutum: aut enim ita lex necessaria erat, ut diversis titulis propter rerum cognationem applicari eam oporteat.*

355 A este respecto García-Garrido advierte que el estudio de los principios generales y reglas de D.50,17, no puede hacerse prescindiendo del sentido originario de los supuestos en los que los juristas las aplican, ya que, si bien es cierto que las redacciones pueden ser coincidentes, pueden tener un significado diverso.

comprensión de las Pandectas y, por tanto, no contradicen los objetivos del emperador[356]. Esta teoría del paso o conversión de involuntarias a intencionales no es fácilmente explicable, porque supone que son involuntarias en las fases de extracción o edición, y luego en lugar de eliminarlas, y así cumplir con las directrices del emperador, los redactores las incorporan de forma consciente. Entiendo que la justificación en la utilidad todavía es hoy una cuestión que está pendiente de quedar probada.

Para Pescani la selección de textos es realizada por dos comisarios y éstos utilizan, con frecuencia, ejemplares distintos. Con esta teoría explica las modificaciones y abreviaturas que se advierten en algunos de los textos repetidos. Señala que "modificar, abreviar e introducir cualquier frase, etc., significaba perder tiempo, algo que los comisarios no se podían permitir. Por otra parte, si la modificación, o abreviatura estaba hecha es lógico pensar que esto hubiera sido reproducido en ambos textos, pero no en uno de ellos y en el otro sí"[357].

García-Garrido y Reinoso-Barbero, sostienen que aunque comparten la teoría de la lectura por dos o más extractores, esta circunstancia no resuelve todos los problemas que presentan las *leges geminatae*[358].

García-Garrido indica que, para explicar el origen de las repeticiones y coincidencias, se pueden enunciar diversas hipótesis:

---

[356] *Vid.*, VERREY, "*Leges geminatae" à deux auters et compilation du Digeste*, cit., 190 ss., distingue entre las de un autor, a las cuales denomina *leges geminatae*, de las observadas entre dos o más autores. Dentro de estas distingue, a su vez, entre *capita geminata* y *capita similia*.

[357] PESCANI, *Il piano del Digesto e la sua attuazione,* cit., 241 ss.

[358] GARCÍA-GARRIDO&REINOSO-BARBERO, *Geminaciones y masas bluhmianas*, en "Revista General de Derecho Romano", IUSTEL, Estudios, 1, 2004, RI &404098.

a) Que se deban principalmente a los compiladores justinianeos que alteran los nombres de los juristas y adaptan las respuestas a distintas instituciones; b) Que tengan su origen en las obras postclásicas con objeto de facilitar las citas para la práctica judicial; c) Los mismos juristas las resumen y copian y luego utilizan sin respeto a la autoría ajena. Esta última hipótesis le parece menos probable[359].

Este autor, en numerosos trabajos que realiza sobre las *leges geminatae* y *capita similia*, mantiene distintas opiniones que relacionamos: 1.- En muchas ocasiones, las similitudes ponen de manifiesto la utilización de un mismo supuesto para instituciones distintas[360], así como la existencia de opiniones que son copias de

---

[359] *Vid.*, GARCÍA-GARRIDO, *"Thesaurus communis iurisprudentiae"*, en *Tirage à part non destine à la vente*, en *Mèlanges en l'honneur de Carlo Augusto Cannata*, Bâle 1999, 159 ss., ahora en GARCÍA-GARRIDO, en *Miscelánea Romanística*, Madrid 2006, 394.

[360] *Vid.*, GARCÍA-GARRIDO, *Redacciones coincidentes (leges geminatae) y casos jurisprudenciales semejantes (capita similla)*, en *Estudios de Derecho Romano en Honor de de Álvaro d'Ors,* Pamplona 1987, 517 ss., ahora publicado en GARCÍA-GARRIDO, en *Miscelánea Romanística*, cit., 327 ss., en este trabajo propone la comparación de casos por las semejanzas de contenido y no por sus identidades externas. En este cotejo se pone de manifiesto la existencia de coincidencias internas en textos que vienen a reproducir un mismo supuesto. Así, en los supuestos de compraventa de esclavos. Casos sobre la adquisición de la propiedad del hijo de la esclava hurtada o legada; casos sobre la compraventa del *statuliber*. Otros supuestos estudiados en GARCÍA-GARRIDO *Due tradizioni testuali (Alfeno e Ulpiano) sui damni causati da "quadrupedes",* en *Per la storia del pensiero giuridico romano. Dall'età dei Pontifici alla Scuola di Servio. Atti del Seminario di S. Marino* (1993), 159, ahora en GARCÍA-GARRIDO, en *Miscelánea Romanística*, cit., 357 ss.; "*Similitudines" e interpretación jurisprudencia en un caso de venta a "non domino" de un fundo ajeno*, en *Nozione Formazione, Interpretación del Diritto. Dall'età romana alle espienze moderne. Ricerche dedicate al Professor Filippo Gallo*, 1997, ahora en GARCÍA-GARRIDO, en *Miscelánea Romanística*, cit., 361 ss., en este estudio se constata las semejanzas y diferencias entre las diferentes redacciones de los juristas para un mismo supuesto, lo que permite conocer, como apunta este autor, el método utilizado por los comisarios justinianeos en la aplicación de una

fragmentos originales ajenos, sin recoger cita alguna. Sobre estas últimas apunta: a) que los juristas autores de los comentarios *ad Sabinum*, Paulo, Pomponio y Ulpiano, copian las decisiones de Celso, que, a su vez, recogía la opinión de Sabino junto con la de Casio, sin ninguna justificación; b) que son los postclásicos los que en las nuevas ediciones cambian, sin ningún pudor, los nombre de los juristas; c) el cambio de los nombres y también de las numerosas citas erróneas son obra de los compiladores, quienes han acortado los textos e introducido numerosas alteraciones para adaptarlos a la unidad de la obra; d) La atribución a los juristas autores de las copias de las decisiones ajenas se evidencia en muchas indicaciones textuales (Paulo –D.48,20,7,1 copia a Florentino- D.38,2,28, etc.); las ediciones de las cuales se extractaron los fragmentos era mayoritariamente postclásicas; f) muchas de las corrupciones de los textos fueron obra de los comisarios justinianeos[361].

Las repeticiones también constatan las continuas reproducciones de cláusulas y estipulaciones; y numerosas incorporaciones de senadoconsultos, rescriptos y cláusulas Edictales a los *responsa* de los juristas. García-Garrido para

---

misma redacción jurisprudencia al supuestos y medios procesales distintos. REINOSO-BARBERO, *Geminaciones ocultas en el Digesto*, cit., 207 ss.

361 *Vid.*, GARCÍA-GARRIDO, *La tradizione nel pensiero giurisprudenziale. Le coincidenze tra i "Digesta" di Celso e i Commentari "ad Sabinum"*, en *Ius controversum principis. Giuristi, principe e diritto nel primo imperio*, Napoli 2003, ahora en GARCÍA-GARRIDO, en *Miscelánea Romanística*, cit., 369 ss., en este trabajo se ocupa de dos textos (D.22,3,20 y D.22,3,31) que, a pesar de que se encuentran en la Florentina, Mommsen no los incorpora a las ediciones –*Editio Maior et editio minor*- porque faltan en los *Basilica*. García-Garrido advierte como Lenel comete un error al considerar, el primero de ellos, procedente del libro segundo de los *responsa* de Ulpiano, porque como señala este autor en el espacio dedicado al nombre del jurista en la *inscriptio* es de cuatro letras y porque supondría un desplazamiento en el orden de las masas; *Digestorum Similitudines*, en *BIDR* 35-36, 575, ahora en GARCÍA-GARRIDO, en *Miscelánea Romanística*, cit.,430 ss.

explicar estos hechos sugiere la existencia de un *Thesaurus communis iurisprudentiae* del cual los juristas podían servirse con completa libertad.

Este autor ofrece ejemplos interesantes de distintas categorías de repeticiones: a) las que proceden del mismo jurista y obra; b) las que proceden del mismo jurista y obras distintas pero procedentes de la misma masa; c) mismo jurista, entre obras procedentes de distintas masas; d) entre juristas distintos pero de obras procedentes de la misma masa; y e) juristas distintos de obras procedentes de distinta masa[362].

Parece evidente, como sostiene este autor, que una vez seleccionado un texto de un libro, éste sería marcado para evitar una utilización posterior. Además, muestra su perplejidad ante el hecho de que entre las geminaciones unos textos estén alterados y otros no. Estos argumentos vienen a apoyar la teoría defendida de la no utilización directa de todas las obras de los autores que figuran en las inscripciones.

Es probable que la presencia de *similitudines* responda a que las decisiones jurisprudenciales estaban recogidas, y a su vez repetidas, en distintas colecciones, destinadas a la praxis judicial, y que en unas se hayan producido alteraciones en algunos textos y en otras no. Pensar en que fueron los comisarios quienes realizaron las alteraciones podría suponer que un mismo libro fuera extractado por varios comisarios, y, por tanto, la existencia de varias ediciones de una misma obra.

---

[362] *Vid.*, GARCÍA-GARRIDO, *"Thesaurus communis iurisprudentiae"*, en *Tirage à part non destine à la vente*, en *Mèlanges en l'honneur de Carlo Augusto Cannata*, Bâle 1999, 159 ss., ahora en GARCÍA-GARRIDO, en *Miscelánea Romanística*, cit., 395 ss.; *Digestorum Similitudines*, cit., 430 ss.

A continuación proponemos algunos ejemplos, algunos de ellos estudiados por García-Garrido y Reinoso-Barbero y que resultan relevantes por la información proporcionada en los mismos. Los clasificamos en dos grandes categorías: *similitudines* entre textos que proceden de la misma masa; *similitudines* entre textos procedentes de distintas masas. Añadimos un tercer grupo que recoge las geminaciones presentes en los Títulos 50,16 y 50,17.

2.3. *Similitudines* entre textos que proceden de la misma masa

Las similitudes entre textos procedentes de una misma masa, en opinión de estos autores, hacen quebrar los argumentos que justifican las geminaciones en la desconexión de las distintas subcomisiones[363].

A) Juristas distintos:

D.38,2,28pr. *Florentinus libro decimo institutionum* [S][364]

D.48,20,7,1 *Paulus libro singulari de portionibus, quae liberis damnatorum conceduntur* [S][365]

---

[363] Con objeto de señalar las diferencias existentes entre todos textos repetidos utilizamos una serie de signos diacríticos. El paréntesis, señala las palabras o frases que están en el primer texto y se omiten en el segundo. Los corchetes, por el contrario, señalan las palabras o frases que están en el segundo texto y no en el primero. La barra, o línea inclinada, indica tiempos verbales o los casos distintos, manteniendo el orden de la exposición de los textos. El superíndice se señala una misma palabra, o expresión, ubicada en un texto en un lugar distinto con respecto del otro.

[364] D.38,2,28pr. *Florentinus libro decimo institutionum* [S] *Si in libertinum animadversum erit, patronis eius ius, quod in bonis eius habituri essent, si is in quem animadversum est sua morte decessisset, eripiendum non est. sed reliquam partem bonorum, quae ad manumissorem iure civili non pertineat, fisco esse vindicandam placet.*

Si in libertinum animadversum erit, patronis/patrono eius [ius], quod in bonis eius/ illius habituri essent/esset, si is in quem animadversum est sua morte decessisset, eripiendum non est/erit. [sed] reliquam partem/pars bonorum, quae ad manumissorem [iure civili] non pertineat/pertinebit, fisco esse/erit vindicandam/vindicanda [placet][366].

Reinoso-Barbero señala la existencia de una disparidad en ambos textos: *ius* en D.38,2,28pr. e *id* en D.48,20,7,1 que procede de un error de transcripción en el *ms. Laurentianus sine numero.* En su opinión, en el primer texto el escriba omite este término y el corrector lo escribe en el espacio interlineal. En el segundo texto el amanuense escribe *is* en lugar de *ius*, error que pasa inadvertido para el corrector. Conforme explica este autor, el hecho de que Mommsen sustituya el *is* por *id*, se debe a que el autor alemán no detectó la identidad de redacción con el texto de Florentino[367]. Señala que se trata de un supuesto de reproducción de opiniones ajenas. En relación con la autoría de los textos concluye apuntando dos posibilidades: que proceda de cualquiera de estos dos juristas o que, incluso, proceda de un tercero desconocido. Comenta que

---

[365] D.48,20,7,1 *Paulus libro singulari de portionibus, quae liberis damnatorum conceduntur* [S] *Si in libertinum animadversum erit, patrono eius id, quod in bonis illius habiturus esset, si is in quem animadversum est sua morte decessisset, eripiendum non erit: reliqua pars bonorum, quae ad manumissorem non pertinebit, fisco erit vindicanda.*

[366] *Vid.*, GARCÍA-GARRIDO & REINOSO-BARBERO, *Digestorum Similitudines*, cit., vol X simil. 8276.

[367] REINOSO-BARBERO, *Geminaciones ocultas en el Digesto*, en Index, 25, 1997, 214 s., mantiene que este error de transcripción es una prueba de la dependencia genética de los manuscritos *X, Y, M, O* y *C* de *F*, pues son los utilizados por Mommsen para la edición de este texto de Paulo, sin destacar ninguna diferencia entre ellos sobre este particular".

tanto Florentino como Paulo reproducen literalmente un número importante de sentencias, sin citar a jurista alguno[368].

B) Mismo jurista, obra y libro:

D.1,10,1,2 *Ulpianus libro secundo de officio consulis.* [E][369]

D.40,2,20,4 *Ulpianus libro secundo de officio consulis.* [E][370]

El segundo texto es parte del primero y omite el inciso final "*apud se manumittere non poterit, cum ipse sit, qui ex senatus consulto consilii causam examinat: apud collegam vero causa probata potest*". Ambos pasajes proceden de la misma masa por lo que o bien los comisarios de una misma masa cuentan con varios ejemplares de una misma obra, alguno de ellos, alterado; o bien fueron los propios compiladores quienes suprimen el inciso final cuando redactan el texto del título 40,2.

Consules/consul apud se (servos suos) *manumittere posse/potest manumittere* (nulla dubitatio est.) *sed si/ etiamsi evenerit, ut minor viginti annis* (consul) sit[371].

---

[368] *Vid.*, GARCÍA-GARRIDO, *"Thesaurus communis iurisprudentiae"*, cit., 160 ss. REINOSO-BARBERO, *Geminaciones ocultas en el Digesto*, cit., 9.

[369] D.1,10,1,2 *Ulpianus libro secundo de officio consulis.* [E] *Consules apud se servos suos manumittere posse nulla dubitatio est. sed si evenerit, ut minor viginti annis consul sit, apud se manumittere non poterit, cum ipse sit, qui ex senatus consulto consilii causam examinat: apud collegam vero causa probata potest*

[370] D.40,2,20,4 *Ulpianus libro secundo de officio consulis.* [E] *Consul apud se potest manumittere, etiamsi evenerit, ut minor annis viginti sit.*

[371] *Consules/consul apud se* (servos suos) *manumittere posse/potest manumittere* (nulla dubitatio est.) *sed si/ etiamsi evenerit, ut minor viginti annis* (consul) *sit,* (apud se manumittere non poterit, cum ipse sit, qui ex senatus consulto consilii causam examinat: apud collegam vero causa probata potest).

D.19,2,14 *Ulpianus libro septuagesimo primo ad edictum* [E] [372]

D.43,26,6pr. *Ulpianus libro septuagesimo primo ad edictum* [E][373]

El segundo pasaje reproduce la parte final del primero donde se recoge la opinión de Marcelo: *ideo/certe si interim dominus furere coeperit vel decesserit, fieri non posse Marcellus ait, ut locatio/ precarium redintegretur, et* ^est^ *hoc verum* ^est^[374]

Se comprueba la utilización de una misma ley para dos instituciones distintas (*locatio/precario*). El segundo texto se corresponde con la última parte del primero. La existencia de esta geminación puede deberse a la doble utilización por parte de los compiladores para los dos institutos, es decir, que conscientemente una vez utilizado no lo desecharan para un nuevo uso, o a que se

---

[372] *Vid.*, GARCÍA-GARRIDO & REINOSO-BARBERO, *Digestorum Similitudines*, cit., simil. 4490, D.19,2,14 *Ulpianus libro septuagesimo primo ad edictum* [E] *Qui ad certum tempus conducit, finito quoque tempore colonus est: intellegitur enim dominus, cum patitur colonum in fundo esse, ex integro locare, et huiusmodi contractus neque verba neque scripturam utique desiderant, sed nudo consensu convalescunt: et ideo si interim dominus furere coeperit vel decesserit, fieri non posse Marcellus ait, ut locatio redintegretur, et est hoc verum.*

[373] D.43,26,6pr. *Ulpianus libro septuagesimo primo ad edictum* [E] *Certe si interim dominus furere coeperit vel decesserit, fieri non posse Marcellus ait, ut precarium redintegretur, et hoc verum est.*

[374] (Qui ad certum tempus conducit, finito quoque tempore colonus est: intellegitur enim dominus, cum patitur colonum in fundo esse, ex integro locare, et huiusmodi contractus neque verba neque scripturam utique desiderant, sed nudo consensu convalescunt: et) *ideo/certe si interim dominus furere coeperit vel decesserit, fieri non posse Marcellus ait, ut locatio/ precarium redintegretur, et* ^est^ *hoc verum* ^est^.

recogiera en colecciones distintas y que la alteración del mismo fuera prejustinianea[375].

D.19,2,46 *Ulpianus libro sexagesimo nono ad edictum.* [E][376]

D.41,2,10,2 *Ulpianus libro sexagensimo nono ad edictum.* [E][377]

El primer texto es parte del segundo, si bien ambos, al igual que sucedía en el caso anterior, se refieren instituciones diferentes: donación y precario respectivamente. También se advierte utilización de distintos tiempos verbales: *conduxit/conducitio* y la utilización de verbos diferentes: *instar inducit/ solum teneat.*

Si quis et conduxerit [et rogaverit precario, uti possideret, si quidem] *nummo uno conduxit/conducitio, nulla* [dubitatio] *est, quia et hoc donationis instar inducit/ quin ei precarium solum teneat*[378].

---

375 En opinión de Reinoso-Barbero este sería un caso de geminación oculta, es decir un texto utilizado por segunda vez pero manipulado para adaptarlo a una institución. *Vid.*, REINOSO-BARBERO, *Geminaciones ocultas en el Digesto*, cit., 213.

376 D.19,2,46 *Ulpianus libro sexagesimo nono ad edictum.* [E] *Si quis conduxerit nummo uno, conductio nulla est, quia et hoc donationis instar inducit.*

377 D.41,2,10,2 *Ulpianus libro sexagensimo nono ad edictum.* [E] *Si quis et conduxerit et rogaverit precario, uti possideret, si quidem nummo uno conduxit, nulla dubitatio est, quin ei precarium solum teneat, quia conductio nulla est, quae est in uno nummo: sin vero pretio, tunc distinguendum, quid prius factum est.*

378 *Si quis et conduxerit* [et rogaverit precario, uti possideret, si quidem] *nummo uno conduxit/conducitio, nulla* [dubitatio] *est, quia et hoc donationis instar inducit/ quin ei precarium solum teneat* [quia conductio nulla est, quae est in uno nummo: sin vero pretio, tunc distinguendum, quid prius factum est.]

2.4. *Similitudines* entre textos que proceden de la misma masa

A) Mismo jurista y distinta obra

Dentro de este apartado vamos a analizar aquéllas similitudes que hay entre textos que proceden de masas distintas, pero son del mismo jurista si bien de obra distinta. En primer lugar, vemos similitudes entre textos de *Scaevola* de las obras *digestorum* y *responsorum*.

D.32,38,4 *Scaevola libro decimo nono digestorum* [A] [379]

D.32,93pr. *Scaevola libro tertio responsorum* [P][380]

Iulius Agrippa/Lucius Titius (primipilaris) *testamento suo cavit, ne ullo modo* (reliquias eius et) *praedium suburbanum aut domum* (maiorem) *heres* (eius pigneraret aut ullo modo) *alienaret: filia eius heres scripta heredem reliquit filiam suam* (neptem primipilaris,) *quae easdem res diu possedit et decedens extraneos*

---

379 *GARCÍA-GARRIDO & REINOSO-BARBERO, Digestorum Similitudines, cit.*,, simils. 9241, 9242. D.32,38,4 *Scaevola libro decimo nono digestorum* [A] *Iulius Agrippa primipilaris testamento suo cavit, ne ullo modo reliquias eius et praedium suburbanum aut domum maiorem heres eius pigneraret aut ullo modo alienaret: filia eius heres scripta heredem reliquit filiam suam neptem primipilaris, quae easdem res diu possedit et decedens extraneos instituit heredes. quaesitum est, an ea praedia extraneus heres haberet an vero ad Iuliam domnam, quae habuit patruum maiorem Iulium Agrippam, pertinerent. respondi, cum hoc nudum praeceptum est, nihil proponi contra voluntatem defuncti factum, quo minus ad heredes pertinerent.*

380 D.32,93pr. *Scaevola libro tertio responsorum* [P] *Lucius Titius testamento suo cavit, ne ullo modo praedium suburbanum aut domum heres alienaret: filia eius heres scripta heredem reliquit filiam suam, quae easdem res diu possedit et decedens extraneos heredes instituit: quaesitum est, an praedia pertinerent ad Iuliam, quae Lucium Titium testatorem patruum maiorem habuit. respondit nihil proponi contra voluntatem defuncti factum, quo minus ad heredem pertinerent, cum hoc nudum praeceptum est.*

instituitt heredes/heredes institiu. quaesitum est, an ea praedia (extraneus heres) *haberet/pertineret an* (vero) *ad Iuliam domnam, quae habuit patruum maiorem/ patruum maiorem habuit.* (Iulium Agrippam, pertinerent). Respondi/respondit, (cum hoc nudum praeceptum est), *nihil proponi contra voluntatem defuncti factum, quo minus ad heredes pertinerent* [cum hoc nudum praeceptum est].

D.34,3,28,13.14 *Scaevola libro decimo sexto digestorum* [A][381]

D.32,93,1 Scaevola libro tertio responsorum [P][382]

*Semproniae uxori meae reddi iubeo ab heredibus meis quinquaginta ea/ centum aureus, quae mutua/quos mutuos acceperam (*chirographo particulatim in negotia mea ": quaesitum est, an, si vere uxoris debitor fuerit, fideicommissum constiterit. respondit, si debita fuissent, nullum esse fideicommissum.*)Idem quaesiit/ quaesitum est, an, si hanc pecuniam ut debitam (*apud iudicem*) petierit/petens et victa fuerit/sit, an fideicommissum peti possit. respondit secundum ea quae proponuntur posse ex causa*

[381] *GARCÍA-GARRIDO & REINOSO-BARBERO, Digestorum Similitudines, cit.,*, simil. 5669. D.34,3,28,13 *Scaevola libro decimo sexto digestorum* [A]: *Quidam ita legavit: " Semproniae uxori meae reddi iubeo ab heredibus meis quinquaginta ea, quae mutua acceperam chirographo particulatim in negotia mea " : quaesitum est, an, si vere uxoris debitor fuerit, fideicommissum constiterit. respondit, si debita fuissent, nullum esse fideicommissum.* (14) *Idem quaesiit, an, si hanc pecuniam ut debitam apud iudicem petierit et victa fuerit, an fideicommissum peti possit. respondit secundum ea quae proponuntur posse ex causa fideicommissi peti, quod apparuisset non fuisse ex alia causa debitum.*

[382] D.32,93,1 *Scaevola libro tertio responsorum* [P] *Semproniae mulieri meae reddi iubeo ab heredibus meis centum aureos, quos mutuos acceperam". quaesitum est, si hanc pecuniam ut debitam Sempronia petens victa sit, an fideicommissum peti possit. respondit secundum ea quae proponerentur posse ex causa fideicommissi peti, quod apparuisset non fuisse ex alia causa debitum.*

fideicommissi peti, quod apparuisset non fuisse ex alia causa debitum.

De estas dos similitudes procede un comentario conjunto porque se trata de un mismo texto que se encuentra repetido en otros dos pasajes del mismo jurista. Es decir, D.32,93pr.1 *Scaevola libro tertio responsorum* [P] = D.32,38,4 *Scaevola libro decimo nono digestorum* [A] + D.34,3,28,13.14 *Scaevola libro decimo sexto digestorum* [A]. La repetición de textos en relación con el primero no se agota aquí, sino que hay un tercer texto que igualmente reproduce parte del primero, si bien de distinto autor, y un cuarto del mismo jurista. Si introducimos estos pasajes en la expresión matemática quedaría de la siguiente forma: D.32,93pr.1.2.5 *Scaevola libro tertio responsorum* [P] = D.32,38,4 *Scaevola libro decimo nono digestorum* [A] + D.34,3,28,13.14 *Scaevola libro decimo sexto digestorum* [A] + D.32,78,2 *Paulus libro secundo ad Vitellum* [E] + D.32,38,8 *Scaevola libro decimonono digestorum* [A]

Eliminamos las *inscriptiones* y la fórmula resulta más gráfica:

D.32,93pr.1.2.5 = D.32,38,4 + D.34,3,28,13.14 + D.32,78,2 + D.32,38,8

Me ocupo, a continuación, de la similitud entre D.32,93,5 *Scaevola libro tertio responsorum* [P] y D.32,38,8 *Scaevola libro decimonono digestorum* [A]. La que existe entre el segundo fragmento de D.32, 93 con D.32,78,2 de *Paulus libro secundo ad Vitellum* [E], aunque forma parte de este conjunto de textos, se analiza en este apartado pero en el sub epígrafe de distintos juristas.

D.32,93,5 *Scaevola libro tertio responsorum* [P][383]

D.32,38,8 *Scaevola libro decimonono digestorum* [A] [384]

Esta coincidencia es literal, y la única diferencia entre ambos textos es la distinta forma verbal en *quaero/ quaesitum: Ex parte dimidia heredi instituto per praeceptionem fundum legavit et ab eo ita petit: " peto, uti velis coheredem tibi recipere in fundo Iuliano meo, quem amplius te recipere iussi, Clodium Verum nepotem meum, cognatum tuum". quaero/ quaesitum est, an pars fundi ex causa fideicommissi nepoti deberetur. respondit deberi.*

Del cotejo de estos textos puede comprobarse, en primer lugar, que están presentes tres masas. A la masa Papiniana pertenece el fragmento D.32,93; a la Edictal, el texto de Paulo recogido en D.32,78,2; y al *Appendix*, los dos pasajes de Escévola que se recogen en D.32,38 y otro en D.34,3,28,13. Estos tres últimos pasajes, todos ellos de la obra *digestorum*, libros 19 y 16 respectivamente, bien podrían confirmar la opinión de que la obra *Responsorum* fuera una colección abreviada de aquella *digestorum*. Sin embargo, si esto es así nos planteamos por qué los compiladores utilizan las dos suponiendo ello un gran riesgo en

---

[383] *GARCÍA-GARRIDO & REINOSO-BARBERO, Digestorum Similitudines, cit.*,, simils.3027, 5886. D.32,93,5 *Scaevola libro tertio responsorum* [P]: *Ex parte dimidia heredi instituto per praeceptionem fundum legavit et ab eo ita petit: " peto, uti velis coheredem tibi recipere in fundo Iuliano meo, quem amplius te recipere iussi, Clodium Verum nepotem meum, cognatum tuum". quaero, an pars fundi ex causa fideicommissi nepoti deberetur. respondit deberi.*

[384] *GARCÍA-GARRIDO & REINOSO-BARBERO, Digestorum Similitudines, cit.*,, simils.3027, 5886. D.32,38,8 *Scaevola libro decimonono digestorum* [A] *Ex parte dimidia heredi instituto per praeceptionem fundum legavit et ab eo ita petit: " peto, uti velis coheredem tibi recipere in fundo Iuliano meo, quem hoc amplius te praecipere iussi, Clodium Verum nepotem meum, cognatum tuum": quaesitum est, an pars fundi ex causa fideicommissi nepoti debeatur. respondit deberi.*

contra de la prohibición de Justiniano de repetir textos, a no ser que este hecho de que la obra *responsorum* fuera un breve resumen, era por ellos desconocido. En cualquier caso, el hecho de que se contengan tantas repeticiones en un mismo título nos lleva a concluir de que los compiladores, y muy especialmente los editores, incumplien la orden dada por el emperador de revisar los textos.

Para Honoré se trataría de supuestos en los que la repetición de textos no es intencionada. Expone 4 casos de *leges geminatae* en los en cada uno de ellos uno de los textos geminados procede de la masa papiniana y otro del *Appendix*. Especialmente destaca tres de estos cuatro supuestos por encontrarse cada uno en el mismo Título[385].

D.15,1,54 *Scaevola libro primo responsorum* [P][386].

D.15,1,58 *Scaevola libro quinto digestorum* [A][387].

---

385 Además de estos tres supuestos cita otro, pero que se diferencia de los anteriores en que se encuentran en título distinto: D.10,2,41 *Paulus libro primo decretorum* [P]. = D.37,14,24 *Paulus imperialium sententiarum in cognitionibus prolatarum sive decretorum ex librissex libro primo* [A]. *Vid.*, HONORÉ, *Duplicate texts and the compilation of the Digest*, en «Römische Jurisprudenz - Dogmatik, Überlieferung, Rezeption» [Festschrift für Detlef Liebs zum 75. Geburtstag], cit., 261.

386 D.15,1,54 *Scaevola libro primo responsorum* [P]. *Filio familias uni ex heredibus praedia praelegavit ut instructa erant cum servis: hi servi domini debitores fuerunt: quaesitum est, an ceteris heredibus adversus eum actio de peculio competat. respondit non competere.*

387 D.15,1,58 *Scaevola libro quinto digestorum* [A]. *Uni ex heredibus praedia legavit ut instructa erant cum servis et ceteris rebus et quidquid ibi esset: hi servi domino debitores fuerunt tam ex aliis causis quam ex ratione kalendarii: quaesitum est, an ceteris heredibus adversus eum pecuniae ab his debitae actio de peculio competit. respondit non competere.*

Similitudes entre textos que no son idénticos ya que en el segundo hay tres periodos que se omiten en el primero: [et ceteris rebus et quidquid ibi esset]; [tam ex aliis causis quam ex ratione kalendarii]; [pecuniae ab his debitae], en el resto de los textos se advierte identidad redaccional con la única diferencia entre *praelegavit/legavit: uni ex heredibus praedia praelegavit/legavit ut instructa erant cum servis: hi servi domini debitores fuerunt: quaesitum est, an ceteris heredibus adversus eum actio de peculio competat. respondit non competere*[388].

D.20,5,11 *Scaevola libro primo responsorum* [P][389].

D.20,5,14 *Scaevola libro sexto digestorum* [A][390].

Esta similitud se da entre dos textos de ubicación próxima dentro del mismo Título, y si bien el segundo reproduce el primero, se advierten diferencias entre casos, tiempos verbales y personas verbales; *Arbiter/Arbitri, potest/possit, respondi/respondit, posse/potuisse*. En el segundo se recogen términos y expresiones que

---

[388] (Filio familias) *uni ex heredibus praedia praelegavit/legavit ut instructa erant cum servis* [et ceteris rebus et quidquid ibi esset]*: hi servi domini debitores fuerunt* [tam ex aliis causis quam ex ratione kalendarii]*: quaesitum est, an ceteris heredibus adversus eum* [pecuniae ab his debitae] *actio de peculio competat. respondit non competere.*

[389] D.20,5,11 *Scaevola libro primo responsorum* [P]. *Arbiter dividendae hereditatis cum corpora hereditaria divisisset, nomina quoque communium debitorum separatim singulis in solidum adsignavit: quaesitum est, an debitoribus cessantibus pro solido pignus vendere quisque potest. respondi posse.*

[390] D.20,5,14 *Scaevola libro sexto digestorum* [A]. *Arbitri dividundae hereditatis inter heredes cum corpora hereditaria divisissent, nomina quoque communium debitorum separatim diversa singulis in solidum adsignaverunt. quaesitum est, an unusquisque eorum, debitore sibi addicto cessante in solutione, pro sol<i>do pignus sub eo nomine obligatum vendere possit. respondit potuisse.*

se omiten en el primero; *[inter heredes] [diversa] [sibi addicto] [in solution]* : *Arbiter/Arbitri dividundae hereditatis [inter heredes] cum corpora hereditaria divisissent, nomina quoque communium debitorum separatim [diversa] singulis in solidum adsignavit/ adsignaverunt. quaesitum est, an [unusquisque eorum], debitoribus/debitore [sibi addicto] cessantibus/cessante [in solution], pro sol<i>do pignus [sub eo nomine obligatum] vendere (quisque) potest/possit. respondi/respondit posse/potuisse.*

De la tercera similitud que apunta Honoré y que también se da entre textos de un mismo Título ya nos hemos ocupado con anterioridad: D.32,93pr. *Scaevola libro tertio responsorum* [P].= *D.32,38,4 Scaevola libro nono decimo digestorum* [A]

Para Honoré estas geminaciones suponen: 1) que el *appendix* estaba separado de las 3 masas originales, ya que si todos estos textos hubieran sido extractados por la masa papiniana, los comisarios habrín detectado estas repeticiones; y 2) que los editores trabajaron con premura.

Advertimos que los 3 de la masa papiniana, proceden todos de los *Responsa* de Scaevola, y se recogen en los tres de *Appendix*, que proceden de los *Digesta* del mismo autor. Se confirma, una vez, más que *Responsa* sea un resumen de la obra *Digesta* de este autor.

b) Distinto Jurista

D.1,18,8 *Iulianus libro primo digestorum.* [S][391]

---

[391] D.1,18,8 *Iulianus libro primo digestorum.* [S] *Saepe audivi Caesarem nostrum dicentem hac rescriptione: 'eum qui provinciae praeest adire pote<s>' non imponi necessitatem proconsuli vel legato eius vel praesidi provinciae*

D.1,18,9 *Callistratus libro primo de cognitionibus*. [E][392]

La similitud se da en dos textos que proceden de dos masas distintas y de juristas distintos. Ambos textos están en un mismo Título, uno a continuación del otro. El primer texto parece ser parte del segundo pero no es posible, por razones cronológicas que Juliano copiara de Calistrato[393]; sí es posible que el pasaje de Juliano fuera una cita de aquél. Sería un caso más de emancipación de un jurista por los comisarios. Esta hipótesis que apuntamos como probable tiene su fundamento en la información que transmite Calistrato de lo que el jurista adrianeo ha escuchado directamente del emperador y ha publicado en su obra *digestorum*.

El que *Iulianus* no aparezca citado en el segundo texto, si realmente es él quien pudo transmitir esta información, puede deberse a que el compilador que realiza la redacción del título eliminara la cita a la vista del texto anterior. Otra cuestión distinta es si el comisario de la masa sabiniana extracta D.1,18,8 directamente de la obra de Juliano o, por el contrario, de la cita de un texto de otro autor, como bien pudiera ser del propio Calistrato. Es decir, si procede de la extracción directa de la obra o de una extracción indirecta como sucede en otras muchas ocasiones.

---

suscipiendae cognitionis, sed eum aestimare debere, ipse cognoscere an iudicem dare debeat.

392 D.1,18,9 *Callistratus libro primo de cognitionibus.* [E] *Generaliter quotiens princeps ad praesides provinciarum remittit negotia per rescriptiones, veluti 'eum qui provinciae praeest adire poteris' vel cum hac adiectione 'is aestimabit, quid sit partium suarum', non imponitur necessitas proconsuli vel legato suscipiendae cognitionis, quamvis non sit adiectum 'is aestimabit quid sit partium suarum': sed is aestimare debet, utrum ipse cognoscat an iudicem dare debeat.*

393 LENEL, *Palingenesia Iuris Civilis*, cit., II, col. 1246 s., conforme figura *en Auctorum e librorum index chronologicus, Salvius Iulianus* (ordinal 57), *sub Hadriano et Antonino Pio, Callistratus* (ordinal 77) *sub Severo et Caracalla.*

Los textos presentan variaciones en tiempos verbales y en casos. El segundo texto comprende una alternativa que propone el emperador que no recoge el primer texto *'eum qui provinciae praeest adire poteris'*, por lo que teniendo en cuenta lo anterior, es evidente que ambos textos han sido alterados.

rescriptione/rescriptiones, [veluti] 'eum qui provinciae praeest adire potest/poteris' [vel cum hac adiectione 'is aestimabit, quid sit partium suarum'], non imponi/imponitur necessitate/ (eius vel praesidi provinciae) necessitas proconsuli vel legato suscipiendae cognitionis, [quamvis non sit adiectum 'is aestimabit quid sit partium suarum]': sed eus/is aestimare debere/debet,[utrum] ipse cognoscere/cognoscat an iudicem dare debeat.

D.1,12,1,7 *Ulpianus libro singulari de officio praefecti urbi* [P][394].

D.26,1,9 *Marcianus libro tertio institutionum*[S][395].

El primer texto comprende al segundo, si bien en la parte en la que se da la similitud se advierten pequeñas diferencias en los casos y los tiempos verbales. Reinoso-Barbero entiende que puede plantearse la duda acerca de la dependencia de estos textos entre sí o con otro, ya que resulta difícil la determinación de la autoría del

---

[394] D.1,12,1,7 *Ulpianus libro singulari de officio praefecti urbi.* [P] *Solent ad praefecturam urbis remitti etiam tutores sive curatores, qui male in tutela sive cura versati graviore animadversione indigent, quam ut sufficiat eis suspectorum infamia: quos probari poterit vel nummis datis tutelam occupasse, vel praemio accepto operam dedisse ut non idoneus tutor alicui daretur, vel consulto circa edendum patrimonium quantitatem minuisse, vel evidenti fraude pupilli bona alienasse.*

[395] D.26,1,9 *Marcianus libro tertio institutionum*[S]. *In eos extra ordinem animadvertitur, qui probentur nummis datis tutelam occupasse vel pretio accepto operam dedisse, ut non idoneus tutor daretur, vel consulto in edendo patrimonio quantitatem minuerit, vel evidenti fraude pupillorum bona alienasset.*

mismo[396]: *quos/qui probari/probentur (poterit vel) nummis datis tutelam occupasse vel praemi /pretio accepto operam dedisse ut non idoneus tutor alicui daretur, vel consulto (circa) edendum/edendo patrimonium/patrimonio quantitatem minuisse/minuerit vel evidente fraude puplli/ pupillorum bona alienasse/alinasset*[397].

D.10,3,24pr. *Iulianus libro octavo digestorum.* [S][398]

D.41,1,45 *Gaius libro septimo ad edictum provinciale.* [E][399]

El cotejo de estos textos es interesante. Proceden de juristas distintos si bien la redacción de la parte en que coinciden es prácticamente idéntica. El primer texto parece ser parte del segundo, más extenso. La explicación más lógica es que el de Juliano fuera una

---

396 *Vid.*, REINOSO-BARBERO, *Geminaciones ocultas en el Digesto*, cit., 216.

397 (Solent ad praefecturam urbis remitti etiam tutores sive curatores, qui male in tutela sive cura versati graviore animadversione indigent, quam ut sufficiat eis suspectorum infamia:) [In eos extra ordinem animadvertitur] *quos/qui probari/probentur (poterit vel) nummis datis tutelam occupasse vel praemi /pretio accepto operam dedisse ut non idoneus tutor alicui daretur, vel consulto (circa) edendum/edendo patrimonium/patrimonio quantitatem minuisse/minuerit vel evidente fraude puplli/ pupillorum bona alienasse/alinasset.*

398 D.10,3,24pr. *Iulianus libro octavo digestorum.* [S] *Communis servus si ex re alterius dominorum adquisierit, nihilo minus commune id erit: sed is, ex cuius re adquisitum fuerit, communi dividundo iudicio eam summam percipere potest, quia fidei bonae convenit, ut unusquisque praecipuum habeat, quod ex re eius servus adquisierit.*

399 D.41,1,45 *Gaius libro septimo ad edictum provinciale.*[E] *Communis servus si ex re alterius dominorum adquisierit, nihilo minus commune id erit, sed is, ex cuius re adquisitum fuerit, communi dividundo iudicio eam summam praecipere potest: nam fidei bonae convenit, ut unusquisque praecipuum habeat, quod ex re eius servus adquisierit. sed si aliunde servus communis adquisierit, omnibus sociis pro parte dominii hoc adquiritur.*

cita del de Gayo y los comisarios, cumpliendo la orden de Justiniano, de que se pusiera al principio el nombre del autor de la ley, extrajeran la opinión de Juliano y le dieran plena autonomía. La dificultad de esta hipótesis para la Massentheorie bluhmiana podría estribar en el hecho de que ambos pasajes pertenecen a masas distintas. En nuestra opinión, conforme a la cual las distintas comisiones leyeron colecciones que podían contener las mismas obras, éste hecho no supone ningún problema. La única diferencia es la sustitución la conjunción causal subordinante por otra coordinante (*quia / nam*): *Communis servus si ex re alterius dominorum adquisierit, nihilo minus commune id erit, sed is, ex cuius re adquisitum fuerit, communi dividundo iudicio eam summam percipere potest/praecipere potest: quia /nam fidei bonae convenit, ut unusquisque praecipuum habeat, quod ex re eius servus adquisierit*[400].

D.10,4,5,4 *Ulpianus libro vicensimo quarto ad edictum* [E][401]

D.39,2,9,3*Ulpianus libro quinquagensimo tertio ad edictum* [E] [402]

---

[400] *Communis servus si ex re alterius dominorum adquisierit, nihilo minus commune id erit, sed is, ex cuius re adquisitum fuerit, communi dividundo iudicio eam summam percipere /praecipere potest: quia /nam fidei bonae convenit, ut unusquisque praecipuum habeat, quod ex re eius servus adquisierit.* [sed si aliunde servus communis adquisierit, omnibus sociis pro parte dominii hoc adquiritur.]

[401] GARCÍA-GARRIDO & REINOSO-BARBERO, *Digestorum Similitudines, cit.,*, simil. 3171. D.10.4.5.4 *Ulpianus libro vicensimo quarto ad edictum* [E] *Sed et si ratis delata sit vi fluminis in agrum alterius, posse eum conveniri ad exhibendum Neratius scribit. unde quaerit Neratius, utrum de futuro dumtaxat damno an et de praeterito domino agri cavendum sit, et ait etiam de praeterito caveri oportere.*

[402] D.39.2.9.3*Ulpianus libro quinquagensimo tertio ad edictum* [E] *Neratius autem scribit, si ratis in agrum meum vi fluminis delata sit, non aliter tibi potestatem tollendi faciendam, quam si de praeterito quoque damno mihi cavisses.*

D.47,9,8 *Neratius libro secundo responsorum* [P][403]

La similitud entre los dos últimos textos es mayor y especialmente desde el punto de vista redaccional. Las únicas diferencias que se advierten son: en el texto de Ulpiano se cita a Neracio, autor del otro texto; las diferentes ubicaciones de las expresiones *in agrum meum* y *tibi*; y el tiempo verbal *delata sit/ delatae*: *ratis* [*in agrum meum*] *vi fluminis* [*in agrum meum*] *delata sit/delataet, non aliter* [*tibi*] *potestatem* [*tibi*] *(tollendi) faciendam, quam si de praeterito quoque damno mihi cavisses.*

En los dos textos de Ulpiano se cita a *Neratius*. Quizá el texto de Neracio había sido extractado de la obra original de este jurista, pero también es posible que este último proceda de una emancipación llevada a cabo por los comisarios, cumpliendo nuevamente la instrucción de Justiniano comentada en el caso anterior. Todo ello, a no ser que hubiera sido extractado de la obra de otro autor, que también lo citara.

D.28,5,23,3 *Pomponius libro primo ad Sabinum.* [S][404]

D.42,7,1,2 *Paulus libro quinquagensimo septimo ad edictum.*[E][405]

---

[403] D.47.9.8 *Neratius libro secundo responsorum Ratis vi fluminis in agrum meum delatae non aliter potestatem tibi faciendam, quam si de praeterito quoque damno mihi cavisses.*

[404] D.28,5,23,3 *Pomponius libro primo ad Sabinum.* [S] *Sed si sub condicione quis here institutus sit et grave aes alienum sit, quod ex poena crescit, et maxime si publicum debitum imminet: per procuratorem solvendum aes alienum, sicuti cum venter in possessione sit aut pupillus heres tutorem non habeat.*

[405] D.42,7,1,2 *Paulus libro quinquagensimo septimo ad edictum* [E] *Sed si grave aes alienum sit, quod ex poena crescat, per curatorem solvendum aes*

La repetición se advierte entre dos textos de distinta masa que se recogen en títulos distintos; el primero en el T. *De heredibus instituendis,* y el segundo en *De curatore bonis dando.* El primer pasaje incluye el periodo *subcondicione quis here institutus sit* que no se recoge en el segundo pero sí en el parágrafo anterior del mismo, es decir, en D.42,7,1pr.

Ambos textos se refieren a figuras distintas: el primero al procurador y el segundo al curador. En opinión de Krüger, tal y como se recoge en el aparato crítico de la *editio minor* de *Digesta* Mommsen-Krüger, ambos pasajes debían referirse al *curator*[406]: *Sed si grave aes alienum sit, quod ex poena crescit/crescat, ...per procuratorem/curatorem solvendum aes alienum, sicuti cum venter in possessione sit aut pupillus heres tutorem non habeat*[407].

D.32,93,2 *Scaevola libro tertio responsorum* [P]

D.32,78,2 *Paulus libro secundo ad Vitellum* [E]

A esta similitud nos hemos referido en el sub epígrafe anterior. Evidentemente Paulo reproduce un texto de Escévola sin ninguna referencia al mismo. Esta omisión de la cita o referencia a este autor pudiera ser obra de los compiladores, e incluso del propio Paulo. La explicación entre la similitud con el pasaje de Paulo podría confirmar la labor recopilatoria de este último, de quien fue discípulo.

---

alienum, sicuti cum venter in possessione sit aut pupillus heres tutorem non habeat, decerni solet.

406 MOMMSEN-KRÜGER, *Corpus Iuris Civilis. Digesta, Recognovit Mommsen, Retractavit Krüger*, cit., 420 nt 15: *curatorem dett. quidam.*

407 *Sed si* (sub condicione quis here institutus sit et) *grave aes alienum sit, quod ex poena crescit/crescat,* (et maxime si publicum debitum imminet:) *per procuratorem/curatorem solvendum aes alienum, sicuti cum venter in possessione sit aut pupillus heres tutorem non habeat.* [decerni solet].

D.39,6,13,1 *Iulianus libro septimo decimo digestorum.* [S][408]

D.39,6,35,4 *Paulus libro sexto ad legem Iuliam et Papiam.* [E][409]

Ambos pasajes pertenecen al mismo Título *"De mortis causa donationibus et capionibus"* El primer texto, de Juliano, es parte del segundo, sin embargo en este último no se recoge la referencia a la nota de Marcelo. En la parte de los textos donde se advierte la repetición las diferencias son mínimas y tal vez haya identidad redaccional, lo que sugiere que Paulo reproduce opiniones de otros juristas y elimina la cita atribuyéndose la autoría, a no ser que el compilador las haya eliminado, tanto la de Juliano como la de Marcelo.

(Marcellus notat: in) *mortis causa donationibus/donatio fit* (etiam facti quaestiones sunt)*..., ut omnimodo ex ea valetudine donatore mortuo res non reddatur: et ut reddatur, etiamsi prior ex eadem*

---

[408] D.39,6,13,1 *Iulianus libro septimo decimo digestorum.*[S] *Marcellus notat: in mortis causa donationibus etiam facti quaestiones sunt. nam et sic potest donari, ut omnimodo ex ea valetudine donatore mortuo res non reddatur: et ut reddatur, etiamsi prior ex eadem valetudine (donator) decesserit, si tam<en> mutata voluntate restitui sibi voluerit. (sed) et sic donari potest, ut non aliter reddatur, quam si prior ille qui acceperit decesserit. sic quoque potest donari mortis causa, ut nullo casu sit (eius) repetitio, id est nec si convaluerit quidem donator.*

[409] D.39,6,35,4 *Paulus libro sexto ad legem Iuliam et Papiam.*[E] *Mortis causa donatio fit multis modis: alias extra suspicionem ullius periculi a sano et in bona valetudine posito et cui ex humana sorte mortis cogitatio est: alias ex metu mortis aut ex praesenti periculo aut ex futuro, si quidem terra marique, tam in pace quam in bello et tam domi quam militiae multis generibus mortis periculum metui potest. nam et sic potest donari, ut omnimodo ex ea valitudine donatore mortuo res non reddatur, et ut reddatur, etiamsi prior ex eadem valetudine decesserit, si tamen mutata voluntate restitui sibi voluerit. et sic donari potest, ut non aliter reddatur, quam si prior ille qui accepit decesserit. sic quoque potest donari mortis causa, ut nullo casu sit repetitio, id est ne si convaluerit quidem donator.*

*valetudine (*donator*) decesserit, si tam<en> mutata voluntate restitui sibi voluerit. (*sed*) et sic donari potest, ut non aliter reddatur, quam si prior ille qui acceperit decesserit. sic quoque potest donari mortis causa, ut nullo casu sit (*eius*) repetitio, id est nec si convaluerit quidem donator*[410].

D.41,3,45 pr. *Papinianus libro decimo responsorum.* [P][411]

D.44,3,7 *Marcianus libro tertio institutionum.* [S][412]

El texto de Marciano se recoge íntegramente y de forma literal en el de Papiniano: *(Vel) si quis/quisquam, quod in fluminis publici*

---

410 (Marcellus notat: in) *mortis causa donationibus/donatio fit* (etiam facti quaestiones sunt) [multis modis: alias extra suspicionem ullius periculi a sano et in bona valetudine posito et cui ex humana sorte mortis cogitatio est: alias ex metu mortis aut ex praesenti periculo aut ex futuro, si quidem terra marique, tam in pace quam in bello et tam domi quam militiae multis generibus mortis periculum metui potest. nam et sic potest donari. nam et sic potest donari], *ut omnimodo ex ea valetudine donatore mortuo res non reddatur: et ut reddatur, etiamsi prior ex eadem valetudine* (donator) *decesserit, si tam<en> mutata voluntate restitui sibi voluerit.* (sed) *et sic donari potest, ut non aliter reddatur, quam si prior ille qui acceperit decesserit. sic quoque potest donari mortis causa, ut nullo casu sit* (eius) *repetitio, id est nec si convaluerit quidem donator.*

411 D.41,3,45 pr. *Papinianus libro decimo responsorum.* [P] *Praescriptio longae possessionis ad optinenda loca iuris gentium publica concedi non solet. quod ita procedit, si quis, aedificio funditus diruto quod in litore posuerat (<forte quod aut> deposuerat aut derel<i>querat aedificium), alterius postea eodem loco extructo, occupantis datam exceptionem opponat, vel si quis, quod in fluminis publici deverticulo solus pluribus annis piscatus sit, alterum eodem iure prohibeat.*

412 D.44,3,7 *Marcianus libro tertio institutionum.*[S] *Si quisquam in fluminis publici deverticulo solus pluribus annis piscatus sit, alterum eodem iure uti prohibet.*

deverticulo solus pluribus annis piscatus sit, alterum eodem iure prohibeat/prohibet[413].

2.5. *Similitudines* en los Títulos 50,16 y 50,17 de *Digesta*.

Recogemos, en este último apartado, repeticiones de textos que proceden del mismo autor, obra y libro, similitudines que García-Garrido y Reinoso-Barbero en las distintas obras citadas, denominan geminaciones. Tienen, además, en común: se encuentran en los dos últimos títulos de Digesto, y en ellos se recoge un porcentaje muy superior de similitudes que el que se da en el resto de Títulos.

a) Similitudes en el Título 50,16. Mismo autor, obra y libro

D.27,1,2,7 *Modestinus libro secundo excusationum.*[E][414]

D.50,16,104 *Modestinus libro secundo excusationum.* [E][415]

---

[413] (Praescriptio longae possessionis ad optinenda loca iuris gentium publica concedi non solet. quod ita procedit, si quis, aedificio funditus diruto quod in litore posuerat (<forte quod aut> deposuerat aut derel<i>querat aedificium), alterius postea eodem loco extructo, occupantis datam exceptionem opponat, vel) *si quis/quisquam, quod in fluminis publici deverticulo solus pluribus annis piscatus sit, alterum eodem iure prohibeat/prohibet.*

[414] D.27,1,2,7 *Modestinus libro secundo excusationum.*[E] Οὐ μόνον δὲ υἱοὶ ἄφεςιν ἐπιτροπῆς διδόαςιν καὶ θυγατέρες ἀλλὰ καὶ ἔγγονοι ἐξ υἱῶν ἀρρένων τεχθέντες ἄρρενές τε καὶ θήλειαι. βοηθοῦςιν δὲ τότε, ὁπόταν τοῦ πατρὸς αὐτῶν ἀποθανόντος τὸν ἐκείνου τόπον πληρώςωςιν τῷ πάππῳ. ὅςοι δ' ἂν ὦςιν ἔγγονοι ἐξ ἑνὸς υἱοῦ, ἀντὶ ἑνὸς τέκνου ἀριθμοῦνται. ταῦτα δὲ καὶ ἐκ διατάξεων, αἳ περὶ τῶν τέκνων διαλέγονται, ἔςτιν ςυναγαγεῖν· οὐδαμοῦ γὰρ ἔςτιν ῥᾳδίως εὑρεῖν, ὅτι περὶ υἱῶν διαλέγεται διάταξις, ἀλλὰ περὶ τέκνων· ἡ δὲ προςηγορία αὕτη καὶ ἐπὶ τοὺς ἐγγόνους ἐκτείνεται.

[415] D.50,16,104 Modestinus libro secundo excusationum. Ἡ τῶν τέκνων προςηγορία καὶ ἐπὶ τοὺς ἐγγόνους ἐκτείνεται.

El segundo texto recoge el inciso final del primero donde se señala que el término hijo se extiende también a los nietos. Se advierten diferencias en la parte que se repite en ambos textos que no son significativas. Reinoso-Barbero apunta que se aparta en el segundo al inicio en la dicción: ... ἡ δὲ προςηγορία αὕτη καὶ ἐπὶ τοὺς ἐγγόνους ἐκτείνεται y señala el comentario de Antonio Agustín de que es una traducción torpe: falta en el primer texto τ' τέκνα, y en un lugar se dice hijos y en otro descendientes, cuando debió escribirse hijos como señala en otro lugar de esta misma obra de Modestino[416]

D.31,21 *Celsus libro vicesimo digestorum.* [E][417]

D.50,16,94 *Celsus libro vicensimo digestorum.*[E][418]

Verbum 'reddendi' quamquam significatum habet retro dandi, recipit tamen et per se dandi significationem.

En esta geminación se refiere a los significados de *reddendi* (*habere et dare*). La única diferencia que se advierte es la distinta colocación del término *verbum*, en el primer texto a continuación de *reddendi*, el es segundo precediendo este verbo: *verbum* *reddendi*

---

[416] REINOSO-BARBERO, *Antonii Augustini: quam multa in iure civili totidem verbis scripta sint, cit.,.*

[417] D.31,21 *Celsus libro vicesimo digestorum.* [E] *Cum quidam uxori suae dotem reddidisset, quadraginta ei legare voluisset et quamquam sciret dotem redditam, hoc tamen praetextu usus esset, quasi dotis reddendae nomine eam summam legaret, existimo deberi quadraginta: etenim reddendi verbum quamquam significationem habet retro dandi, recipit tamen et per se dandi significationem.*

[418] D.50,16,94 *Celsus libro vicensimo digestorum.*[E] *Verbum 'reddendi' quamquam significatum habet retro dandi, recipit tamen et per se dandi significationem.*

verbum *quamquam significationem/ significatum habet retro dandi, recipit tamen et per se dandi significationem*[419].

D.32,55,1.7-10 *Ulpianus libro vicesimo quinto ad Sabinum.* [S][420]

D.50,16,167 *Ulpianus libro vicensimo quinto ad Sabinum.* [S][421]

El segundo texto reproduce varios parágrafos del fragmento 32,55 y en ellos se describe lo que debe entenderse por leña y carbón.

---

419 (Cum quidam uxori suae dotem reddidisset, quadraginta ei legare voluisset et quamquam sciret dotem redditam, hoc tamen praetextu usus esset, quasi dotis reddendae nomine eam summam legaret, existimo deberi quadraginta: etenim) verbum *reddendi* verbum *quamquam significationem/ significatum habet retro dandi, recipit tamen et per se dandi significationem.*

420 D.32,55,1.7-10 *Ulpianus libro vicesimo quinto ad Sabinum.* [S] *Ofilius quoque libro quinto iuris partiti ita scripsit, cui ligna legata sunt, ad eum omnia ligna pertinere, quae alio nomine non appellantur, veluti virgae carbones nuclei olivarum, quibus ad nullam aliam rem nisi ad comburendum possit uti: sed et balani vel si qui alii nuclei. 7 Si lignum sit paratum ad carbones coquendas atque conficiendas, ait Ofilius libro quinto iuris partiti carbonum appellatione huiusmodi materiam non contineri: sed an lignorum? et fortassis quis dicet nec lignorum: non enim lignorum gratia haec testator habuit. sed et titiones et alia ligna cocta ne fumum faciant utrum ligno an carboni an suo generi adnumerabimus? et magis est, ut proprium genus habeatur. 8 Sulpurata quoque de ligno aeque eandem habebunt definitionem. 9 Ad faces quoque parata non erunt lignorum appellatione comprehensa, nisi haec fuit voluntas. 10 De pinu autem integri strobili ligni appellatione continebuntur.*

421 D.50,16,167 *Ulpianus libro vicensimo quinto ad Sabinum.* [S] *'Carbonum' appellatione materiam non contineri: sed an 'lignorum'? et fortassis quis dicet nec lignorum: non enim lignorum gratia habuit, sed et titiones et alia ligna cocta ne fumum faciant utrum ligno an carboni an suo generi adnumerabimus? et magis est, ut proprium genus habeatur. sulpurata quoque de ligno aeque eandem habebunt definitionem. ad faces quoque parata non erunt lignorum appellatione comprehensa, nisi haec fuit voluntas. idem et de nucleis olivarum, sed et de balanis est, vel si qui alii nuclei. de pinu autem integri strobili ligni appellatione continebuntur.*

La mayor diferencia es la alteración en el lugar en el que está ubicada la expresión *sed et [de] balani [est] vel si qui alii nuclei.* En el primero se encuentra al comienzo del texto y en el segundo al final del mismo: *sed et [de] balani [est] vel si qui alii nuclei.* *...carbonum appellatione* huiusmodi *materiam non contineri: sed an lignorum? et fortassis quis dicet nec lignorum: non enim lignorum gratia* (haec testator) *habuit. sed et titiones et alia ligna cocta ne fumum faciant utrum ligno an carboni an suo generi adnumerabimus? et magis est, ut proprium genus habeatur. 8 Sulpurata quoque de ligno aeque eandem habebunt definitionem.* 9 *Ad faces quoque parata non erunt lignorum appellatione comprehensa, nisi haec fuit voluntas* *sed et [de] balani [est] vel si qui alii nuclei*. *10 De pinu autem integri strobili ligni appellatione continebuntur*[422].

D.32,56 *Paulus libro quarto ad Sabinum.* [S][423]

D.50,16,168 *Paulus libro quarto ad Sabinum.* [S][424]

Se trata de una geminación en la que la identidad es absoluta. Ambos textos son del mismo autor, obra y libro y señalan que los

---

422 *sed et [de] balani [est] vel si qui alii nuclei*. (Si lignum sit paratum ad carbones coquendas atque conficiendas, ait Ofilius libro quinto iuris partiti) *carbonum appellatione* huiusmodi *materiam non contineri: sed an lignorum? et fortassis quis dicet nec lignorum: non enim lignorum gratia* (haec testator) *habuit. sed et titiones et alia ligna cocta ne fumum faciant utrum ligno an carboni an suo generi adnumerabimus? et magis est, ut proprium genus habeatur. 8 Sulpurata quoque de ligno aeque eandem habebunt definitionem.* 9 *Ad faces quoque parata non erunt lignorum appellatione comprehensa, nisi haec fuit voluntas* *sed et [de] balani [est] vel si qui alii nuclei*. 10 *De pinu autem integri strobili ligni appellatione continebuntur*

423 D.32,56 *Paulus libro quarto ad Sabinum.* [S] *Pali et perticae in numero materiae redigendi sunt, et ideo lignorum appellatione non continentur.*

424 D.50,16,168 *Paulus libro quarto ad Sabinum.* [S] *Pali et perticae in numerum materiae redigendi sunt, et ideo 'lignorum' appellatione non continentur.*

palos y las pértigas se consideran madera y no leña: *Pali et perticae in numerum materiae redigendi sunt, et ideo 'lignorum' appellatione non continentur.*

D.40,12,19 *Paulus libro quinquagensimo primo ad edictum.*[E][425]

D.50,16,76 *Paulus libro quinquagensimo primo ad edictum.* [E][426]

En la repetición de textos en estos pasajes se aprecia identidad redaccional, si bien se advierte alteraciones en la colocación de las expresiones *permutavit vel compesavit y dedisse intellegendus*: *dedisse intellegendus vel permutavit vel compensavit (eo nomine) nam et/etiam is est permutavit vel compensavit dedisse intellegendus*

D.41,3,10,2 *Ulpianus libro sexto decimo ad edictum.* [E][427]

D.50,16,26 *Ulpianus libro sexto decimo ad edictum.* [E][428]

---

[425] D.40,12,19 *Paulus libro quinquagensimo primo ad edictum.*[E] *vel permutavit vel compensavit eo nomine (nam et is dedisse intellegendus est)*

[426] D.50,16,76 *Paulus libro quinquagensimo primo ad edictum.* [E] *'Dedisse' intellegendus est etiam is, qui permutavit vel compensavit*

[427] D.41,3,10,2 *Ulpianus libro sexto decimo ad edictum.* [E] *Scaevola libro undecimo quaestionum scribit Marcellum existimasse, si bos apud furem concepit vel apud furis heredem pariatque apud furis heredem, usucapi ab herede distractum iuvencum non posse: sic, inquit, quemadmodum nec ancillae partus. Scaevola autem scribit se putare usucapere posse et partum: nec enim esse partum rei furtivae partem. ceterum si esse<t> pars, nec si apud bonae fidei emptorem peperisse<t>, usucapi poterat.*

[428] D.50,16,26 *Ulpianus libro sexto decimo ad edictum.* [E] *Partum non esse partem rei furtivae Scaevola libro undecimo quaestionum scribit.*

Esta similitud es muy interesante pues se trata de dos textos del mismo autor, misma obra y mismo libro; pero no estamos ante una reproducción literal de dos textos. El segundo está comprendido en el primero si bien se observa que se ha producido alteración en el orden de las palabras, así como en la referencia a la obra de Escévola, es decir, el comisario encargado de leer este libro ha hecho un resumen y, a su vez, una nueva redacción del texto para volver a insertarlo en la obra y, en este caso, en el título 50,16.

Esta propuesta supondría un incremento de tiempo considerable lo que no es posible por el tiempo empleado en la realización de la obra. Otra explicación sería la existencia de este Título previa a la realización de *Digesta*, al igual que pudo suceder con el Título 50,17. Una tercera hipótesis es la utilización de distintas obras por los comisarios. Al decir obras nos referimos también a las colecciones existentes. Una cuestión a señalar es la cita al libro *undecimo quaestionum* de *Scaevola* en los dos textos, tal y como se señala en la similitud que se propone: *Scaevola libro undecimo quaestionum scribit* ...*partum nec enim/non esse partum partem rei furtivae partem Scaevola libro undecimo quaestionum scribit*[429].

b) Similitudines en el Título 50,17. Mismo autor, obra y libro

D.1,3,14 *Paulus libro LIIII ad edictum.* [E][430]

---

[429] *Scaevola libro undecimo quaestionum scribit* (Marcellum existimasse, si bos apud furem concepit vel apud furis heredem pariatque apud furis heredem, usucapi ab herede distractum iuvencum non posse: sic, inquit, quemadmodum nec ancillae partus. Scaevola autem scribit se putare usucapere posse et partum:) *partum nec enim/non esse partum partem rei furtivae partem Scaevola libro undecimo quaestionum scribit*. (ceterum si esse<*t*> pars, nec si apud bonae fidei emptorem peperisse<*t*>, usucapi poterat.).

[430] D.1,3,14 *Paulus libro LIIII ad edictum.* [E] *Quod vero contra rationem iuris receptum est, non est producendum ad consequentias.*

D.50,17,141pr. *Paulus libro quinquagensimo quarto ad edictum.* [E][431]

La redacción de ambos pasajes es idéntica casi en su totalidad, simplemente les diferencia la omisión de *vero* en el segundo texto: *Quod (vero) contra rationem iuris receptum est, non est producendum ad consequentias.* La única diferencia advertida está en la referencia al número del libro de los comentarios al edicto en la *inscriptio*: *libro LIIII - quinquagensimo quarto.*

D.1,5,25 *Ulpianus libro primo ad legem Iuliam et Papiam.* [E][432]

D.50,17,207 *Ulpianus libro primo ad legem Iuliam et Papiam.* [E][433]

El segundo pasaje reproduce el inciso final del primer texto: *res iudicata pro veritate accipitur*[434].

D.1,16,6pr *Ulpianus libro primo de officio proconsulis.* [S][435]

---

[431] D.50,17,141pr. *Paulus libro quinquagensimo quarto ad edictum.*[E] *Quod contra rationem iuris receptum est, non est producendum ad consequentia.*

[432] D.1,5,25 *Ulpianus libro primo ad legem Iuliam et Papiam.* [E] *Ingenuum accipere debemus etiam eum, de quo sententia lata est, quamvis fuerit libertinus: quia res iudicata pro veritate accipitur.*

[433] D.50,17,207 *Ulpianus libro primo ad legem Iuliam et Papiam.* [E] *Res iudicata pro veritate accipitur.*

[434] (Ingenuum accipere debemus etiam eum, de quo sententia lata est, quamvis fuerit libertinus: quia) *res iudicata pro veritate accipitur.*

[435] D.1,16,6pr. *Ulpianus libro primo de officio proconsulis.* [S] *Solent etiam custodiarum cognitionem mandare legatis, scilicet ut praeauditas custodias ad se remittant, ut innocentem ipse liberet. sed hoc genus mandati extraordinarium est: nec enim potest quis gladii potestatem sibi datam vel cuius alterius coercitionis ad alium transferre, nec liberandi igitur reos ius, cum accusari apud eum non possint.*

D.50,17,70 *Ulpianus libro primo de officio proconsulis*. [S][436]

Este es un caso en el que un texto es parte de otro, concretamente el segundo es parte del primero y coincide en la parte central del pasaje. La repetición es casi literal con alguna pequeña diferencia: *ne enim/ Nemo potest (quis) gladii potestatem sibi datam vel cuius alterius coercitionis ad alium transferre*[437].

D.1,16,9,1 *Ulpianus libro primo de officio proconsulis*. [S][438]

D.50,17,71 *Ulpianus libro secundo de officio proconsulis*. [S][439]

El segundo texto forma parte del primero, con algunas leves omisiones en la parte que constituye la similitud: *omnia enim,* (quaecumque) *causae cognitionem desiderant, per libellum non possunt expediri*[440] .

---

[436] D.50,17,70 *Ulpianus libro primo de officio proconsulis*. [S] *Nemo potest gladii potestatem sibi datam vel cuius alterius coercitionis ad alium transferre.*

[437] (Solent etiam custodiarum cognitionem mandare legatis, scilicet ut praeauditas custodias ad se remittant, ut innocentem ipse liberet. sed hoc genus mandati extraordinarium est:) *ne enim/ Nemo potest (quis) gladii potestatem sibi datam vel cuius alterius coercitionis ad alium transferre.*(nec liberandi igitur reos ius, cum accusari apud eum non possint.)

[438] D.1,16,9,1 *Ulpianus libro primo de officio proconsulis*. [S] *Ubi d<e>cretum necessarium est, per libellum id expedire proconsul non poterit: omnia enim, quaecumque causae cognitionem desiderant, per libellum non possunt expediri.*

[439] D.50,17,71 *Ulpianus libro secundo de officio proconsulis*. [S] Omnia, quaecumque causae cognitionem desiderant, per libellum expediri non possunt.

[440] (Ubi d<*e*>cretum necessarium est, per libellum id expedire proconsul non poterit:) *omnia enim,* (quaecumque) *causae cognitionem desiderant, per libellum non possunt expediri* [non possunt].

Para Reinoso-Barbero esta inscripción, en la que se sugiere *libro primo*, está redactada conforme a *F*, $L^{II\text{-}III}$ [441], *g*[442], *P, V, U.* Sin embargo se propone *libro secundo* en *H*[443], *s*[444], y probablemente con razón, porque el texto se encuentra geminado[445] en D. 50,17,71[446] donde se lee *libro secundo*. Esto, en su opinión,[447] constituye un ejemplo de hasta qué punto algunas ediciones pueden aportar fiabilidad a la interpretación de los manuscritos, al menos en lo relativo a fragmentos concretos.

D.2,4,21 *Paulus libro primo ad edictum.* [E][448]

D.50,17,103pr. *Paulus libro primo ad edictum.* [E][449]

El segundo texto es parte del primero, la redacción es prácticamente literal con alguna pequeña diferencia y coinciden en la

---

[441]$L^{II\text{-}VII}$ son los mmss. Leipzig 874 y ss., *Digestum Vetus*, *Infortiatum*, *Digestum Novum*, s. XIII-XIV. Th.MOMMSEN, I, add. V, 46 y F.BLUHME, 420-421 (=Labeo 268).

[442]Ed. Guillard, 1550. F.BLUHME, 425-426 (= Labeo 271).

[443]Ed. Norica o de Haloandro, Nuremberg 1529-1531. Th.MOMMSEN, I, add. III, 17.

[444]Ed. Senneton, 1550. F.BLUHME, 420-421 (=Labeo 268).

[445]Th.MOMMSEN, I, 33, n.l. 23.

[446]Mo.-Kr. 43, n.15.

[447] *Vid.*, REINOSO-BARBERO, *Tradición diplomática de las inscripciones en los manuscritos del Digesto*, en *Studi Metro*

[448] D.2,4,21 *Paulus libro primo ad edictum.* [E] *Sed etsi is qui domi est interdum vocari in ius potest, tamen de domo sua nemo extrahi debet.*

[449] D.50,17,103 pr. *Paulus libro primo ad edictum.* [E] *Nemo de domo sua extrahi debet.*

parte final del primer texto: *‚tamen/Nemo de domo sua extrahi debet*[450].

D.2,11,7 *Paulus libro sexagensimo nono ad edictum.* [E][451]

D.50,17,211 *Paulus libro sexagensimo nono ad edictum.* [E][452]

El segundo pasaje reproduce literalmente una parte del primer texto: *servus rei publicae causa abesse non potest*[453].

D.3,6,2 *Paulus libro decimo ad edictum.* [E][454]

D.50,17,115pr. *Paulus libro decimo ad edictum.* [E][455]

---

450 (Sed etsi is qui domi est interdum vocari in ius potest)*‚tamen/Nemo de domo sua* (nemo) *extrahi debet.*

451 D.2,11,7 *Paulus libro sexagensimo nono ad edictum.* [E] *Si quis servum in iudicio sisti promiserit vel alium qui in aliena potestate est, isdem exceptionibus utitur, quibus si pro libero vel patre familias fideiussit, praeterquam si rei publicae causa abesse diceretur servus: nam servus rei publicae causa abesse non potest. praeter hanc autem exceptionem ceterae, quia communes sunt, tam in libero homine quam in servo locum habent.*

452 D.50,17,211 *Paulus libro sexagensimo nono ad edictum.* [E] *Servus rei publicae causa abesse non potest.*

453 (Si quis servum in iudicio sisti promiserit vel alium qui in aliena potestate est, isdem exceptionibus utitur, quibus si pro libero vel patre familias fideiussit, praeterquam si rei publicae causa abesse diceretur servus:) *nam servus rei publicae causa abesse non potest.* (praeter hanc autem exceptionem ceterae, quia communes sunt, tam in libero homine quam in servo locum habent.)

454 D.3,6,2 *Paulus libro decimo ad edictum.* [E] *Quin etiam si quis obligatione liberatus sit, potest videri cepisse: idemque si gratuita pecunia utenda data sit, aut minoris locata venditave res sit. nec refert, ipse pecuniam acceperit an alii dari iusserit vel accept<u>m suo nomine ratum habuerit.*

455 D.50,17,115pr. *Paulus libro decimo ad edictum.* [E] *Si quis obligatione liberatus sit, potest videri cepisse.*

El segundo texto es parte del primero y la redacción de la coincidencia es idéntica: *si quis obligatione liberatus sit, potest videri cepisse*[456].

D.4,1,7pr. *Marcellus libro tertio digestorum.* [E][457]

D.50,17,183 *Marcellus libro tertio digestorum.* [E][458]

El segundo pasaje reproduce literalmente la decisión que el emperador Antonino Pio da al pretor *Antoninus Marcio Avito* mediante un rescripto sin ninguna referencia al mismo: *'Etsi nihil facile mutandum est ex sollemnibus, tamen ubi aequitas evidens poscit, subveniendum est*[459].

---

[456] (Quin etiam) *si quis obligatione liberatus sit, potest videri cepisse* (idemque si gratuita pecunia utenda data sit, aut minoris locata venditave res sit. nec refert, ipse pecuniam acceperit an alii dari iusserit vel accept<u>m suo nomine ratum habuerit.)

[457] D.4,1,7pr. *Marcellus libro tertio digestorum.* [E] *Divus Antoninus Marcio Avito praetori de succurrendo ei, qui absens rem amiserat, in hanc sententiam rescripsit: 'Etsi nihil facile mutandum est ex sollemnibus, tamen ubi aequitas evidens poscit, subveniendum est. itaque si citatus non respondit et ob hoc more pronuntiatum est, confestim autem pro tribunali te sedente adiit: existimari potest non sua culpa sed parum exaudita voce praeconis defuisse, ideoque restitui potest.'*

[458] D.50,17,183 *Marcellus libro tertio digestorum.* [E] *Etsi nihil facile mutandum est ex sollemnibus, tamen ubi aequitas evidens poscit, subveniendum est.*

[459] (Divus Antoninus Marcio Avito praetori de succurrendo ei, qui absens rem amiserat, in hanc sententiam rescripsit:) *'Etsi nihil facile mutandum est ex sollemnibus, tamen ubi aequitas evidens poscit, subveniendum est.* (itaque si citatus non respondit et ob hoc more pronuntiatum est, confestim autem pro tribunali te sedente adiit: existimari potest non sua culpa sed parum exaudita voce praeconis defuisse, ideoque restitui potest.').

D.4,7,4,1 *Ulpianus libro tertio decimo ad edictum.* [E][460]

D.50,17,119 *Ulpianus libro tertio decimo ad edictum.* [E][461]

El segundo texto reproduce una parte mínima del primero. La redacción es casi literal con alguna pequeña diferencia: *neque enim/ Non alienat, qui dumtaxat omittit possessionem*[462].

D. 5,3,13,8 *Ulpianus libro quinto decimo ad edictum.* [E][463]

D.50,17,126pr. *Ulpianus libro quinto decimo ad edictum.* [E][464]

---

[460] D.4,7,4,1 *Ulpianus libro tertio decimo ad edictum.* [E] *Itemque fieri potest, ut sine dolo malo quidem possidere <de>sierit, verum iudicii mutandi causa id fiat. sunt et alia complura talia. potest autem aliquis dolo malo desinere possidere nec tamen iudicii mutandi causa fecisse nec hoc edicto teneri: neque enim alienat, qui dumtaxat omittit possessionem. non tamen eius factum improbat praetor, qui tanti habuit re carere, ne propter eam saepius litigaret (haec enim verecunda cogitatio eius, qui lites exsecratur, non est vituperanda), sed eius dumtaxat, qui cum rem habere vult, litem ad alium transfert, ut molestum adversarium pro se subiciat.*

[461] D.50,17,119 *Ulpianus libro tertio decimo ad edictum.* [E] *Non alienat, qui dumtaxat omittit possessionem.*

[462] (Itemque fieri potest, ut sine dolo malo quidem possidere <de>sierit, verum iudicii mutandi causa id fiat. sunt et alia complura talia. potest autem aliquis dolo malo desinere possidere nec tamen iudicii mutandi causa fecisse nec hoc edicto teneri:) *neque enim/ Non alienat, qui dumtaxat omittit possessionem.* (non tamen eius factum improbat praetor, qui tanti habuit re carere, ne propter eam saepius litigaret (haec enim verecunda cogitatio eius, qui lites exsecratur, non est vituperanda, sed eius dumtaxat, qui cum rem habere vult, litem ad alium transfert, ut molestum adversarium pro se subiciat).

[463] D.5,3,13,8 *Ulpianus libro quinto decimo ad edictum.* [E] *Si quis sciens alienam emit hereditatem, quasi pro possessore possidet: et sic peti ab eo hereditatem quidam putant. quam sententiam non puto veram: nemo enim praedo est qui pretium numeravit: sed ut emptor universitatis utili tenetur.*

[464] D.50,17,126 pr. *Ulpianus libro quinto decimo ad edictum.* [E] *Nemo praedo est, qui pretium numeravit.*

El segundo texto es parte del primero y la redacción de la esta parte del texto es prácticamente literal a excepción de la omisión de la conjunción *enim* en el segundo texto: *nemo (enim) praedo est qui pretium numeravit*[465].

D.11,7,14,1 *Ulpianus libro vicensimo quinto ad edictum.* [E][466]

D.50,17,137 *Ulpianus libro vicesimo quinto ad edictum.* [E][467]

El segundo texto es una parte muy reducida del primero. En la redacción se advierte modificación en el lugar de las expresiones, así en el primero *bonae fidei possessor est* antecede a *Qui auctore iudice comparavit.*

bonae fidei possessor est (et dominium habet), qui auctore iudice comparavit, bonae fidei possessor est.[468]

[465] (Si quis sciens alienam emit hereditatem, quasi pro possessore possidet: et sic peti ab eo hereditatem quidam putant. quam sententiam non puto veram): *nemo* (enim) *praedo est qui pretium numeravit*: (sed ut emptor universitatis utili tenetur.)

[466] D.11,7,14,1 *Ulpianus libro vicensimo quinto ad edictum.* [E] *Si colonus vel inquilinus sit is qui mortuus est nec sit unde funeretur, ex invectis illatis eum funerandum Pomponius scribit et si quid superfluum remanserit, hoc pro debita pensione teneri. sed et si res legatae sint a testatore de cuius funere agitur nec sit unde funeretur, ad eas quoque manus mittere oportet: satius est enim de suo testatorem funerari, quam aliquos legata consequi. sed si adita fuerit postea hereditas, res emptori auferend<a> non est, quia bonae fidei possessor est et dominium habet, qui auctore iudice comparavit. legatarium tamen legato carere non oportet, si potest indemnis ab herede praestari: quod si non potest, melius est legatarium non lucrari, quam emptorem damno adfici.*

[467] D.50,17,137 *Ulpianus libro vicesimo quinto ad edictum.* [E] *Qui auctore iudice comparavit, bonae fidei possessor est.*

[468] (Si colonus vel inquilinus sit is qui mortuus est nec sit unde funeretur, ex invectis illatis eum funerandum Pomponius scribit et si quid superfluum remanserit, hoc pro debita pensione teneri. sed et si res legatae sint a testatore de

D.14,4,9,2 *Ulpianus libro vicensimo nono ad edictum.* [S][469]

D.50,17,44 *Ulpianus libro vicensimo nono ad edictum.* [S][470]

En estas leyes geminadas, también, el segundo pasaje es parte del primero. En la parte que ambos coinciden la única diferencia es la omisión de "*enim*" entre *totiens - in heredem*: *Totiens [enim] in heredem damus de eo quod ad eum pervenit, quotiens ex dolo defuncti convenitur, non quotiens ex suo.* El primer texto cita a Labeo y Pomponio, y evidentemente estas citas no se recogen en el segundo[471].

---

cuius funere agitur nec sit unde funeretur, ad eas quoque manus mittere oportet: satius est enim de suo testatorem funerari, quam aliquos legata consequi. sed si adita fuerit postea hereditas, res emptori auferend<a> non est, quia). *bonae fidei possessor est* *(et dominium habet), qui auctore iudice comparavit,* *bonae fidei possessor est* legatarium tamen legato carere non oportet, si potest indemnis ab herede praestari: quod si non potest, melius est legatarium non lucrari, quam emptorem damno adfici.

[469] [S] 14,4,9,2 *Ulpianus libro vicensimo nono ad edictum.* [S] *Si servo testamento manumisso peculium legatum sit, non debere heredem tributoria teneri, quasi neque ad eum pervenerit neque dolo fecerit, Labeo ait. sed Pomponius libro sexagensimo scripsit heredem, nisi curaverit caveri sibi a servo vel deduxit a peculio quod tribuendum erat, teneri tributoria, quae sententia non est sine ratione: ipse enim auctor doli est, qui id egit, ne intribueret: totiens enim in heredem damus de eo quod ad eum pervenit, quotiens ex dolo defuncti convenitur, non quotiens ex suo.*

[470] [S] 50,17,44 *Ulpianus libro vicensimo nono ad edictum.* [S] *Totiens in heredem damus de eo quod ad eum pervenit, quotiens ex dolo defuncti convenitur, non quotiens ex suo.*

[471] (Si servo testamento manumisso peculium legatum sit, non debere heredem tributoria teneri, quasi neque ad eum pervenerit neque dolo fecerit, Labeo ait. sed Pomponius libro sexagensimo scripsit heredem, nisi curaverit caveri sibi a servo vel deduxit a peculio quod tribuendum erat, teneri tributoria, quae sententia non est sine ratione: ipse enim auctor doli est, qui id egit, ne intribueret:) *totiens (*enim) *in heredem damus de eo quod ad eum pervenit, quotiens ex dolo defuncti convenitur, non quotiens ex suo.*

D.17,2,20 *Ulpianus libro trigesimo primo ad edictum.* [S][472]

D.50,17,47,1 *Ulpianus libro trigensimo ad edictum.* [S][473]

En opinión de Lenel en el segundo texto se ha omitido "*primo*" en la *inscriptio*[474]. En la reconstrucción que hace del libro *tringensimo* tiene la siguientes rúbricas; *Depositi vel contra* et *Fiducia vel contra* . El libro *tringesimo primo*: *Mandati vel contra* et *Pro socio.* La coincidencia es literal, la única diferencia que se advierte es la omisión de la conjunción causal*: [nam] socii mei socius meus socius non est.*

D.17,1,56 pr. *Papinianus libro tertio responsorum.* [P][475]

D.50,17,81 *Papinianus libro tertio responsorum.* [P][476]

La geminación que se aprecia se recoge en el final del primer texto, por tanto el segundo texto es una parte del primero: *quae*

---

[472] D.17,2,20 *Ulpianus libro trigesimo primo ad edictum.* [S] *(nam socii mei socius meus socius non est)*

[473] D.50,17,47,1 *Ulpianus libro trigensimo ad edictum.* [S] *Socii mei socius meus socius non est.*

[474] LENEL, "*Palingenesia Iuris Civilis"* (Leipzig 1889, reimpr. 1960) II, col 622, nt.1.

[475] D.17,1,56pr. *Papinianus libro tertio responsorum.* [P] *Qui mutuam pecuniam dari mandavit, omisso reo promittendi et pignoribus non distractis eligi potest: quod uti liceat si litteris exprimatur, distractis quoque pignoribus ad eum creditor redire poterit: etenim quae dubitationis tollendae causa contractibus inseruntur, ius commune non laedunt.*

[476] D.50,17,81 *Papinianus libro tertio responsorum.* [P] *Quae dubitationis tollendae causa contractibus inseruntur, ius commune non laedunt.*

dubitationis tollendae causa contractibus inseruntur, ius commune non laedunt[477].

D.22,1,49 *Iavolenus libro tertio ex posterioribus Labeonis.* [S][478]

D.50,17,72 *Iavolenus libro tertio ex posterioribus Labeonis.* [S][479]

La redacción de ambos textos es idéntica: *Fructus rei est vel pignori dare licere.*

D.23,2,42pr. *Modestinus libro singulari de ritu nuptiarum.* [E][480]

D.50,17,197 *Modestinus libro singulari de ritu nuptiarum.* [E][481]

Se trata de una geminación en la que los textos son idénticos: *Semper in coniunctionibus non solum quid liceat considerandum est, sed et quid honestum sit.*

---

477 (Qui mutuam pecuniam dari mandavit, omisso reo promittendi et pignoribus non distractis eligi potest: quod uti liceat si litteris exprimatur, distractis quoque pignoribus ad eum creditor redire poterit:) *etenim quae dubitationis tollendae causa contractibus inseruntur, ius commune non laedunt.*

478 D.22,1,49 *Iavolenus libro tertio ex posterioribus Labeonis.*[S] *Fructus rei est vel pignori dare licere.*

479 D.50,17,72 *Iavolenus libro tertio ex posterioribus Labeonis.*[S] *Fructus rei est vel pignori dare licere.*

480 D.23,2,42 *Modestinus libro singulari de ritu nuptiarum.* [E] *Semper in coniunctionibus non solum quid liceat considerandum est, sed et quid honestum sit.*

481 D.50,17,197 *Modestinus libro singulari de ritu nuptiarum.* [E] *Semper in coniunctionibus non solum quid liceat considerandum est, sed et quid honestum sit.*

D.23,3,33 *Ulpianus libro sexto ad Sabinum.* [S][482]

D.50,17,28 *Ulpianus libro trigensimo sexto ad Sabinum.*[S][483]

Ambos textos proceden de la misma obra y caben dos posibilidades: o que el compilador, en el primer texto, haya omitido "*trigensimo*" de la *inscriptio,* o, por el contrario, que lo haya añadido en el segundo, lo que es menos probable. Lenel incluye D.23,3,33 en el libro *tringesimo sexto*[484]. Esta supresión o adicción se habrían producido de forma involuntaria. El segundo texto es parte del primero y la redacción coincidente entre ambos es literal: *Divus Pius rescripsit eos, qui ex liberalitate conveniuntur, in id quod facere possunt condemnandos*[485].

---

[482] D.23,3,33 *Ulpianus libro sexto ad Sabinum.* [S] *Si extraneus sit qui dotem promisit isque defectus sit facultatibus, imputabitur marito, cur eum non convenerit, maxime si ex necessitate, non ex voluntate dotem promiserat: nam si donavit, utcumque parcendum marito, qui eum non praecipitavit ad solutionem qui donaverat quemque in id quod facere posset, si convenisset, condemnaverat. hoc enim divus Pius rescripsit eos, qui ex liberalitate conveniuntur, in id quod facere possunt condemnandos. sed si vel pater vel ipsa promiserunt, Iulianus quidem libro sexto decimo digestorum scribit etiam si pater promisit, periculum respicere ad maritum: quod ferendum non est. debebit igitur mulieris esse periculum: nec enim quicquam iudex propriis auribus audiet mulierem dicentem, cur patrem, qui de suo dotem promisit, non urserit ad exsolutionem, multo minus, cur ipsam non convenerit. recte itaque Sabinus disposuit, ut diceret quod pater vel ipsa mulier promisit viri periculo non esse, quod debitor, id viri esse, quod alius, scilicet donaturus, eius periculo ait, cui adquiritur: adquiri autem mulieri accipiemus, ad qu<a>m rei commodum respicit.*

[483] D. 50,17,*28 Ulpianus libro trigensimo sexto ad Sabinum.* [S] *Divus Pius rescripsit eos, qui ex liberalitate conveniuntur, in id quod facere possunt condemnandos.*

[484] LENEL, "*Palingenesia Iuris Civilis*"*,* cit., II, col. 1153, bajo la rúbrica *Cuius periculo dos sit.*

[485] (Si extraneus sit qui dotem promisit isque defectus sit facultatibus, imputabitur marito, cur eum non convenerit, maxime si ex necessitate, non ex voluntate dotem promiserat: nam si donavit, utcumque parcendum marito, qui

D.23,3,70 *Paulus libro sexto quaestionum.* [P][486]

D.50,17,85 pr. *Paulus libro sexto quaestionum.* [P][487]

Los textos son idénticos: *In ambiguis pro dotibus respondere melius est.*

D.24,2,3 *Paulus libro trigesimo quinto ad edictum.* [S][488]

D.50,17,48 *Paulus libro trigensimo quinto ad edictum.* [S][489]

---

eum non praecipitavit ad solutionem qui donaverat quemque in id quod facere posset, si convenisset, condemnaverat. hoc enim) *divus Pius rescripsit eos, qui ex liberalitate conveniuntur, in id quod facere possunt condemnandos.* (sed si vel pater vel ipsa promiserunt, Iulianus quidem libro sexto decimo digestorum scribit etiam si pater promisit, periculum respicere ad maritum: quod ferendum non est. debebit igitur mulieris esse periculum: nec enim quicquam iudex propriis auribus audiet mulierem dicentem, cur patrem, qui de suo dotem promisit, non urserit ad exsolutionem, multo minus, cur ipsam non convenerit. recte itaque Sabinus disposuit, ut diceret quod pater vel ipsa mulier promisit viri periculo non esse, quod debitor, id viri esse, quod alius, scilicet donaturus, eius periculo ait, cui adquiritur: adquiri autem mulieri accipiemus, ad qu<a>m rei commodum respicit.)

486 D.23,3,70 *Paulus libro sexto quaestionum.* [P] *In ambiguis pro dotibus respondere melius est.*

487 D.50,17,85pr. *Paulus libro sexto quaestionum.*[P] *In ambiguis pro dotibus respondere melius est.*

488 D.24,2,3 *Paulus libro trigesimo quinto ad edictum.* [S] *Divortium non est nisi verum, quod animo perpetuam constituendi <di>ssensionem fit. itaque quidquid in calore iracundiae vel fit vel dicitur, non prius ratum est, quam si persever<a>ntia apparuit iudicium animi fuisse: ideoque per calorem misso repudio si brevi reversa uxor est, nec divortisse videtur.*

489 D.50,17,48 *Paulus libro trigensimo quinto ad edictum.* [S] *Quidquid in calore iracundiae vel fit vel dicitur, non prius ratum est, quam si perseverantia apparuit iudicium animi fuisse. ideoque brevi reversa uxor nec divortisse videtur.*

El segundo texto es parte del primero, concretamente el final de éste. La redacción es casi literal, si bien en el segundo pasaje se omite el periodo *"per calorem misso repudio si"*, cuya presencia estaría, incluso, más justificada en este texto en el que se refiere a lo que se hace o se dice con arrebato: *quidquid in calore iracundiae vel fit vel dicitur, non prius ratum est, quam si persever<a>ntia apparuit iudicium animi fuisse: ideoque (per calorem misso repudio si) brevi reversa uxor est, nec divortisse videtur*[490].

D.28,4,3pr. *Marcellus libro vicesimo nono digestorum.* [E][491]

---

[490] (Divortium non est nisi verum, quod animo perpetuam constituendi <di>ssensionem fit. Itaque) *quidquid in calore iracundiae vel fit vel dicitur, non prius ratum est, quam si persever<a>ntia apparuit iudicium animi fuisse: ideoque* (per calorem misso repudio si) *brevi reversa uxor est, nec divortisse videtur.*

[491] D.28,4,3 *Marcellus libro vicesimo nono digestorum.*[E] *Proxime in cognitione principis cum quidam heredum nomina induxisset et bona eius ut caduca a fisco vindicarentur, diu de legatis dubitatum est et maxime de his legatis, quae adscripta erant his, quorum institutio fuerat inducta. plerique etiam legatarios exclud<e>ndos existimabant. quod sane sequendum aiebam, si omnem scripturam testamenti cancellasset: nonnullos opinari id iure ipso peremi quod inductum sit, cetera omnia valitura. quid ergo? non et illud interdum credi potest eum, qui heredum nomina induxerat, satis se consecuturum putasse, ut intestati exitum faceret? sed in re dubia benigniorem interpretationem sequi non minus iustius est quam tutius. sententia imperatoris Antonini Augusti Pudente et Pollione consulibus. 'Cum Valerius Nepos mutata voluntate et inciderit testamentum suum et heredum nomina induxerit, hereditas eius secundum di<v>i patris mei constitutionem ad eos qui scripti fuerint pertinere non videtur.' et advocatis fisci dixit: 'Vos habetis iudices vestros'. Vibius Zeno dixit: 'Rogo, domine imperator, audias me patienter: de legatis quid statues?' Antoninus Caesar dixit: 'Videtur tibi voluisse testamentum valere, qui nomina heredum induxit?' Cornelius Priscianus advocatus Leonis dixit: 'Nomina heredum tantum induxit'. Calpurnius Longinus advocatus fisci dixit: 'Non potest ullum testamentum valere, quod heredem non habet'. Priscianus dixit: 'Manumisit quosdam et legata dedit'. Antoninus Caesar remotis omnibus cum deliberasset et admitti rursus eodem iussisset, dixit: 'Causa praesens admittere videtur humaniorem interpretationem, ut ea dumtaxat existimemus Nepotem irrita esse*

D.50,17,192,1 *Marcellus libro vicensimo nono digestorum.* [E][492]

El segundo texto reproduce literalmente una parte muy reducida del segundo: *in re dubia benigniorem interpretationem sequi non minus iustius est quam tutius*[493].

D.35,1,52 *Modestinus libro septimo differentiarum.* [E][494]

---

voluisse, quae induxit'. Nomen servi, quem liberum esse iusserat, induxit. Antoninus rescripsit liberum eum nihilo minus fore: quod videlicet favore constituit libertatis.

[492] D.50,17,192,1 *Marcellus libro vicensimo nono digestorum.*[E] *In re dubia benigniorem interpretationem sequi non minus iustius est quam tutius.*

[493] (Proxime in cognitione principis cum quidam heredum nomina induxisset et bona eius ut caduca a fisco vindicarentur, diu de legatis dubitatum est et maxime de his legatis, quae adscripta erant his, quorum institutio fuerat inducta. plerique etiam legatarios exclud<e>ndos existimabant. quod sane sequendum aiebam, si omnem scripturam testamenti cancellasset: nonnullos opinari id iure ipso peremi quod inductum sit, cetera omnia valitura. quid ergo? non et illud interdum credi potest eum, qui heredum nomina induxerat, satis se consecuturum putasse, ut intestati exitum faceret? sed) *in re dubia benigniorem interpretationem sequi non minus iustius est quam tutius.* (sententia imperatoris Antonini Augusti Pudente et Pollione consulibus. 'Cum Valerius Nepos mutata voluntate et inciderit testamentum suum et heredum nomina induxerit, hereditas eius secundum di<v>i patris mei constitutionem ad eos qui scripti fuerint pertinere non videtur.' et advocatis fisci dixit: 'Vos habetis iudices vestros'. Vibius Zeno dixit: 'Rogo, domine imperator, audias me patienter: de legatis quid statues?' Antoninus Caesar dixit: 'Videtur tibi voluisse testamentum valere, qui nomina heredum induxit?' Cornelius Priscianus advocatus Leonis dixit: 'Nomina heredum tantum induxit'. Calpurnius Longinus advocatus fisci dixit: 'Non potest ullum testamentum valere, quod heredem non habet'. Priscianus dixit: 'Manumisit quosdam et legata dedit'. Antoninus Caesar remotis omnibus cum deliberasset et admitti rursus eodem iussisset, dixit: 'Causa praesens admittere videtur humaniorem interpretationem, ut ea dumtaxat existimemus Nepotem irrita esse voluisse, quae induxit'. Nomen servi, quem liberum esse iusserat, induxit. Antoninus rescripsit liberum eum nihilo minus fore: quod videlicet favore constituit libertatis.)

D.50,17,195 *Modestinus libro septimo differentiarum.* [E] [495]

El segundo texto reproduce fielmente el inciso final del primero: *expressa nocent, non expressa non nocent*[496] .

D.41,2,8 *Paulus libro sexagensimo quinto ad edictum.* [E][497]

D.50,17,153 *Paulus libro sexagensimo quinto ad edictum.* [E][498]

---

494 D.35,1,52 *Modestinus libro septimo differentiarum.* [E] *Nonnumquam contingit, ut quaedam nominatim expressa officiant, quamvis omissa tacite intellegi potuissent nec essent offutura. quod evenit, si alicui ita legatur: 'Titio decem do lego, si Maevius Capitolium ascenderit'. nam quamvis in arbitrio Maevii sit, an Capitolium ascendat et velit efficere, ut Titio legatum debeatur, non tamen poterit aliis verbis utiliter legari: 'si Maevius voluerit, Titio decem do': nam in alienam voluntatem conferri legatum non potest. inde dictum est: expressa nocent, non expressa non nocent.*

495 D.50,17,195 *Modestinus libro septimo differentiarum.* [E] *Expressa nocent, non expressa non nocent.*

496 (Nonnumquam contingit, ut quaedam nominatim expressa officiant, quamvis omissa tacite intellegi potuissent nec essent offutura. quod evenit, si alicui ita legatur: 'Titio decem do lego, si Maevius Capitolium ascenderit'. nam quamvis in arbitrio Maevii sit, an Capitolium ascendat et velit efficere, ut Titio legatum debeatur, non tamen poterit aliis verbis utiliter legari: 'si Maevius voluerit, Titio decem do': nam in alienam voluntatem conferri legatum non potest. inde dictum est:) *expressa nocent, non expressa non nocent.*

497 D.41,2,8 *Paulus libro sexagensimo quinto ad edictum.*[E] *Quemadmodum nulla possessio adquiri nisi animo et corpore potest, ita nulla amittitur, nisi in qua utrumque in contrarium actum est.*

498 D.50,17,153 *Paulus libro sexagensimo quinto ad edictum.* [E] *Fere quibuscumque modis obligamur, isdem in contrarium actis liberamur, cum quibus modis adquirimus, isdem in contrarium actis amittimus. ut igitur nulla possessio adquiri nisi animo et corpore potest, ita nulla amittitur, nisi in qua utrumque in contrarium actum est.*

En este caso el primer texto es curiosamente parte del pasaje del título 50,17, frente a los casos visto hasta el momento. La parte coincidente es una reproducción literal: *Quemadmodum /ut igitur nulla possessio adquiri nisi animo et corpore potest, ita nulla amittitur, nisi in qua utrumque in contrarium actum est*[499].

D.42,1,19,1 *Paulus libro sexto ad Plautium.* [E][500]

D.50,17,173pr. *Paulus libro sexto ad Plautium.* [E][501]

Esta similitud es más de contenido que formal pues se utilizan expresiones distintas, y hay diferencias en los tiempos verbales y en algún verbo utilizado: *in quantum/ id quod facere potest/possunt condemnatur/damnantur... nec/non totum quod habet/ habent extorquendum ei puto/est: sed et ipsius/ipsarum ratio habenda est, ne egeat/egeant*[502].

---

[499] [Fere quibuscumque modis obligamur, isdem in contrarium actis liberamur, cum quibus modis adquirimus, isdem in contrarium actis amittimus.] *Quemadmodum /ut igitur nulla possessio adquiri nisi animo et corpore potest, ita nulla amittitur, nisi in qua utrumque in contrarium actum est.*

[500] D.42,1,19,1 *Paulus libro sexto ad Plautium.* [E] *Is quoque, qui ex causa donationis convenitur, in quantum facere potest condemnatur et quidem is solus deducto aere alieno: et inter eos, quibus ex simili causa pecunia debetur, occupantis potior erit causa. immo nec totum quod habet extorquendum ei puto: sed et ipsius ratio habenda est, ne egeat.*

[501] D.50,17,173pr. *Paulus libro sexto ad Plautium.* [E] *In condemnatione personarum, quae in id quod facere possunt damnantur, non totum quod habent extorquendum est, sed et ipsarum ratio habenda est, ne egeant.*

[502] (Is quoque, qui ex causa donationis convenitur)[In condemnatione personarum,] *in quantum/ id quod facere potest/possunt condemnatur/damnantur* (et quidem is solus deducto aere alieno: et inter eos, quibus ex simili causa pecunia debetur, occupantis potior erit causa.) *nec/non totum quod habet/ habent extorquendum ei puto/est: sed et ipsius/ipsarum ratio habenda est, ne egeat/egeant.*

D.42,8,6,9 *Ulpianus libro sexagensimo sexto ad edictum.* [E][503]

D.50,17,145 *Ulpianus libro sexagensimo sexto ad edictum.* [E][504]

El segundo texto reproduce la parte final del primero y la redacción en la parte coincidente de ambos es prácticamente idéntica: *nemo (enim) videtur fraudare eos, qui sciunt et consentiunt*[505].

D.43,8,2,42 *Ulpianus libro sexagensimo octavo ad edictum* [E][506]

D.50,17,150 *Ulpianus libro sexagensimo octavo ad edictum.* [E][507]

---

[503] D.42,8,6,9 *Ulpianus libro sexagensimo sexto ad edictum.* [E] *Praeterea illud sciendum est eum, qui consentientibus creditoribus aliquid a fraudatore vel emit vel stipulatus est vel quid aliud contraxit, non videri in fraude<m> creditorum fecisse: nemo enim videtur fraudare eos, qui sciunt et consentiunt.*

[504] D.50,17,145 *Ulpianus libro sexagensimo sexto ad edictum.* [E] *Nemo videtur fraudare eos, qui sciunt et consentiunt.*

[505] (Praeterea illud sciendum est eum, qui consentientibus creditoribus aliquid a fraudatore vel emit vel stipulatus est vel quid aliud contraxit, non videri in fraude<m> creditorum fecisse:) *nemo (enim) videtur fraudare eos, qui sciunt et consentiunt.*

[506] D.43,8,2,42 *Ulpianus libro sexagensimo octavo ad edictum.* [E] *Hoc interdictum locum habet etiam adversus eum, qui dolo malo fecit, quo minus possideret vel haberet: etenim parem esse condicionem oportet eius, qui quid possideat vel habeat, atque eius, cuius dolo malo factum sit, quo minus possideret vel haberet: et mihi videtur vera Labeonis sententia. 'Restituas' inquit.*

[507] D.50,17,150 *Ulpianus libro sexagensimo octavo ad edictum.*[E] *Parem esse condicionem oportet eius, qui quid possideat vel habeat, atque eius, cuius dolo malo factum sit, quo minus possideret vel haberet.*

La similitud entre ambos textos se advierte en la parte central del primer texto y tienen en ella una redacción idéntica. Se omite la cita de Labeón del final del primer pasaje: *parem esse condicionem oportet eius, qui quid possideat vel habeat, atque eius, cuius dolo malo factum sit, quo minus possideret vel haberet*[508].

D.43,16,1,12 *Ulpianus libro sexagensimo nono ad edictum.* [E][509]

D.50,17,152,1 *Ulpianus libro sexagensimo nono ad edictum.* [E][510]

La coincidencia es de contenido más que formal o redaccional. Se ha extraído la regla del primer pasaje, si bien omite términos que pueden considerarse sinónimos y se modifican los tiempos verbales: *Deiecisse / Deicit (autem etiam is videtur) [et], qui mandavit/mandat (vel iussit)*[511]

D.43,16,1,14 *Ulpianus libro sexagensimo nono ad edictum.* [E][512]

---

508 (Hoc interdictum locum habet etiam adversus eum, qui dolo malo fecit, quo minus possideret vel haberet: etenim) *parem esse condicionem oportet eius, qui quid possideat vel habeat, atque eius, cuius dolo malo factum sit, quo minus possideret vel haberet:* (et mihi videtur vera Labeonis sententia. 'Restituas' inquit.)

509 D.43,16,1,12 *Ulpianus libro sexagensimo nono ad edictum.* [E] *Deiecisse autem etiam is videtur, qui mandavit vel iussit, ut aliquis deiceretur: parvi enim referre visum est, suis manibus quis deiciat an vero per alium: quare et si familia mea ex voluntate mea deiecerit, ego videor deiecisse.*

510 D.50,17,152,1 *Ulpianus libro sexagensimo nono ad edictum.* [E] *Deicit et qui mandat.*

511 *Deiecisse/ Deicit* (autem etiam is videtur) [et], *qui mandavit/mandat* (vel iussit, ut aliquis deiceretur: parvi enim referre visum est, suis manibus quis deiciat an vero per alium: quare et si familia mea ex voluntate mea deiecerit, ego videor deiecisse.)

512 D.43,16,1,14 *Ulpianus libro sexagensimo nono ad edictum.* [E] *Sed et si quod alius deiecit, ratum habuero, sunt qui putent secundum Sabinum et Cassium, qui ratihabitionem mandato comparant, me videri deiecisse interdictoque isto teneri, et hoc verum est: rectius enim dicitur in maleficio ratihabitionem mandato comparari.*

D.50,17,152,2 *Ulpianus libro sexagensimo nono ad edictum.* [E] [513]

El segundo texto reproduce la última parte el primero con la modificación en el caso de *ratihabitio* y el tiempo verbal en *comparo: in maleficio ratihabitionem/ ratihabitio mandato comparari/comparatur*[514].

D.43,18,1,4 *Ulpianus libro septuagensimo ad edictum.* [E][515]

D.50,17,156,1 *Ulpianus libro septuagensimo ad edictum* [E][516]

El segundo texto es parte del primero, concretamente reproduce la parte final del pasaje. La coincidencia es literal: *cui damus actionem, eidem et exceptionem competere multo magis quis dixerit*[517].

---

513 D.50,17,152,2 *Ulpianus libro sexagensimo nono ad edictum.* [E] *In maleficio ratihabitio mandato comparatur.*

514 (Sed et si quod alius deiecit, ratum habuero, sunt qui putent secundum Sabinum et Cassium, qui ratihabitionem mandato comparant, me videri deiecisse interdictoque isto teneri, et hoc verum est: rectius enim dicitur) *in maleficio ratihabitionem/ ratihabitio mandato comparari/ comparatur.*

515 D.43,18,1,4 *Ulpianus libro septuagensimo ad edictum.* [E] *Is autem, in cuius solo superficies est, utique non indiget utili actione, sed habet in rem, qualem habet de solo. plane si adversus superficiarium velit vindicare, dicendum est exceptione utendum in factum data: nam cui damus actionem, eidem et exceptionem competere multo magis quis dixerit.*

516 D.50,17,156,1 *Ulpianus libro septuagensimo ad edictum.* [E] *Cui damus actiones, eidem et exceptionem competere multo magis quis dixerit.*

517 (Is autem, in cuius solo superficies est, utique non indiget utili actione, sed habet in rem, qualem habet de solo. plane si adversus superficiarium velit vindicare, dicendum est exceptione utendum in factum data: nam) *cui damus actionem, eidem et exceptionem competere multo magis quis dixerit.*

D.43,19,3,2 *Ulpianus libro septuagensimo ad edictum.* [E][518]

D.50,17,156,2 *Ulpianus libro septuagensimo ad edictum.* [E][519]

El segundo texto reproduce la parte final del primero. En la similitud se advierte diferencias en los tiempos verbales: *noceri/nocere* y *successimus/ successit* y alteraciones en el lugar de algunos términos: *successerit* y *aequum.* Se señalan las diferencias con la utilización de signos diacríticos: *cum (enim)* [successerit] *quis in locum* [successerit] *(eorum),* [aequum] *non est* [aequum] *nos/ei noceri/nocere hoc, quod adversus eum non nocuit, in cuius locum successimus/ successit*[520].

---

[518] D.43,19,3,2 *Ulpianus libro septuagensimo ad edictum.* [E] *Si quis ab auctore meo vi aut clam aut precario usus est, recte a me via uti prohibetur et interdictum ei inutile est, quia a me videtur vi vel clam vel precario possidere, qui ab auctore meo vitiose possidet. nam et Pedius scribit, si vi aut clam aut precario ab eo sit usus, in cuius locum hereditate vel emptione aliove quo iure successi, idem esse dicendum: cum enim successerit quis in locum eorum, aequum non est nos noceri hoc, quod adversus eum non nocuit, in cuius locum successimus.*

[519] D.50,17,156,2 *Ulpianus libro septuagensimo ad edictum.*[E] *Cum quis in alii locum successerit, non est aequum ei nocere hoc, quod adversus eum <non> nocuit, in cuius locum successit.*

[520] Se utiliza el superíndice para indicar los términos que tienen ubicación diferente. (Si quis ab auctore meo vi aut clam aut precario usus est, recte a me via uti prohibetur et interdictum ei inutile est, quia a me videtur vi vel clam vel precario possidere, qui ab auctore meo vitiose possidet. nam et Pedius scribit, si vi aut clam aut precario ab eo sit usus, in cuius locum hereditate vel emptione aliove quo iure successi, idem esse dicendum:) *cum (enim)* [successerit] *quis in locum* [successerit] *(eorum),* [aequum] *non est* [aequum] *nos/ei noceri/nocere hoc, quod adversus eum non nocuit, in cuius locum successimus/ successit.*

D.43,24,11,7 *Ulpianus libro septuagensimo primo ad edictum.* [E][521]

D.50,17,157pr. *Ulpianus libro septuagensimo primo ad edictum.* [E][522]

El segundo texto reproduce el primero si bien modificando el planteamiento, de forma que simplifica y resume el anterior. Evidentemente el segundo es el resultado de una alteración del primero. *ad quaedam/ae, quae non habent atrocitatem facinoris vel sceleris, ignoscitur servis, si vel dominis vel his, qui vice dominorum sunt, [veluti tutoribus et curatoribus] obtemperaveri<n>t*[523].

D.44,2,14,2 *Paulus libro septuagensimo ad edictum.* [E][524]

D.50,17,159 *Paulus libro sept<ua>gensimo ad edictum.* [E][525]

---

521 D.43,24,11,7 *Ulpianus libro septuagensimo primo ad edictum.* [E] *An ignoscitur servo, qui obtemperavit tutori aut curatori? nam ad quaedam, quae non habent atrocitatem facinoris vel sceleris, ignoscitur servis, si vel dominis vel his, qui vice dominorum sunt, obtemperaveri<n>t. quod et in hoc casu admittendum est.*

522 D.50,17,157pr. *Ulpianus libro septuagensimo primo ad edictum.* [E] *Ad ea, quae non habent atrocitatem facinoris vel sceleris, ignoscitur servis, si vel dominis vel his, qui vice dominorum sunt, veluti tutoribus et curatoribus obtemperaverint.*

523 (An ignoscitur servo, qui obtemperavit tutori aut curatori? Nam) *ad quaedam, quae non habent atrocitatem facinoris vel sceleris, ignoscitur servis, si vel dominis vel his, qui vice dominorum sunt,* [veluti tutoribus et curatoribus] *obtemperaveri<n>t.* (quod et in hoc casu admittendum est.)

524 D.44,2,14,2 *Paulus libro septuagensimo ad edictum.* [E] *Actiones in personam ab actionibus in rem hoc differunt, quod, cum eadem res ab eodem mihi debeatur, singulas obligationes singulae causae sequuntur nec ulla earum alterius petitione vitiatur: at cum in rem ago non expressa causa, ex qua rem meam esse dico, omnes causae una petitione adprehenduntur. neque enim amplius quam semel res mea esse potest, saepius autem deberi potest.*

Entre estos textos se aprecia identidad de contenido pero no redaccional. El segundo es, en realidad, la conclusión que se extrae del primero.

D.44,4,8,pr *Paulus libro sexto ad Plautium.* [E][526]

D.50,17,173,3 *Paulus libro sexto ad Plautium.* [E][527]

Se trata de dos textos idénticos entre los que no existe diferencia: *Dolo facit, qui petit quod redditurus est.*

D.44,7,60 *Ulpianus libro septimo decimo ad edictum.* [E][528]

D.50,17,130 *Ulpianus libro octavo decimo ad edictum.* [E][529]

En la *inscriptio* de ambos pasajes la referencia al libro es diferente. Krüger en el aparato crítico la corrige y propone la sustitución de séptimo por octavo[530]. Los textos son coincidentes. La única diferencia en la redacción es el adverbio *praesertim* del segundo texto que se omite en el primero *Numquam actiones,*

---

[525] D.50,17,159 *Paulus libro sept<ua>gensimo ad edictum.* [E] *Non ut ex pluribus causis deberi nobis idem potest, ita ex pluribus causis idem possit nostrum esse.*

[526] D.50,17,173,3 *Paulus libro sexto ad Plautium.* [E] *Dolo facit, qui petit quod redditurus est.*

[527] D.44,4,8pr. *Paulus libro sexto ad Plautium.* [E] *Dolo facit, qui petit quod redditurus est.*

[528] D.44,7,60 *Ulpianus libro septimo decimo ad edictum.*[E] *Numquam actiones poenales de eadem pecunia concurrentes alia aliam consumit.*

[529] D.50,17,130 *Ulpianus libro octavo decimo ad edictum.*[E] *Numquam actiones, praesertim poenales, de eadem re concurrentes alia aliam consumit.*

[530] MOMMSEN-KRÜGER, *Corpus Iuris Civilis. Digesta, Recognovit Mommsen, Retractavit Krüger*, Berlin 1963, 768 nt. 17: octavo decimo *l. gem.*

[praesertim] *poenales, de eadem re concurrentes alia aliam consumit.*

D. 45,1,78pr. *Paulus libro sexagensimo secundo ad edictum.* [E] [531]

D.50,17,144,1 *Paulus libro sexagensimo secundo ad edictum.* [E][532]

El segundo texto reproduce la parte final del primero y la redacción en la parte en que ambos son coincidentes es idéntica: *in stipulationibus id tempus spectatur quo contrahimus*[533].

D.45,1,127 *Scaevola libro quinto quaestionum.* [P][534]

D.50,17,88 *Scaevola libro quinto quaestionum.* [P][535]

---

531 D.45,1,78pr. *Paulus libro sexagensimo secundo ad edictum.* [E] *Si filius familias sub condicione stipulatus emancipatus fuerit, deinde exstiterit condicio, patri actio competit, quia in stipulationibus id tempus spectatur quo contrahimus.*

532 D.50,17,144,1 *Paulus libro sexagensimo secundo ad edictum.*[E] *In stipulationibus id tempus spectatur, quo contrahimus.*

533 (Si filius familias sub condicione stipulatus emancipatus fuerit, deinde exstiterit condicio, patri actio competit, quia) *in stipulationibus id tempus spectatur quo contrahimus.*

534 D.45,1,127 *Scaevola libro quinto quaestionum.* [P] *Si pupillus sine tutoris auctoritate Stichum promittat et fideiussorem dedit, servus autem post moram a pupillo factam decedat, nec fideiussor erit propter pupilli moram obligatus: nulla enim intellegitur mora ibi fieri, ubi nulla petitio est. esse autem fideiussorem obligatum ad hoc, ut vivo homine conveniatur vel ex mora sua postea.*

535 D.50,17,88 *Scaevola libro quinto quaestionum.* [P] *Nulla intellegitur mora ibi fieri, ubi nulla petitio est.*

El segundo texto es parte del primero: *nulla (enim) intellegitur mora ibi fieri, ubi nulla petitio est*[536].

De las consideraciones que se han ido haciendo a lo largo del trabajo debo insistir en la existencia de similitudes en pasajes que proceden de la misma masa, por lo que el argumento de Bluhme para explicar la existencia de las masas en la desconexión entre ellas no se verifica. Entendemos que una vez seleccionado un texto, por los comisarios en la fase de extracción, éste sería marcado para evitar una segunda utilización. Dentro de estas similitudes hemos diferenciado las que proceden: de mismo autor y obra; de un mismo autor y obra distinta; y aquéllas de distintos autores. Igualmente hay similitudes en textos que proceden de distinta masa, y dentro de estas distinguimos mismo autor y autores distintos.

En numerosas ocasiones, se ha visto como en similitudes que proceden del mismo autor y obra (misma masa) se advierten diferencias y omisiones que ponen de manifiesto las alteraciones que han sufrido los textos. Como señalan García-Garrido y Reinoso-Barbero "existe una mayor perplejidad si el texto se corrompe unas veces y otras veces no"[537].

Como ya se ha indicado las alteraciones pueden haber sido realizadas por los comisarios en el momento de la edición o redacción de los títulos. También pueden ser anteriores a la compilación. El hecho de que unos textos estén modificados y otros

---

[536] (Si pupillus sine tutoris auctoritate Stichum promittat et fideiussorem dedit, servus autem post moram a pupillo factam decedat, nec fideiussor erit propter pupilli moram obligatus:) *nulla* (enim) *intellegitur mora ibi fieri, ubi nulla petitio est.* (esse autem fideiussorem obligatum ad hoc, ut vivo homine conveniatur vel ex mora sua postea).

[537] GARCÍA-GARRIDO&REINOSO-BARBERO, *Geminaciones y masas bluhmianas*, cit.4.

no puede encontrar explicación en la utilización de distintos ejemplares y/o ediciones, así como en la utilización de colecciones.

Algunas de estas alteraciones consisten en omisiones de citas de juristas. Especialmente resulta llamativo cuando en uno de los textos repetidos se cita a un jurista y el otro pasaje es precisamente de ese autor. Se produce lo que venimos llamando "emancipación de autores". Esta práctica responde a las instrucciones de Justiniano de que se recoja en la *inscriptio* el autor de las sentencias. Además, tanto labor de extracción era señalar decisiones de la obras de los juristas como de las citas de otros autores.

Esto a su vez pone de manifiesto la utilización tanto directa como indirecta de las obras de los juristas. La extracción indirecta es precisamente la que se realiza a través de las citas de juristas, epítomes, comentarios, libros de notas, etc.

En este sentido la dificultad de evitar leyes gemelas se incrementa si, además, las opiniones jurisprudenciales estaban citadas por otros autores. En este sentido, Mantovani señala que evitarlas era más difícil en los casos en los que la obra que contenía la cita era de masa distinta a la de la obra citada[538]. De Franscisci señala que las similitudes guardan relación con las citas de los juristas. Sostiene que cuando la referencia a la obra era por parte del autor que la mencionaba, se advierte que son mayores los casos de *similitudines* cuando la cita era incompleta, que en los que era exacta. Por ello, los comisarios confrontaban las citas con los originales y eliminaban aquéllas[539]. A nuestro juicio, esta opinión, a la vista de las numerosas referencias a otros autores en *Digesta*,

---

[538] *Vid.*, MANTOVANI, *Digesto e masse bluhmiane,* cit., 38.

[539] DE FRANCISCI, *Alcune osservazioni sul metodo dei compilatori delle Pandette*, en *Rend. Re. Ist. Lomb. sc. e lett.*, Serie II, vol. 44 (1911) 185 ss., citado por MANTOVANI, *Digesto e masse bluhmiane,* cit., 37 s.

supone que los comisarios contaron con muy pocas obras originales.

Hemos dedicado un apartado independiente a las repeticiones de textos de los dos últimos título de la obra. Las similitudes que existen entre pasajes de distintos títulos con textos del título 50,16 se reducen a describir el significado de determinados términos. Estas similitudes no son tan numerosas como las del título siguiente y último de la obra, y quizá se deba a que requieren una labor más compleja en la redacción ya que las alteraciones que se advierten tienen mayor entidad.

Tras el cotejo de las similitudes entre distintos textos de *Digesta* y con textos del título 50,17 "*De diversis regulis iuris antiqui*" vemos que la mayoría de éstas se limitan a extraer la regla que se contiene en aquellos textos. Hemos visto algún caso particular en el cual el pasaje del último título de la obra es un resumen y, sobre todo, una simplificación de la redacción del texto del que repite. En otro supuesto, la identidad es de contenido y no redaccional.

La similitud, en algunos casos, es una reproducción literal, en otros se advierten leves diferencias y, en los menos, alteraciones más importantes. El hecho de que en algunas de estas similitudes se aprecien diferencias supone que, al menos, uno de los dos textos ha sido modificado. Estas alteraciones han podido ser introducidas por los comisarios, bien en el momento de la extracción o bien en el momento de la redacción. Esta propuesta lleva aparejada la consideración del incremento del tiempo empleado por los compiladores en la realización de la obra. Otra hipótesis es que ambos textos procedieran de ediciones o colecciones diferentes y que la modificación fuera postclásica y, por tanto, anterior a la labor compilatoria.

Una tercera posibilidad y que explicaría las diferencias existentes entre los textos repetidos, es considerar que estas reglas estaban extractadas y procedían de algún libro de reglas como tal, elaborado con anterioridad a la labor compilatoria.

Esta última propuesta nos parece la más probable porque el llevar a cabo todas las circunstancias que se advierten hubiera supuesto un tiempo extraordinario. Explicaría, además, las otras muchas reglas o textos de este último Título que no presentan similitud con ningún otro texto de Digesto. En este sentido cabría plantearse ¿ por qué no se recogen el resto de reglas en otros textos de Digesto? ¿por qué se han descartado de una segunda utilización como ocurre, sin embargo, con los que hemos visto en los casos estudiados, siendo que normalmente proporcionan mayor información? El que fuera un añadido posterior a la compilación podría explicar el complemento del nombre "*iuris antiqui*" en la rúbrica del título.

CAPÍTULO IV

DIGESTA DE JUSTINIANO

1. Método utilizado por los comisarios justinianeos

Las distintas tareas, o fases, que se acometen para la realización de *Digesta* duran 3 años. El propio emperador se muestra sorprendido por el escaso tiempo empleado por los compiladores pues al menos esperaba que, tal empresa, durara un decenio[540]. La doctrina también cuestiona esta duración y enuncia sus hipótesis sobre cómo acometen esta obra los comisarios justinianeos.

Sobre el método de trabajo de los compiladores se han enunciado diversas opiniones y otras tantas hipótesis. Principalmente giran en torno a dos cuestiones: una si los compiladores trabajan directamente sobre las obras de los autores o, por el contrario, utilizan colecciones o compilaciones ya existentes; y si forman subcomisiones o trabajan por separado. Es decir, sobre la existencia, o no, de uno o varios predigestos y la teoría de las masas enunciada por Bluhme en el 1820.

1.1. Existencia y utilización de uno, o varios, predigestos

El escaso tiempo empleado en la realización de la obra que Justiniano presenta perfecta y denomina templo de justicia ha sido cuestionado por diversos autores y encuentran como única explicación la existencia y utilización de uno o varios predigestos.

---

[540] C *Tanta,*12*: ... et in tribus annis consuminata, quae, ut primum separari coepit, neque in totum decennium compleri sperabatur,...*

C. *Omnem,1:*

In secundo autem anno praepostera ordinatione habita, prima pars legum iis tradebatur, quibusdam certis titulis ab ea exceptis; cum erat enorme post Institutiones aliud legere, quam quod in legibus et primum positum est, et istam nuncupationem meruerit. Post eorum uero lectionem, neque illam continuam, sed particularem et ex magna parte inutilem constitutam, tituli alii iis tradebantur tam ex illa parte legum, quae «de iudiciis» nuncupatur (et ipsis non continuam, sed raram utilium recitationem praebentibus, quasi cetero toto // uolumine inutili constituto), quam ex illa, quae «de rebus» apellatur, septem libris (semotis et in his multis partibus legentibus inuiis, utpote non idoneis neque aptissimis ad eruditionem constitutis).

En la *C. Omnem* Justiniano habla de 3 partes del cuerpo de leyes ya existentes, que se daban en segundo curso, y que curiosamente se corresponden con las tres primeras partes de Digesto. De una primera parte, a la que posteriormente[541] se refiere con el nombre de *Prota*, de cuatro libros, de una segunda, *De iudiciis* de 5 libros, y de otra *De rebus*, dividido a su vez en siete libros.

En las CC. *Tanta* y *Δέδωκεν*, Justiniano se refiere a cada una de las siete partes en que se divide la obra[542]. Da mera cuenta de la

---

[541] C. *Omnem*,2: … *In reliquam uero anni partem secundum optimam consequentiam «primam» legum partem iis tradi sancimus, quae Graeco uocabulo Prota nuncupatur,…*

[542] GIUFFRÈ, *Le origini delle rubriche di "Digesta"*, en *LABEO* 10 (1964) 2, 296 ss., recensiona la obra de SOUBIE, *Richerches sur les origines des rubriques du Digeste* (Tarbes 1960), 299, comenta que este autor divide Digesto en tres partes en lugar de los 7 *volumina* justinianeos. La primera comprendería

existencia de las tres primeras partes, de las que únicamente menciona y dice de cuántos libros están formadas. Por el contrario, da cumplida información de las 4 partes restantes, esmerándose en hacer una descripción muy detallada, especialmente de cómo se ha procedido, tanto en la ubicación de las materias, como en la forma en que se ha llevado a cabo la depuración del derecho. Esta depuración ha consistido en eliminar textos, y adaptar toda la legislación, así como en agrupar en un solo libro diversas materias que habían sido tratadas por autores en distintos libros[543], lo que explica minuciosamente en la descripción de la sexta parte de Digesto y confirma que, también ha realizado, en la séptima y última parte[544]. Concede especial importancia a la cuarta parte, a la que denomina como "parte central" lo que justifica el haber incluido en los 8 libros que la integran "*muchas cosas de derecho tan útiles como interesantes*"[545].

---

las tres primeras; la segunda, la cuarta y la quinta; y la tercera, las dos últimas partes.

[543] Un posible ejemplo puede ser los distintos libros de Gayo sobre el daño temido, la denuncia de obra nueva, la recaudación de los publicanos y la contención de agua pluvial que el emperador ordena en un único libro como señala C. *Tanta*,7: *Post haec ea, quae de operis noui nuntiationibus, damnique infecti, et pro aedificiis dirutis, et eorum insidiis, et quae de aqua pluuia arcenda ueteribus auctoribus placita sunt, nec non de publicanis, et donationibus, tam inter uiuos quam mortis causa conficiendis, cauta legibus inuenimus, in librum singularem deduximus...* Justiniano a lo largo de este parágrafo da noticia de otras agrupaciones de materias en un solo libro. La justificación que da es que la sexta parte de Digesto tenga únicamente 8 libros.

[544] C. *Tanta*,8: *Septimus autem et nouissimus articulus Digestorum sex libris formatus est, quo de stipulationibus seu uerborum obligationibus, et fideiussoribus, et mandatoribus, nec non nouationibus, et solutionibus, et acceptilationibus, et de praetoriis stipulationibus omne, quod ius inuenitur, gemino uolumine inscriptum est, quod in libris antiquis nec numerari possibile fuit...*

[545] C. *Tanta*,5: ... *Et memoratam ordinationem octo librorum mediam totius operis reposuimus, omnia undique tam utilissima quam pulcherrima iura continentem.*

En la C. *Deo auctore*,4, como se ha visto, utiliza el verbo *derelicta* cuando se refiere a las repeticiones y contradicciones en *Digesta*. Este verbo procede de "*dē-rĕlinquo*" y tiene el significado de abandonar, dejar, dejar atrás. Es decir, dejar lo que sea útil pero no las repeticiones, lo que supondría extraer o eliminar los textos repetidos de una obra ya realizada, un predigesto.

Mommsem advierte que las tres primeras partes son muy diferentes de las cuatro restantes: primero, porque la numeración es diferente: las cuatro últimas sólo tienen la *ex ordine*; segundo, las tres primeras tienen un nombre cierto, del que carecen las otras. Todo esto hace suponer a este autor que aquéllas fueran añadidas posteriormente[546].

A este respecto Pescani[547] sostiene que el trabajo verdaderamente serio lo hacen a partir del libro 20 y que las partes ya existentes únicamente se mejoran, especialmente en aquello que habían quedado obsoleto.

Bartol[548] aporta un interesante análisis morfológico de estos periodos de la C. *Omnen*, que recogen esta información, y señala que se advierte "una *uariatio* terminológica tanto en la denominación de las partes, concretamente cuatro: *pars*, *articulus*, *congregatio* y *locus*, como en los tiempos y voces verbales: *seposita est*, *habet*, *contulimus*, *suscepit*, *exoritur*, *formatus est*." Señala que en las tres primeras partes los verbos empleados significan separar, tener, y reunir respectivamente, mientras que las formas verbales que el emperador utiliza en la descripción de las cuatro últimas partes tienen el significado de nacer, producir,

[546] *Vid., BARTOL, Versio Praefationis Editionis Maioris (Th. Mommsen,* cit., 4 ss.

[547] PESCANI, *Il piano del Digesto e la sua attuazione*, cit., 282.

[548] *Vid.*, BARTOL, *Ars compilata*, en *Revista General de Derecho Romano. Iustel.com, nº* 3.

engendrar. El verbo empleado para la parte denominada "*umbiculus*" es *suscepit* derivado etimológicamente de **sub-capio*[549], coger por debajo, sin embargo, muy pronto se emplea para indicar el reconocimiento del recién nacido[550]. Este verbo denota que el *umbilicus* no fue una *pars noua* totalmente. Algunos *libri singulares* venían siendo estudiados exactamente igual que las tres primeras partes; es decir, los compiladores utilizaron todos los libros de la escuela prejustiniana"[551].

Añade que "en la quinta y en la sexta parte aparece el término verbal *exoritur*[552], compuesto de *ex-orior*, con el significado de salir de, surgir, nacer. El tiempo indica actualidad, momento presente; el significado del verbo, la originalidad. El verbo para describir la última *pars Digestorum* es *formatus est*, que significa crear, producir; el complemento agente *a nobis / a compilatoribus* está elíptico". Además, advierte que conviene resaltar la utilización del superlativo *nouissimus*, que, para este autor, sin duda, se refiere a que ésta es la última y la más reciente, de lo contrario, es posible, que no hubiera empleado el superlativo relativo".

Sin embargo, en la *constitutio De confirmatione digestorum*, en los fragmentos 5 al 8 de la versión griega, el emperador parece testimoniar las modificaciones que se han introducido en estas últimas partes[553]. Es decir, también estas partes podrían haber existido en dicho cuerpo de leyes ya existente.

---

549 El asterisco que precede en las etimologías indica una forma supuesta no atestiguada.

550 TERENCIO, *Phormio*, 943; CICERÓN, *In Uerrem actio prima* 5,123.

551 FALCHI, *Sul possibile coordinamento tra "masse" e partes del Digesto*, cit., 80.

552 Relacionado con términos como original, oriente.

553 En la C. Δέδωκεν, 5 se refiere a la cuarta parte: est item aedilicium edictum et de evictionibus stipulatio, quae cum appendices sint venditionis,

Esta llamativa distinción en el tratamiento, en estas constituciones, ha sido objeto de la formulación de diversas hipótesis por parte de la doctrina, siendo la más aceptada aquélla que sugiere que este hecho responda a que Triboniano no interviene en la compilación de éstas primeras, debido a la revuelta de Nika.

La cuestión que ante esta información planteamos es la de si los compiladores parten de la existencia de un cuerpo de leyes, que revisan y completan, principalmente a partir de la cuarta parte.

Un dato relevante es que son varias las obras, especialmente en el caso de Ulpiano, Paulo y Gayo, Modestino, Marcelo, Pomponio, y Marciano, que se introducen a partir de la cuarta parte.

---

procul inde in iure antea remota nos ad eam applicuimus propter coniunctionem eorum, ne quae de eodem, argumento tractant longo spatio a se distent. deinde his adiunximus tractatum de usuris tam non maritimis quam traiecticiae pecuniae et de instrumentis et de testium productione et de probationibus praesumptionibusque, uno libro: tres autem hos libros singulares post tractatum de rebus iuxta collocauimus. et rursus compositis iis quae de sponsalibus et nuptiis et dote constituta sunt huic quoque expositioni tres libros adsignavimus. item de iis curam gerunt aetatis duos libros edidimus eos qui vulgo appellantur de tutelis. En la C. Δέδωκεν,6 y refiriéndose a la quinta parte dice: universo hoc argmento simpliciore ratione ordinato et toto in Trebelliani formam translato. et quinta quidem totius operis pars ad hos novem libros redacta est.. En la C. Δέδωκεν,7 y refiriéndose a la sexta parte: Sequitur nobis etiam sexta ars universae huius compositionis octo libris conclusa. incipit autem pulchre a bonorum quae dicuntur possessionibus quas nos item ut reliqua expendimus et tam quae ad ingenuos quam quae ad libertinos pertinent ex magna qua antea iacebant confusione et ambiguitate ad mundam brevitatem perduximus, duorum librorum numerum iis sufficere arbitrati. En la C. Δέδωκεν,8 y refiriéndose, también, a la séptima parte: (que omnia apud nos duobus libris comprehenduntur, cum antea ne dici quidem posset quot absolsa verentur); en 8b y refriéndose, también, a la séptima parte: Rursus novi libri principium nobis tractatus est de appellationibus, communis videlicet tam ad pecunias quam ad crimina pertinentibus sententiis.

En esta hipótesis no se descarta que en las tres primeras partes se realizaran también modificaciones que bien pudieran suponer supresiones o adiciones de textos. En este sentido, los textos en la parte "*De iudiciis*" que tienen como *inscriptio quaestionum Papiniani notat*. Sabemos que las anotaciones a Papiniano habían sido prohibidas y que es precisamente Justiniano quien autoriza a introducirlas.

Calculados los datos generales de textos, libros y títulos de cada parte así como los porcentajes correspondientes, incluyendo el correspondiente a las líneas de cada una de las siete partes, se advierten diferencias significativas.

Parte	**Libros**	**Títulos**	**Textos**	**% Libros**	**% Títulos**	**% Textos**	**% Líneas**
Prota	4	52	869	8	12,03	9,507	8,251
De Iudiciis	7	40	968	14	9,259	10,590	9,822
De Rebus	8	41	1.045	16	9,490	11,433	11,775
Umbilicus	8	50	1.164	16	11,574	12,735	12,470
5ª Parte	9	44[554]	1.590	18	10,185	17,396	20,073
6ª Parte	8	112[555]	1.593	16	25,926	17,428	20,154
7ª Parte	6	93	1.911	12	21,527	20,908	17,451

[554] Los libros 30,31 y 32 contienen un solo título.

[555] En el libro 41 se consideran 10 títulos.

Advertimos la diferente proporción entre las cuatro primeras partes y las tres segundas. Por ejemplo, mientras la segunda parte, de 7 libros y 40 títulos tiene 968 textos, la séptima parte de 6 libros y 93 títulos tiene 1.911 textos. Es decir, en un libro menos tiene más del doble de títulos y casi el doble de textos. También se observa, en estas siete partes, un orden creciente en el número de textos. Esto viene a demostrar un mayor empeño en las cuatro últimas partes.

Si bien en un estudio, que hemos realizado, de la presencia de cada uno de los autores en cada una de las siete partes, se constata que el tanto por ciento de los fragmentos procedentes de los 8 juristas de la ley de citas no varía sustancialmente entre las siete partes, así tampoco los porcentajes de cada de estos juristas, especialmente de los cinco. De haber sido las cuatro últimas partes nuevas en su totalidad estas diferencias, que se observan, hubieran sido mayores.

Ante la información que se recoge en la C. *Omnem,* y la que proporciona estos datos que se han ofrecido, reiteramos la existencia de un cuerpo existente que contaba ya con las siete partes.

Con el argumento del tiempo empleado en la realización de *Digesta* cada vez son más los autores que sostienen que no ha podido realizarse esta obra en tan escaso tiempo[556]. Esto unido al hecho de que parte de los comisarios, como Teófilo y Doroteo, participaran, al mismo tiempo, en la redacción de las Instituciones,

---

[556] ALDO DELL´ORO, *Il digesto di Giustiniano e la legge delle citazioni*, en *Synteleia Arangio-Ruiz* (Napoli 1964) 358 ss., atribuye la celeridad de los comisarios a que los principios básicos estaban ya en la ley de Citas. Las obras de los juristas clásicos, que la ley de Citas había dejado al margen, se habían preservado por el uso de los jurisprudentes. En cambio, a su parecer, el *usus scholarum* había desaparecido.

ha llevado a un sector doctrinal a mantener la existencia y utilización de un predigesto, especialmente a partir de la publicación de un trabajo de Hofmann en el que rebatía los resultados del trabajo de Bluhme[557].

Hofmann[558], apoyándose en distintos sucesos sociales y políticos (Revuelta de Nika), niega que la compilación pudiera llevarse a cabo en tan escaso tiempo y sostiene que los compiladores hallarían material en gran parte recogido y dispuesto en cadena, de modo semejante a como se presenta en Digesto. El material procede de una edición de Ulpiano que había sido glosada, de un número reducido de obras (*responsa, disputationes, quaestiones*, etc.), de diversas colecciones tanto privadas como oficiales (siendo que alguna de éstas fuera de los propios compiladores) y del trabajo previo a la codificación teodosiana[559]. En su opinión, únicamente extractaron los *libri ad Sabinum* y *ad Edictum*, inventando falsas inscripciones, con el objeto de agrupar en fragmentos las opiniones de otros juristas, que aparecían citadas en esas obras. Este autor denuncia las deficiencias del *Index auctorum*. Niega la existencia de masas y la presencia de subcomisiones.

---

557 En respuesta a la crítica de Hofmann, Mommsen publica un trabajo de título "*Hofmann versus Bluhme*", y ataca las teorías que que vienen a contradecir las enunciadas por este último autor. La reacción de Mommsen ha sido considerado por algún autor desproporcionada y de, algún modo, desautorizada por entender que viene a defender un interés personal puesto que él mismo se vió corregido al haber incorporado, en su *Editio Maior*, la teoría de Bluhme, y no únicamente en los *Additamenta* sino a lo largo de toda la edición ya que al margen de cada texto figura la inicial dc la masa a la que el texto pertenece según la teoria bluhminana. *Vid.* PETER, *Mommsen versus Hofmann,* en *Mélanges Meylan* I, Lausanne 1963, 111 s., citado por REINOSO-BARBERO, *Las inscripciones en Digesto,* cit.

558 Ochenta años después de la publicación de la teoría de las masas bluhmianas, aparece una obra póstuma del austríaco HOFMANN, *Die Compilation der Digesten Justinians,* cit.,.

559 HOFMANN, *Die Compilation der Digesten Iustinians*, cit., 125

Sus teorías, que no contaron con la aprobación de la doctrina, han supuesto la primera hipótesis de la existencia de un Predigesto, que ha sido posteriormente mantenida por Ehrenzweig Este autor mantiene que en el s. V existía una compilación privada, que fue retocada por los compiladores, y a la que Justiniano da valor oficial[560].

Peters sostiene que en la escuela de Berito se realizó un predigesto, con el que estudian los alumnos. Este sería la base utilizada por los compiladores, a la que añadieron las obras del Apéndice. Entiende que la única novedad es el número de cincuenta libros y el extracto de las obras que forman esta cuarta masa, y de algunas que no formaban parte de la compilación privada por ser objeto de estudio autónomo, como los *responsa* de Papiniano y de Paulo. Este autor utiliza como argumentos la información que se recoge en el PSI 55 sobre dos textos del libro 18 (D.18,1,78 y D.18,5,2) que Teófilo, muerto a continuación de la publicación de *Digesta,* había comentado una buena parte de la compilación; las referencias que se recogen en la Constitución *Omnem* a compilaciones posclásicas; y el hecho de que el *Index Auctorum* reproduzca únicamente con exactitud de las obras del *Appendix*[561].

Collinet es de la misma opinión: se parte de obras de carácter escolástico. Entiende que las tres subcomisiones se sirven de los seis libros de la escuela bizantina: la sabininiana de las Instituciones de Gayo y de las cuatro monografías *de re uxoria, de tutelis, de testamentis, et de legatis*; la Edictal de la *prima pars*

---

[560] ERHRENZWEIG, *Die Compilation der Digesten Justinians*, en *Grünhut's Zeitschr f. Privat. U. Öff. Recht d. Gegenwart* 28 (1901) 313 ss.

[561] PETERS, *Die oströmischen Digesten-Kommentare und die Enstehung der Digesten*, en *Berichte der K. Ges der Wiss* 65 (1913), citado por ARANGIO-RUIZ, *Precendenti scolastici del digesto*, cit., 288 s., quien sostiene que tales argumentos carecen de fuerza probatoria.

legum, pars de iudiciis et pars de rebus; la papiniana de los *responsa Pauli et Papiniani*[562].

Dell´Oro, en cambio, atribuye la celeridad de los comisarios a que los principios básicos estaban ya en la ley de Citas. Las obras de los juristas clásicos, que esta ley había dejado al margen, se habían preservado por el uso de los jurisprudentes para la búsqueda de opiniones y criterios diferentes a los cinco autores autorizados por la ley de Citas. En cambio, a su parecer, el *usus scholarum* había desaparecido[563].

El escaso tiempo empleado es también la cuestión principal que se plantea Mitteis. Este autor considera que si la compilación de Digesto fuera el resultado de un trabajo desarrollado lentamente habrá sido aceptable más pero considera que en tan breve tiempo los comisarios no pudieron llevar a cabo las labores compilatorias y además introducir tantas alteraciones en los textos, ni haber planteado tantos puntos de vista nuevos, como revela Digesto[564].

Albertario mantiene la existencia de un Predigesto basado en la obra de los cinco juristas de la ley de Citas: Papiniano, Paulo,

---

[562] COLLINET, *La genese du Digeste, du Code et des Institutes de Justinien* (Paris 1952).

[563] DELL´ORO, *Il digesto di Giustiniano e la legge delle citazioni*, en *Synteleia Arangio-Ruiz* (Napoli 1964) 358 ss.

[564] MITTEIS, en ZSS 34 (1913) citado por, MANTOVANI, *Cent´anni dalla morte di Hofmann, duecento dalla nascita di Bluhme*, en *Orbis Iuris Romani*. Journal of Ancient Law Studies IV (Bratislava 1998) 184. Este autor confronta las opiniones de Hofmann y Mitteis sobre el escaso tiempo en el que realizaron la compilación que además de la lectura, extracción y selección supuso una tarea menos mecánica como es la de introducir las interpolaciones. Comenta que la diferencia de ambos autores estriba en que mientras para Hofmann hubo de suponer una imposibilidad material (demasiadas interpolaciones en poco tiempo) para el segundo se transforma en una imposibilidad cultural (demasiadas interpolaciones en una sola generación) a fin de adaptar los textos.

Gayo, Ulpiano y Modestino, aduciendo que 11/15 parte de los fragmentos pertenecen a estos mismos. Esta compilación amplia sería ordenada por los compiladores conforme al sistema del edicto perpetuo. La labor de los comisarios, además de sistematizar la colección habría consistido principalmente en extraer de las citas de juristas fragmentos independientes y en introducir las obras del *Appendix*[565].

La utilización de colecciones es también afirmada por Arangio-Ruiz quien trata de conciliar la tesis bluhmiana con la teoría del predigesto. Considera que los comisarios se sirven, además de colecciones de poca importancia, de compilaciones de carácter escolástico, que eran las que Justiniano menciona en la C. *Omnem*. Es decir las *pars legum* (*prima pars, pars de iudiciis, pars de rebus*), los cuatro *libri singulares* (*de illa vetere re uxoria, de tutelis, de testamentis, et de legatis*) que se impartían en las escuelas de derecho junto con los *responsa* de Papiniano y Paulo. Afirma que éstas son utilizadas por los compiladores y que suponen una cuarta parte de la compilación oficial[566]. Señala que la labor de Triboniano consiste en asignar a los distintos grupos estas obras escolásticas junto con otras de la jurisprudencia clásica. A su vez, cada uno de los grupos facilitaría a los otros todo aquello que les fuera de interés. Esta distribución se realizó teniendo en cuenta la siguiente tripartición: 1) *Prota* y *de iudiciis*; 2) *de rebus* y *libri singulares*; 3) *responsa* de Papiniano y de Paulo, y se corresponde respectivamente con las masas Edictal, Sabiniana y Papiniana[567].

---

565 ALBERTARIO, *Introduzione storica allo studio del dirtto romano giustinianeo* I, Milano 1935, 16 ss.

566 ARANGIO-RUIZ, *Precendenti scolastici del digesto*, cit., 285 ss; *Storia del diritto romano* (1957) 379 s.

567 ARANGIO-RUIZ, *Precendenti scolastici del digesto*, cit., 301 nt.1, señala que la conexión entre los textos escolásticos de los que se informa en la C. *Omnen* y la distribución entre las masas ya la había considerado Bluhme, si bien

Pescani comparte la teoría de las masas pero matizando que los compiladores no leen de forma completa todos los libros. Así, de las obras pertenecientes a la masa Sabiniana leen y extractan totalmente 81 y parcialmente 101; de la Edictal 67 y parcialmente 102; y de la Papiniana 93 y parcialmente 81; otros no son leídos en absoluto. Por tanto, los problemas que afrontan los comisarios no son tanto de cantidad sino de selección. Cree en la preexistencia de *corpora* formados por la C. del 429[568].

El mérito del emperador es reconocido por Cenderelli de quien dice no hay que olvidar que antes de legislador fue un hábil emperador y político, y que por ello es innegable que la información que se recoge en sus *Constitutiones* responda a la realidad. Considera que Justiniano no se hubiera expuesto a la posibilidad de ser desmentido. Sin embargo, trata de resolver lo que para él supone una contradicción entre el contenido, precisamente, de esas Constituciones y el escaso tiempo empleado en la conclusión de la obra. Refiere cuales serían los pasos que los comisionados tendrían que realizar antes de proceder a la edición de los Títulos y el hecho significativo de que algunos comisionados tuvieran, durante este tiempo, que atender otros encargos como las *Institutiones* y el *Codex repetitae praelectionis*. Se plantea también el número de comisarios y de si éstos efectivamente dedicaban todo su tiempo a este trabajo encomendado o lo compaginaban con sus dedicaciones propias de maestros y abogados. En relación a la forma de trabajo está conforme con la distribución del material en tres subcomisiones o masas y dentro de ellas apuesta por la colegialidad principalmente en la fase del expolio de las obras. En su opinión, los comisarios parten de la compilación Teodosiana del 429, y aunque considera que los trabajos no habían sido terminados

---

en el sentido de que se advertía un cierto orden dentro de las tres masas. Así los estudios del primer año en la masa Sabiniana, los estudios del segundo curso en la Edictal y los de tercero en la Papiniana.

[568] PESCANI, *Il piano del Digesto e la sua attuazione*, cit., 396 ss.

se sirven de sus escritos. Comenta que Triboniano los encuentra en el palacio imperial[569].

Guarino afirma la existencia de predigestos. Señala que los comisarios trabajan en sesiones plenarias en las que parten de tres compilaciones de *iura,* que procedían de la praxis judicial y son completadas por las obras del *Appendix*[570]. Estos tres "predigestos" parciales se correspondían con los grupos de obras o masas bluhmianas: Edictal, Sabiniana y Papiniana. Los compiladores, en su opinión, procedieron a ordenar, articular e interpolar fragmentos, siguiendo los criterios de las *Quinquaginta decisiones* y de las *constituciones ad commodum propositi operis pertinentes*. Apunta que la idea de los *Digesta* no sea propiamente de Justiniano, en este sentido señala que esta obra sea meramente una expresión perfeccionada de una actividad compilatoria que se había iniciado un siglo antes en la jurisprudencia oriental[571].

Ante las hipótesis de existencia y utilización de predigestos, Mantovani sostiene que éstas encuentran su límite en la regularidad del orden de los fragmentos. "Únicamente la presencia de desplazamientos hace posible pensar en la existencia de cuerpos extraños de fragmentos que no proceden de la lectura según el orden de las masas".

---

569 CENDERELLI, *Digesto e predigesti. Riflessioni e ipotesi di ricerca* (Milano 1983).

570 MANTOVANI, *Digesto e masse bluhmiane*, cit., 68., encuentra dos objeciones a esta tesis. Una la repartición de libros originales, puesto que aparecen libros citados en las masas para cuya asignación no se siguen criterios de fondo, la segunda, es que algunas de las rúbricas de Digesto no pueden existir antes de Justiniano. Esta afirmación tiene su fundamento en la rúbrica *De legatis et fideicommisis* en el que se equiparan las dos instituciones en virtud de una Constitución del emperador (C.6,43,2).

571 GUARINO, *La compilazioni dei "Digesta Iustiniani"*, cit., 736 ss.

Schulz cuestiona la teoría del predigesto y la califica de absurda. Este autor considera que si después de afirmar el emperador que la obra era la empresa más difícil que se había acometido, y que era el resultado de los esfuerzos realizados por Triboniano y sus colaboradores, se presentase el viejo predigesto a los egregios juristas, formados en las escuelas de Bérito y Constantinopla, éstos habrían afirmado que dicha obra es un fraude[572].

En mi opinión, este argumento que esgrime este autor no resuelve las cuestiones que se plantean en relación con el tiempo empleado, con las obras existentes y, en general, con el resultado de la obra. El hecho de que se partiera de otra obra existente no resta mérito a la labor realizada que ha consistido, principalmente, en, como el emperador reitera, la plena depuración del derecho. Otra novedad que se introduce reside en hacer figurar en las *inscriptiones* los nombres de los autores y no las obras donde se recogen las respuestas que se incluyen.

Considero los comisarios parten de trabajos previos. Sin descartar que dispongan y utilicen directamente algunas obras, la mayor parte de los textos los extractan de colecciones, así como un número, no despreciable, de fragmentos proceden de citas y referencias de terceros autores. Esta teoría tiene su fundamento en todas las consideraciones y datos que se han ido proponiendo a lo largo de este trabajo.

1.2. Teoría de las masas de Bluhme

Como es sabido, Bluhme observa en los Títulos 16 y 17 del libro 50 y 1 del libro 45 que la colocación de los fragmentos responde a un determinado orden de las obras jurisprudenciales de

---

[572] *Vid.*, SCHULZ F., *Storia della giurisprudenza romana,* cit., 575.

las que proceden. Tal circunstancia se repite, con cambios, en la mayoría de los títulos de Digesto. Por ello conjetura que esa disposición responde al orden en el que los compiladores leyeron las obras de las que extrajeron los textos. Esto le permite deducir la agrupación de tres conjuntos de obras, asignadas a otras tantas subcomisiones justinianeas, lo que, en definitiva, generó que sus extractos se presenten con un criterio, más o menos, constante y regular.

Esta sugerente tesis, aunque formalmente aceptada por la doctrina, ha sido contestada con reiteración. La primera vez por Hofmann, que niega que la disciplina secuencial que se advierte en los últimos títulos de la compilación sea predicable de la obra en su conjunto. Este autor[573] observa en los títulos 50,16 y 50,17 que la colocación de los fragmentos responde a un determinado orden, y que este orden responde a aquél en el que los compiladores leyeron las obras de las que extractaron los fragmentos. De este hecho deduce la existencia de tres grupos de obras, que se suceden en casi todos los títulos y dentro de los mismos grupos advierte que las obras se suceden en un criterio constante.

En relación con los postulados de la Bluhmische Massentheorie estas afirmaciones observamos:

1º Todas las masas no están presentes en todos los títulos. Del cotejo de la II tabla que ofrece el autor, donde recoge los textos con indicación de la masa a la que proceden, advertimos que en 80 Títulos únicamente está presente una masa, el porcentaje es de 18,52; en 105 Títulos, 2 masas, el porcentaje 24,30; y en 247 Títulos están presentes 3 masas, el porcentaje 57,18.

---

[573]BLUHME, *Die Ordnung der Fragmmente in den Pandectentiteln. Ein Beitrag zur Entstehungsgeschichte der Pandecten,* en *Zeitschrift fur geschichtiche Rechtswissenschaft* 4, 1820, 257 a 472, reimp. en *Labeo* 6, 1960, 50 ss., 235 ss., 369 ss.

2º Son numerosas las desviaciones de orden en los textos procedentes de las masas como él mismo señaló[574], y que posteriormente han advertido Krüger[575], Honoré[576] y Falchi[577], por

---

574 BLUHME, *Die Ordnung der Fragmmente in den Pandectentiteln. Ein Beitrag zur Entstehungsgeschichte der Pandecten,* en *Labeo* 6, 64 ss., Bluhme distingue los desplazamientos dentro y fuera de la masa y clasifica estos deplazamientos: intencionales y casuales. MANTOVANI, *Digesto e masse bluhmiane,* cit., 13 ss., en su reconstrucción de tipos de desplazamientos, señala que dentro de las desviaciones intencionales están las dos primeras categorías. La primera, son las fusiones, que suponen "desviaciones dentro de la masa o entre masa y masa, con objeto reunir dos o más fragmentos unidos como téseras de un mosaico para componer un único texto de sentido completo". Cita como ejemplos: D.8,6,20-25; 11,7,16-19; 19,5,1-4; 26,2,12-15; 42,1,16-18. Afínes a las fusiones son las aposiciones consistentes en reducciones o acortamientos de textos por razones de contenido. La segunda categoría, son los pasos iniciales: se trata de fragmentos o grupo de fragmentos desplazados de su posición originaria y colocados al principio de una rúbrica con objeto de introducir la materia tratada, bien sea por su carácter definitorio (D.26,1,1), por su carácter explicativo (D.48,1,1), por su carácter lexical (D.39,2,3) o clasificatorio (D.1,7,1). La tercera es la llamada textos code (colas): son aquellos desplazados que se colocan al final de una masa o de un título. La última categoría, tal como la denomina Bluhme, desórdenes, se producen en el encuentro de dos masas: los primeros fragmentos de una se encuentran entre los últimos de otra (D.27,1,24).

575 *Vid.,* MOMMSEN, *Digesta Iustiniani Augusti,* Berlin 1870. Krüger señala con asterisco los textos que el considera desviaciones.

576 HONORÉ, *The Editing of the Digest Titles*, en *ZSS* 90 (1973) 262 ss. Entre los desplazamientos distingue distintos tipos: 1) masa cola (137 despl.); 2) masa cola mixta (14 despl.). Cuando el editor junta 2 ó 3 masas y pueden desplazarse textos de una masa a otra, colocándose después de la última masa. D.45,1,114; 3) Títulos cola (72 despl.), que se producen cuando el editor pone todos los fragmentos en una sola pila y la edita en su conjunto; 4) Textos externos, que son aquéllos cuyo orden no se adecua al orden establecido por los editores. Ver el título 35,1 los tres textos (105-107) desplazados que no se adaptan al orden SEPA que se advierte en dicho título; 5) Textos transpuestos que son textos transferidos de una masa a otra; 6) Transposiciones dentro de la masa; 7) Transposiciones de textos *praefatio* o prólogo (230) Son textos desplazados con el objeto de introducir, es decir, a modo de introducción; 8) Desplazamientos inexplicados (9).

lo que quizá no sea exacto hablar de un criterio constante. A este respecto, hemos observado que la tarea de determinar con mayor precisión el orden de lectura y extracción de los textos, llevadas a cabo por estos últimos autores, ha tenido como resultado un aumento significativo en el número, y por consiguiente un aumento del porcentaje, de desviaciones de orden.

3º Igualmente, tampoco se puede hablar de criterio constante, en relación con el orden de las masas en el seno de los Títulos. Así dentro de las variaciones que se advierten, las dos más frecuentes son SEP y ESP. Para este cómputo no se han tenido en consideración los textos que suponen desviaciones de orden.

No obstante, el orden SEP se confirma en la mayoría de los casos, por la adscripción de parte de los libros de los comentarios al edicto de Ulpiano, principalmente, aunque también de Gayo y Paulo a la masa Sabiniana.

Bluhme señala que cada uno de los grupos o de las masas (como él los denomina) procedería de una subcomisión compilatoria, las cuales no estaban formadas por igual número de miembros. Se cree que la más numerosa fue la sabiniana. Entiende que, como las obras más importantes figuraban en principio, la parte principal de cada materia se extraería de ella, mientras que del resto de las obras simplemente se aprovecharía aquellos textos que pudieran contener ideas innovadoras y/o interesantes.

---

[577] FALCHI, *Gli spostamienti fuori massa dei frammenti del Digesto*, en *Sodalitas* VI (1984) 2695 ss., pone de manifiesto que el problema de las desviaciones de los textos no está resuelto. Confirma la existencia de numerosas desviaciones de orden y distingue dos tipos: fuera y dentro de la masa. Señala que presentan características diversas en las siete partes que se divide Digesto, por lo que estima que su análisis y estudio debe hacerse desde esta perspectiva. Tras comprobar los desplazamientos señala que en las cinco primeras partes se advierte un núcleo de textos reconducibles de la masa Edictal a la Sabiniana.

Esta hipótesis, no se confirma en el orden de lectura de las obras propuesto por Bluhme, y posteriormente corregido por Krüger. Cotejado el orden que se recoge en el *Index auctorum*, que responde a la importancia o tamaño de las obras, se observan importantes variaciones.

Según su teoría, la primera selección y ordenación de los textos la realizaría cada subcomisión y posteriormente el orden definitivo se establecería en sesiones conjuntas (las tres subcomisiones). Bajo cada uno de los títulos se colocarían primero los fragmentos de la masa que los había proporcionado en mayor número, y así sucesivamente con las otras dos.

Esta afirmación cuenta con excepciones como las observadas entre otras, en los títulos 1,3; 1,5, 1,9, etc. La hipótesis de que la comisión encargada de extractar los textos de la masa Sabiniana estuviera formada por un número mayor de comisarios, supondría que en orden le siguiera la Edictal y posteriormente, por su aportación, la papiniana. En este sentido vemos que, por los datos que se recogen en el Anexo II, los textos que aporta [S] son 3.892, los que aporta [E] 3.241 y los que aporta [P] 1.602. Es decir, por el resultado, el grupo papiniano estaría formado por la mitad que el grupo Edictal y éste por un menor número de miembros que el sabiniano. A qué criterio responde que fueran las comisiones desiguales. Estos datos y la desigualdad de miembros en las comisiones también cuestionaría el contenido de los Títulos tal y como propone. Lógicamente la comisión sabiniana aportaría un mayor número de textos lo que supondría que, generalmente, encabezaría los Títulos, lo que no sucede.

Bluhme entiende, que los comisarios finalmente corrigieron, suprimiendo y alterando fragmentos a fin de evitar repeticiones, contradicciones y de dar a cada título la mayor organicidad. Tarea que se acomete, tras la comprobación mediante una nueva relectura de todos ellos.

En este sentido, las numerosas geminaciones y similitudes detectadas, dentro de una misma masa y entre masas distintas. Siendo las más llamativas las que se recogen dentro de un mismo título, muy próximas en ubicación la una de la otra.

Al primer grupo, que denomina masa sabiniana, pertenecen principalmente los *libri ad Sabinum* de Ulpiano, Pomponio y Paulo. La segunda, masa Edictal, está formada fundamentalmente por los comentarios al Edicto de Ulpiano, Paulo y Gayo. La tercera, masa papiniana, incluye como obras principales las *quaestiones* y *responsa* de Papiniano, Escévola y Paulo[578]. Sin embargo, los libros de los comentarios al edicto de Ulpiano, Paulo y Gayo que, conforme a la teoría de Bluhme, habían sido extractados por la masa Sabiniana, con el argumento de que reproducían en ellos lo que ya habían escrito en los comentarios *ad Sabinum,* es refutada por Arangio-Ruiz. Este autor señala que había materias de derecho civil que jamás habían sido tratadas en los comentarios *ad edictum*, como las relativas a la patria potestad, la adopción la *statulibertas*, la *verborum obligatio*, y si bien es cierto que de ciertas

[578] El primer grupo de textos esdenominado masa sabiniana, formada por textos de eminente carácter civil: los comentarios o libros de Ulpiano, Pomponio y Paulo *ad Sabinum*; los libros 26 a 52 de Ulpiano *ad edictum*; del 28 al 48 de Paulo *ad edictum*; y 9 al 19 de Gayo *ad edictum provinciale*. La segunda masa que los constituyen fundamentalmente el resto de libros de los comentarios *ad edictum* de Ulpiano, Paulo y Gayo, es denominada masa Edictal. La tercera masa, Papiniana, recoge textos principalmente de contenido casuístico y está formada principalmente por los libros *quaestionum, responsorum* y *definitionum* de Papiniano principalmente.

instituciones se ocupaban en ambos comentarios, la repetición no supone más de 1/20 parte de todo el material[579].

Es aceptado por la doctrina que estas tres masas responden a la división de materias que se observaba en las escuelas de Derecho pre-justinianeas. Así la primera está integrada por obras que tratan principalmente del *ius civile* que se enseñaba en primer año; la segunda por obras relacionadas con el *ius honorarium*, que se enseñaba en segundo año; y la tercera por obras que de carácter casuístico de tercer curso.

No puedo compartir esta teoría a tenor de la información que se recoge en la Constitución *Omnem,* en lo que respecta al *usus scholarum*; ni por la constatación de la presencia de obras de la misma materia, presentes en varias masas. Es decir, la división entre las masas no se hace en atención a la materia.

Así resulta: de libros de comentarios *ad edictum* proceden de las masas Sabiniana, Edictal y *Appendix*; *De digestorum*: Sabiniana Edictal y Appendix; *Quaestionum*: Sabiniana, Edictal y Papiniana; *Regularum*: Sabiniana, Edictal y Papiniana; *Responsorum*: Sabiniana, Edictal y Papiniana; etc., tal y como se recoge en el cuadro siguiente:

Obras	Masa Sabiniana	Masa Edictal	Masa Papiniana	*Appendix*

[579] *Vid.,* ARANGIO-RUIZ, *Precendenti scolastici del digesto*, en *Conf. Per il XIV centenaio delle Pandette* (Milano 1931) 301 ss. En relación a los comentarios de Ulpiano al edicto, hace la siguiente propuesta de división: libros I-IX a la masa Edictal; XII-XIX y XXIII-XXVI a la masa Sabiniana; y los libros nuevos, XX-XXII y XXXVII-L a la masa Papiniana.

Ad edictum	Upiano Paulo Gayo	Ulpianus Paulus Gaius – provinciale Gaius - urbani Callistratus – monitorii Callistratus – monitorii		Furiosus
Digestorum	Iulianus Alfenus	Celsus Marcellus		Scaevola
Quaestionum	Africanus	Tertullianus	Papinianus Scaevola Callistratus	
Regularum	Neratius Ulpianus Scaevola Paulus Marcianus Pomponius	Modestinus Rufinus	Gaius Gaius Paulus- ad reg. Catonianm	
Responsorum	Ulpianus Marcellius	Modestinus Iulius Aquilius	Papinianus Paulus Scaevola Paulus Scaevola Paulus Scaevola Paulus Scaevola Neratius	
Brevium	Paulus	Paulus		
De officio	Ulpianus- Proconsulis Macer - Praesidis Ulpianus – curat. rei publ. Ulpianus – Consularis Paulus –	Ulpianus - Consulis Ulpianus – Praet. tutelaris	Paulus - adsessorum Paulus – praefecti vigilium Ulpianus- praefecti vigilium Ulpianus –	

	Proconsulis Venuleius - Proconsulis		praefecti urbi Paulus – praefecti urbi Arcadius – praefecti pretoris Ulpianus - quaestoris	
Ad legem	Paulus – Iul. Rutilius – Falcidiam Paulus – Fufiam Caniniam Paulus - Ael. Sentiam Ulpianus- Ael. Sentiam	Ulpianus - Iul. et Pap. Paulus - Iul. et Pap. Celemtius – Iul. et Pap. Gaius - Iul. et Pap. Mauricianus - Iul. et Pap. Marcelus - Iul. et Pap. Macer- hereditariam Gaius - Glitiam Paulus - Cinciam	Paulus - Falcidiam Gai - Duodecim tabularum	
Ad SC	Paulus – Silanianum Paulus - Velleianum		Paulus Turpillianum Marcianus - Turpillianus Paulus- Libonianum Paulus – Claudianum Paulus – Tertullianus Paulus – Orfitianum Gaius – Tertullianus Gaius - Orfitianum	

Censibus	Ulpianus	Paulus		
De re militari	Macri Paulus	Menander – Tarreuntenus Tertullianus		
Pandectarum	Ulpianus	Modestinus		
Definitionum			Papinianus	Q. M. Scaevola
De Poenis	Paulus - militum Saturninus- paganorum	Modestinus	Paulus - omnium legum Paulus- paganorum	
Rpitomatorum	Paulo		Hermogeniano	Labeo
Disputationum	Ulpianus		Trifoninus Trifoninus	
Cognitionibus		Callistratus	Paulus	
Epistularum		Iavolenus Proculus Proculus	Pomponius	Pomponius

Asimismo comprobamos que la división tampoco se hace por Juristas, puesto que las obras de algunos de ellos son extractadas por varias masas, siempre según la teoría de Bluhme. De Pomponio y Paulo se extractan obras por las cuatro masas o subcomisiones. De Papiniano, Gayo, Ulpiano y Escévola, tres masas, la obra de los tres primeros fueron extractados por las masas: Sabiniana, Edictal y Papiniana y la del último por las masas Sabiniana, Papiniana y *Appendix'*.

PAPINIANUS

Sabiniana: *Libri II de adulteriis; L. sing. de adulteriis*

Edictal: *Liber de cura urbis*

Papiniana: *Libri XXXVII quaestionum; Libri XIX responsorum; Libri II definitionum*

PROCULUS

Edictal: *Libri XI epistularum Papiniana*:

Appendix: *Libri III ex posterioribus Labeonis*

NERATIUS

Sabiniana: *Libri XV regularum; Libri VII membranarum*

Papiniana: *Libri III responsorum*

IAVOLENUS

Sabiniana: *libri X ex posterioribus Lab.*

Edictal: *Libri V ad Plautium; Libri XV ex Cassio; Libri XIV epistularum*

POMPONIUS

Sabiniana: *Libri XXXVI ad Sabinum; L. sing. regularum*

Edictal: *Libri VII ad Plautium; Libri XXXIX ad Q. Mucium; Libri XV variarum lectionum*

Papiniana: *Libri V fideicommissorum; Libri II enchiridii; L. sing. enchiridii*

Appendix: *Libri XX epistularum, Libri V senatus consultultum*

VALENS

Papiniana: *Libri VII fideicommissorum*

Appendix: *Libri VII actionum*

MAECIANUS

Sabiniana: *Libri XIV de publicis iudiciis; ex lege Rhodia (Voluisi)*

Papiniana: *Libri XVI fideicommissorum*

MARCELLUS

Sabiniana: *L. sing. responsorum*

Edictal: *Libri XXXI digestorum; Libri VI ad legem Iuliam et Papiam*

SCAEVOLA

Sabiniana: *Libri IV regularum*

Papiniana: *Libri XX quaestionum; Liber VI resposorum*

Appendix: *L. sing. quaestionum publice tractatarum*

Libri XL digestorum

GAIUS

Sabiniana: *Libri IX-XVIII ad edictum provincial; Libri II de testamento ad edictum praetoris urbanis; Libri III de legatis ad edictum; Libri VII rerrum cottidianarum; Libri IV institutionum; L. sing. de formula hypothecaria*

Edictal: *Libri I-VIII, XIX-XXX ad edictum provincials; L. ad edictum praetoris urbani; Ad edictum praetoris urbani titulo de Praediatoribus; Ad edictum praetoris urbani de titulo qui neque sequantur neque ducantur; Ad edictum praetoris urbani titulo de re iudicata: Libri II ad edictum aedelium curulium; Ad edictum praetoris urbani titulo de liberali causa; Ad edictum praetoris urbani titulo de publicanis; Ad edictum praetoris urbani titulo de operis novi nuntuntiatione; Ad edictum praetoris urbani de titulo; Ad edictum praetoris urbani de damno infecto; Ad edictum praetoris urbani de titulo de aquae pluviae arcendae; Libri XV ad legem Iuliam et Papiam; L. sing. ad legem Glitiam*

Papiniana: *Libri II fideicommissorum; L. sing. de casibus; Libri III regularum; L. sing. Regularum; L. sing. de tacitis fideicommissorum; L. sing. ad SC Tertullianum; L. sing. ad SC Orfitianum; Libri III de manumissionibus; Libri III de verborum obligationibus; Libri VI ad legem duodecim tabularum*

VENULEIUS

Sabiniana: *Libri III de iudiciis publicis; Libri IV de officio proconsulis*

Papiniana: *Libri XIX stipulationum*

Appendix: *Libri X actionum; Libri VI interdictorum*

ULPIANUS

Sabiniana: *Libri LI ad Sabinum; Libri XXVI-LII ad edictum; Libri X disputationum; Libri X de omnibus tribunalibus; Libri VI opinionum; Libri VI de censibus; Libri II institutionum; Libri V de adulteriis; L. sing. de sponsalibus; Libri VII regularum; Libri III resporum; L sing. regularum; Libri X de off. Proconsulis; Libri IV de appellationibus; Libri IV ad legem Aeliam Sentiam; L. sing. Pandectarum; L. sing. de officio curatoris rei publicae; L. sing. de officio consularium*

Edictal: *Libri I-XXV ad edictum; Libri LVIII-LXXXI ad edictum; Libri III de officio consulis; Libri II ad edictum aedilium curulium; L. sing. de officio praetoris tutelaris; L. sing. Excusationum; Libri XX ad legem Iuliam et Papiam*

Papiniana: *Libri VI fideicommissorum; L. sing. de officio praefecti vigilium; L. sing. de officio praefecti urbi; L. sing. de officio quaestoris*

PAULUS

Sabiniana: *Libri XVI ad Sabinum; Libri XXVIII-XLVIII ad edictum; Libri VI-VIII brevium; Libri VIII epitomarum Alfeni digestorum; Libri II institutionum; Libri III de adulteriis; L. sing. de dotis repetition; L. sing. de adsignatione libertorum; L. sing. de iure patronatus; L. sing. Regularum; Libri VII regularum; L. sing. ad SC Silanianum; L. sing. de portionibus quae liberis damnatorum conceduntur Libri II ad legem Iuliam; L. sing. de conceptione formularum; L. sing. de iudiciis publicis; L. sing. de appellationibus; L. sing. ad Fufiam Caniniam; L. sing. ad Aeliam Sentiam; L. sing. de libertatibus dandies; L. sing. de liberali causa; L. sing. de secundus tabulis; L. sing. de iure codicillorum; L. sing. de centuviralibus iudiciis; L. sing. de adulteriis; L. sing. de senatus consultum; L. sing. ad SC Vellenianum; L. sing. De intercessionibus feminarum; L. sing. ad orat. divi Antonini et Commodi; L. sing. de exc. Tutelarum; L. sing. ad orat. Severi; L. sing. de variis lectionibus; L. sing. de poenis militum; Libri II de off. proconsulis*

Edictal: *Libri I-XXVII ad edictum; Libri I-V ad brevium; Libri XLIXI-LXXVIII ad edictum; Liber XVI brevium; Libri II ad edictum aed. Curulium; Libri XIX ad Plautium; Libri IV ad Vitellium; Libri II de iure fisci; Libri II de censibus; Libri X ad legem Iuliam et Papiam; L. sing. ad legem Cinciam;*

Papiniana: *Libri XXVI quaestionum; Libri XXIII resposorum; Libri III fideicommissorum; Liber V sentiarum; Libri IV ad Neratium; Libri III manualium; Libri III decretorum; L. sing. de cognitionibus; L. sing. de concurrentibus actionibus; L. sing. de usuries; L. sing. ad SC Turpillianum; L. sing. ad SC Libonianum; L. sing. ad SC Claudianum; L. sing. de poenis omnium legum; L. sing. de poenis paganorum; L. sing. de regulam Catonianam; L. sing. de forma testament; L. sing. de inofficioso testamento; L. sing. de de tacitis fideicommissis; L. sing. de instrumenti significatione; L. sing. ad SC Tertullianum; L. sing. ad legem Falcidiam; L. sing. de iure libellorum; L. sing. de articulis liberae causae; L. sing. de iuris et facti ignorantia; L. sing. de iure singulari; L. sing. de gradibus et adfinibus; L. sing. de officio adsessorum; L. sing. de officio praefecti vigilum; L. sing. de officio praefecti urbi*

Appendix: *Libri VI imperialium sentiarum in cognitionibus prolatarum*

CALLISTRATUS

Sabiniana: *Libri III institutionum*

Edictal: Libri IV de iure fisci; Libri VI de cognitionibus; LibriI V edicti monitorii

Papiniana: *Libri II quaestionum*

MARCIANUS

Sabiniana: *Libri XVI institutionum; Libri V regularum; Libri II de publicis iudiciis; L. sing. ad formuluam hypothecariam; L. sing. de delatoribus; Libri II de appellationibus*

Papiniana*: L. sing. ad SC Turpillianum*

Tampoco se realiza la división con apoyo en el número de libros. En este sentido nos planteamos qué criterio se siguió en la división por grupos.

Realizamos un estudio comparativo de las siete partes, en relación con la presencia de las masas en cada una de ellas, y comprobamos que esta presencia es muy diferente. Por los resultados de este estudio no se confirmaría, en alguna de las partes, que la comisión Sabiniana fuera la más numerosa, ya que su aportación, concretamente en *Prota* y en *De Iudiciis*, es notablemente inferior a la masa Edictal.

17 años más tarde, Hugo publica un trabajo sobre la teoría enunciada por Bluhme. Su aportación ha consistido en añadir una cuarta masa, que integra 13 obras llamada *post-Papinianea*, por seguir siempre a la masa Papiniana[580]. Esta masa integra junto otras obras, aquéllas que están en la columna labeoniana de la Tabla III de Bluhme[581] y generalmente es conocida por *Appendix*, como la denonmina Krüger.

---

[580] Bluhme advierte que, ademá,s de estar, generalmente, a continuación de la masa Papiniana, se encontraban en los últimos títulos. Este autor, considera que eran independientes a esta masa y no puede integrar los fragmentos de estas 13 obras en ninguna de las tres: *Iavoleni libri ex posterioribus Labeonis; Labeonis posteriores a Iavoleno epitomati; Pauli libri imperialium sententiarum in cognitionibus prolatarum; Q. Mucci definitionum liber singularis; Scaevolae digesta; Labeonis pithana a Paulo epitomata; Pomponii epistulae; Pomponii senatusconsulta; Scaevolae quaestiones publice tractatae; Valens de actionibus; Venuleius de interdictos; Furii Anthiani pars librorum ad edictum quinque. Vid.*, BLUHME, *Die Ordnung der Fragmmente in den Pandectentiteln. Ein Beitrag zur Entstehungsgeschichte der Pandecten,* cit., 73 ss.

[581] En la columna Stellen aus Labeo u.s.w. (und so weiter) perteneciente a la categoría de desviaciones casuales (Züfallige Versetzungen) y dentro de ésta, determinadas (bestimmte), se recogen textos que proceden de un grupo de obras que Bluhme no pudo ubicar en ninguna de los tres grupos que afirmaba:

Ostos Palacios apunta que posiblemente las obras, pertenecientes a este cuarto grupo, no habrían sido recogidas en colecciones por no ser consideradas fundamentales en época prejustinianea y que, por tanto, éstas son utilizadas directamente por los comisarios en la redacción de *Digesta*[582].

No obstante, del cotejo de esta tercera tabla con la Palingenesia, en relación a una obra del *Appendix: Labeo pythanon a Paulo epitomatorum* VIII, comprobamos que de 34 textos que proceden de esta obra aparecen recogidos, únicamente, en la columna labeoniana 8. Y curiosamente estos 8 textos nunca están a continuación de un texto procedente de la masa Papiniana. El resto los considera pertenecientes a la masa Papiniana en la Tabla II, con dos excepciones: el 32,31 recogido en dicha tabla dentro de la columna de la masa Edictal, y no figura como una desviación de orden; y D.41,1,65.

Ante la propuesta de Hugo, Mantovani niega que la ubicación de los textos de esta cuarta masa dependa de la Papiniana sino todo lo contrario. Su colocación prueba que los fragmentos son añadidos posteriormente sin existir ninguna relación entre estos dos grupos de obras[583].

Sin embargo, la teoría de las masas, que prácticamente gozaba de la aceptación unánime de la doctrina[584], es cuestionada, como se

---

sabiniano, Edictal y papiniano. *Vid.*, REINOSO-BARBERO, *Digesta Iustiniani Augusti. Introducción a su estudio*, cit.

582 *Vid.*, OSTOS-PALACIOS, *Hoffman versus Bluhme*, en *RGDR*, Iustel 6 (2006).

583 MANTOVANI, *Digesto e masse bluhmiane*, cit., 123 s.

584 *Vid.*, REIMARUS, *Bemerkungen und Hypothesen über die Inscriptionenreihen der Pandectenfragmente. Ein rechtsgeschischtlicher Versuch,* Göttingen 1830, 1 ss. cuestiona la interpretación de Bluhme en relación con el orden de los fragmentos.

ha señalado, por Hofmann[585], considerado, en palabras de García Garrido, su mayor detractor[586]. El autor alemán, resalta el hecho de que en esta recopilación los juristas no gozaron de un trato igualitario. A este respecto señala que dos terceras partes de los materiales proceden de las obras de los juristas de la Ley de Citas: de las obras de Ulpiano y Paulo son más de la mitad de los fragmentos y del primero son el doble que del segundo. El tercio restante está integrado por las obras de los juristas restantes de entre los que se destacan diez sobre el resto cuyos extractos son escasos. En este sentido afirma que la obra sería una antología de los escritos de juristas de la época de Cicerón a Constantino.

En relación con la regularidad de secuencias afirmadas por Bluhme mantiene que ésta advertida en los últimos títulos de la compilación no se observa, a simple vista, en la obra en su conjunto, aunque reconoce la existencia de secuencias de textos provinientes, sobre todo, delas colecciones prejustinianeas utilizadas.

Una propuesta que matiza la distribución de las materias de los *Digesta* entre las diversas masas es la enunciada por Arnó[587]. Para este autor hay una primera masa cuyo fundamento puede considerase las obras de las escuela serviana: los *digesta* de Afeno; los comentarios *ad Sabinum* de Ulpiano, Paulo y Pomponio; los *digesta* de Juliano, y otras obras de este representante de la escuela serviana[588]; las obras de Gayo: *res cottidianae* e *instituta*. Fundamento de la segunda masa son los comentarios *ad edictum* y

---

[585] HOFMANN, *Die Compilation der Digesten Iustinians*, en *Kritische Studien*, Wien 1900.

[586] REINOSO-BARBERO, *Las inscripciones en Digesto*, cit.

[587] *Vid.*, ARNÒ, *Introduzione allo studio delle Pandette. Corso di diritto romano*, Torino 1937, 88 ss.

[588] En este sentido Arnò apunta que a estas obras debe añadirse los responsa de Juliano recopilados por Africano.

monografías sobre materia edictal y obras de los representantes de la escuela muciana: los 39 libros de Pomponio *ad Quintum Mucium*; los libros I-XI *epistularum* de Próculo; los *digesta* de Celso; los *digesta* de Marcelo. La tercera masa estaba formada por las obras Papiniano. Para este autor, conforme a su propuesta, nos encontramos ante el hecho evidente de que la escuela muciana pasa a ocupar un segundo lugar y por ello, es por lo que se forma una pequeña cuarta masa, llamada appendix, que podrían decirse, que al menos una parte de ella es una masa mucio-labeoniana.

Mantovani confirma el modelo bluhmiano en la vigencia de un orden constante en las secuencias de los textos y considera que es oportuno reconducir los desplazamientos al orden bluhmiano. En relación al orden de las masas admite que los tres criterios que propone Bluhme son los que observan los compiladores en la subdivisión de la literatura jurídica: a) unir, cuando es posible, obras de igual materia; b) aproximar, al menos, las obras del mismo autor; c) especialmente poner las obras de menor número de fragmentos, al final de las masas. Sobre la división de obras postula, que en el momento de la confección del *Index*, las obras se subdividen entre los comisarios en el mismo orden que eran catalogadas, pues este Índice representa el catálogo de los títulos puesto a disposición de los comisarios. Se procede posteriormente a la lectura, en primer lugar, las de contenido general, bien por ser las más relevantes o bien porque resultan más familiares a los comisarios. La lectura y extracción de las obras menores está inspirado por razones sustanciales, ligadas al proceso de la compilación. Tras haber reunido grupos homogéneos de obras se procedea la lectura y extracción de las obras especializadas[589].

Una propuesta distinta es la de Ambrosino al considerar que cada uno de los comisarios trabaja independientemente y por su cuenta, en un número de obras determinadas, introducidos

---

[589] MANTOVANI, *Digesto e masse bluhmiane*, cit.

posteriormente en los títulos que tenía asignados. Esto explicaría los errores existentes en *Digesta*, corregidos posteriormente por los Basílicos[590].

Es cierto que Bluhme no consigue explicar con tesis convincentes la existencia ni de errores ni la de leyes gemelas. En este sentido García-Garrido hace una relevante aportación. Afirma que el resultado del estudio de las *leges geminatae* y *capita similia* que se recogen en Digestorum *Similitudines*[591] viene a confirmar más la tesis de Hofmann que la enunciada por Bluhme. Parte de las siguientes premisas: a) las geminaciones están en proporción directa al número de fragmentos que integran cada una de las masas; b) el elevado número de *similitudines* y geminaciones es un argumento en contra de la existencia de subcomisiones; c) el hecho de que un texto presente dos o más veces en la obra, esté unas veces alterado y otras no; d) muchas de las alteraciones son prejustinianeas lo que supone la utilización de materiales postclásicos por parte de los compiladores; e) la utilización de un mismo texto para instituciones distintas; f) aplicar la decisión del jurista en Títulos diversos; g) copiar las decisiones de juristas precedentes atribuyéndolas a juristas posteriores; h) incorporar a las respuestas jurisprudenciales textos de constituciones o del edicto sin citar la fuente de donde proceden.

Muestra su perplejidad ante el hecho de que una misma mano seleccione un texto dos o más veces, y especialmente el hecho de que unas veces el texto aparezca alterado y otras veces no. Esto último le lleva a sostener la utilización de obras posclásicas por los compiladores, pues como ya demuestrabCollinet, muchas de las

---

[590] AMBROSINO, *Vocabularium Institutionum Iustiniani Augusti* (Milano 1942) 13 ss., citado por GUARINO, *La compilazione di "Digesta Iustiniani"*, cit., 728.

[591] GARCÍA-GARRIDO & REINOSO-BARBERO, *Digestorum Similitudines*, XI vols., Madrid 1994.

alteraciones de los textos son prejustinianeas. García-Garrido afirma, por tanto, que una de las mayores dificultades para compartir la tesis bluhmiana es el elevado número de geminaciones y las variadas redacciones con evidentes corrupciones y alteraciones. En este sentido comparte con Pescani que la alteración se habría producido en todos los fragmentos y no en unos sí y, en otros, no[592]. Este autor, apunta, además, la utilización de un mismo texto para instituciones distintas, o la utilización de una misma decisión jurisprudencial en títulos distintos. Estos supuestos le conducen a dudar si estas modificaciones son realizadas por los comisarios justinianeos. Rechaza el argumento enunciado por Bluhme, y aceptado por la doctrina que se muestra partidaria de la teoría de las masas bluhmianas, según la cual la presencia de un número elevado de similitudes tiene su fundamento en la ausencia de conexión entre las subcomisiones.

Al igual que todos los autores que nos han precedido, en el estudio de la compilación de Digesto, nos planteamos las cuestiones relativas a: la existencia y utilización, o no, de colecciones o pre-compilaciones, la escasa duración del trabajo, y al método de trabajo de los compiladores, cuestiones relacionadas entre sí.

Hasta ahora, nos hemos pronunciado: a favor de la utilización directa de algunas pocas obras y, especialmente, de colecciones; y, asimismo, a favor de la existencia de un cuerpo legal a partir del que se realiza la obra.

A mi juicio, dicho cuerpo no llega a tener la consideración de predigesto, en el sentido que distaba mucho del resultado de la compilación justinianea; pero sí en cuanto a que se parte de él para realizar la redacción de *Digesta*, tanto porque se utiliza, modifica y completa lo ya existente, como porque permite orientar el trabajo

---

[592] GARCÍA-GARRIDO, *Similitudines e masse bluhmiane*, en *Orbis Iuris Romani*. Journal of Ancient Law Studies IV (Bratislava 1998) 157 ss.

para obtener un resultado, sabiendo, a partir del mismo, todo lo que se debía ampliar, modificar y eliminar. De ahí la confirmación del emperador según el cual son muchas las modificaciones que se han realizado y que han consistido: en correcciones, consistentes en eliminar las repeticiones, contradicciones y el derecho no vigente y en introducir lo que resultara conveniente y útil[593].

La extracción directa se haría esencialmente de las obras que no aparecen citadas por los juristas enciclopedistas, y que el emperador en la C. *Tanta*, dice que eran desconocidas para los antiguos juristas. Posiblemente fueran obras de menor entidad. En este sentido resulta curioso que la mayoría de los libros singulares se introducen a partir de la cuarta parte y, aún en los escasos supuesto que aparecen en alguna de las tres primeras partes, su presencia es muy inferior. Los comisarios también tendrían acceso directo a las obras de los juristas de la ley de Citas, porque la práctica forense habría necesitado de sus continuas reediciones.

En relación con el uso de colecciones, considero que es una realidad que no admite discusión. Principalmente por el propio testimonio de Justiniano en las constituciones que promulga, al usar, como he dicho, de los términos *collecta, congregata, dispersa*

---

593 Algunas de las modificaciones que se introducen responden a la simplificación y abreviación como el mismo emperador reconoce en la C. *Tanta,* 1 y al proceso de unificación que pretendía. Todo ello unido al escaso tiempo empleado viene a justificar los recortes en las exposiciones del *ius controversum* propio de los juristas romanos. En opinión de Kaser para Justiniano lo más razonable era seleccionar los textos de los clásicos que no tenía que interpolar. Aboga por el clasicismo de Justiniano que él mismo declara al expresar su *reverentia* por la jurisprudencia clásica (C. *Tanta,*10) y que le lleva a conservar en lo posible lo ya establecido, lo que, señala, no está en contradicción con la máxima "*multa et maxima sunt, qua propter utilitatem rerum transformata sunt,* puesto que la mayor parte de las modificaciones han respetado el contenido sustancial de los textos.*Vid.,* KASER, *Las interpolaciones en las fuentes jurídicas romanas,* cit., 81 ss.

confusa, volumina, etc. A lo largo de los capítulos precedentes he apuntado también determinadas circunstancias que evidencian, primero, su existencia[594] y luego su utilización. En este sentido, evitamos repetir los argumentos que ya se han esgrimido. Me limitaré a poner algún ejemplo que puede extraerse del cotejo de *Digesta* con la *Collatio legum mosaicarum et romanarum* y que ponen de manifiesto distintas circunstancias interesantes en relación, tanto a las deficiencias de las colecciones como a la tradición de las respuestas jurisprudenciales por Digesto.

Collatio y *Digesta*

Coll.1,6 (*Ulpianus libro septimo de officio proconsulis sub titulo de sicariis et veneficis)*
1. Distinctionem casus et voluntatis in homicidio servari rescripto Hadriani confirmatur. 2. Verba rescripti : "Et qui hominem occidit absolvi solet, sed si non occidendi animo id admisit: et qui non occidit, sed voluit occidere, pro homicida damnatur. 3. E re itaque constituendum est: ecquo ferro percussit Epafroditus ? Nam si gladium instrinxit aut telo percussit, quid dubium est, quin occidendi animo percusserit ? Si clave percussit aut cucuma aut, cum forte rixaretur, ferro percussit, sed non occidendi mente. 4. Ergo hoc exquirite et si voluntas occidendi fuit, ut homicidam servum supplicio summo iure iubete affici"

D.48,8,1,3 (*Marcianus libro quarto decimo institutionum*)

Divus Hadrianus rescripsit eum, qui hominem occidit, si non occidendi animo hoc admisit, absolvi posse, et qui hominem non occidit, sed vulneravit, ut occidat, pro homicida damnandum: et ex re constituendum hoc: nam si gladium stri<n>xerit et in eo percusserit, indubitate occidendi animo id eum admisisse: sed si clavi percussit aut cuccuma in rixa, quamvis ferro percusserit, tamen non occidendi animo. leniendam poenam eius, qui in rixa casu magis quam voluntate homicidium admisit.

---

[594] Y no únicamente por el conocmiento de las que nos han llegado a nuestras manos sino por la necesidad de las mismas para la administración de justicia.

Lo primero que se advierte es que, conforme a las inscripciones de los textos, la autoría no es la misma. Los compiladores la atribuyen a Marciano mientras que en la *Collatio* figura que el texto procede de la obra *de officio proconsulis de Ulpiano*, concretamente del libro séptimo. La diferente autoría puede explicar que en la *Collatio* se recoge, únicamente, uno de los 5 parágrafos de D.48,8,1

Las hipótesis que pueden apuntarse para explicar esta diferencia sustancial son varias:

-Primera. Que ambos juristas se ocupan del rescripto de Adriano, Ulpiano transcribiéndolo literalmente, como lo indica el empleo de comillas, y Marciano lo comentara utilizando un tono escolástico destinado a la obra de Instituciones, del mismo carácter. Las diferencias y omisiones que se advierten en *Digesta* ponen de manifiesto como el fin didáctico puede alterar sustancial y formalmente un texto, en este caso un rescripto del emperador.

-Segunda. Ambas obras procedan de arquetipos distintos.

-Tercera. Tanto el autor de la *Collatio* como los compiladores justinianeos contaran con las dos obras y mientras el primero optase por el texto de Ulpiano, ya que como se advierte en esta obra únicamente se citan los cinco juristas de la ley de Citas, los compiladores incorporasen el texto de Marciano, con el deseo de incluir mayor número de juristas y obras a la *magna opera* que estaban realizando. Obviamente, si se admite que éstos cuentan físicamente con las obras que se recogen en Digesto, habría que admitir que los compiladores pueden elegir entre los dos textos, el de Ulpiano y el de Marciano.

-Cuarta. El autor de la *Collatio* habría realizado una preselección de juristas y simplemente emplearía las obras de los cinco juristas que incorpora y que, como se ha apuntado anteriormente, los que se mencionan en la ley de Citas.

-Quinta. El autor de la *Collatio* utilizaría un arquetipo donde únicamente se recogen ya las opiniones de los cinco juristas.

Estas hipótesis no se excluyen todas entre sí. La diferente redacción, tanto en la forma de plantear el caso como en la solución propuesta, podrían avalar la primera hipótesis de que ambos juristas se ocuparan del rescripto adrianeo desde una perspectiva y finalidad distinta.

Con respecto a la tercera y cuarta hipótesis, en mi opinión, el autor de la *Collatio* utilizaría un arquetipo en el que únicamente se recogieran obras de los cinco juristas al igual que recurrió a la *Codex Hermogenianus* y *Gregorianus*, donde estaban las leyes compiladas.

El comentario de la comparación de estos pasajes es el siguiente:

Diferencias formales:

rescripti/ rescripsit

absolvi solet/ absolvi posse

id /hoc

voluit occidere/ vulneravit, ut occidat

E reitaque constituendum est/ et ex re constituendum hoc

Instrinxit/ stri<n>xerit

quid dubium est/ indubitate

clave/ clavi

cum forte rixaretur/ in rixa

percussit/ percusserit

mente/ animo

voluntas occidendi fuit/ voluntate homicidium

Omisiones:

- En Digesto: el primer parágrafo de la *Collatio*, a excepción de la referencia a Adriano *"Distinctionem casus et voluntatis in homicidio servari rescripto... confirmatur"*, el periodo *"ecquo ferro percussit Epafroditus?"* y el inciso final donde en el rescripto el emperador señala que se investigue, y que si se confirma la voluntad de matar del esclavo sea condenado como homicida *"Ergo hoc exquirite et si... ut homicidam servum supplicio summo iure iubete affici"*.

- En la *Collatio* la solución propuesta es distinta, ya que aquí se contempla la posibilidad de que el desenlace (muerte) haya tenido lugar más por casualidad que por voluntad de matar, por lo que se insta a que se modere la pena *"leniendam poenam eius, qui in rixa casu magis quam"*

De la misma autoría son los dos textos que se exponen a continuación:

Coll.12,7,8 (*Ulpianus libro decimo octavo ad edictum, sub titulo si fatebitur iniuria occisum esse, in simplum et cum diceret*)	D.9,2,27,10 (*Ulpianus libro octavo decimo ad edictum*)
Item libro VI ex Vibiano relatum est: Si furnum secundum parietem communem haberes, an damni iniuria teneris? et ait Proculus agi non posse Aquilia lege, quia nec cum eo qui focum haberet: et ideo	*Si furnum secundum parietem communem haberes, an damni iniuria tenearis? et ait Proculus agi non posse, quia nec cum eo qui focum haberet: et ideo aequius puto in factum actionem dandam, scilicet*

aequius puto in factum actionem dandam. Sed non proponi exustum parietem. Sane enim quaeri potest, si *nondum mihi damnum dederis, et ita ignem habeas, ut metuam, ne mihi damnum des, an aequum sit me actionem, es est in factum inpetrare ? fortassis enim de hoc senserit Proculis. nisi quis dixerit damni non facti sufficere cautionem.*	*si paries exustus sit: sin autem nondum mihi damnum dederis, sed ita ignem habeas, ut metuam, ne mihi damnum des, damni infecti puto sufficere cautionem.*

Diferencias formales y redaccionales:

Teneris/ tenearis

Sed non proponi exustum parietem/ scilicet si paries exustus sit: sin autem

Si/ *sed*

damni non facti/ infecti

Omisiones:

En *Digesta* la referencia a Vibiano "*Item libro VI ex Vibiano relatum est*" y el período "*an aequum sit me actionem, es est in factum inpetrare? fortassis enim de hoc senserit Proculis. nisi quis dixerit*".

Propongo un último ejemplo en el que si bien la autoría coincide no el número de libro, lo que sucede en más de una ocasión.

Coll.7,3,3 (*Ulpianus libro octavo ad edictum sub titulo si quadrupes pauperiem dederit*) *Et si quis noctu furem occiderit non dubitamus quin lege Aquilia non teneatur: sin autem, eum posset adprehendere, maluit occidere, magis est, ut iniuria fecisse videatur: ergo etiam lege Cornelia tenebitur*	D.9,2,5pr. (*Ulpianus libro octavo decimo ad edictum*) *... et si metu quis mortis furem occiderit, non dubitabitur, quin lege Aquilia non teneatur. sin autem cum posset adprehendere, maluit occidere, magis est ut iniuria fecisse videatur: ergo et Cornelia tenebitur.*

La principales diferencias que se advierten son : el número de libro puesto que en la *Collatio* el libro es el octavo mientras que en *Digesta* el libro de donde procede es el décimo octavo ; la otra diferencia es la sustitución de *noctu* por *metu* en los *Digesta*, ambas circunstancias sirven de eximente para el caso que se mate a un ladrón.

Diferencias Formales y redaccionales :

Dubitamus/ *dubitabitur*

eum/ *cum* (un pronombre y una conjunción; esta variante puede proceder de algún códice, porque la lectura de *eum* y *cum* se puede confundir)

etiam/*et*

En general, se pone de manifiesto una diferencia importante y ésta radica que en las inscripciones de la *Collatio,* figura la indicación de la materia que se trata en el mismo; esto unido a los índices de títulos de las colecciones bien pueden facilitar la realización del *Index titulorum* de *Digesta* antes de acometer distintas fases en la elaboración de la obra. Este hecho permite a Justiniano aventurar, en la C. *De conceptione digestorum* la estructura y división de la obra sin equivocarse.

Respecto a la extracción de algunos fragmentos de citas de autores por otros juristas insistimos en que, efectivamente, se ha procedido a la emancipación de autores a partir de testimonios de un tercer jurista. De esta forma, se cumple con la indicación del emperador de que las inscripciones recojan los autores de las leyes, por lo que en algunas de éstas se indican lo que son citas en las obras que se utilizan.

Esta emancipación a la que me he referido con cierta frecuencia a lo largo del presente estudio parece confirmarla el propio Justiniano cuando señala que aquello que los juristas copiaron e insertaron en sus libros, lo pongan de la forma debida para que se considere como auténtico y como redacción genuina.

C. *Deo auctore*,7

… *hoc etiam nihilo minus obseruando, ut si aliquid in ueteribus legibus uel constitutionibus, quas antiqui in suis libris imposuerunt, non recte scriptum inueniatis, et hoc reformetis, et ordini moderato tradatis, ut hoc uideatur esse uerum et optimum et quasi ab initio scriptum, quod a uobis electum, et ibi positum fuerit, et nemo ex comparatione ueteris uoluminis quasi uitiosam scripturam arguere audeat*

La última parte del texto, donde el emperador dispone que "*nadie se atreva a discutirlo como copia falsa por el cotejo de una edición antigua*" podría suponer una "bula" o prerrogativa para que los comisarios justinianeos tuvieran una cierta libertad en introducir las modificaciones que consideraran. ¡Nadie se atreva a discutirlo!

Nos remitimos, a los apartados tratados en el segundo capítulo en este sentido, especialmente: 1.2. Inscripciones que consisten en *notae* de un jurista a otro; 1.3. Inscripciones de obras de epítomes en las que figuran como autores los juristas cuyas obras son extractadas; 1.4. Correcciones de F2; 1.5. La reconstrucción de Lenel: *Celsus*, *Iavolenus* et *Iulianus;* 1.6. Citas en textos del propio autor de la obra y 1.7. Ausencia de citas de juristas de los libros de los que faltan textos de algunos autores.

La *interpretatio* visigótica de la ley de Citas, viene a dar un interesante testimonio en este sentido. Al mencionar de nuevo a Escévola, Sabino, Juliano y Marcelo, señala que "*no se encuentran en sus obras pero si están incluidos en las obras de aquéllos*"[595]. Lo que parece testimoniar es que las obras que habían quedado fuera de uso por la práctica forense habían dejado de reeditarse[596].

[595] C. Th.1,4,3: *INTERPRETATIO: Haec lex ostendit, quorum iuris conditorum sententiae valeant; hoc est, Papiniani, Pauli, Gaii, Ulpiani, Modestini, Scaevolae, Sabini, Iuliani atque Marcelli: quorum si fuerint prolatae diversae sententiae, ubi maior numerus unum senserit, vincat. quod si forsitan aequalis numerus in utraque parte sit, eius partis praecedat auctoritas, in qua Papinianus cum aequali numero senserit: quia ut singulos papinianus vincit, ita et cedit duobus. Scaevola, Sabinus, Iulianus atque Marcellus in suis corporibus non inveniuntur, sed in praefatorum opere tenentur inserti. Gregorianum vero et Hermogenianum ideo lex ista praeteriit, quia suis auctoritatibus confirmantur ex lege priore, sub titulo de constitutionibus principum et edictis. sed ex his omnibus iuris consultoribus, ex Gregoriano, Hermogeniano, Gaio, Papiniano et Paulo, quae necessaria causis praesentium temporum videbantur, elegimos.*

[596] A. d´Ors sostiene que la duración de los libros era alrededor de cien años, lo que supone la desaparición de los textos clásicos así como la de los primeros códices del siglo III, antes de la ley de Citas. En este sentido hay que pensar que se realizan reediciones, incluso después de la Constitución del 426, a pesar de que la obra de muchos autores había quedado fuera de uso. La de otros simplemente podía ser alegada en tanto que fueran citados por los juristas de la ley de citas, imponiéndose, además, el cotejo de las citas, no de las obras de aquéllos.

Opino que si los compiladores hubieran contado materialmente con las obras de todos los autores no habrían desechado muchas de las opiniones de algunos de ellos, que luego recogen a través de las citas de otros juristas. Considero, además, que hubiera habido más fragmentos de los distintos autores y menos de los autores enciclopédicos, Ulpiano y Paulo, cuando claramente sucede lo contrario.

En cuanto a la forma de comisión y distribución del trabajo, reitero las hipótesis que he ido proponiendo. En el momento de la promulgación de la C. *Deo auctore*, ya se había procedido a la búsqueda y selección del material a utilizar. Como he comentado el empleo de determinados verbos en pretérito induce a pensar en que en el momento de la promulgación ya se hubieran acometido los trabajos previos a la fase de lectura.

Considero, igualmente, que se contaba con un *Index Titulorum* que ya estaba redactado con anterioridad a la promulgación de esta constitución.

*C. Deo auctore,*5:

Cumque haec materia summa numinis liberalitate collecta fuerit, oportet eam pulcherrimo opere extruere, et quasi proprium et sanctissimum templum iustitiae consecrare, et in libros quinquaginta et certos titulos totum ius digerere, tam secundum nostri constitutionum Codicis, quam edicti perpetui imitationem,...

Justiniano establece en la *C. Deo auctore,* la división de la obra en 50 libros y éstos en títulos, cuya relación se recoge en el *Index Titulorum*[597]. El hecho de que no se recojan directrices sobre su

---

[597] SINAÏSKI, *Ordre des matières dans la législation de Justinien*, en *Studi Albertoni I*, Padova 1935, 181 ss., explica a que criterios, según su opinión, responde las divisiones de Digesto. La primera parte, Prota, está dividida en 4

redacción e inclusión en la C. *Deo auctore*, parece responder a que el momento de la promulgación de la constitución *Deo auctore*, estaba ya confeccionado.

A este respecto, consideramos que las deficiencias que se advierten en el mismo pueden ser indicativas de que se realizara con anterioridad, y que posteriormente no se procediera a la revisión del Índice[598]. En relación a estos errores ponemos de manifiesto las variantes que se producen entre este Índice y la obra, y aquellas que se observan en relación con los *Basilica:*

Así, la mención en el *Index Titulorum* del Título 41,11 "*Communia de accesionibus possessionum*", que no aparece en los *Digesta* (en el Libro 41 únicamente hay 10 títulos). Krüger, en el aparato crítico de la *editio minor,* mantiene que estos *digesta* se tratan en el título 44,3 *De diversis temporalibus praescriptionibus*

---

libros y éstos, a su vez, en 52 títulos, lo que se corresponde con las 4 estaciones del año y con las 52 semanas. La segunda parte, *De Iudiciis*, son siete libros como son 7 los reyes romanos, aclara que el sistema de división por 7 es de origen semítico. La tercera parte, *De rebus*, son 8 libros y se corresponde al sistema de división griego con las 8 semi-estaciones. Los diez libros singulares (20-29) y otros libros (30-38) se corresponden al sistema digital, los primeros. De los otros libros no dice nada. Del resto, libros 39-50 señala que se corresponden al sistema solar (duocedimal). La división en 50 y en 7 se corresponde con la división del año en 7 como lo hacían los antiguos 350: 7= 50 Aclara que aunque los distintos juristas tenían su obra de *Digesta* divididos en diferentes libros (Alfeno, 40 libros; Escévola, 40; Marcelo, 31; Juliano, 90; y Modestino, 12) el número 50 como división de las leyes es dado por Servio Tulio y comenta que Apolón tenía 7 grupos de animales blancos con un total de 50 cabezas, y 7 grupos de animales rojos con un total, también de 50 cabezas.

598 En relación con las rúbricas de los Titulos, GIUFFRÈ, *Le origini delle rubriche di "Digesta",* , 296 ss., reproduce en esquema que las conclusiones de Soubie. Así, de las 430 rúbricas 175 corresponden a aquellas del Edicto; 38 proceden del sistema de Sabino; 36 de monografías clásicas (reproducidas principalmente en los primeros y últimos libros de Digesto); aproximadamente 60 son extractadas del interior de obras clásicas; 60 títulos clásicos, y el resto no se tiene certeza de su atribución.

et de accesionibus possessionum, concretamente en D.44,3,6.8.11.14.15.16[599]. Ricart considera que esta variante pone de manifiesto el titubeo de la comisión compilatoria al prever este libro compuesto de 11 títulos, y decidir posteriormente la exclusión del último, no es casualidad que el excluido sea precisamente el que constara como último del *Index.*[600].

Una variante, en sentido contrario, supone la omisión de la referencia al título 43,10 *De via publica et si quid in ea factum esse dicatur*. Este título consta de un único texto de Papiniano del libro sobre el gobierno de la ciudad (Astinomicò). En opinión de Ricart esta omisión puede deberse a un error mecánico del copista, ya que el siguiente Título se inicia con las mismas palabras *De via publica et itinere publico reficiendo* [601].

Se advierte, igualmente, la transposición de dos títulos del libro 48. Así, el título 48,4 "*Ad legem Iuliam de adulteriis coercendis*" se corresponde en realidad con el título 48,5 de los *digesta* y el título 48,5 "*Ad legem Iuliam maiestatis*" con el 48,4. En opinión de Ricart, la inversión de las rúbricas en el *Index,* se deba igualmente a un error del copista[602].

En nuestra opinión, partiendo de la teoría de que la confección de este índice se realiza previamente a las labores de extracción y edición, entendemos que estas deficiencias podrían deberse: a errores del copista, como apunta Ricart; a una negligencia de los comisarios en el momento de la edición o, lo que nos parece más

---

599 Vid., MOMMSEN-KRÜGER, *Corpus Iuris Civilis,* cit., 712 nt. 2.

600 *Vid.*, RICART, *La tradición manuscrita del digesto en el occidente medieval*, en *AHDE* 57 (1987) 181.

601 *Vid.*, RICART, *La tradición manuscrita del digesto en el occidente medieval*, cit.,181.

602 *Vid.*, RICART, *La tradición manuscrita del digesto en el occidente medieval*, cit.,181.

probable, a una modificación en el seno de la obra que no se traduce en una corrección del *Index Titulorum.*

Sobre la distribución del trabajo, no puedo sino cuestionar la teoría de las masas enunciadas tal y como ha sido enunciada por Bluhme. Aceptar la división de las distintas obras, que propone este autor, en las tres subcomisiones sería admitir la existencia y la utilización directa de todas las obras que se recogen en las inscripciones. Además, se advierten distintos quiebros en los criterios de distribución las obras como he apuntado en este mismo capítulo.

Otro argumento que puede esgrimirse en contra de esta distribución [603]son las numerosas desviaciones de orden que se advierten en el interior de la obra. Para Mantovani la parte segura y central de la teoría de Bluhme es la regularidad de la secuencia de las inscripciones. No obstante, la explicación a la regularidad que se advierte en los distintos títulos de Digesto puede encontrarse en el hecho de que determinados fragmentos proceden de las citas de otros que están colocados con anterioridad[604].

Honoré considera que la teoría de Bluhme, por otros muchos autores compartida, de la redacción en sesiones conjuntas de la comisión, y sobre la cual no existen evidencias directas, no es la más adecuada. En su opinión, el punto crítico reside en las desviaciones del orden de los fragmentos, tal y como fueron

---

[603] PESCANI, *Il piano del Digesto e la sua attuazione*, 224 ss., apunta que la hipótesis de Bluhme se encuentra con una dificultad preliminar que se deriva de la propia posición de Triboniano y el número de comisarios en las tres subcomisiones.

[604] No obstante, estas consideraciones que he esgrimido, comparto la admiración a este autor en la misma línea que expresa MANTOVANI, *Cent'anni dalla norte di Hofmann, duecento della nascita de Bluhme*, en *Orbis Iuris Romani*. Journal of Ancient Law Studies IV (Bratislava 1998) 171 ss.

establecidos por Bluhme y Krüger, y en la asunción de que estos desplazamientos se deben a la actividad editorial de los comisarios cuando diseñaron los 432 Títulos de Digesto. En su opinión, el orden BK se confirmaría 83,7%, al resultar los desplazamientos el 16,3% del total de fragmentos de Digesto, es decir, alcanzan una cifra de 1.416 textos desviados.

A este respecto Reinoso-Barbero[605] sostiene que "este porcentaje es dudoso al haber trabajado sobre una base textual equivocada, con una desviación, a la baja, de más de cuatrocientos textos. Operó sobre ocho mil seiscientos noventa y cinco en vez de nueve mil ciento cuarenta y uno, como debiera haber hecho". En su opinión el nivel de excepciones es muy alto. Afectan tanto a la alteración del orden en la colocación de las obras dentro de su grupo como fuera de él"[606].

.

[605] Cfr. REINOSO-BARBERO, *Las inscripciones en Digesto,* obra inédita, 186.

[606] REINOSO-BARBERO, *Digesta Iustiniani Augusti. Introducción a su estudio,* cit.

ANEXO I

Juristas y obras presentes en cada una de las siete partes de los Digesta

1-- PROTA
2-- DE IUDICIIS
3-- DE REBUS
4-- UMBILICUS
5-- 5ª PARTE
6-- 6ª PARTE
7-- 7ª PARTE
T/M –TEXTOS/ MASA

	1	2	3	4	5	6	7
Jurista/Obra	T/M	T/M	T/M	T/M	T/M	T/M	T/M
ULPIANUS							
Libri ad edictum	186 [E] 13 [S]	179 [E] 15 [S]	150 [S] 40 [E]	61 [S] 52 [E]	37 [S] 35 [E]	194 [E] 65 [S]	149 [E] 53 [S]
Libri ad Sabinum	33 [S]	63 [S]	77 [S]	91 [S]	153 [S]	62 [S]	136 [S]
Libri ad edictum aedilium curulium	2 [E]			23 [E]			1 [E]
Libri ad legem Iuliam et Papiam	10 [E]	1 [E]		12 [E]	17 [E]	12 [E]	16 [E]
Libri de censibus	1 [S]					2 [S]	4 [S]
Libri de officio consulis	3 [E]	3 [E]		3 [E]	2 [E]	5 [E]	6 [E]
L. sing. de officio praefecti urbi	2 [P]						
Libri de officio praefecti vigilum	1 [P]						
Libri de officio proconsulis	11 [S]	2 [S]		7 [S]	1 [S]	4 [S]	55 [S]
L. sing. de officio quaestoris	2 [P]						
Libri de omnibus tribunalibus	7 [S]	5 [S]		11 [S]	1 [S]	4 [S]	6 [S]
Libri disputationum	7 [S]	12 [S]	18 [S]	18 [S]	28 [S]	26 [S]	34 [S]
Libri fideicommissorum	3 [P]	2 [P]			29 [P]	7 [P]	3 [P]
Libri opinionum	18 [S]	12 [S]	3 [S]	4 [S]		2 [S]	26 [S]
Libri responsorum	1 [S]	2 [S]	2 [S]	12 [S]	2 [S]	5 [S]	5 [S]
Libri institutionum	6 [S]	2 [S]		1 [S]	1 [S]	2 [S]	1 [S]
Libri regularum	2 [S]	2 [S]		2 [S]	4 [S]	6 [S]	5 [S]
L. sing. pandectarum			1 [S]			1 [S]	
L. sing. de officio consularium			1 [S]				
Libri de adulteriis				3 [S]		2 [S]	22 [S]
L. sing. excusationum				1 [E]			
L. sing. de officio curatoris rei publicae				1 [S]			4 [S]
L. sing. de officio				3 [E]			

praetoris tutelaris							
Libri pandectarum				1 [E]			
L. sing. regularum				1 [S]		1 [S]	
L. sing. de sponsalibus				2 [S]			
Libri ad legem Aeliam Sentiam						3 [S]	1 [S]
Libri de appellationibus							14 [S]
sin indicación de obra							1 [I]
PAULUS							
Libri ad edictum	140 [E] 5 [S]	119 [E] 7 [S]	86 [S] 35 [E]	34 [S] 26 [E]	19 [E] 11 [S]	114 [E] 30 [S]	114 [E] 17 [S]
Libri ad Sabinum	14 [S]	45 [S]	50 [S]	54 [S]	63 [S]	40 [S]	61 [S]
Libri ad edictum aedilium curulium	1 [E]		2 [E]	9 [E]	1 [E]		1 [E]
L. sing. ad legem Cinciam	1 [E]						
Libri ad legem Iuliam et Papiam	5 [E]		1 [E]	5 [E]	17 [E]	8 [E]	11 [E]
Libri ad Neratium	1 [P]	4 [P]	4 [P]	1 [P]	9 [P]	3 [P]	6 [P]
Libri ad Plautium	9 [E]	29 [E]	24 [E]	16 [E]	25 [E]	40 [E]	47 [E]
Libri brevium	1 [E]		4 [S]	6 [S]		1 [E]	2 [E]
L. sing. de iure singulari	1 [P]	1 [P]		1 [P]			
L. sing. de officio adsessorum	3 [P]	1 [P]					
L. sing. de officio praefecti urbi	1 [P]						
L. sing. de officio praefecti vigilum	2 [P]		1 [P]	1 [P]			1 [P]
L. sing. de portionibus quae liberis damnatorum conceduntur	1 [S]						1 [S]
Libri decretorum	1 [P]	1 [P]	2 [P]	4 [P]	4 [P]	2 [P]	8 [P]
Libri Iuliani digestorum notat	1 [S]		1 [S]				
Libri manualium	2 [P]	4 [P]	1 [P]		3 [P]	6 [P]	7 [P]
Libri quaestionum	9 [P]	11 [P]	24 [P]	34 [P]	35 [P]	15 [P]	29 [P]
Libri regularum	2 [S]		2 [S]		5 [S]	1 [S]	1 [S]
L. sing. regularum	1 [S]		1 [S]	2 [S]		2 [S]	2 [S]
Libri responsorum	10 [P]	9 [P]	10 [P]	34 [P]	29 [P]	19 [P]	21 [P]
Libri sententiarum	20 [P]	9 [P]	10 [P]	20 [P]	20 [P]	21 [P]	31 [P]
Libri epitomarum Alfeni digestorum		10 [S]	8 [S]		1 [S]		2 [S]
L. sing. de inofficioso testamento		3 [P]					
Libri institutionum		1 [S]				2 [S]	
L. sing. de septemviralibus		3 [S]					

iudiciis quaestionum Papiniani notat		2 [P]					
Libri ad Vitellium		4 [E]		1 [E]	14 [E]	1 [E]	4 [E]
L. sing. de intercessionibus feminarum			1 [S]				
L. sing. de variis lectionibus			1 [S]			2 [S]	
L. sing. ad senatus consultum Velleianum			1 [S]				
L. sing. de adsignatione libertorum				1 [S]	3 [S]		1 [S]
Libri de adulteriis				4 [S]		2 [S]	6 [S]
L. sing. de cognitionibus				4 [P]			3 [P]
L. sing. de excusationibus tutelarum				3 [S]			
L. sing. de iure patronatus				1 [S]		2 [S]	
L. sing. de iuris et facti ignorantia				1 [P]			
L. sing. ad legem Aeliam Sentiam				1 [S]	2 [S]	5 [S]	1 [S]
L. sing. ad legem Falcidiam				1 [P]	3 [P]		1 [P]
Libri de officio proconsulis				1 [S]			4 [S]
L. sing. ad orationem divi Antonini et Commodi				2 [S]			
L. sing. ad orationem divi Severi				3 [S]			
L. sing. ad senatus consultum Turpillianum				1 [P]			2 [P]
L. sing. de usuris				1 [P]			
L. sing. ad legem Fufiam Caniniam					1 [S]		1 [S]
L. sing. ad senatus consultum Tertullianum					1 [P]	1 [P]	1 [P]
L. sing. ad senatus consultum Silanianum					3 [S]		
Libri fideicommissorum					9 [P]	6 [P]	3 [P]
L. sing. de forma testamenti					1 [P]		
Libri imperialium sententiarum in cognitionibus prolatarum					3 [A]	2 [A]	1 [A]
L. sing. de instrumenti					2 [P]		

significatione							
L. sing. de iure codicillorum					4 [S]	1 [S]	
Libri de iure fisci					1 [E]		
Libri ad legem Iuliam					1 [S]	1 [S]	
L. sing. de secundis tabulis					3 [S]		
L. sing. de senatus consultis					1 [S]		
L. ing. ad senatus consultum Claudianum						1 [P]	
L. sing. ad senatus consultum Orphitianum						1 [P]	1 [P]
L. sing. ad senatus consultum Tertullianum et Orphitianum						1 [P]	
L. sing. de conceptione formularum						1 [S]	
L. sing. de articulis liberalis causae						1 [P]	
L. sing. <de> concurrentibus actionibus						1 [P]	1 [P]
L. sing. de gradibus et adfinibus et nominibus eorum						1 [P]	
L. sing. de liberali causa						1 [S]	
L. sing. de libertatibus dandis						3 [S]	
Libri responsorum Papiniani						1 [P]	
L. sing. ad regulam Catonianam							1 [P]
L. sing. ad senatus consultum Libonianum							1 [P]
L. sing. de adulteriis							1 [S]
L. sing. de appellationibus							2 [S]
Libri de censibus							1 [E]
L. sing. de dotis repetitione							1 [S]
L. sing. de publicis iudiciis							4 [S]
L. sing. de iure libellorum							1 [P]
L. sing. de poenis militum							3 [S]
L. sing. de poenis omnium legum							2 [P]
L. sing. de poenis paganorum							4 [P]
L. sing. de tacitis							1 [P]

fideicommissis sin indicación de obra							1 [I]
GAIUS							
Libri ad edictum provinciale	55 [E] 1 [S]	76 [E] 2 [S]	38 [S] 10 [E]	27 [S] 5 [E]	27 [S] 6 [E]	34 [E] 14 [S]	32 [E] 12 [S]
Libri ad legem duodecim tabularum	6 [P]	1 [P]		1 [P]		1 [P]	11 [P]
Libri de verborum obligationibus	1 [P]		1 [P]				10 [P]
Libri institutionum	9 [S]			1 [S]	2 [S]	3 [S]	
L. sing. regularum	1 [P]						
Libri rerum cottidianarum	1 [S]	3 [S]	6 [S]	1 [S]		14 [S]	1 [S]
Ad edictum praetoris urbani titulo de liberali causa		2 [E]				9 [E]	
Ad edictum praetoris urbani titulo de damno infecto		1 [E]				2 [E]	
Ad edictum praetoris urbani titulo de aquae pluviae arcendae						1 [E]	
Libri fideicommissorum		1 [P]			10 [P]		
L. sing. de tacitis fideicommissis					1 [P]		
L. sing. ad legem Glitiam		1 [E]					
L. sing. de casibus			1 [P]		2 [P]	3 [P]	1 [P]
Ad edictum praetoris titulo de publicanis			1 [E]			1 [E]	
Libri ad edictum aedilium curulium				11 [E]			
L. sing. de formula hypothecaria				6 [S]			
Libri ad legem Iuliam et Papiam				4 [E]	12 [E]	5 [E]	7 [E]
Libri ad edictum praetoris titulo de praediatoribus				1 [E]			
Libri ad edictum praetoris titulo de re iudicata				1 [E]		1 [E]	
Libri ad ed. pr. urb. titulo qui neque sequantur neque ducantur							1 [E]
Libri de manumissionibus				1 [P]		4 [P]	
Libri de legatis ad edictum praetoris urbani					12 [S]	2 [S]	1 [S]
Libri de testamentis ad					6 [S]		1 [S]

edictum praetoris urbani							
Ad edictum praetoris urbani					1 [E]	1 [E]	1 [E]
Ad edictum urbani titulo de operis novi nuntiatione						1 [E]	
L. sing. ad senatus consultum Orphitianum						1 [P]	
L. sing. ad senatus consultum Tertullianum						1 [P]	
Libri ad edictum (D.47,2,2 Mo-Kr, nt. 5 provinciale)							1 [S]
Libri regularum							2 [P]
MODESTINUS							
L. sing. de enucleatis casibus	1 [E]			1 [E]		1 [E]	2 [E]
L. sing. de heurematicis	1 [E]		1 [E]	3 [E]	5 [E]		
Libri de poenis	1 [E]					2 [E]	15 [E]
Libri differentiarum	3 [E]	6 [E]	3 [E]	8 [E]	6 [E]	9 [E]	9 [E]
Libri excusationum	1 [E]		1 [E]	15 [E]			2 [E]
Libri pandectarum	7 [E]	1 [E]	3 [E]	4 [E]	8 [E]	18 [E]	19 [E]
Libri regularum	16 [E]	4 [E]	3 [E]	16 [E]	14 [E]	18 [E]	33 [E]
Libri responsorum	6 [E]	3 [E]	3 [E]	13 [E]	17 [E]	9 [E]	15 [E]
L. sing. de inofficioso testamento		1 [E]					
L. sing. de praescriptionibus		1 [E]					3 [E]
Libri de praescriptionibus							1 [E]
L. sing. de differentia dotis				1 [E]			
L. sing. de manumissionibus				1 [E]		4 [E]	1 [E]
L. sing. de ritu nuptiarum				1 [E]			1 [E]
Libri ad Quintum Mucium						2 [E]	
PAPINIANUS							
Libri de adulteriis	1 [S]			4 [S]			12 [S]
Libri definitionum	3 [P]	1 [P]	4 [P]	6 [P]	6 [P]	6 [P]	8 [P]
Libri quaestionum	19 [P]	28 [P]	26 [P]	37 [P]	73 [P]	40 [P]	47 [P]
Libri responsorum	18 [P]	16 [P]	23 [P]	46 [P]	72 [P]	47 [P]	49 [P]
Liber de cura urbis (astinomico)						1 [E]	
L. sing. de adulteriis				1 [S]			2 [S]
IULIANUS							
Liber ad edictum	1 [S]						
Libri ad Minicium	2 [S]	7 [S]	6 [S]	4 [S]	5 [S]	10 [S]	6 [S]

Libri ad Urseium Ferocem	1 [S]	6 [S]	9 [S]	4 [S]	6 [S]	11 [S]	5 [S]
Libri digestorum	22 [S]	39 [S]	50 [S]	37 [S]	87 [S]	91 [S]	46 [S]
L. sing. de ambiguitatibus					3 [S]		
MARCELLUS							
Libri digestorum	5 [E]	14 [E]	9 [E]	12[E]	34 [E]	29 [E]	24 [E]
Libri publicorum	1 [S]						
Libri de officio praesidis	1 [S]						
L. sing. responsorum			3 [S]	2 [S]	6 [S]	3 [S]	2 [S]
Libri ad legem Iuliam et Papiam				5 [E]		1 [E]	
digestorum Iuliani notat					6 [S]		
L. sing. reg. Pomponii notat					1 [S]		1 [S]
SCAEVOLA							
Iulani digestorum notat	1 [S]		1 [S]				
Libri digestorum	5 [A]	3 [A]	14 [A]	20 [A]	58 [A]	13 [A]	12 [A]
Libri quaestionum	2 [P]	3 [P]	6 [P]	7 [P]	17 [P]	6 [P]	11 [P]
Libri regularum	1 [S]	3 [S]		3 [S]		2 [S]	11 [S]
Libri responsorum	5 [P]	6 [P]	12 [P]	16 [P]	28 [P]	21 [P]	8 [P]
L. sing. quaestionum publice tractatarum				1 [A]	4 [A]	2 [A]	2 [A]
AELIUS GAILLUS							
Liber de verborum quae ad ius pertinent significatione							1 [E]
AFRICANUS							
Libri quaestionum	7 [S]	11 [S]	23 [S]	15 [S]	29 [S]	31 [S]	15 [S]
ALFENUS							
Libri digestorum	2 [S]	7 [S]	5 [S]		5 [S]	8 [S]	2 [S]
Libri digestorum a Paulo epitomatorum			3 [S]	5 [S]	10 [S]	4 [S]	3 [S]
ARCADIUS CHARISIUS							
L. sing. de officio praefecti praetorio	1 [P]						
L. sing. de testibus				3 [S]			1 [S]
L. sing. de muneribus civilibus							1 [P]
ARRIUS MENANDER							
Libri de re militari						1 [E]	5 [E]

CALLISTRATUS							
Libri edicti monitorii	11 [E]	3 [E]		1 [E]	2 [E]	2 [E]	2 [E]
Libri de cognitionibus	5 [E]	4 [E]		4 [E]	3 [E]	5 [E]	27 [E]
Libri institutionum	1 [S]	1 [S]	1 [S]			2 [S]	
Libri quaestionum	1 [P]	1 [P]	3 [P]	5 [P]	1 [P]	3 [P]	4 [P]
Libri de iure fisci					1 [E]	1 [E]	5 [E]
Sin indicación de obra							2 [I]
CELSUS							
Libri digestorum	15 [E]	10 [E]	15 [E]	16 [E]	36 [E]	20 [E]	29 [E]
CLAUDIUS							
L. sing. de poenis paganorum							1 [S]
FLORENTINUS	4 [S]	2 [S]	5 [S]	3 [S]	13 [S]	5 [S]	10 [S]
Libri institutionum							
FURIUS ANTHIANUS							
Liber ad edictum	2 [A]	1 [A]					
HERMOGENIANUS							
Libri iuris epitomarum	10 [P]	2 [P]	11 [P]	15 [P]	14 [P]	29 [P]	26 [P]
IAVOLENUS							
Libri epistularum	1 [E]	9 [E]	8 [E]	3 [E]	17 [E]	15 [E]	19 [E]
Libri ex Cassio	6 [E]	8 [E]	12 [E]	3 [E]	15 [E]	13 [E]	12 [E]
Libri ad Plautium		2 [E]	6 [E]	3 [E]	2 [E]	2 [E]	3 [E]
Libri ex posterioribus Labeonis		3 [S]	4 [S]	9 [S]	21 [S]	3 [S]	7 [S]
IULIUS AQUILIA							
Liber responsorum				2 [E]			
LABEO							
Libri posteriorum a Iavoleno epitomatorum	1 [A]	1 [A]	10 [A]	3 [A]	13 [A]	1 [A]	
Libri epitomatorum a Paulo		3 [A]	6 [A]	6 [A]	5 [A]	7 [A]	7 [A]
LICINNIUS RUFINUS							
Libri regularum	1 [E]	1 [E]	1 [E]	3 [E]	3 [E]	5 [E]	3 [E]
MACER							

Libri de appellationibus	2 [S]					1 [S]	10 [S]
Libri ad legem vicensimam hereditatium	1 [E]	1 [E]			2 [E]		1 [E]
Libri de officio praesidis	4 [S]				1 [S]		4 [S]
Libri de re militari					2 [S]	1 [S]	4 [S]
Libri publicorum iudiciorum	1 [S]						29 [S]
MAECIANUS							
Libri fideicommissorum		1 [P]	1 [P]		25 [P]	8 [P]	5 [P]
ex lege Rhodia			1 [S]				
Libri de publicis iudiciis					1 [S]		2 [S]
MARCIANUS							
Libri institutionum	11 [S]	9 [S]	3 [S]	12 [S]	40 [S]	27 [S]	37 [S]
Libri regularum	7 [S]	6 [S]	8 [S]	8 [S]	15 [S]	16 [S]	11 [S]
L. sing. de delatoribus			1 [S]		1 [S]	4 [S]	5 [S]
L. sing. ad formulam hypothecariam			3 [S]	14 [S]		3 [S]	1 [S]
Libri digestorum				1 [E]			
Libri de publicis iudiciis	2 [S]		1 [S]			1 [S]	26 [S]
L. sing. ad senatus consultum Turpillianum							1 [P]
Libri de appellationibus							4 [S]
Papiniani de adulteriis notat				1 [S]			1 [S]
Sin indicación de obra							3 [I]
MAURICIANUS							
Libri de poenis	1 [E]						
Libri ad legem Iuliam et Papiam					2 [E]		1 [E]
NERATIUS							
Libri membranarum	3 [S]	5 [S]	8 [S]	8 [S]	4 [S]	10 [S]	6 [S]
Libri regularum		1 [S]		2 [S]	1 [S]	3 [S]	
Libri responsorum		1 [P]	3 [P]	1 [P]	2 [P]	2 [P]	4 [P]
PAPIRIUS IUSTUS							
Libri de constitutionibus	2 [E]	2 [E]	1 [E]			4 [E]	9 [E]
POMPONIUS							
Libri ad Sabinum	4 [S]	51 [S]	63 [S]	48 [S]	63 [S]	62 [S]	69 [S]
L. sing. enchiridii	2 [P]						1 [P]
Libri epistularum	2 [A]	1 [A]	2 [A]	4 [A]	6 [A]	4 [A]	5 [A]

Libri ad Plautium	2 [E]	3 [E]	4 [E]	5 [E]	3 [E]	11 [E]	9 [E]
Libri variarum lectionum	3 [E]	2 [E]	2 [E]	2 [E]	3 [E]	5 [E]	5 [E]
Libri ad Quintum Mucium	5 [E]	13 [E]	17 [E]	6 [E]	21 [E]	20 [E]	26 [E]
L. sing. regularum		1 [S]	1 [S]		2 [S]	1 [S]	
Libri senatus consultorum			2 [A]		1 [A]	6 [A]	
Libri enchiridii				1 [P]		1 [P]	1 [P]
Libri fideicommissorum					6 [P]	1 [P]	
Sin indicación de obra							1 [I]
PROCULUS							
Libri epistularum	4 [E]	3 [E]	7 [E]	4 [E]	8 [E]	3 [E]	7 [E]
Libri ex posterioribus Labeonis					1 [A]		
Q. MUCIUS SCAEVOLA							
Liber singularis definitionum						2 [A]	2 [A]
RUTILIUS MAXIMUS							
L. sing. ad legem Falcidiam					1 [S]		
T. PATERNUS							
Libri de re militari							2 [E]
TERENTIUS CLEMENS							
Libri ad legem Iuliam et Papiam		1 [E]		6 [E]	14 [E]	10 [E]	4 [E]
TERTULLIANUS							
Libri quaestionum	1 [E]					1 [E]	
L. sing. de castrensi peculio					2 [E]		1 [E]
TRYPHONINUS							
Libri disputationum	5 [P]	4 [P]	8 [P]	27 [P]	8 [P]	16 [P]	9 [P]
apud Scaevolam digestorum notat					2 [A]	1 [A]	
VALENS							
Libri fideicommissorum	1 [P]				14 [P]	2 [P]	2 [P]
Libri actionum					1 [A]		
VENULEIUS							
Libri de officio proconsulis	1 [S]			1 [S]		1 [S]	5 [S]

Libri stipulationum		2 [P]	1 [P]	3 [P]	1 [P]		16 [P]
Libri actionum				1 [A]	2 [A]	2 [A]	1 [A]
Libri de publicis iudiciis				2 [S]	1 [S]		9 [S]
Libri interdictorum						21 [A]	
Libri disputationum							1 [P]
S/ inscriptio					5 [I]		1 [I]

ANEXO II

Obras procedentes de cada una de las masas en cada una de las siete partes de los Digesta, con indicación del porcentaje de textos.

PROTA- Masa Edictal

JURISTAS/OBRAS	Nº textos	% textos de esta parte	% textos del total
ULPIANUS			
Libri ad edictum	186	21,4039	2,0350
Libri ad edictum aedilium curulium	2	0,2301	0,0219
Libri ad legem Iuliam et Papiam	10	1,1507	0,1094
Libri de officio consulis	3	0,3452	0,0328
TOTALES	201	23,1300	2,1991
PAULUS			
Libri ad edictum	140	16,1105	1,5317
Libri ad edictum aedilium curulium	1	0,1151	0,0109
L. sing. ad legem Cinciam	1	0,1151	0,0109
Libri ad legem Iuliam et Papiam	5	0,5754	0,0547
Libri ad Plautium	9	1,0357	0,0985
Libri brevium	1	0,1151	0,0109
TOTALES	157	18,0667	1,7177
GAIUS			
Libri ad edictum provinciale	55	6,3291	0,6018
MODESTINUS			
L. sing. de enucleatis casibus	1	0,1151	0,0109
L. sing. de heurematicis	1	0,1151	0,0109
Libri de poenis	1	0,1151	0,0109
Libri differentiarum	3	0,3452	0,0328
Libri excusationum	1	0,1151	0,0109
Libri pandectarum	7	0,8055	0,0766
Libri regularum	16	1,8412	0,1751
Libri responsorum	6	0,6904	0,0656
TOTALES	36	4,1427	0,3939
MARCELLUS			
	5	0,5754	0,0547
Libri digestorum			
CALLISTRATUS	11	1,2658	0,1204

Libri edicti monitorii	5	0,5754	0,0547
Libri de cognitionibus	16	1,8412	0,1751
TOTALES			
CELSUS	15	1,7261	0,1641
Libri digestorum			
	1	0,1151	0,0109
IAVOLENUS	6	0,6904	0,0656
	7	0,8055	0,0766
Libri epistularum			
Libri ex Cassio			
TOTALES	1	0,1151	0,0109
LIC. RUFINUS			
Libri regularum	1	0,1151	0,0109
MACER			
Libri ad legem vicensimam hereditatium	1	0,1151	0,0109
MAURICIANUS			
Libri de poenis	2	0,2301	0,0219
PAPIRIUS IUSTUS			
Libri de constitutionibus	2	0,2301	0,0219
	3	0,3452	0,0328
POMPONIUS	5	0,5754	0,0547
Libri ad Plautium	10	1,1507	0,1094
Libri variarum lectionum			
Libri ad Quintum Mucium			
TOTALES	4	0,4603	0,0438
PROCULUS			
Libri epistularum	1	0,1151	0,0109
TERTULIANUS	512	58,9183	5,6018
Libri quaestionum			
TOTALES			

PROTA – Masa Sabiniana

JURISTAS/OBRAS	Nº textos	% textos de esta parte	% textos del total
ULPIANUS			
	13	1,4960	0,1422
Libri ad edictum	33	3,7975	0,3611
Libri ad Sabinum	1	0,1151	0,0109
Libri de censibus	11	1,2658	0,1204
Libri de officio proconsulis	7	0,8055	0,0766
Libri de omnibus tribunalibus	7	0,8055	0,0766
Libri disputationum	18	2,0713	0,1969
Libri opinionum	1	0,1151	0,0109
Libri responsorum	6	0,6904	0,0656
Libri institutionum	2	0,2301	0,0219
Libri regularum	99	11,3924	1,0832
TOTALES			
PAULUS	5	0,5754	0,0547
	14	1,6110	0,1532
Libri ad edictum	1	0,1151	0,0109
Libri ad Sabinum	1	0,1151	0,0109
L. sing. de port. quae liberis damnatorum	2	0,2301	0,0219
Libri Iuliani digestorum notat	1	0,1151	0,0109
Libri regularum	24	2,7618	0,2626
L. sing. regularum			
TOTALES			
	1	0,1151	0,0109
GAIUS	9	1,0357	0,0985
	1	0,1151	0,0109
Libri ad edictum provinciale	11	1,2658	0,1204
Libri institutionum			
Libri rerum cottidianarum			
TOTALES	1	0,1151	0,0109
PAPINIANUS			
	1	0,1151	0,0109
Libri de adulteriis	2	0,2301	0,0219
	1	0,1151	0,0109
	22	2,5316	0,2407

IULIANUS	26	2,9919	0,2845
Libri ad edictum			
Libri ad Minicium	1	0,1151	0,0109
Libri ad Urseium Ferocem			
Libri digestorum			
TOTALES	1	0,1151	0,0109
	1	0,1151	0,0109
MARCELLUS	2	0,2301	0,0219
Libri publicorum			
	7	0,8055	0,0766
SCAEVOLA			
Iulani digestorum notat	2	0,2301	0,0219
Libri regularum			
TOTALES			
	1	0,1151	0,0109
AFRICANUS			
Libri quaestionum	4	0,4603	0,0438
ALFENUS			
	2	0,2301	0,0219
Libri digestorum	1	0,1151	0,0109
	5	0,5754	0,0547
CALLISTRATUS	8	0,9206	0,0875
Libri institutionum			
	2	0,2301	0,0219
FLORENTINUS	11	1,2658	0,1204
	7	0,8055	0,0766
Libri institutionum	20	2,3015	0,2188
MACER			
	3	0,3452	0,0328
Libri de appellationibus			
Libri publicorum iudiciorum			
Libri de officio praesidis	4	0,4603	0,0438
TOTALES			
	1	0,1151	0,0109

MARCIANUS Libri publicis iudiciis Libri institutionum Libri regularum TOTALES NERATIUS Libri membranarum POMPONIUS Libri ad Sabinum VENULEIUS Libri de officio proconsulis TOTALES	214	24,6260	2,3414

PROTA – Masa Papiniana

JURISTAS/OBRAS	Nº textos	% textos de esta parte	% textos del total
ULPIANUS			
L. sing. de officio praefecti urbi	2	0,2301	0,0219
Libri de officio praefecti vigilum	1	0,1151	0,0109
L. sing. de officio quaestoris	2	0,2301	0,0219
Libri fideicommissorum	3	0,3452	0,0328
TOTALES	8	0,9206	0,0875
PAULUS			
Libri ad Neratium	1	0,1151	0,0109
L. sing. de iure singulari	1	0,1151	0,0109
L. sing. de officio adsessorum	3	0,3452	0,0328
L. sing. de officio praefecti urbi	1	0,1151	0,0109
L. sing. de officio praefecti vigilum	2	0,2301	0,0219
Libri decretorum	1	0,1151	0,0109
Libri manualium	2	0,2301	0,0219
Libri quaestionum	9	1,0357	0,0985
Libri responsorum	10	1,1507	0,1094
Libri sententiarum	20	2,3015	0,2188
TOTALES	50	5,7537	0,5470
GAIUS			
Libri ad legem duodecim tabularum	6	0,6904	0,0656
Libri de verborum obligationibus	1	0,1151	0,0109
L. sing. regularum	1	0,1151	0,0109
TOTALES	8	0,9206	0,0875
PAPINIANUS			
Libri definitionum	3	0,3452	0,0328
Libri quaestionum	19	2,1864	0,2079
Libri responsorum	18	2,0713	0,1969
TOTALES	40	4,6030	0,4376
SCAEVOLA			
Libri quaestionum	2	0,2301	0,0219
Libri responsorum	5	0,5754	0,0547
TOTALES	7	0,8055	0,0766

A. VALENS Libri fideicommissorum	1	0,1151	0,0109
A. CHARISIUS L. sing. de officio praefecti praetorio	1	0,1151	0,0109
CALLISTRATUS Libri quaestionum	1	0,1151	0,0109
HERMOGENIANUS Libri iuris epitomarum	10	1,1507	0,1094
POMPONIUS L. sing. enchiridii	2	0,2301	0,0219
TRYPHONINUS Libri disputationum	5	0,5754	0,0547
TOTALES	133	15,3049	1,4551

PROTA – Appendix

JURISTAS/OBRAS	Nº textos	% textos de esta parte	% textos del total
SCAEVOLA Libri digestorum	5	0,5754	0,0547
FURIUS ANTHIANUS Liber ad edcitum	2	0,2301	0,0219
LABEO Libri posteriorum a Iavoleno epitomatorum	1	0,1151	0,0109
POMPONIUS Libri epistularum	2	0,2301	0,0219
TOTALES	10	1,1507	0,1094

DE IUDICIIS – Masa Edictal

JURISTAS/OBRAS	Nº textos	% textos de esta parte	% textos del total
ULPIANUS			
Libri ad edictum	179	18,4917	1,9584
Libri ad legem Iuliam et Papiam	1	0,1033	0,0109
Libri de officio consulis	3	0,3099	0,0328
TOTALES	183	18,9050	2,0022
PAULUS			
Libri ad edictum	119	12,2934	1,3020
Libri ad Plautium	29	2,9959	0,3173
Libri ad Vitellium	4	0,4132	0,0438
TOTALES	152	15,7025	1,6630
GAIUS			
Libri ad edictum provinciale	76	7,8512	0,8315
Libri ad edictum praetoris urbani titulo de liberali	2	0,2066	0,0219
Libri ad edictum praetoris urbani titulo de	1	0,1033	0,0109
damno	1	0,1033	0,0109
L. sing. ad legem Glitiam	80	8,2645	0,8753
TOTALES			
MODESTINUS			
Libri differentiarum	6	0,6198	0,0656
Libri pandectarum	1	0,1033	0,0109
Libri regularum	4	0,4132	0,0438
Libri responsorum	3	0,3099	0,0328
L. sing. de inofficioso testamento	1	0,1033	0,0109
L. sing. de praescriptionibus	1	0,1033	0,0109
TOTALES	16	1,6529	0,1751
MARCELLUS			
Libri digestorum	14	1,4463	0,1532
CALLISTRATUS			
Libri de congnitionibus	4	0,4132	0,0438

Libri edicti monitorii	3	0,3099	0,0328
TOTALES	7	0,7231	0,0766
CELSUS			
Libri digestorum	10	1,0331	0,1094
IAVOLENUS			
Libri epistularum	9	0,9298	0,0985
Libri ex Cassio	8	0,8264	0,0875
Libri ad Plautium	2	0,2066	0,0219
TOTALES	19	1,9628	0,2079
LIC. RUFINUS			
Libri regularum	1	0,1033	0,0109
MACER			
Libri ad legem vicensimam hereditatium	1	0,1033	0,0109
PAPIRIUS IUSTUS			
Libri de constitutionibus	2	0,2066	0,0219
POMPONIUS			
Libri ad Plautium	3	0,3099	0,0328
Libri ad Quintum Mucium	13	1,3430	0,1422
Libri variarum lectionum	2	0,2066	0,0219
TOTALES	18	1,8595	0,1969
PROCULUS			
Libri epistularum	3	0,3099	0,0328
TERENTIUS CLEMENS			
Libri ad legem Iuliam et Papiam	1	0,1033	0,0109
TOTALES	507	52,3760	5,5470

DE IUDICIIS – Masa Sabiniana

JURISTAS/OBRAS	Nº textos	% textos de esta parte	% textos del total
ULPIANUS			
Libri ad edictum	15	1,5496	0,1641
Libri ad sabinum	63	6,5083	0,6893
Libri disputationum	12	1,2397	0,1313
Libri institutionum	2	0,2066	0,0219
Libri de officio proconsulis	2	0,2066	0,0219
Libri de omnibus tribunalibus	5	0,5165	0,0547
Libri opinionum	12	1,2397	0,1313
Libri responsorum	2	0,2066	0,0219
Libri regularum	2	0,2066	0,0219
TOTALES	115	11,8802	1,2582
PAULUS			
Libri ad edictum	7	0,7231	0,0766
Libri ad Sabinum	45	4,6488	0,4923
Libri epitomarum Alfeni digestorum	10	1,0331	0,1094
Libri institutionum	1	0,1033	0,0109
L. sing. de septemviralibus iudiciis	3	0,3099	0,0328
TOTALES	66	6,8182	0,7221
GAIUS			
Libri ad edictum provinciale	2	0,2066	0,0219
Libri rerum cottidianarum	3	0,3099	0,0328
TOTALES	5	0,5165	0,0547
IULIANUS			
Libri ad Urseium Ferocem	6	0,6198	0,0656
Libri digestorum	39	4,0289	0,4267
Libri ad Minicio	7	0,7231	0,0766
TOTALES	52	5,3719	0,5689
SCAEVOLA			
Libri regularum	3	0,3099	0,0328
AFRICANUS			

Libri quaestionum	11	1,1364	0,1204
ALFENUS			
Libri digestorum	7	0,7231	0,0766
CALLISTRATUS			
Libri institutionum	1	0,1033	0,0109
FLORENTINUS			
Libri institutionum	2	0,2066	0,0219
IAVOLENUS			
Libri ex posterioribus Labeonis	3	0,3099	0,0328
MARCIANUS			
Libri institutionum	9	0,9298	0,0985
Libri regularum	6	0,6198	0,0656
TOTALES	15	1,5496	0,1641
NERATIUS			
Libri membranarum	5	0,5165	0,0547
Libri regularum	1	0,1033	0,0109
TOTALES	6	0,6198	0,0656
POMPONIUS			
Libri ad Sabinum	51	5,2686	0,5580
L. sing. regularum	1	0,1033	0,0109
TOTALES	52	5,3719	0,5689
TOTALES	338	34,9174	3,6980

DE IUDICIIS – Masa Papiniana

JURISTAS/OBRAS	Nº textos	% textos de esta parte	% textos del total
ULPIANUS			
Libri fideicommissorum	2	0,2066	0,0219
PAULUS			
L. sing. de officio adsessorum	1	0,1033	0,0109
L. sing. de inofficioso testamento	3	0,3099	0,0328
L. sing. de iure singulari	1	0,1033	0,0109
Libri manualium	4	0,4132	0,0438
Libri ad Neratium	4	0,4132	0,0438
quaestionum Papiniani notat	2	0,2066	0,0219
Libri quaestionum	11	1,1364	0,1204
Libri responsorum	9	0,9298	0,0985
Libri sententiarum	9	0,9298	0,0985
Libri decretorum	1	0,1033	0,0109
TOTALES	45	4,6488	0,4923
GAIUS	1	0,1033	0,0109
Libri fideicommissorum	1	0,1033	0,0109
Libri ad legem duodecim tabularum			
TOTALES	2	0,2066	0,0219
PAPINIANUS			
Libri definitionum	1	0,1033	0,0109
Libri quaestionum	28	2,8926	0,3063
Libri responsorum	16	1,6529	0,1751
TOTALES	45	4,6488	0,4923
SCAEVOLA			
Libri quaestionum	3	0,3099	0,0328
Libri responsorum	6	0,6198	0,0656
TOTALES	9	0,9298	0,0985
CALLISTRATUS			
Libri quaestionum	1	0,1033	0,0109

HERMOGENIANUS Libri iuris epitomarum	2	0,2066	0,0219
MAECIANUS Libri fideicommissorum	1	0,1033	0,0109
NERATIUS Libri responsorum	1	0,1033	0,0109
TRYPHONINUS Libri disputationum	4	0,4132	0,0438
VENULEIUS Libri stiputationum	2	0,2066	0,0219
TOTALES	114	11,7769	1,2473

DE IUDICIIS – Appendix

JURISTAS/OBRAS	Nº textos	% textos de esta parte	% textos del total
SCAEVOLA			
Libri digestorum	3	0,3099	0,0328
FURIUS ANTHIANUS			
Liber ad edictum	1	0,1033	0,0109
LABEO			
Libri epitomatorum a Paulo	3	0,3099	0,0328
Libri posteriorum a Iavoleno epitomatorum	1	0,1033	0,0109
TOTALES	4	0,4132	0,0438
POMPONIUS			
Libri epistularum	1	0,1033	0,0109
TOTALES	9	0,9298	0,0985

DE REBUS – Masa Edictal

JURISTAS/OBRAS	Nº textos	% textos de esta parte	% textos del total
ULPIANUS			
Libri ad edictum	40	3,8278	0,4376
PAULUS			
Libri ad edictum	35	3,3493	0,3829
Libri ad Plautium	24	2,2967	0,2626
Libri ad edictum aedilium curulium	2	0,1914	0,0219
Libri ad legem Iuliam et Papiam	1	0,0957	0,0109
TOTALES	62	5,9330	0,6783
GAIUS			
Libri ad edictum provinciale	10	0,9569	0,1094
Ad edictum praetoris titulo de publicanis	1	0,0957	0,0109
TOTALES	11	1,0526	0,1204
MODESTINUS			
Libri differentiarum	3	0,2871	0,0328
Libri excusationum	1	0,0957	0,0109
L. sing. heurematicis	1	0,0957	0,0109
Libri pandectarum	3	0,2871	0,0328
Libri regularum	3	0,2871	0,0328
Libri responsorum	3	0,2871	0,0328
TOTALES	14	1,3397	0,1532
MARCELLUS			
Libri digestorum	9	0,8612	0,0985
CELSUS			
Libri digestorum	15	1,4354	0,1641
IAVOLENUS			
Libri epistularum	8	0,7656	0,0875
Libri ex Cassio	12	1,1483	0,1313
Libri ad Plautium	6	0,5742	0,0656
TOTALES	26	2,4880	0,2845

LICINNIUS FUFINUS			
Libri regularum	1	0,0957	0,0109
PAPIRIUS IUSTUS			
Libri de constitutionibus	1	0,0957	0,0109
POMPONIUS			
Libri ad Plautium	4	0,3828	0,0438
Libri variarum lectionum	2	0,1914	0,0219
Libri ad Quintum Mucium	17	1,6268	0,1860
TOTALES	23	2,2010	0,2516
PROCULUS			
Libri epistularum	7	0,6699	0,0766
TOTALES	209	20,0000	2,2867

DE REBUS – Masa Sabiniana

JURISTAS/OBRAS	Nº textos	% textos de esta parte	% textos del total
ULPIANUS			
Libri ad edictum	150	14,3541	1,6411
Libri ad Sabinum	77	7,3684	0,8425
L. sing. pandectarium	1	0,0957	0,0109
L. sing. de officio consularium	1	0,0957	0,0109
Libri disputationum	18	1,7225	0,1969
Libri opinionum	3	0,2871	0,0328
Libri reponsorum	2	0,1914	0,0219
TOTALES	252	24,1148	2,7571
PAULUS			
Libri ad edictum	86	8,2297	0,9409
Libri ad Sabinum	50	4,7847	0,5470
Libri brevium	4	0,3828	0,0438
Libri epitomarum Alfeni digestorum	8	0,7656	0,0875
Iulani digestorum notat	1	0,0957	0,0109
L. sing. de intercessionibus feminarum	1	0,0957	0,0109
L. sing. de variis lectionibus	1	0,0957	0,0109
Libri regularum	2	0,1914	0,0219
L. sing. regularum	1	0,0957	0,0109
L. sing. ad senatus consultum Velleianum	1	0,0957	0,0109
TOTALES	155	14,8325	1,6958
GAIUS			
Libri ad edictum provinciale	38	3,6364	0,4158
Libri rerum cottidianarum	6	0,5742	0,0656
TOTALES	44	4,2105	0,4814
IULIANUS			
Libri ad Urseim Ferocem	9	0,8612	0,0985
Libri digestorum	50	4,7847	0,5470
Libri ad Minicium	6	0,5742	0,0656
TOTALES	65	6,2201	0,7112

MARCELLUS			
L. sing. responsorum	3	0,2871	0,0328
SCAEVOLA			
Libri Iulani digestorum notat	1	0,0957	0,0109
AFRICANUS			
Libri quaestionum	23	2,2010	0,2516
ALFENUS			
Libri digestorum a Paulo epitomatorum	3	0,2871	0,0328
Libri digestorum	5	0,4785	0,0547
TOTALES	8	0,7656	0,0875
CALLISTRATUS			
Libri institutionum	1	0,0957	0,0109
FLORENTINUS			
Libri institutionum	5	0,4785	0,0547
IAVOLENUS			
Libri ex posterioribus Labeonis	4	0,3828	0,0438
MAECIANUS			
ex lege Rhodia	1	0,0957	0,0109
MARCIANUS			
L. sing. delatoribus	1	0,0957	0,0109
L. sing. ad formulam hypothecariam	3	0,2871	0,0328
Libri institutionum	3	0,2871	0,0328
Libri de publicis iudiciis	1	0,0957	0,0109
Libri regularum	8	0,7656	0,0875
TOTALES	16	1,5311	0,1751
NERATIUS			
Libri membranarum	8	0,7656	0,0875
POMPONIUS			
L. sing. regularum	1	0,0957	0,0109
Libri ad Sabinum	63	6,0287	0,6893
TOTALES	64	6,1244	0,7002

TOTALES	650	62,2010	7,1116

DE REBUS – Masa Papiniana

JURISTAS/OBRAS	Nº textos	% textos de esta parte	% textos del total
PAULUS			
Libri ad Neratium	4	0,3828	0,0438
Libri decretorum	2	0,1914	0,0219
Libri manualium	1	0,0957	0,0109
Libri quaestionum	24	2,2967	0,2626
Libri responsorum	10	0,9569	0,1094
Libri sententiarum	10	0,9569	0,1094
L. sing. de officio praefecti vigilum	1	0,0957	0,0109
TOTALES	52	4,9761	0,5689
GAIUS			
L. sing. de casibus	1	0,0957	0,0109
Libri de verborum obligationibus	1	0,0957	0,0109
TOTALES	2	0,1914	0,0219
PAPINIANUS			
Libri definitionum	4	0,3828	0,0438
Libri quaestionum	26	2,4880	0,2845
Libri responsorum	23	2,2010	0,2516
TOTALES	53	5,0718	0,5799
SCAEVOLA			
Libri quaestionum	6	0,5742	0,0656
Libri responsorum	12	1,1483	0,1313
TOTALES	18	1,7225	0,1969
CALLISTRATUS			
Libri quaestionum	3	0,2871	0,0328
HERMOGENIANUS			
Libri iuris epitomarum	11	1,0526	0,1204
MAECIANUS			
Libri fideicommissorum	1	0,0957	0,0109

NERATIUS Libri responsorum	3	0,2871	0,0328
TRYPHONINUS Libri disputationum	8	0,7656	0,0875
VENULEIUS Libri stipulationum	1	0,0957	0,0109
TOTALES	152	14,5455	1,6630

DE REBUS – Appendix

JURISTAS/OBRAS	Nº textos	% textos de esta parte	% textos del total
SCAEVOLA			
Libri digestorum	14	1,3397	0,1532
LABEO			
Libri epitomatorum a Paulo	6	0,5742	0,0656
Libri posteriorum a Iavoleno epitomatorum	10	0,9569	0,1094
TOTALES	16	1,5311	0,1751
POMPONIUS			
Libri senatus consultorum	2	0,1914	0,0219
Libri epistularum	2	0,1914	0,0219
TOTALES	4	0,3828	0,0438
TOTALES	34	3,2536	0,3720

UMBILICUS – Masa Edictal

JURISTAS/OBRAS	Nº textos	% textos de esta parte	% textos del total
ULPIANUS			
Libri ad edictum	52	4,4674	0,5689
Libri ad edictum aedilium curulium	23	1,9759	0,2516
Libri ad legem Iuliam et Papiam	12	1,0309	0,1313
L. sing. excusationum	1	0,0859	0,0109
Libri de officio consulis	3	0,2577	0,0328
L. sing. de officio praetoris tutelaris	3	0,2577	0,0328
Libri pandectarum	1	0,0859	0,0109
TOTALES	95	8,1615	1,0394
PAULUS			
Libri ad edictum	26	2,2337	0,2845
Libri ad edictum aedilium curulium	9	0,7732	0,0985
Libri ad legem Iuliam et Papiam	5	0,4296	0,0547
Libri ad Plautium	16	1,3746	0,1751
Libri ad Vitellium	1	0,0859	0,0109
TOTALES	57	4,8969	0,6236
GAIUS			
Libri ad edictum aedilium curulium	11	0,9450	0,1204
Libri ad edictum provinciale	5	0,4296	0,0547
Libri ad legem Iuliam et Papiam	4	0,3436	0,0438
Libri ad edictum praetoris titulo de praediatoribus	1	0,0859	0,0109
Libri ad edictum praetoris titulo de re iudicata	1	0,0859	0,0109
TOTALES	22	1,8900	0,2407
MODESTINUS			
L. sing. de differentia dotis	1	0,0859	0,0109
Libri differentiarum	8	0,6873	0,0875
L. sing. de enucleatis casibus	1	0,0859	0,0109
Libri excusationum	15	1,2887	0,1641
L. sing. de heurematicis	3	0,2577	0,0328
L. sing. de manumissionibus	1	0,0859	0,0109
Libri pandectarum	4	0,3436	0,0438

Libri regularum	16	1,3746	0,1751
Libri responsorum	13	1,1168	0,1422
L. sing. de ritu nuptiarum	1	0,0859	0,0109
TOTALES	63	5,4124	0,6893
MARCELLUS			
Libri digestorum	12	1,0309	0,1313
Libri ad legem Iuliam et Papiam	5	0,4296	0,0547
TOTALES	17	1,4605	0,1860
CALLISTRATUS			
Libri de cognitionibus	4	0,3436	0,0438
Libri edicti monitorii	1	0,0859	0,0109
TOTALES	5	0,4296	0,0547
CELSUS			
Libri digestorum	16	1,3746	0,1751
IAVOLENUS			
Libri ad Plautium	3	0,2577	0,0328
Libri epistularum	3	0,2577	0,0328
Libri ex Cassio	3	0,2577	0,0328
TOTALES	9	0,7732	0,0985
IULIUS AQUILA			
Liber responsorum	2	0,1718	0,0219
LICINIUS RUFINUS			
Libri regularum	3	0,2577	0,0328
MARCIANUS			
Libri digestorum	1	0,0859	0,0109
POMPONIUS			
Libri ad Quintum Mucium	6	0,5155	0,0656
Libri ad Plautium	5	0,4296	0,0547
Libri variarum lectionum	2	0,1718	0,0219
TOTALES	13	1,1168	0,1422
PROCULUS			
Libri epistularum	4	0,3436	0,0438

TERENTIUS CLEMENS Libri ad legem Iuliam et Papiam	6	0,5155	0,0656
TOTALES	313	26,890	3,4245

UMBILICUS – Masa Sabiniana

JURISTAS/OBRAS	Nº textos	% textos de esta parte	% textos del total
ULPIANUS			
Libri ad edictum	61	5,2405	0,6674
Libri ad Sabinum	91	7,8179	0,9956
Libri de adulteriis	3	0,2577	0,0328
Libri disputationum	18	1,5464	0,1969
Libri institutionum	1	0,0859	0,0109
L. sing. de officio curatoris rei publicae	1	0,0859	0,0109
Libri de officio proconsulis	7	0,6014	0,0766
Libri de omnibus tribunalibus	11	0,9450	0,1204
Libri opinionum	4	0,3436	0,0438
Libri regularum	2	0,1718	0,0219
L. sing. regularum	1	0,0859	0,0109
Libri responsorum	12	1,0309	0,1313
L. sing. sponsalibus	2	0,1718	0,0219
TOTALES	214	18,3849	2,3414
PAULUS			
Libri ad edictum	34	2,9210	0,3720
Libri ad Sabinum	54	4,6392	0,5908
L. sing. de adsignatione libertorum	1	0,0859	0,0109
Libri de adulteriis	4	0,3436	0,0438
Libri brevium	6	0,5155	0,0656
L. sing. de excusationibus tutelarum	3	0,2577	0,0328
L. sing. de iure patronatus	1	0,0859	0,0109
L. sing. ad legem Aeliam Sentiam	1	0,0859	0,0109
Libri de officio proconsulis	1	0,0859	0,0109
L. sing. ad orationem divi Antonini et Commodi	2	0,1718	0,0219
L. sing. ad orationem divi Severi	3	0,2577	0,0328
L. sing. regularum	2	0,1718	0,0219
TOTALES	112	9,6220	1,2254
GAIUS			
Libri ad edictum provinciale	27	2,3196	0,2954
L. sing. de formula hypothecaria	6	0,5155	0,0656

Libri institutionum	1	0,0859	0,0109
Libri rerum cotidianarum	1	0,0859	0,0109
TOTALES	35	3,0069	0,3829
PAPINIANUS			
Libri de adulteriis	4	0,3436	0,0438
L. sing de adulteriis	1	0,0859	0,0109
TOTALES	5	0,4296	0,0547
IULIANUS			
Libri digestorum	37	3,1787	0,4048
Libri ad Minicium	4	0,3436	0,0438
Libri ad Urseium Ferocem	4	0,3436	0,0438
TOTALES	45	3,8660	0,4923
MARCELLUS			
L. sing. responsorum	2	0,1718	0,0219
SCAEVOLA			
Libri regularum	3	0,2577	0,0328
AFRICANUS			
Libri quaestionum	15	1,2887	0,1641
ALFENUS			
Libri digestorum a Paulo epitomatorum	5	0,4296	0,0547
ARCADIUS CHARISIUS			
L. sing. de testibus	3	0,2577	0,0328
FLORENTINUS			
Libri institutionum	3	0,2577	0,0328
IAVOLENUS			
Libri ex posterioribus Labeonis	9	0,7732	0,0985
MARCIANUS			
L. sing. ad formulam hypothecariam	14	1,2027	0,1532
Libri institutionum	12	1,0309	0,1313
Libri regularum	8	0,6873	0,0875
Papiniani de adulteriis notat	1	0,0859	0,0109
TOTALES	35	3,0069	0,3829

NERATIUS	8	0,6873	0,0875
Libri membranarum	2	0,1718	0,0219
Libri regularum	10	0,8591	0,1094
TOTALES			
POMPONIUS			
Libri ad Sabinum	48	4,1237	0,5252
VENULEIUS			
Libri de publicis iudiciis	2	0,1718	0,0219
Libri de officio proconsulis	1	0,0859	0,0109
TOTALES	3	0,2577	0,0328
TOTALES	547	46,9931	5,9847

UMBILICUS – Masa Papiniana

JURISTAS/OBRAS	Nº textos	% textos de esta parte	% textos del total
PAULUS			
L. sing. de cognitionibus	4	0,3436	0,0438
Libri decretorum	4	0,3436	0,0438
L. sing. de iure singulari	1	0,0859	0,0109
L. sing de iuris et facti ignorantia	1	0,0859	0,0109
L. sing. ad legem Falcidiam	1	0,0859	0,0109
Libri ad Neratium	1	0,0859	0,0109
L. sing. de officio praefecti vigilum	1	0,0859	0,0109
Libri quaestionum	34	2,9210	0,3720
Libri responsorum	34	2,9210	0,3720
L. sing. ad senatus consultum Turpillianum	1	0,0859	0,0109
Libri sententiarum	20	1,7182	0,2188
L. sing. de usuris	1	0,0859	0,0109
TOTALES	103	8,8488	1,1269
GAIUS			
Libri ad legem duodecim tabularum	1	0,0859	0,0109
Libri de manumissionibus	1	0,0859	0,0109
TOTALES	2	0,1718	0,0219
PAPINIANUS			
Libri definitionum	6	0,5155	0,0656
Libri quaestionum	37	3,1787	0,4048
Libri responsorum	46	3,9519	0,5033
TOTALES	89	7,6460	0,9737
SCAEVOLA			
Libri quaestionum	7	0,6014	0,0766
Libri responsorum	16	1,3746	0,1751
TOTALES	23	1,9759	0,2516
CALLISTRATUS			
Libri quaestionum	5	0,4296	0,0547
HERMOGENIANUS			

Libri iuris epitomarum	15	1,2887	0,1641
NERATIUS Libri responsorum	1	0,0859	0,0109
POMPONIUS Libri enchiridii	1	0,0859	0,0109
TRIPHONINUS Libri disputationum	27	2,3196	0,2954
VENULEIUS Libri stipulationum	3	0,2577	0,0328
TOTALES	269	23,1100	2,9431

UMBILICUS – Appendix

JURISTAS/OBRAS	Nº textos	% textos de esta parte	% textos del total
SCAEVOLA			
Libri digestorum	20	1,7182	0,2188
L. sing. quaestionum publice tractatarum	1	0,0859	0,0109
TOTALES	21	1,8041	0,2298
LABEO			
Libri posteriorum a Iavoleno epitomatorum	3	0,2577	0,0328
Libri epitomatorum a Paulo	6	0,5155	0,0656
TOTALES	9	0,7732	0,0985
POMPONIUS			
Libri epistularum	4	0,3436	0,0438
VENULEIUS			
Libri actionum	1	0,0859	0,0109
TOTALES	35	3,0069	0,3829

QUINTA PARTE – Masa Edictal

JURISTAS/OBRAS	Nº textos	% textos de esta parte	% textos del total
ULPIANUS			
Libri ad edictum	35	2,2013	0,3829
Libri ad legem Iuliam et Papiam	17	1,0692	0,1860
Libri de officio consulis	2	0,1258	0,0219
TOTALES	54	3,3962	0,5908
PAULUS			
Libri ad edictum	19	1,1950	0,2079
Libri ad edictum aedilium curulium	1	0,0629	0,0109
Libri ad Plautium	25	1,5723	0,2735
Libri ad Vitellium	14	0,8805	0,1532
Libri de iure fisci	1	0,0629	0,0109
Libri ad legem Iuliam et Papiam	17	1,0692	0,1860
TOTALES	77	4,8428	0,8425
GAIUS			
Libri ad edictum provinciale	6	0,3774	0,0656
Libri ad legem Iuliam et Papiam	12	0,7547	0,1313
Ad edictum praetoris urbani	1	0,0629	0,0109
TOTALES	19	1,1950	0,2079
MODESTINUS			
Libri differentiarum	6	0,3774	0,0656
L. sing. de heurematicis	5	0,3145	0,0547
Libri pandectarum	8	0,5031	0,0875
Libri regularum	14	0,8805	0,1532
Libri responsorum	17	1,0692	0,1860
TOTALES	50	3,1447	0,5470
MARCELLUS			
Libri digestorum	34	2,1384	0,3720
digestorum Iuliani notat	1	0,0629	0,0109
TOTALES	35	2,2013	0,3829
CALLISTRATUS			

Libri de congnitionibus	3	0,1887	0,0328
Libri edicti monitorii	2	0,1258	0,0219
Libri de iure fisci	1	0,0629	0,0109
TOTALES	6	0,3774	0,0656
CELSUS			
Libri digestorum	36	2,2642	0,3939
IAVOLENUS			
Libri epistolarum	17	1,0692	0,1860
Libri ex Cassio	15	0,9434	0,1641
Libri ad Plautium	2	0,1258	0,0219
TOTALES	34	2,1384	0,3720
LICINNIUS RUFINUS			
Libri regularum	3	0,1887	0,0328
MACER			
Libri ad legem vicensimam hereditatium	2	0,1258	0,0219
MAURICIANUS			
Libri ad legem Iuliam et Papiam	2	0,1258	0,0219
POMPONIUS			
Libri ad Quintum Mucium	21	1,3208	0,2298
Libri ad Plautium	3	0,1887	0,0328
Libri variarum lectionum	3	0,1887	0,0328
TOTALES	27	1,6981	0,2954
PROCULUS			
Libri epistularum	8	0,5031	0,0875
TERENTIUS CLEMENS			
Libri ad legem Iuliam et Papiam	14	0,8805	0,1532
TERTULLIANUS			
L. sing. de castrensi peculio	2	0,1258	0,0219
TOTALES	369	23,2075	4,0372

QUINTA PARTE - Masa Sabiniana

JURISTAS/OBRAS	Nº textos	% textos de esta parte	% textos del total
ULPIANUS	37	2,3270	0,4048
Libri ad edictum	153	9,6226	1,6740
Libri ad Sabinum	28	1,7610	0,3063
Libri disputationum	1	0,0629	0,0109
Libri institutionum	1	0,0629	0,0109
Libri de officio proconsulis	1	0,0629	0,0109
Libri de omnibus tribunalibus	4	0,2516	0,0438
Libri regularum	2	0,1258	0,0219
Libri responsorum	227	14,2767	2,4836
TOTALES			
PAULUS			
Libri ad edictum	11	0,6918	0,1204
Libri ad Sabinum	63	3,9623	0,6893
L. sing. ad legem Fufiam Caniniam	1	0,0629	0,0109
L. sing. ad senatus consultum Silanianum	3	0,1887	0,0328
L. sing. de adsignatione libertorum	3	0,1887	0,0328
L. sing. ad legem Aeliam Sentiam	2	0,1258	0,0219
Libri epitomarum Alfeni digestorum	1	0,0629	0,0109
L. sing. de iure codicillorum	4	0,2516	0,0438
Libri ad legem Iuliam	1	0,0629	0,0109
Libri regularum	5	0,3145	0,0547
L. sing. de secundis tabulis	3	0,1887	0,0328
L. sing. de senatus consultis	1	0,0629	0,0109
TOTALES	98	6,1635	1,0722
GAIUS			
Libri ad edictum provincialc	27	1,6981	0,2954
Libri de legatis ad edictum praetoris urbani	12	0,7547	0,1313
Libri de testamentis ad edictum praetoris urbani	6	0,3774	0,0656
Libri institutionum	2	0,1258	0,0219
TOTALES	47	2,9560	0,5142
IULIANUS			

Libri ad Urseium Ferocem	6	0,3774	0,0656
L. sing. de ambiguitatibus	3	0,1887	0,0328
Libri digestorum	87	5,4717	0,9519
Libri ad Minicium	5	0,3145	0,0547
TOTALES	101	6,3522	1,1050
MARCELLUS			
digestorum Iuliani notat	5	0,3145	0,0547
L. sing. regularum Pomponii notat	1	0,0629	0,0109
L. sing. responsorum	6	0,3774	0,0656
TOTALES	12	0,7547	0,1313
AFRICANUS			
Libri quaestionum	29	1,8239	0,3173
ALFENUS			
Libri digestorum	5	0,3145	0,0547
Libri digestorum a Paulo epitomatorum	10	0,6289	0,1094
TOTALES	15	0,9434	0,1641
FLORENTINUS			
Libri institutionum	13	0,8176	0,1422
IAVOLENUS			
Libri ex posterioribus Labeonis	21	1,3208	0,2298
MACER			
Libri de re militari	2	0,1258	0,0219
Libri de officio praesidis	1	0,0629	0,0109
TOTALES	3	0,1887	0,0328
MAECIANUS			
Libri de publicis iudiciis	1	0,0629	0,0109
MARCIANUS			
L. sing. de delatoribus	1	0,0629	0,0109
Libri institutionum	40	2,5157	0,4376
Libri regularum	15	0,9434	0,1641
TOTALES	56	3,5220	0,6127
NERATIUS			

Libri membranarum	4	0,2516	0,0438
Libri regularum	1	0,0629	0,0109
TOTALES	5	0,3145	0,0547
POMPONIUS	63	3,9623	0,6893
Libri ad Sabinum	2	0,1258	0,0219
L. sing. regualarum	65	4,0881	0,7112
TOTALES			
RUTILIUS MAXIMUS			
L. sing. ad legem Falcidiam	1	0,0629	0,0109
VENULEIUS			
Libri de publicis iudiciis	1	0,0629	0,0109
TOTALES	695	43,7107	7,6039

QUINTA PARTE – Masa Papiniana

JURISTAS/OBRAS	Nº textos	% textos de esta parte	% textos del total
ULPIANUS			
Libri fideicommissorum	29	1,8239	0,3173
PAULUS			
Libri responsorum	29	1,8239	0,3173
Libri ad Neratium	9	0,5660	0,0985
L. sing. ad senatus consultum Tertullianum	1	0,0629	0,0109
Libri decretorum	4	0,2516	0,0438
Libri fideicommissorum	9	0,5660	0,0985
L. sing. de forma testamenti	1	0,0629	0,0109
L. sing. de instrumenti significatione	2	0,1258	0,0219
L. sing. ad legem Falcidiam	3	0,1887	0,0328
Libri manualium	3	0,1887	0,0328
Libri quaestionum	35	2,2013	0,3829
Libri sententiarum	20	1,2579	0,2188
TOTALES	116	7,2956	1,2691
GAIUS			
L. sing. de casibus	2	0,1258	0,0219
Libri fideicommissorum	10	0,6289	0,1094
L. sing. de tacitis fideicommissis	1	0,0629	0,0109
TOTALES	13	0,8176	0,1422
PAPINIANUS			
Libri definitionum	6	0,3774	0,0656
Libri quaestionum	73	4,5912	0,7987
Libri responsorum	72	4,5283	0,7877
TOTALES	151	9,4969	1,6521
SCAEVOLA			
Libri quaestionum	17	1,0692	0,1860
Libri responsorum	28	1,7610	0,3063
TOTALES	45	2,8302	0,4923
CALLISTRATUS			

Libri quaestionum	1	0,0629	0,0109
HERMOGENIANUS Libri iuris epitomarum	14	0,8805	0,1532
MAECIANUS Libri fideicommissorum	25	1,5723	0,2735
NERATIUS Libri responsorum	2	0,1258	0,0219
POMPONIUS Libri fideicommissorum	6	0,3774	0,0656
TRYPHONINUS Libri disputationum	8	0,5031	0,0875
VALENS Libri fideicommissorum	14	0,8805	0,1532
VENULEIUS Libri stipulationum	1	0,0629	0,0109
TOTALES	425	26,7296	4,6499

QUINTA PARTE – Appendix

JURISTAS/OBRAS	Nº textos	% textos de esta parte	% textos del total
PAULUS			
Libri imperialum sententiarum in cognitionibus	3	0,1887	0,0328
SCAEVOLA			
Libri digestorum	58	3,6478	0,6346
L. sing. quaestionum publice tractatarum	4	0,2516	0,0438
TOTALES	62	3,8994	0,6783
LABEO			
Libri posteriorum a Iavoleno epitomatorum	13	0,8176	0,1422
Libri epitomatorum a Paulo	5	0,3145	0,0547
TOTALES	18	1,1321	0,1969
POMPONIUS			
Libri epistularum	6	0,3774	0,0656
Libri senatus consultorum	1	0,0629	0,0109
TOTALES	7	0,4403	0,0766
PROCULUS			
Libri ex posterioribus Labeonis	1	0,0629	0,0109
TRYPHONINUS			
Apud Scaevolam digestorum notat	2	0,1258	0,0219
VALENS			
Libri actionum	1	0,0629	0,0109
VENULEIUS			
Libri actionum	2	0,1258	0,0219
TOTALES	96	6,0377	1,0503

QUINTA PARTE – Masa Incierta

JURISTAS/OBRAS	Nº textos	% textos de esta parte	% textos del total
S/ inscriptio	5	0,3145	0,0547
TOTALES	5	0,3145	0,0547

SEXTA PARTE – Masa Edictal

JURISTAS/OBRAS	Nº textos	% textos de esta parte	% textos del total
ULPIANUS			
Libri ad edictum	194	12,1783	2,1225
Libri ad legem Iuliam et Papiam	12	0,7533	0,1313
Libri de officio consulis	5	0,3139	0,0547
TOTALES	211	13,2454	2,3085
PAULUS			
Libri ad edictum	114	7,1563	1,2473
Libri brevium	1	0,0628	0,0109
Libri ad legem Iuliam et Papiam	8	0,5022	0,0875
Libri ad Plautium	40	2,5110	0,4376
Libri ad Vitellium	1	0,0628	0,0109
TOTALES	164	10,2950	1,7943
GAIUS			
Ad edcitum praetoris urbani	1	0,0628	0,0109
Ad edictum praetoris urbani titulo de damno infecto	2	0,1255	0,0219
Ad edictum praetoris urbani titulo de aquae pluviae arcendae	1	0,0628	0,0109
Ad edictum praetoris urbani titulo de liberali causa	9	0,5650	0,0985
Ad edictum praetoris urbani titulo de Publicanis	1	0,0628	0,0109
Libri ad edictum praetoris urbani titulo de re iudicata	1	0,0628	0,0109
Libri ad edictum provinciale	34	2,1343	0,3720
Ad edictum urbicum titulo de operis novi nuntiatione	1	0,0628	0,0109
Libri ad legem Iuliam et Papiam	5	0,3139	0,0547
TOTALES	55	3,4526	0,6018
MODESTINUS			
Libri ad Quintum Mucium	2	0,1255	0,0219
L. sing. de enucleatis casibus	1	0,0628	0,0109

L. sing. de manumissionibus		4	0,2511	0,0438
Libri de poenis		2	0,1255	0,0219
Libri differentiarum		9	0,5650	0,0985
Libri pandectarum		18	1,1299	0,1969
Libri regularum		18	1,1299	0,1969
Libri responsorum		9	0,5650	0,0985
	TOTALES	63	3,9548	0,6893
PAPINIANUS				
Liber de cura urbis (astinomico)		1	0,0628	0,0109
MARCELLUS				
Libri ad legem Iuliam et Papiam		1	0,0628	0,0109
Libri digestorum		29	1,8205	0,3173
	TOTALES	30	1,8832	0,3282
ARRIUS MENANDER				
Libri de re militari		1	0,0628	0,0109
CALLISTRATUS				
Libri de cognitionibus		5	0,3139	0,0547
Libri de iuri fisci		1	0,0628	0,0109
Libri edicti monitorii		2	0,1255	0,0219
	TOTALES	8	0,5022	0,0875
CELSUS				
Libri digestorum		20	1,2555	0,2188
IAVOLENUS				
Libri epistularum		15	0,9416	0,1641
Libri ex Cassio		13	0,8161	0,1422
Libri ad Plautium		2	0,1255	0,0219
	TOTALES	30	1,8832	0,3282
LICINNIUS RUFINUS				
Libri regularum		5	0,3139	0,0547
PAPIRUS IUSTUS				
Libri de constitionibus		4	0,2511	0,0438
POMPONIUS				

Libri ad Plautium	11	0,6905	0,1204
Libri variarum lectionum	5	0,3139	0,0547
Libri ad Quintum Mucium	20	1,2555	0,2188
TOTALES	36	2,2599	0,3939
PROCULUS			
Libri epistularum	3	0,1883	0,0328
TERENTIUS CLEMENS			
Libri ad legem Iuliam et Papiam	10	0,6277	0,1094
TERTULLIANUS			
Libri quaestionum	1	0,0628	0,0109
TOTALES	642	40,3013	7,0241

SEXTA PARTE - Masa Sabiniana

JURISTAS/OBRAS	Nº textos	% textos de esta parte	% textos del total
ULPIANUS			
Libri ad edictum	65	4,0804	0,7112
Libri ad Sabinum	62	3,8920	0,6783
Libri disputationum	26	1,6321	0,2845
Libri ad legem Aeliam Sentiam	3	0,1883	0,0328
Libri de adulteriis	2	0,1255	0,0219
Libri de censibus	2	0,1255	0,0219
Libri de officio proconsulis	4	0,2511	0,0438
Libri de omnibus tribunalibus	4	0,2511	0,0438
Libri institutionum	2	0,1255	0,0219
Libri opinionum	2	0,1255	0,0219
L. sing. pandectarum	1	0,0628	0,0109
Libri regularum	6	0,3766	0,0656
L. sing. regularum	1	0,0628	0,0109
Libri responsorum	5	0,3139	0,0547
TOTALES	185	11,6133	2,0241
PAULUS			
Libri ad edictum	30	1,8832	0,3282
Libri ad Sabinum	40	2,5110	0,4376
L. sing. ad legem Aeliam Sentiam	5	0,3139	0,0547
Libri ad legem Iuliam	1	0,0628	0,0109
Libri de adulteriis	2	0,1255	0,0219
L. sing. de conceptione formularum	1	0,0628	0,0109
L. sing. de iure codicillorum	1	0,0628	0,0109
L. sing. de iure patronatus	2	0,1255	0,0219
L. sing. de liberali causa	1	0,0628	0,0109
L. sing. de libertatibus dandis	3	0,1883	0,0328
L. sing. de variis lectionibus	2	0,1255	0,0219
Libri institutionum	2	0,1255	0,0219
Libri regularum	1	0,0628	0,0109
L. sing. regularum	2	0,1255	0,0219
TOTALES	93	5,8380	1,0175
GAIUS			

Libri ad edictum provinciale	14	0,8788	0,1532
Libri de legatis ad edictum praetoris urbani	2	0,1255	0,0219
Libri institutionum	3	0,1883	0,0328
Libri rerum cottidianarum	14	0,8788	0,1532
TOTALES	33	2,0716	0,3611
IULIANUS			
Libri ad Urseium Ferocem	11	0,6905	0,1204
Libri digestorum	91	5,7125	0,9956
Libri ad Minicium	10	0,6277	0,1094
TOTALES	112	7,0308	1,2254
MARCELLUS			
L. sing. responsorum	3	0,1883	0,0328
SCAEVOLA			
Libri regularum	2	0,1255	0,0219
AFRICANUS			
Libri quaestionum	31	1,9460	0,3392
ALFENUS			
Libri digestorum	8	0,5022	0,0875
Libri digestorum a Paulo epitomatorum	4	0,2511	0,0438
TOTALES	12	0,7533	0,1313
CALLISTRATUS			
Libri institutionum	2	0,1255	0,0219
FLORENTINUS			
Libri institutionum	5	0,3139	0,0547
IAVOLENUS			
Libri ex posterioribus Labeonis	3	0,1883	0,0328
MACER			
Libri de re militari	1	0,0628	0,0109
Libri de appellationibus	1	0,0628	0,0109
TOTALES	2	0,1255	0,0219
MARCIANUS			

L. sing. ad formulam hypothecariam	3	0,1883	0,0328
L. sing. de delatoribus	4	0,2511	0,0438
Libri institutionum	27	1,6949	0,2954
Libri publicis iudiciis	1	0,0628	0,0109
Libri regularum	16	1,0044	0,1751
TOTALES	51	3,2015	0,5580
NERATIUS			
Libri membranarum	10	0,6277	0,1094
Libri regularum	3	0,1883	0,0328
TOTALES	13	0,8161	0,1422
POMPONIUS			
Libri ad Sabinum	62	3,8920	0,6783
L. sing. regularum	1	0,0628	0,0109
TOTALES	63	3,9548	0,6893
VENULEIUS			
Libri de officio proconsulis	1	0,0628	0,0109
TOTALES	611	38,3553	6,6849

SEXTA PARTE – Masa Papiniana

JURISTAS/OBRAS	Nº textos	% textos de esta parte	% textos del total
ULPIANUS			
Libri fideicommissorum	7	0,4394	0,0766
PAULUS			
Libri ad Neratium	3	0,1883	0,0328
L. sing. ad senatus consultum Claudianum	1	0,0628	0,0109
L. sing. ad senatus consultum Orphitianum	1	0,0628	0,0109
L. sing. ad senatus consultum Tertullianum	1	0,0628	0,0109
L. sing. ad senatus consultum Tertullianum et Orphitianum	1	0,0628	0,0109
L. sing. de articulis liberalis causae	1	0,0628	0,0109
L. sing. <de> concurrentibus actionibus	1	0,0628	0,0109
L. sing. de gradibus et adfinibus et nominibus eorum	1	0,0628	0,0109
Libri decretorum	2	0,1255	0,0219
Libri fideicommissorum	6	0,3766	0,0656
Libri manualium	6	0,3766	0,0656
Libri quaestionum	15	0,9416	0,1641
Libri responsorum	19	1,1927	0,2079
Libri responsorum Papiniani	1	0,0628	0,0109
Libri sententiarum	21	1,3183	0,2298
TOTALES	80	5,0220	0,8753
GAIUS			
Libri ad legem duodecim tabularum	1	0,0628	0,0109
L. sing. ad senatus consultum Orphitianum	1	0,0628	0,0109
L. sing. ad senatus consultum Tertullianum	1	0,0628	0,0109
L. sing. de casibus	3	0,1883	0,0328
Libri de manumissionibus	4	0,2511	0,0438
TOTALES	10	0,6277	0,1094
PAPINIANUS			
Libri definitionum	6	0,3766	0,0656
Libri quaestionum	40	2,5110	0,4376
Libri responsorum	47	2,9504	0,5142

	TOTALES	93	5,8380	1,0175
SCAEVOLA				
Libri quaestionum		6	0,3766	0,0656
Libri responsorum		21	1,3183	0,2298
	TOTALES	27	1,6949	0,2954
CALLISTRATUS				
Libri quaestionum		3	0,1883	0,0328
HERMOGENIANUS				
Libri epitomarum		29	1,8205	0,3173
MAECIANUS				
Libri fideicommissorum		8	0,5022	0,0875
NERATIUS				
Libri responsorum		2	0,1255	0,0219
POMPONIUS				
Libri enchiridii		1	0,0628	0,0109
Libri fideicommissorum		1	0,0628	0,0109
	TOTALES	2	0,1255	0,0219
TRYPHONINUS				
Libri disputationum		16	1,0044	0,1751
VALENS				
Libri fideicommissorum		2	0,1255	0,0219
TOTALES		279	17,5141	3,0525

SEXTA PARTE - Appendix

JURISTAS/OBRAS	Nº textos	% textos de esta parte	% textos del total
PAULUS			
Libri imperialum sententiarum in cognitionibus prolatarum	2	0,1255	0,0219
SCAEVOLA			
Libri digestorum	13	0,8161	0,1422
L. sing. quaestionum publice tractatarum	2	0,1255	0,0219
TOTALES	15	0,9416	0,1641
LABEO			
Libri epitomatorum a Paulo	7	0,4394	0,0766
Libri posteriorum a Iavoleno epitomatorum	1	0,0628	0,0109
TOTALES	8	0,5022	0,0875
POMPONIUS			
Libri epistularum	4	0,2511	0,0438
Libri senatus consultorum	6	0,3766	0,0656
TOTALES	10	0,6277	0,1094
Q. MUCIUS SCAEVOLA			
Liber singularis definitionum	2	0,1255	0,0219
TRYPHONINUS			
Apud Scaevolam digestorum notat	1	0,0628	0,0109
VENULEIUS			
Libri actionum	2	0,1255	0,0219
Libri interdictorum	21	1,3183	0,2298
TOTALES	23	1,4438	0,2516
TOTALES	61	3,8293	0,6674

SÉPTIMA PARTE – Masa Edictal

JURISTAS/OBRAS	Nº textos	% textos de esta parte	% textos del total
ULPIANUS			
Libri ad edictum	149	7,7970	1,6302
Libri ad edictum aedilium curulium	1	0,0523	0,0109
Libri ad legem Iuliam et Papiam	16	0,8373	0,1751
Libri de officio consulis	6	0,3140	0,0656
TOTALES	172	9,0005	1,8818
PAULUS			1,2
Libri ad edictum	114	5,9655	473
Libri ad edictum aedilium curulium	1	0,0523	0,0109
Libri ad legem Iuliam et Papiam	11	0,5756	0,1204
Libri ad Plautium	47	2,4594	0,5142
Libri ad Vitellium	4	0,2093	0,0438
Libri brevium	2	0,1047	0,0219
Libri de censibus	1	0,0523	0,0109
TOTALES	180	9,4192	1,9694
GAIUS			
Libri ad edictum praetoris urbani	1	0,0523	0,0109
Libri ad edictum provinciale	32	1,6745	0,3501
Libri ad ed. pr. urb. titulo qui neque sequantur neque ducantur	1	0,0523	0,0109
Libri ad legem Iuliam et Papiam	7	0,3663	0,0766
TOTALES	41	2,1455	0,4486
MODESTINUS			
L. sing. de enucleatis casibus	2	0,1047	0,0219
L. sing. de manumissionibus	1	0,0523	0,0109
Libri de poenis	15	0,7849	0,1641
L. sing. de praescriptionibus	4	0,2093	0,0438
L. sing. de ritu nuptiarum	1	0,0523	0,0109
Libri differentiarum	9	0,4710	0,0985
Libri excusationum	2	0,1047	0,0219
Libri pandectarum	19	0,9942	0,2079
Libri regularum	33	1,7268	0,3611

Libri responsorum	15	0,7849	0,1641
TOTALES	101	5,2852	1,1050
MARCELLUS			
Libri digestorum	24	1,2559	0,2626
AELIUS GALLUS			
Liber de verborum quae ad ius pertinent significatione	1	0,0523	0,0109
ARRIUS MENANDER			
Libri de re militari	5	0,2616	0,0547
CALLISTRATUS			
Libri de cognitionibus	27	1,4129	0,2954
Libri edicti monitorii	2	0,1047	0,0219
Libri de iure fisci	5	0,2616	0,0547
TOTALES	34	1,7792	0,3720
CELSUS			
Libri digestorum	29	1,5175	0,3173
IAVOLENUS			
Libri ad Plautium	3	0,1570	0,0328
Libri epistularum	19	0,9942	0,2079
Libri ex Cassio	12	0,6279	0,1313
TOTALES	34	1,7792	0,3720
LICINNIUS RUFINUS	3	0,1570	0,0328
Libri regularum			
MACER			
Libri ad legem vicensimam hereditatium	1	0,0523	0,0109
MAURICIANUS			
Libri ad legem Iuliam et Papiam	1	0,0523	0,0109
PAPIRIUS IUSTUS			
Libri de constitionibus	9	0,4710	0,0985
POMPONIUS			

Libri ad Quintum Mucium	26	1,3605	0,2845
Libri ad Plautium	9	0,4710	0,0985
Libri variarum lectionum	5	0,2616	0,0547
TOTALES	40	2,0931	0,4376
PROCULUS			
Libri epistularum	7	0,3663	0,0766
TARRUNTENUS PATERNUS			
Libri de re militari	2	0,1047	0,0219
TERENTIUS CLEMENS			
Libri ad legem Iuliam et Papiam	4	0,2093	0,0438
TERTULLIANUS			
L. sing. de castrensi peculio	1	0,0523	0,0109
TOTALES	689	36,0544	7,5383

SÉPTIMA PARTE - Masa Sabiniana

JURISTAS/OBRAS	Nº textos	% textos de esta parte	% textos del total
ULPIANUS			
Libri ad edictum	53	2,7734	0,5799
Libri ad Sabinum	136	7,1167	1,4880
Libri ad legem Aeliam Sentiam	1	0,0523	0,0109
Libri de adulteriis	22	1,1512	0,2407
Libri de appellationibus	14	0,7326	0,1532
Libri de censibus	4	0,2093	0,0438
L. sing. de officio curatoris rei publicae	4	0,2093	0,0438
Libri de officio proconsulis	55	2,8781	0,6018
Libri de omnibus tribunalibus	6	0,3140	0,0656
Libri disputationum	34	1,7792	0,3720
Libri institutionum	1	0,0523	0,0109
Libri opinionum	26	1,3605	0,2845
Libri regularum	5	0,2616	0,0547
Libri responsorum	5	0,2616	0,0547
TOTALES	366	19,1523	4,0044
PAULUS			
Libri ad edictum	17	0,8896	0,1860
Libri ad Sabinum	61	3,1920	0,6674
L. sing. ad legem Aeliam Sentiam	1	0,0523	0,0109
L. sing. ad legem Fufiam Caniniam	1	0,0523	0,0109
L. sing. de adsignatione libertorum	1	0,0523	0,0109
Libri de adulteriis	6	0,3140	0,0656
L. sing. de adulteriis	1	0,0523	0,0109
L. sing. de appellationibus	2	0,1047	0,0219
L. sing. de dotis repetitione	1	0,0523	0,0109
L. sing. de publicis iudiciis	4	0,2093	0,0438
Libri de officio proconsulis	4	0,2093	0,0438
L. sing. de poenis militum	3	0,1570	0,0328
L. sing. de portionibus quae liberis damnatorum conceduntur	1	0,0523	0,0109
Libri epitomarum Alfeni digestorum	2	0,1047	0,0219
Libri regularum	1	0,0523	0,0109
L. sing. regularum	2	0,1047	0,0219

TOTALES	108	5,6515	1,1816
GAIUS			
Libri ad edictum (D.47,2,2 Mo-Kr, nt. 5 provinciale)	1	0,0523	0,0109
Libri ad edictum provinciale	12	0,6279	0,1313
Libri de testamentis ad edictum praetoris urbani	1	0,0523	0,0109
Libri de legatis ad edictum praetoris urbani	1	0,0523	0,0109
Libri rerum cottidianarum	1	0,0523	0,0109
TOTALES	16	0,8373	0,1751
PAPINIANUS			
Libri de adulteriis	12	0,6279	0,1313
L. sing. de adulteriis	2	0,1047	0,0219
TOTALES	14	0,7326	0,1532
IULIANUS			
Libri ad Urseium Ferocem	5	0,2616	0,0547
Libri digestorum	46	2,4071	0,5033
Libri ad Minicium	6	0,3140	0,0656
TOTALES	57	2,9827	0,6236
MARCELLUS			
L. sing. responsorum	2	0,1047	0,0219
L. sing.regularumPomponii notat	1	0,0523	0,0109
TOTALES	3	0,1570	0,0328
SCAEVOLA			
Libri regularum	11	0,5756	0,1204
AFRICANUS			
Libri quaestionum	15	0,7849	0,1641
ALFENUS			
Libri digestorum	2	0,1047	0,0219
Libri digestorum a Paulo epitomatorum	3	0,1570	0,0328
TOTALES	5	0,2616	0,0547
ARCADIUS CHARISIUS			
L. sing. de testibus	1	0,0523	0,0109

CLAUDIUS			
L. sing. de poenis paganorum	1	0,0523	0,0109
FLORENTINUS			
Libri institutionum	10	0,5233	0,1094
IAVOLENUS			
Libri ex posterioribus Labeonis	7	0,3663	0,0766
MACER			
Libri de appellationibus	10	0,5233	0,1094
Libri publicorum iudiciorum	29	1,5175	0,3173
Libri de re militari	4	0,2093	0,0438
Libri de officio praesidis	4	0,2093	0,0438
TOTALES	47	2,4594	0,5142
MAECIANUS			
Libri de publicis iudiciis	2	0,1047	0,0219
MARCIANUS			
L. sing. de delatoribus	5	0,2616	0,0547
L. sing. ad hypothecariam formulam	1	0,0523	0,0109
Libri de appellationibus	4	0,2093	0,0438
Libri de publicis iudiciis	26	1,3605	0,2845
Papiniani de adulteriis notat	1	0,0523	0,0109
Libri institutionum	37	1,9362	0,4048
Libri regularum	11	0,5756	0,1204
TOTALES	85	4,4479	0,9300
NERATIUS			
Libri membranarum	6	0,3140	0,0656
POMPONIUS			
Libri ad Sabinum	69	3,6107	0,7549
VENELEIUS			
Libri de publicis iudiciis	9	0,4710	0,0985
Libri de officio proconsulis	5	0,2616	0,0547
TOTALES	14	0,7326	0,1532

TOTALES	837	43,7991	9,1575

SÉPTIMA PARTE - Masa Papiniana

JURISTAS/OBRAS	Nº textos	% textos de esta parte	% textos del total
ULPIANUS			
Libri fideicommissorum	3	0,1570	0,0328
PAULUS			
L. sing. ad legem Falcidiam	1	0,0523	0,0109
Libri ad Neratium	6	0,3140	0,0656
L. sing. ad regulam Catonianam	1	0,0523	0,0109
L. sing. ad senatus consultum Libonianum	1	0,0523	0,0109
L. sing. ad senatus consultum Orfitianum	1	0,0523	0,0109
L. sing. ad senatus consultum Turpillianum	2	0,1047	0,0219
L. sing. ad senatus consultum Tertullianum	1	0,0523	0,0109
L. sing. de cognitionibus	3	0,1570	0,0328
L. sing. de concurrentibus actionibus	1	0,0523	0,0109
L. sing. de iure libellorum	1	0,0523	0,0109
L. sing. de officio praefecti vigilum	1	0,0523	0,0109
L. sing. de poenis omnium legum	2	0,1047	0,0219
L. sing. de poenis paganorum	4	0,2093	0,0438
L. sing. de tacitis fideicommissis	1	0,0523	0,0109
Libri fideicommissorum	3	0,1570	0,0328
Libri manualium	7	0,3663	0,0766
Libri quaestionum	29	1,5175	0,3173
Libri responsorum	21	1,0989	0,2298
Libri decretorum	8	0,4186	0,0875
Libri sententiarum	31	1,6222	0,3392
TOTALES	125	6,5411	1,3676
GAIUS			
L. sing. de casibus	1	0,0523	0,0109
Libri ad legem duodecim tabularum	11	0,5756	0,1204
Libri de verborum obligationibus	10	0,5233	0,1094
Libri regularum	2	0,1047	0,0219
TOTALES	24	1,2559	0,2626
PAPINIANUS			

Libri definitionum	8	0,4186	0,0875
Libri quaestionum	47	2,4594	0,5142
Libri responsorum	49	2,5641	0,5361
TOTALES	104	5,4422	1,1379
SCAEVOLA			
Libri responsorum	8	0,4186	0,0875
Libri quaestionum	11	0,5756	0,1204
TOTALES	19	0,9942	0,2079
ARCADIUS CHARISIUS			
L. sing. de muneribus civilibus	1	0,0523	0,0109
CALLISTRATUS			
Libri quaestionum	4	0,2093	0,0438
HERMOGENIANUS			
Libri iuris epitomarum	26	1,3605	0,2845
MAECIANUS			
Libri fideicommissorum	5	0,2616	0,0547
MARCIANUS			
L. sing. ad senatus consultum Turpillianum	1	0,0523	0,0109
NERATIUS			
Libri responsorum	4	0,2093	0,0438
POMPONIUS			
Libri enchiridii	1	0,0523	0,0109
L. sing. enchiridii	1	0,0523	0,0109
TOTALES	2	0,1047	0,0219
TRYPHONINUS			
Libri disputationum	9	0,4710	0,0985
VALENS			
Libri fideicommissorum	2	0,1047	0,0219
VENELEIUS			
Libri disputationum	1	0,0523	0,0109

Libri stipulationum	16	0,8373	0,1751
TOTALES	17	0,8896	0,1860
TOTALES	346	18,1057	3,7856

SÉPTIMA PARTE - Appendix

JURISTAS/OBRAS	Nº textos	% textos de esta parte	% textos del total
PAULUS			
Libri imperialium sententiarum in cognitionibus prolatarum	1	0,0523	0,0109
SCAEVOLA			
Libri digestorum	12	0,6279	0,1313
L. sing. quaestionum publice tractatarum	2	0,1047	0,0219
TOTALES	14	0,7326	0,1532
LABEO			
Libri epitomatorum a Paulo	7	0,3663	0,0766
POMPONIUS			
Libri epistularum	5	0,2616	0,0547
Q. MUCIUS SCAEVOLA			
L. sing. definitionum	2	0,1047	0,0219
VENULEIUS			
Libri actionum	1	0,0523	0,0109
TOTALES	30	1,5699	0,3282

SÉPTIMA PARTE - Masa Incerta

JURISTAS/OBRAS	Nº textos	% textos de esta parte	% textos del total
ULPIANUS			
Sin indicación de obra	1	0,0523	0,0109
PAULUS			
Sin indicación de obra	1	0,0523	0,0109
CALLISTRATUS			
Sin indicación de obra	2	0,1047	0,0219
MARCIANUS			
Sin indicación de obra	3	0,1570	0,0328
POMPONIUS			
Sin indicación de obra	1	0,0523	0,0109
SIN INSCRIPTIO	1	0,0523	0,0109
TOTALES	9	0,4710	0,0985

ANEXO III

Juristas y obras presentes en cada una de las partes de los Digesta, con indicación de los portentajes de textos y de líneas de cada una de las partes y del total de la obra

PROTA

1 -- Número de textos
2 -- Porcentaje de textos de esta parte
3 -- Porcentaje de textos del total de la obra
4 -- Porcentaje de líneas de esta parte
5 -- Porcentaje de líneas del total de la obra

JURISTA / OBRA	1	2	3	4	5
ULPIANUS					
Libri ad edictum	199	22,8999	2,1772	36,8058	3,0372
Libri ad Sabinum	33	3,7975	0,3611	2,5218	0,2081
Libri ad edictum aedilium curulium	2	0,2301	0,0219	0,1051	0,0087
Libri ad legem Iuliam et Papiam	10	1,1507	0,1094	0,7655	0,0632
Libri de censibus	1	0,1151	0,0109	0,0901	0,0074
Libri de officio consulis	3	0,3452	0,0328	0,3152	0,0260
L. sing. de officio praefecti urbi	2	0,2301	0,0219	0,7655	0,0632
Libri de officio praefecti vigilum	1	0,1151	0,0109	0,0300	0,0025
Libri de officio proconsulis	11	1,2658	0,1204	1,9063	0,1573
L. sing. de officio quaestoris	2	0,2301	0,0219	0,3152	0,0260
Libri de omnibus tribunalibus	7	0,8055	0,0766	1,9063	0,1573
Libri disputationum	7	0,8055	0,0766	0,5254	0,0434
Libri fideicommissorum	3	0,3452	0,0328	0,2852	0,0235
Libri opinionum	18	2,0713	0,1969	1,9964	0,1647
Libri responsorum	1	0,1151	0,0109	0,0300	0,0025
Libri institutionum	6	0,6904	0,0656	0,7805	0,0644
Libri regularum	2	0,2301	0,0219	0,1051	0,0087
TOTALES	308	35,4430	3,3698	49,2495	4,0640
PAULUS					
Libri ad edictum	145	16,6858	1,5864	13,2693	1,0950
Libri ad Sabinum	14	1,6110	0,1532	0,8856	0,0731
Libri ad edictum aedilium curulium	1	0,1151	0,0109	0,0450	0,0037
L. sing. ad legem Cinciam	1	0,1151	0,0109	0,0450	0,0037
Libri ad legem Iuliam et Papiam	5	0,5754	0,0547	0,4953	0,0409
Libri ad Neratium	1	0,1151	0,0109	0,3603	0,0297
Libri ad Plautium	9	1,0357	0,0985	0,6455	0,0533
Libri brevium	1	0,1151	0,0109	0,0300	0,0025

L. sing. de iure singulari	1	0,1151	0,0109	0,0450	0,0037
L. sing. de officio adsessorum	3	0,3452	0,0328	0,2402	0,0198
L. sing. de officio praefecti urbi	1	0,1151	0,0109	0,0450	0,0037
L. sing. de officio praefecti vigilum	2	0,2301	0,0219	0,4053	0,0334
L. sing. de portionibus quae liberis damnatorum conceduntur	1	0,1151	0,0109	0,0600	0,0050
Libri decretorum	1	0,1151	0,0109	0,3002	0,0248
Libri Iuliani digestorum notat	1	0,1151	0,0109	0,0450	0,0037
Libri manualium	2	0,2301	0,0219	0,1201	0,0099
Libri quaestionum	9	1,0357	0,0985	0,9457	0,0780
Libri regularum	2	0,2301	0,0219	0,0751	0,0062
L. sing. regularum	1	0,1151	0,0109	0,0600	0,0050
Libri responsorum	10	1,1507	0,1094	0,6304	0,0520
Libri sententiarum	20	2,3015	0,2188	1,3960	0,1152
TOTALES	231	26,5823	2,5274	20,1441	1,6623
GAIUS					
Libri ad edictum provinciale	56	6,4442	0,6127	4,9685	0,4100
Libri ad legem duodecim tabularum	6	0,6904	0,0656	0,3903	0,0322
Libri de verborum obligationibus	1	0,1151	0,0109	0,0751	0,0062
Libri institutionum	9	1,0357	0,0985	0,9457	0,0780
L. sing. regularum	1	0,1151	0,0109	0,0300	0,0025
Libri rerum cottidianarum	1	0,1151	0,0109	0,1051	0,0087
TOTALES	74	8,5155	0,8096	6,5146	0,5376
MODESTINUS					
L. sing. de enucleatis casibus	1	0,1151	0,0109	0,0751	0,0062
L. sing. de heurematicis	1	0,1151	0,0109	0,1051	0,0087
Libri de poenis	1	0,1151	0,0109	0,0600	0,0050
Libri differentiarum	3	0,3452	0,0328	0,2402	0,0198
Libri excusationum	1	0,1151	0,0109	0,0300	0,0025
Libri pandectarum	7	0,8055	0,0766	0,2252	0,0186
Libri regularum	16	1,8412	0,1751	0,6905	0,0570
Libri responsorum	6	0,6904	0,0656	0,7655	0,0632
TOTALES	36	4,1427	0,3939	2,1915	0,1808
PAPINIANUS					
Libri de adulteriis	1	0,1151	0,0109	0,0751	0,0062
Libri definitionum	3	0,3452	0,0328	0,1651	0,0136
Libri quaestionum	19	2,1864	0,2079	1,2459	0,1028
Libri responsorum	18	2,0713	0,1969	1,6361	0,1350
TOTALES	41	4,7181	0,4486	3,1222	0,2576

IULIANUS					
Liber ad edictum	1	0,1151	0,0109	0,2101	0,0173
Libri ad Minicium	2	0,2301	0,0219	0,1501	0,0124
Libri ad Urseium Ferocem	1	0,1151	0,0109	0,0450	0,0037
Libri digestorum	22	2,5316	0,2407	1,8313	0,1511
TOTALES	26	2,9919	0,2845	2,2366	0,1846
MARCELLUS					
Libri digestorum	5	0,5754	0,0547	0,3753	0,0310
Libri de officio praesidis	1	0,1151	0,0109	0,0600	0,0050
Libri publicorum	1	0,1151	0,0109	0,0450	0,0037
TOTALES	7	0,8055	0,0766	0,4803	0,0396
SCAEVOLA					
Iulani digestorum notat	1	0,1151	0,0109	0,0450	0,0037
Libri digestorum	5	0,5754	0,0547	1,0057	0,0830
Libri quaestionum	2	0,2301	0,0219	0,5554	0,0458
Libri regularum	1	0,1151	0,0109	0,0300	0,0025
Libri responsorum	5	0,5754	0,0547	0,5854	0,0483
TOTALES	14	1,6110	0,1532	2,2216	0,1833
ABURNIUS VALENS					
Libri fideicommissorum	1	0,1151	0,0109	0,0901	0,0074
AFRICANUS					
Libri quaestionum	7	0,8055	0,0766	0,5704	0,0471
ALFENUS					
Libri digestorum	2	0,2301	0,0219	0,1051	0,0087
ARCADIUS CHARISIUS					
L. sing. de officio praefecti praetorio	1	0,1151	0,0109	0,2852	0,0235
CALLISTRATUS					
Libri edicti monitorii	11	1,2658	0,1204	0,7205	0,0595
Libri de cognitionibus	5	0,5754	0,0547	0,4503	0,0372
Libri institutionum	1	0,1151	0,0109	0,0600	0,0050
Libri quaestionum	1	0,1151	0,0109	0,0450	0,0037
TOTALES	18	2,0713	0,1969	1,2759	0,1053

CELSUS					
Libri digestorum	15	1,7261	0,1641	0,6755	0,0557
FLORENTINUS					
Libri institutionum	4	0,4603	0,0438	0,2402	0,0198
FURIUS ANTHIANUS					
Liber ad edictum	2	0,2301	0,0219	0,1201	0,0099
HERMOGENIANUS					
Libri iuris epitomarum	10	1,1507	0,1094	0,5554	0,0458
IAVOLENUS					
Libri epistularum	1	0,1151	0,0109	0,0450	0,0037
Libri ex Cassio	6	0,6904	0,0656	0,3603	0,0297
TOTALES	7	0,8055	0,0766	0,4053	0,0334
LABEO					
Libri posteriorum a Iavoleno epitomatorum	1	0,1151	0,0109	0,0600	0,0050
LICINNIUS RUFINUS					
Libri regularum	1	0,1151	0,0109	0,0300	0,0025
MACER					
Libri de appellationibus	2	0,2301	0,0219	0,3753	0,0310
Libri publicorum iudicorum	1	0,1151	0,0109	0,2852	0,0235
Libri ad legem vicensimam	1	0,1151	0,0109	0,0300	0,0025
hereditatium	4	0,4603	0,0438	0,3152	0,0260
Libri de officio praesidis					
TOTALES	8	0,9206	0,0875	1,0057	0,0830
MARCIUANUS					
Libri de publicis iudiciis	2	0,2301	0,0219	0,0901	0,0074
Libri institutionum	11	1,2658	0,1204	1,0357	0,0855
Libri regularum	7	0,8055	0,0766	0,3452	0,0285
TOTALES	20	2,3015	0,2188	1,4710	0,1214
MAURICIANUS					
Libri de poenis	1	0,1151	0,0109	0,0450	0,0037

NERATIUS					
Libri membranarum	3	0,3452	0,0328	0,4203	0,0347
PAPIRIUS IUSTUS					
Libri de constitutionibus	2	0,2301	0,0219	0,0901	0,0074
POMPONIUS					
Libri ad Sabinum	4	0,4603	0,0438	0,1651	0,0136
L. sing. enchiridii	2	0,2301	0,0219	4,2630	0,3518
Libri epistularum	2	0,2301	0,0219	0,1951	0,0161
Libri ad Plautium	2	0,2301	0,0219	0,0751	0,0062
Libri variarum lectionum	3	0,3452	0,0328	0,1951	0,0161
Libri ad Quintum Mucium	5	0,5754	0,0547	0,2852	0,0235
TOTALES	18	2,0713	0,1969	5,1786	0,4273
PROCULUS					
Libri epistularum	4	0,4603	0,0438	0,2252	0,0186
TERTULLIANUS					
Libri quaestionum	1	0,1151	0,0109	0,0450	0,0037
TRYPHONINUS					
Libri disputationum	5	0,5754	0,0547	0,8856	0,0731
VENULEIUS					
Libri de officio proconsulis	1	0,1151	0,0109	0,0600	0,0050
TOTALES	869	100,0000	9,5077	100,0000	8,2519
Total 5 juristas	690	79,4016	7,5492	81,2219	6,7023
Total 3 juristas	47	5,4085	0,5142	4,9385	0,4075
Total 8 juristas	737	84,8101	8,0635	86,1603	7,1099
Total resto juristas	132	15,1899	1,4442	13,8397	1,1420

DE IUDICIIS

1 -- Número de textos
2 -- Porcentaje de textos de esta parte
3 -- Porcentaje de textos del total de la obra
4 -- Porcentaje de líneas de esta parte
5 -- Porcentaje de líneas del total de la obra

JURISTA / OBRA	1	2	3	4	5
ULPIANUS					
Libri ad edictum	194	20,0413	2,1225	35,1072	3,4484
Libri ad Sabinum	63	6,5083	0,6893	9,8865	0,9711
Libri disputationum	12	1,2397	0,1313	0,9836	0,0966
Libri fideicommissorum	2	0,2066	0,0219	0,3909	0,0384
Libri institutionum	2	0,2066	0,0219	0,1765	0,0173
Libri ad legem Iuliam et Papiam	1	0,1033	0,0109	0,0252	0,0025
Libri de officio consulis	3	0,3099	0,0328	0,1639	0,0161
Libri de officio proconsulis	2	0,2066	0,0219	0,1765	0,0173
Libri de omnibus tribunalibus	5	0,5165	0,0547	0,3153	0,0310
Libri opinionum	12	1,2397	0,1313	0,9206	0,0904
Libri responsorum	2	0,2066	0,0219	0,0631	0,0062
Libri regularum	2	0,2066	0,0219	0,0631	0,0062
TOTALES	300	30,9917	3,2823	48,2724	4,7416
PAULUS					
Libri ad edictum	126	13,0165	1,3786	11,2863	1,1086
Libri ad Sabinum	45	4,6488	0,4923	3,7074	0,3642
Libri ad Plautium	29	2,9959	0,3173	2,6860	0,2638
L. sing. de officio adsessorum	1	0,1033	0,0109	0,0378	0,0037
Libri epitomarum Alfeni digestorum	10	1,0331	0,1094	0,7440	0,0731
L. sing. de inofficioso testamento	3	0,3099	0,0328	0,2522	0,0248
Libri institutionum	1	0,1033	0,0109	0,0504	0,0050
L. sing. de septemviralibus iudiciis	3	0,3099	0,0328	0,3153	0,0310
L. sing. de iure singulari	1	0,1033	0,0109	0,0252	0,0025
Libri manualium	4	0,4132	0,0438	0,4161	0,0409
Libri ad Neratium	4	0,4132	0,0438	0,1261	0,0124
quaestionum Papiniani notat	2	0,2066	0,0219	0,0631	0,0062
Libri quaestionum	11	1,1364	0,1204	1,3619	0,1338
Libri responsorum	9	0,9298	0,0985	0,6683	0,0656
Libri sententiarum	9	0,9298	0,0985	0,4540	0,0446

Libri ad Vitellium	4	0,4132	0,0438	0,1513	0,0149
Libri decretorum	1	0,1033	0,0109	0,0883	0,0087
TOTALES	263	27,1694	2,8775	22,4338	2,2036
GAIUS					
Libri ad edictum provinciale	78	8,0579	0,8534	4,8298	0,4744
Libri ad edictum praetoris urbani titulo de liberali causa	2	0,2066	0,0219	0,1009	0,0099
Libri ad edictum praetoris urbani titulo de damno infecto	1	0,1033	0,0109	0,0504	0,0050
Libri fideicommissorum	1	0,1033	0,0109	0,0378	0,0037
Libri ad legem duodecim tabularum	1	0,1033	0,0109	0,0883	0,0087
L. sing. ad legem Glitiam	1	0,1033	0,0109	0,0504	0,0050
Libri rerum cottidianarum	3	0,3099	0,0328	0,2396	0,0235
TOTALES	87	8,9876	0,9519	5,3972	0,5301
MODESTINUS					
Libri differentiarum	6	0,6198	0,0656	0,2396	0,0235
Libri pandectarum	1	0,1033	0,0109	0,0504	0,0050
Libri regularum	4	0,4132	0,0438	0,1387	0,0136
Libri responsorum	3	0,3099	0,0328	0,2522	0,0248
L. sing. de inofficioso testamento	1	0,1033	0,0109	0,0378	0,0037
L. sing. de praescriptionibus	1	0,1033	0,0109	0,1513	0,0149
TOTALES	16	1,6529	0,1751	0,8701	0,0855
PAPINIANUS					
Libri definitionum	1	0,1033	0,0109	0,0504	0,0050
Libri quaestionum	28	2,8926	0,3063	2,4590	0,2415
Libri responsorum	16	1,6529	0,1751	1,1097	0,1090
TOTALES	45	4,6488	0,4923	3,6192	0,3555
IULIANUS					
Libri ad Urseium Ferocem	6	0,6198	0,0656	0,4666	0,0458
Libri digestorum	39	4,0289	0,4267	3,1148	0,3059
Libri ad Minicio	7	0,7231	0,0766	0,4288	0,0421
TOTALES	52	5,3719	0,5689	4,0101	0,3939
MARCELLUS					
Libri digestorum	14	1,4463	0,1532	1,0214	0,1003
SCAEVOLA					
Libri digestorum	3	0,3099	0,0328	0,3531	0,0347

Libri quaestionum	3	0,3099	0,0328	0,2144	0,0211
Libri regularum	3	0,3099	0,0328	0,0883	0,0087
Libri responsorum	6	0,6198	0,0656	0,9332	0,0917
TOTALES	15	1,5496	0,1641	1,5889	0,1561
AFRICANUS					
Libri quaestionum	11	1,1364	0,1204	0,9962	0,0979
ALFENUS					
Libri digestorum	7	0,7231	0,0766	1,1349	0,1115
CALLISTRATUS					
Libri de congnitionibus	4	0,4132	0,0438	0,2018	0,0198
Libri edicti monitorii	3	0,3099	0,0328	0,2144	0,0211
Libri institutionum	1	0,1033	0,0109	0,0504	0,0050
Libri quaestionum	1	0,1033	0,0109	0,0504	0,0050
TOTALES	9	0,9298	0,0985	0,5170	0,0508
CELSUS					
Libri digestorum	10	1,0331	0,1094	1,0845	0,1065
FLORENTINUS					
Libri institutionum	2	0,2066	0,0219	0,1513	0,0149
FURIUS ANTHIANUS					
Liber ad edictum	1	0,1033	0,0109	0,0504	0,0050
HERMOGENIANUS					
Libri iuris epitomarum	2	0,2066	0,0219	0,1765	0,0173
IAVOLENUS					
Libri epistularum	9	0,9298	0,0985	0,5296	0,0520
Libri ex Cassio	8	0,8264	0,0875	0,6557	0,0644
Libri ad Plautium	2	0,2066	0,0219	0,0757	0,0074
Libri ex posterioribus Labeonis	3	0,3099	0,0328	0,2396	0,0235
TOTALES	22	2,2727	0,2407	1,5006	0,1474
LABEO					
Libri epitomatorum a Paulo	3	0,3099	0,0328	0,1892	0,0186
Libri posteriorum a Iavoleno epitomatorum	1	0,1033	0,0109	0,0631	0,0062

TOTALES	4	0,4132	0,0438	0,2522	0,0248
LICINNIUS RUFINUS					
Libri regularum	1	0,1033	0,0109	0,1009	0,0099
MACER					
Libri ad legem vicensimam hereditatium	1	0,1033	0,0109	0,1009	0,0099
MAECIANUS					
Libri fideicommissorum	1	0,1033	0,0109	0,0378	0,0037
MARCIANUS					
Libri institutionum	9	0,9298	0,0985	0,4540	0,0446
Libri regularum	6	0,6198	0,0656	0,2396	0,0235
TOTALES	15	1,5496	0,1641	0,6936	0,0681
NERATIUS					
Libri membranarum	5	0,5165	0,0547	0,3531	0,0347
Libri regularum	1	0,1033	0,0109	0,0883	0,0087
Libri responsorum	1	0,1033	0,0109	0,0631	0,0062
TOTALES	7	0,7231	0,0766	0,5044	0,0495
PAPIRIUS IUSTUS					
Libri de constitutionibus	2	0,2066	0,0219	0,1135	0,0111
POMPONIUS					
Libri ad Plautium	3	0,3099	0,0328	0,1765	0,0173
Libri ad Quintum Mucium	13	1,3430	0,1422	0,8197	0,0805
Libri ad Sabinum	51	5,2686	0,5580	3,1904	0,3134
Libri epistularum	1	0,1033	0,0109	0,0504	0,0050
Libri variarum lectionum	2	0,2066	0,0219	0,0631	0,0062
L. sing. regularum	1	0,1033	0,0109	0,0631	0,0062
TOTALES	71	7,3347	0,7768	4,3632	0,4286
PROCULUS					
Libri epistularum	3	0,3099	0,0328	0,3405	0,0334
TERENTIUS CLEMENS					
Libri ad legem Iuliam et Papiam	1	0,1033	0,0109	0,0252	0,0025

TRYPHONINUS Libri disputationum	4	0,4132	0,0438	0,4666	0,0458
VENULEIUS Libri stiputationum	2	0,2066	0,0219	0,1765	0,0173
TOTALES	968	100,0000	10,5908	100,0000	9,8225
Total 5 juristas	711	73,4504	7,7790	80,5927	7,9162
Total 3 juristas	81	8,3678	0,8862	6,6204	0,6503
Total 8 juristas	792	81,8182	8,6652	87,2131	8,5665
Total resto juristas	176	18,1818	1,9256	12,7869	1,2560

DE REBUS

1 -- Número de textos
2 -- Porcentaje de textos de esta parte
3 -- Porcentaje de textos del total de la obra
4 -- Porcentaje de líneas de esta parte
5 -- Porcentaje de líneas del total de la obra

JURISTA / OBRA	1	2	3	4	5
ULPIANUS					
Libri ad edictum	190	18,1818	2,0788	34,0907	4,0145
Libri ad Sabinum	77	7,3684	0,8425	6,8686	0,8088
L. sing. pandectarum	1	0,0957	0,0109	0,0316	0,0037
L. sing. de officio consularium	1	0,0957	0,0109	0,0316	0,0037
Libri disputationum	18	1,7225	0,1969	1,8302	0,2155
Libri opinionum	3	0,2871	0,0328	0,1262	0,0149
Libri reponsorum	2	0,1914	0,0219	0,1157	0,0136
TOTALES	292	27,9426	3,1947	43,0946	5,0748
PAULUS					
Libri ad edictum	121	11,5789	1,3239	9,6876	1,1408
Libri ad Sabinum	50	4,7847	0,5470	2,4088	0,2837
Libri ad Neratium	4	0,3828	0,0438	0,1367	0,0161
Libri ad Plautium	24	2,2967	0,2626	1,9144	0,2254
Libri brevium	4	0,3828	0,0438	0,1367	0,0161
Libri ad edictum aedilium curulium	2	0,1914	0,0219	0,0421	0,0050
Libri decretorum	2	0,1914	0,0219	0,1367	0,0161
Libri epitomarum Alfeni digestorum	8	0,7656	0,0875	0,7468	0,0879
Iulani digestorum notat	1	0,0957	0,0109	0,0316	0,0037
Libri ad legem Iuliam et Papiam	1	0,0957	0,0109	0,0316	0,0037
L. sing. de intercessionibus feminarum	1	0,0957	0,0109	0,0947	0,0111
L. sing. de variis lectionibus	1	0,0957	0,0109	0,0316	0,0037
Libri manualium	1	0,0957	0,0109	0,0947	0,0111
Libri quaestionum	24	2,2967	0,2626	3,1135	0,3666
Libri regularum	2	0,1914	0,0219	0,0736	0,0087
L. sing. regularum	1	0,0957	0,0109	0,0421	0,0050
Libri responsorum	10	0,9569	0,1094	1,1991	0,1412
Libri sententiarum	10	0,9569	0,1094	0,3892	0,0458
L. sing. ad senatus consultum	1	0,0957	0,0109	0,0526	0,0062

VELLEIANUM					
L. sing. de officio praefecti vigilum	1	0,0957	0,0109	0,0526	0,0062
TOTALES	269	25,7416	2,9431	20,4165	2,4042
GAIUS					
Libri ad edictum provinciale	48	4,5933	0,5252	3,5553	0,4187
L. sing. de casibus	1	0,0957	0,0109	0,0526	0,0062
Libri rerum cottidianarum	6	0,5742	0,0656	0,5259	0,0619
Libri de verborum obligationibus	1	0,0957	0,0109	0,0210	0,0025
Ad edictum praetoris urbani titulo de publicanis	1	0,0957	0,0109	0,0210	0,0025
TOTALES	57	5,4545	0,6236	4,1759	0,4917
MODESTINUS					
Libri differentiarum	3	0,2871	0,0328	0,0736	0,0087
Libri excusationum	1	0,0957	0,0109	0,0526	0,0062
L. sing. heurematicis	1	0,0957	0,0109	0,0421	0,0050
Libri pandectarum	3	0,2871	0,0328	0,0841	0,0099
Libri regularum	3	0,2871	0,0328	0,1262	0,0149
Libri responsorum	3	0,2871	0,0328	0,2945	0,0347
TOTALES	14	1,3397	0,1532	0,6732	0,0793
PAPINIANUS					
Libri definitionum	4	0,3828	0,0438	0,1683	0,0198
Libri quaestionum	26	2,4880	0,2845	2,3036	0,2713
Libri responsorum	23	2,2010	0,2516	1,3359	0,1573
TOTALES	53	5,0718	0,5799	3,8077	0,4484
IULIANUS					
Libri ad Urseim Ferocem	9	0,8612	0,0985	0,5575	0,0656
Libri digestorum	50	4,7847	0,5470	3,3975	0,4001
Libri ad Minicium	6	0,5742	0,0656	0,3156	0,0372
TOTALES	65	6,2201	0,7112	4,2705	0,5029
MARCELLUS					
Libri digestorum	9	0,8612	0,0985	0,4944	0,0582
L. sing. responsorum	3	0,2871	0,0328	0,3050	0,0359
TOTALES	12	1,1483	0,1313	0,7994	0,0941
SCAEVOLA					
Libri digestorum	14	1,3397	0,1532	1,8828	0,2217
Libri Iulani digestorum notat	1	0,0957	0,0109	0,0316	0,0037

Libri quaestionum	6	0,5742	0,0656	0,2524	0,0297
Libri responsorum	12	1,1483	0,1313	1,1360	0,1338
TOTALES	33	3,1579	0,3611	3,3028	0,3889
AFRICANUS					
Libri quaestionum	23	2,2010	0,2516	3,5132	0,4137
ALFENUS					
Libri digestorum a Paulo epitomatorum	3	0,2871	0,0328	0,5470	0,0644
Libri digestorum	5	0,4785	0,0547	0,3681	0,0434
TOTALES	8	0,7656	0,0875	0,9151	0,1078
CALLISTRATUS					
Libri institutionum	1	0,0957	0,0109	0,0526	0,0062
Libri quaestionum	3	0,2871	0,0328	0,4418	0,0520
TOTALES	4	0,3828	0,0438	0,4944	0,0582
CELSUS					
Libri digestorum	15	1,4354	0,1641	0,9993	0,1177
FLORENTINUS					
Libri institutionum	5	0,4785	0,0547	0,3787	0,0446
HERMOGENIANUS					
Libri iuris epitomarun	11	1,0526	0,1204	0,3997	0,0471
IAVOLENUS					
Libri epistularum	8	0,7656	0,0875	0,6311	0,0743
Libri ex Cassio	12	1,1483	0,1313	0,6206	0,0731
Libri ad Plautium	6	0,5742	0,0656	0,2840	0,0334
Libri ex posterioribus Labeonis	4	0,3828	0,0438	0,2630	0,0310
TOTALES	30	2,8708	0,3282	1,7987	0,2118
LABEO					
Libri epitomatorum a Paulo	6	0,5742	0,0656	0,6732	0,0793
Libri posteriorum a Iavoleno epitomatorum	10	0,9569	0,1094	1,2202	0,1437
TOTALES	16	1,5311	0,1751	1,8933	0,2230
LICINNIUS RUFINUS					
Libri regularum	1	0,0957	0,0109	0,0421	0,0050

MAECIANUS					
Libri fideicommissorum	1	0,0957	0,0109	0,0316	0,0037
ex lege Rhodia	1	0,0957	0,0109	0,0526	0,0062
TOTALES	2	0,1914	0,0219	0,0841	0,0099
MARCIANUS					
L. sing. de delatoribus	1	0,0957	0,0109	0,0526	0,0062
L. sing. ad formulam hypothecariam	3	0,2871	0,0328	0,0736	0,0087
Libri institutionum	3	0,2871	0,0328	0,0947	0,0111
Libri de publicis iudiciis	1	0,0957	0,0109	0,0210	0,0025
Libri regularum	8	0,7656	0,0875	0,5259	0,0619
TOTALES	16	1,5311	0,1751	0,7679	0,0904
NERATIUS					
Libri membranarum	8	0,7656	0,0875	0,5259	0,0619
Libri responsorum	3	0,2871	0,0328	0,0736	0,0087
TOTALES	11	1,0526	0,1204	0,5996	0,0706
PAPIRIUS IUSTUS					
Libri de constitutionibus	1	0,0957	0,0109	0,0526	0,0062
POMPONIUS					
Libri senatus consultorum	2	0,1914	0,0219	0,3366	0,0396
Libri epistularum	2	0,1914	0,0219	0,2945	0,0347
Libri ad Plautium	4	0,3828	0,0438	0,2524	0,0297
Libri variarum lectionum	2	0,1914	0,0219	0,0526	0,0062
Libri ad Quintum Mucium	17	1,6268	0,1860	0,9362	0,1102
L. sing. regularum	1	0,0957	0,0109	0,0316	0,0037
Libri ad Sabinum	63	6,0287	0,6893	4,3231	0,5091
TOTALES	91	8,7081	0,9956	6,2270	0,7333
PROCULUS					
Libri epistularum	7	0,6699	0,0766	0,5049	0,0595
TRYPHONINUS					
Libri disputationum	8	0,7656	0,0875	0,7468	0,0879
VENULEIUS					
Libri stipulationum	1	0,0957	0,0109	0,0421	0,0050

TOTALES	1.045	100,0000	11,4333	100,0000	11,7759
Total 5 juristas	685	65,5502	7,4945	72,1679	8,4984
Total 3 juristas	110	10,5263	1,2035	8,3728	0,9860
Total 8 juristas	795	76,0766	8,6980	80,5407	9,4843
Total resto juristas	250	23,9234	2,7352	19,4593	2,2915

UMBILICUS

1 -- Número de textos
2 -- Porcentaje de textos de esta parte
3 -- Porcentaje de textos del total de la obra
4 -- Porcentaje de líneas de esta parte
5 -- Porcentaje de líneas del total de la obra

JURISTA / OBRA	1	2	3	4	5
ULPIANUS					
Libri ad edictum	113	9,7079	1,2363	15,2960	1,9075
Libri ad Sabinum	91	7,8179	0,9956	11,6408	1,4517
Libri ad edictum aedilium curulium	23	1,9759	0,2516	5,5522	0,6924
Libri ad legem Iuliam et Papiam	12	1,0309	0,1313	1,3607	0,1697
Libri de adulteriis	3	0,2577	0,0328	0,1788	0,0223
Libri disputationum	18	1,5464	0,1969	1,2912	0,1610
L. sing. excusationum	1	0,0859	0,0109	0,0298	0,0037
Libri institutionum	1	0,0859	0,0109	0,0397	0,0050
Libri de officio consulis	3	0,2577	0,0328	0,7747	0,0966
L. sing. de officio curatoris rei publicae	1	0,0859	0,0109	0,0795	0,0099
L. sing. de officio praetoris tutelaris	3	0,2577	0,0328	0,1291	0,0161
Libri de officio proconsulis	7	0,6014	0,0766	0,3178	0,0396
Libri de omnibus tribunalibus	11	0,9450	0,1204	0,7449	0,0929
Libri opinionum	4	0,3436	0,0438	0,1689	0,0211
Libri pandectarum	1	0,0859	0,0109	0,0497	0,0062
Libri regularum	2	0,1718	0,0219	0,0795	0,0099
L. sing. regularum	1	0,0859	0,0109	0,0397	0,0050
Libri responsorum	12	1,0309	0,1313	0,3675	0,0458
L. sing. de sponsalibus	2	0,1718	0,0219	0,0596	0,0074
TOTALES	309	26,5464	3,3807	38,2002	4,7639
PAULUS					
Libri ad edictum	60	5,1546	0,6565	3,1983	0,3988
Libri ad Sabinum	54	4,6392	0,5908	2,5030	0,3121
L. sing. de adsignatione libertorum	1	0,0859	0,0109	0,0298	0,0037
Libri de adulteriis	4	0,3436	0,0438	0,1788	0,0223
Libri brevium	6	0,5155	0,0656	0,1589	0,0198
L. sing. de cognitionibus	4	0,3436	0,0438	0,1391	0,0173
Libri decretorum	4	0,3436	0,0438	0,2284	0,0285

Libri ad edictum aedilium curulium	9	0,7732	0,0985	1,0131	0,1263
L. sing. de excusationibus tutelarum	3	0,2577	0,0328	0,0993	0,0124
L. sing. de iure patronatus	1	0,0859	0,0109	0,0497	0,0062
L. sing. de iure singulari	1	0,0859	0,0109	0,0298	0,0037
L. sing. de iuris et facti ignorantia	1	0,0859	0,0109	0,4271	0,0533
L. sing. ad legem Aeliam Sentiam	1	0,0859	0,0109	0,0199	0,0025
L. sing. ad legem Falcidiam	1	0,0859	0,0109	0,0199	0,0025
Libri ad legem Iuliam et Papiam	5	0,4296	0,0547	0,3675	0,0458
Libri ad Neratium	1	0,0859	0,0109	0,0695	0,0087
L. sing. de officio praefecti vigilum	1	0,0859	0,0109	0,0695	0,0087
Libri de officio proconsulis	1	0,0859	0,0109	0,0298	0,0037
L. sing. ad orationem divi Antonini et Commodi	2	0,1718	0,0219	0,3973	0,0495
L. sing. ad orationem divi Severi	3	0,2577	0,0328	0,2086	0,0260
Libri ad Plautium	16	1,3746	0,1751	0,9634	0,1201
Libri quaestionum	34	2,9210	0,3720	3,1983	0,3988
L. sing. regularum	2	0,1718	0,0219	0,0397	0,0050
Libri responsorum	34	2,9210	0,3720	2,7910	0,3481
L. sing. ad senatus consultum Turpillianum	1	0,0859	0,0109	0,0695	0,0087
Libri sententiarum	20	1,7182	0,2188	0,6853	0,0855
L. sing. de usuris	1	0,0859	0,0109	0,3178	0,0396
Libri ad Vitellium	1	0,0859	0,0109	0,0199	0,0025
TOTALES	272	23,3677	2,9759	17,3222	2,1602
GAIUS					
Libri ad edictum aedilium curulium	11	0,9450	0,1204	0,5959	0,0743
Libri ad edictum provinciale	32	2,7491	0,3501	1,4799	0,1846
L. sing. de formula hypothecaria	6	0,5155	0,0656	0,7350	0,0917
Libri institutionum	1	0,0859	0,0109	0,0397	0,0050
Libri ad legem duodecim tabularum	1	0,0859	0,0109	0,1291	0,0161
Libri ad legem Iuliam et Papiam	4	0,3436	0,0438	0,1490	0,0186
Libri ad edictum praetoris titulo de praediatoribus	1	0,0859	0,0109	0,0199	0,0025
Libri ad edictum praetoris titulo de re iudicata	1	0,0859	0,0109	0,0199	0,0025
Libri de manumissionibus	1	0,0859	0,0109	0,0497	0,0062
Libri rerum cotidianarum	1	0,0859	0,0109	0,0497	0,0062
TOTALES	59	5,0687	0,6455	3,2678	0,4075
MODESTINUS					
L. sing. de differentia dotis	1	0,0859	0,0109	0,0397	0,0050

Libri differentiarum	8	0,6873	0,0875	0,3377	0,0421
L. sing. de enucleatis casibus	1	0,0859	0,0109	0,0298	0,0037
Libri excusationum	15	1,2887	0,1641	4,1021	0,5116
L. sing. de heurematicis	3	0,2577	0,0328	0,1986	0,0248
L. sing. de manumissionibus	1	0,0859	0,0109	0,0795	0,0099
Libri pandectarum	4	0,3436	0,0438	0,1192	0,0149
Libri regularum	16	1,3746	0,1751	0,4172	0,0520
Libri responsorum	13	1,1168	0,1422	1,3905	0,1734
L. sing. de ritu nuptiarum	1	0,0859	0,0109	0,0397	0,0050
TOTALES	63	5,4124	0,6893	6,7541	0,8423
PAPINIANUS					
Libri de adulteriis	4	0,3436	0,0438	0,1589	0,0198
L.sing de adulteriis	1	0,0859	0,0109	0,0497	0,0062
Libri definitionum	6	0,5155	0,0656	0,2384	0,0297
Libri quaestionum	37	3,1787	0,4048	2,9499	0,3679
Libri responsorum	46	3,9519	0,5033	3,7743	0,4707
TOTALES	94	8,0756	1,0284	7,1712	0,8943
IULIANUS					
Libri digestorum	37	3,1787	0,4048	2,7116	0,3382
Libri ad Minicium	4	0,3436	0,0438	0,1986	0,0248
Libri ad Urseium Ferocem	4	0,3436	0,0438	0,2781	0,0347
TOTALES	45	3,8660	0,4923	3,1883	0,3976
MARCELLUS					
Libri digestorum	12	1,0309	0,1313	0,9138	0,1140
Libri ad legem Iuliam et Papiam	5	0,4296	0,0547	0,2086	0,0260
L. sing. responsorum	2	0,1718	0,0219	0,1689	0,0211
TOTALES	19	1,6323	0,2079	1,2912	0,1610
SCAEVOLA					
Libri digestorum	20	1,7182	0,2188	1,8276	0,2279
L. sing. quaestionum publice tractatarum	1	0,0859	0,0109	0,0199	0,0025
Libri quaestionum	7	0,6014	0,0766	0,5463	0,0681
Libri regularum	3	0,2577	0,0328	0,0894	0,0111
Libri responsorum	16	1,3746	0,1751	1,4402	0,1796
TOTALES	47	4,0378	0,5142	3,9233	0,4893
AFRICANUS					
Libri quaestionum	15	1,2887	0,1641	1,2614	0,1573

ALFENUS					
Libri digestorum a Paulo epitomatorum	5	0,4296	0,0547	0,2384	0,0297
ARCADIUS CHARISIUS					
L. sing. de testibus	3	0,2577	0,0328	0,2582	0,0322
CALLISTRATUS					
Libri de cognitionibus	4	0,3436	0,0438	0,8145	0,1016
Libri edicti monitorii	1	0,0859	0,0109	0,0298	0,0037
Libri quaestionum	5	0,4296	0,0547	0,2682	0,0334
TOTALES	10	0,8591	0,1094	1,1124	0,1387
CELSUS					
Libri digestorum	16	1,3746	0,1751	0,7747	0,0966
FLORENTINUS					
Libri institutionum	3	0,2577	0,0328	0,0894	0,0111
HERMOGENIANUS					
Libri iuris epitomarum	15	1,2887	0,1641	0,6853	0,0855
IAVOLENUS					
Libri ad Plautium	3	0,2577	0,0328	0,1788	0,0223
Libri epistularum	3	0,2577	0,0328	0,2483	0,0310
Libri ex Cassio	3	0,2577	0,0328	0,0993	0,0124
Libri ex posterioribus Labeonis	9	0,7732	0,0985	0,7946	0,0991
TOTALES	18	1,5464	0,1969	1,3210	0,1647
IULIUS AQUILA					
Liber responsorum	2	0,1718	0,0219	0,0596	0,0074
LABEO					
Libri posteriorum a Iavoleno epitomatorum	3	0,2577	0,0328	0,1192	0,0149
Libri epitomatorum a Paulo	6	0,5155	0,0656	0,3178	0,0396
TOTALES	9	0,7732	0,0985	0,4370	0,0545
LICINIUS RUFINUS					
Libri regularum	3	0,2577	0,0328	0,0894	0,0111

MARCIANUS					
Libri digestorum	1	0,0859	0,0109	0,0298	0,0037
L. sing. ad formulam hypothecariam	14	1,2027	0,1532	2,6917	0,3357
Libri institutionum	12	1,0309	0,1313	0,4668	0,0582
Libri regularum	8	0,6873	0,0875	0,4768	0,0595
Papiniani de adulteriis notat	1	0,0859	0,0109	0,0695	0,0087
TOTALES	36	3,0928	0,3939	3,7346	0,4657
NERATIUS					
Libri membranarum	8	0,6873	0,0875	0,6059	0,0756
Libri regularum	2	0,1718	0,0219	0,0695	0,0087
Libri responsorum	1	0,0859	0,0109	0,0199	0,0025
TOTALES	11	0,9450	0,1204	0,6953	0,0867
POMPONIUS					
Libri ad Quintum Mucium	6	0,5155	0,0656	0,2682	0,0334
Libri ad Sabinum	48	4,1237	0,5252	2,6619	0,3320
Libri enchiridii	1	0,0859	0,0109	0,0596	0,0074
Libri epistularum	4	0,3436	0,0438	0,3278	0,0409
Libri ad Plautium	5	0,4296	0,0547	0,1986	0,0248
Libri variarum lectionum	2	0,1718	0,0219	0,0695	0,0087
TOTALES	66	5,6701	0,7221	3,5856	0,4472
PROCULUS					
Libri epistularum	4	0,3436	0,0438	0,3278	0,0409
TERENTIUS CLEMENS					
Libri ad legem Iuliam et Papiam	6	0,5155	0,0656	0,3675	0,0458
TRIPHONINUS					
Libri disputationum	27	2,3196	0,2954	3,4267	0,4273
VENULEIUS					
Libri actionum	1	0,0859	0,0109	0,1192	0,0149
Libri de publicis iudiciis	2	0,1718	0,0219	0,0397	0,0050
Libri de officio proconsulis	1	0,0859	0,0109	0,0298	0,0037
Libri stipulationum	3	0,2577	0,0328	0,2284	0,0285
TOTALES	7	0,6014	0,0766	0,4172	0,0520

TOTALES	1.164	100,0000	12,7352	100,0000	12,4707
Total 5 juristas	797	68,4708	8,7199	72,7155	9,0682
Total 3 juristas	111	9,5361	1,2144	8,4029	1,0479
Total 8 juristas	908	78,0069	9,9344	81,1184	10,1161
Total resto juristas	256	21,9931	2,8009	18,8816	2,3547

5ª PARTE

1 -- Número de textos
2 -- Porcentaje de textos de esta parte
3 -- Porcentaje de textos del total de la obra
4 -- Porcentaje de líneas de esta parte
5 -- Porcentaje de líneas del total de la obra

JURISTA / OBRA	1	2	3	4	5
ULPIANUS					
Libri ad edictum	72	4,5283	0,7877	6,6951	1,3439
Libri ad Sabinum	153	9,6226	1,6740	13,7850	2,7671
Libri ad legem Iuliam et Papiam	17	1,0692	0,1860	0,5615	0,1127
Libri disputationum	28	1,7610	0,3063	2,3942	0,4806
Libri fideicommissorum	29	1,8239	0,3173	3,8874	0,7804
Libri institutionum	1	0,0629	0,0109	0,0123	0,0025
Libri de officio consulis	2	0,1258	0,0219	0,1604	0,0322
Libri de officio proconsulis	1	0,0629	0,0109	0,0185	0,0037
Libri de omnibus tribunalibus	1	0,0629	0,0109	0,0185	0,0037
Libri regularum	4	0,2516	0,0438	0,1358	0,0273
Libri responsorum	2	0,1258	0,0219	0,0987	0,0198
TOTALES	310	19,4969	3,3917	27,7675	5,5739
PAULUS					
Libri ad edictum	30	1,8868	0,3282	0,8947	0,1796
Libri ad Sabinum	63	3,9623	0,6893	1,7956	0,3604
Libri responsorum	29	1,8239	0,3173	1,5426	0,3097
Libri ad edictum aedilium curulium	1	0,0629	0,0109	0,0247	0,0050
L. sing. ad legem Fufiam Caniniam	1	0,0629	0,0109	0,0432	0,0087
Libri ad Neratium	9	0,5660	0,0985	0,2036	0,0409
Libri ad Plautium	25	1,5723	0,2735	1,0243	0,2056
L. sing. ad senatus consultum Tertullianum	1	0,0629	0,0109	0,0185	0,0037
L. sing. ad senatus consultum Silanianum	3	0,1887	0,0328	0,0679	0,0136
Libri ad Vitellium	14	0,8805	0,1532	1,1416	0,2292
L. sing. de adsignatione libertorum	3	0,1887	0,0328	0,0679	0,0136
L. sing. ad legem Aeliam Sentiam	2	0,1258	0,0219	0,0370	0,0074
Libri epitomarum Alfeni digestorum	1	0,0629	0,0109	0,0494	0,0099
Libri decretorum	4	0,2516	0,0438	0,4011	0,0805

Libri fideicommissorum	9	0,5660	0,0985	0,3887	0,0780
L. sing. de forma testamenti	1	0,0629	0,0109	0,0247	0,0050
Libri imperialium sententiarum in cognitionibus prolatarum	3	0,1887	0,0328	0,2036	0,0409
L. sing. de instrumenti significatione	2	0,1258	0,0219	0,0987	0,0198
L. sing. de iure codicillorum	4	0,2516	0,0438	0,2221	0,0446
Libri de iure fisci	1	0,0629	0,0109	0,2900	0,0582
L. sing. ad legem Falcidiam	3	0,1887	0,0328	0,6047	0,1214
Libri ad legem Iuliam et Papiam	17	1,0692	0,1860	0,6973	0,1400
Libri ad legem Iuliam	1	0,0629	0,0109	0,0802	0,0161
Libri manualium	3	0,1887	0,0328	0,1172	0,0235
Libri quaestionum	35	2,2013	0,3829	2,2523	0,4521
Libri regularum	5	0,3145	0,0547	0,2221	0,0446
L. sing. de secundis tabulis	3	0,1887	0,0328	0,1543	0,0310
L. sing. de senatus consultis	1	0,0629	0,0109	0,0247	0,0050
Libri sententiarum	20	1,2579	0,2188	0,4319	0,0867
TOTALES	294	18,4906	3,2166	13,1248	2,6346
GAIUS					
Libri ad edictum provinciale	33	2,0755	0,3611	1,4933	0,2998
Libri de legalits ad edictum praetoris urbani	12	0,7547	0,1313	0,6911	0,1387
Libri de testamentis ad edictum praetoris urbani	6	0,3774	0,0656	0,1913	0,0384
Libri ad legem Iuliam et Papiam	12	0,7547	0,1313	0,4319	0,0867
L. sing. de casibus	2	0,1258	0,0219	0,0802	0,0161
Ad edictum praetoris urbani	1	0,0629	0,0109	0,0185	0,0037
Libri fideicommissorum	10	0,6289	0,1094	0,8207	0,1647
L. sing. de tacitis fideicommissis	1	0,0629	0,0109	0,0309	0,0062
Libri institutionum	2	0,1258	0,0219	0,0987	0,0198
TOTALES	79	4,9686	0,8643	3,8566	0,7742
MODESTINUS					
Libri differentiarum	6	0,3774	0,0656	0,2345	0,0471
L. sing. de heurematicis	5	0,3145	0,0547	0,2468	0,0495
Libri pandectarum	8	0,5031	0,0875	0,2221	0,0446
Libri regularum	14	0,8805	0,1532	0,3024	0,0607
Libri responsorum	17	1,0692	0,1860	1,2526	0,2514
TOTALES	50	3,1447	0,5470	2,2584	0,4533
PAPINIANUS					
Libri definitionum	6	0,3774	0,0656	0,2160	0,0434

Libri quaestionum	73	4,5912	0,7987	4,6526	0,9339
Libri responsorum	72	4,5283	0,7877	5,3314	1,0702
TOTALES	151	9,4969	1,6521	10,1999	2,0475
IULIANUS					
Libri ad Urseium Ferocem	6	0,3774	0,0656	0,3887	0,0780
L. sing. de ambiguitatibus	3	0,1887	0,0328	0,3702	0,0743
Libri digestorum	87	5,4717	0,9519	5,6337	1,1309
Libri ad Minicium	5	0,3145	0,0547	0,1111	0,0223
TOTALES	101	6,3522	1,1050	6,5038	1,3055
MARCELLUS					
Libri digestorum	34	2,1384	0,3720	1,5797	0,3171
digestorum Iuliani notat	6	0,3774	0,0656	0,1419	0,0285
L. sing. regularum Pomponii notat	1	0,0629	0,0109	0,0247	0,0050
L. sing. responsorum	6	0,3774	0,0656	0,5122	0,1028
TOTALES	47	2,9560	0,5142	2,2584	0,4533
SCAEVOLA					
Libri digestorum	58	3,6478	0,6346	8,4845	1,7031
Libri quaestionum	17	1,0692	0,1860	1,0798	0,2168
L. sing. quaestionum publice tractatarum	4	0,2516	0,0438	0,3517	0,0706
Libri responsorum	28	1,7610	0,3063	3,0297	0,6082
TOTALES	107	6,7296	1,1707	12,9458	2,5987
AFRICANUS					
Libri quaestionum	29	1,8239	0,3173	2,0301	0,4075
ALFENUS					
Libri digestorum	5	0,3145	0,0547	0,2468	0,0495
Libri digestorum a Paulo epitomatorum	10	0,6289	0,1094	0,3949	0,0793
TOTALES	15	0,9434	0,1641	0,6417	0,1288
CALLISTRATUS					
Libri de congnitionibus	3	0,1887	0,0328	0,0987	0,0198
Libri edicti monitorii	2	0,1258	0,0219	0,0555	0,0111
Libri de iure fisci	1	0,0629	0,0109	0,0185	0,0037
Libri quaestionum	1	0,0629	0,0109	0,1358	0,0273
TOTALES	7	0,4403	0,0766	0,3085	0,0619

CELSUS					
Libri digestorum	36	2,2642	0,3939	1,4439	0,2898
FLORENTINUS					
Libri institutionum	13	0,8176	0,1422	0,4875	0,0979
HERMOGENIANUS					
Libri iuris epitomarum	14	0,8805	0,1532	0,4258	0,0855
IAVOLENUS					
Libri epistolarum	17	1,0692	0,1860	0,7775	0,1561
Libri ex Cassio	15	0,9434	0,1641	0,3579	0,0718
Libri ad Plautium	2	0,1258	0,0219	0,0370	0,0074
Libri ex posterioribus Labeonis	21	1,3208	0,2298	1,1292	0,2267
TOTALES	55	3,4591	0,6018	2,3016	0,4620
LABEO					
Libri posteriorum a Iavoleno epitomatorum	13	0,8176	0,1422	0,7837	0,1573
Libri epitomatorum a Paulo	5	0,3145	0,0547	0,1604	0,0322
TOTALES	18	1,1321	0,1969	0,9441	0,1895
LICINNIUS RUFINUS					
Libri regularum	3	0,1887	0,0328	0,0864	0,0173
MACER					
Libri ad legem vicensimam hereditatium	2	0,1258	0,0219	0,1543	0,0310
Libri de re militari	2	0,1258	0,0219	0,0864	0,0173
Libri de officio praesidis	1	0,0629	0,0109	0,0247	0,0050
TOTALES	5	0,3145	0,0547	0,2653	0,0533
MAECIANUS					
Libri fideicommissorum	25	1,5723	0,2735	1,6907	0,3394
Libri de publicis iudiciis	1	0,0629	0,0109	0,0617	0,0124
TOTALES	26	1,6352	0,2845	1,7524	0,3518
MARCIANUS					
L. sing. de delatoribus	1	0,0629	0,0109	0,0494	0,0099
Libri institutionum	40	2,5157	0,4376	2,2152	0,4447
Libri regularum	15	0,9434	0,1641	0,4936	0,0991
TOTALES	56	3,5220	0,6127	2,7582	0,5537

MAURICIANUS					
Libri ad legem Iuliam et Papiam	2	0,1258	0,0219	0,0555	0,0111
NERATIUS					
Libri membranarum	4	0,2516	0,0438	0,1604	0,0322
Libri regularum	1	0,0629	0,0109	0,0185	0,0037
Libri responsorum	2	0,1258	0,0219	0,0309	0,0062
TOTALES	7	0,4403	0,0766	0,2098	0,0421
POMPONIUS					
Libri ad Quintum Mucium	21	1,3208	0,2298	1,4501	0,2911
Libri ad Sabinum	63	3,9623	0,6893	2,4189	0,4856
Libri epistularum	6	0,3774	0,0656	0,2592	0,0520
Libri ad Plautium	3	0,1887	0,0328	0,1543	0,0310
Libri fideicommissorum	6	0,3774	0,0656	0,2592	0,0520
L. sing. regularum	2	0,1258	0,0219	0,0617	0,0124
Libri senatus consultorum	1	0,0629	0,0109	0,0370	0,0074
Libri variarum lectionum	3	0,1887	0,0328	0,0555	0,0111
TOTALES	105	6,6038	1,1488	4,6958	0,9426
PROCULUS					
Libri epistularum	8	0,5031	0,0875	0,3270	0,0656
Libri ex posterioribus Labeonis	1	0,0629	0,0109	0,0555	0,0111
TOTALES	9	0,5660	0,0985	0,3826	0,0768
RUTILIUS MAXIMUS					
L. sing. ad legem Falcidiam	1	0,0629	0,0109	0,0247	0,0050
TERENTIUS CLEMENS					
Libri ad legem Iuliam et Papiam	14	0,8805	0,1532	0,5492	0,1102
TERTULLIANUS					
L. sing. de castrensi peculio	2	0,1258	0,0219	0,1481	0,0297
TRYPHONINUS					
Libri disputationum	8	0,5031	0,0875	0,7096	0,1424
apud Scaevolam digestorum notat	2	0,1258	0,0219	0,0432	0,0087
TOTALES	10	0,6289	0,1094	0,7528	0,1511
VALENS					
Libri fideicommissorum	14	0,8805	0,1532	0,5985	0,1201
Libri actionum	1	0,0629	0,0109	0,0309	0,0062

TOTALES	15	0,9434	0,1641	0,6294	0,1263
VENULEIUS					
Libri actionum	2	0,1258	0,0219	0,0555	0,0111
Libri de publicis iudiciis	1	0,0629	0,0109	0,0309	0,0062
Libri stipulationum	1	0,0629	0,0109	0,0185	0,0037
TOTALES	4	0,2516	0,0438	0,1049	0,0211
S/ inscriptio	5	0,3145	0,0547	0,0864	0,0173
TOTALES	1.590	100,0000	17,3961	100,0000	20,0736
Total 5 juristas	884	55,5975	9,6718	57,2072	11,4835
Total 3 juristas	255	16,0377	2,7899	21,7080	4,3576
Total 8 juristas	1.139	71,6352	12,4617	78,9152	15,8411
Total resto juristas	446	28,0503	4,8796	20,9984	4,2151
Total s/ inscriptio	5	0,3145	0,0547	0,0864	0,0173

6ª PARTE

1 -- Número de textos
2 -- Porcentaje de textos de esta parte
3 -- Porcentaje de textos del total de la obra
4 -- Porcentaje de líneas de esta parte
5 -- Porcentaje de líneas del total de la obra

JURISTA / OBRA	1	2	3	4	5
ULPIANUS					
Libri ad edictum	259	16,2586	2,8337	34,0729	6,8671
Libri ad Sabinum	62	3,8920	0,6783	5,1257	1,0330
Libri disputationum	26	1,6321	0,2845	1,5119	0,3047
Libri ad legem Aeliam Sentiam	3	0,1883	0,0328	0,1536	0,0310
Libri ad legem Iuliam et Papiam	12	0,7533	0,1313	0,5224	0,1053
Libri de adulteriis	2	0,1255	0,0219	0,2151	0,0434
Libri de censibus	2	0,1255	0,0219	0,0307	0,0062
Libri de officio consulis	5	0,3139	0,0547	0,6883	0,1387
Libri de officio proconsulis	4	0,2511	0,0438	0,1598	0,0322
Libri de omnibus tribunalibus	4	0,2511	0,0438	0,3073	0,0619
Libri fideicommissorum	7	0,4394	0,0766	1,6594	0,3344
Libri institutionum	2	0,1255	0,0219	0,0492	0,0099
Libri opinionum	2	0,1255	0,0219	0,0553	0,0111
L. sing. pandectarum	1	0,0628	0,0109	0,0184	0,0037
Libri regularum	6	0,3766	0,0656	0,1414	0,0285
L. sing. regularum	1	0,0628	0,0109	0,0799	0,0161
Libri responsorum	5	0,3139	0,0547	0,0922	0,0186
TOTALES	403	25,2982	4,4092	44,8835	9,0459
PAULUS					
Libri ad edictum	144	9,0395	1,5755	7,7438	1,5607
Libri brevium	1	0,0628	0,0109	0,0123	0,0025
Libri ad Sabinum	40	2,5110	0,4376	1,4566	0,2936
L. sing. ad legem Aeliam Sentiam	5	0,3139	0,0547	0,2889	0,0582
Libri ad legem Iuliam	1	0,0628	0,0109	0,0553	0,0111
Libri ad legem Iuliam et Papiam	8	0,5022	0,0875	0,4548	0,0917
Libri ad Neratium	3	0,1883	0,0328	0,0615	0,0124
Libri ad Plautium	40	2,5110	0,4376	1,6594	0,3344
L. sing. ad senatus consultum Claudianum	1	0,0628	0,0109	0,0307	0,0062

L. sing. ad senatus consultum Orphitianum	1	0,0628	0,0109	0,0430	0,0087
L. sing. ad senatus consultum Tertullianum	1	0,0628	0,0109	0,0553	0,0111
L. sing. ad senatus consultum Tertullianum et Orphitianum	1	0,0628	0,0109	0,0246	0,0050
Libri ad Vitellium	1	0,0628	0,0109	0,0430	0,0087
Libri de adulteriis	2	0,1255	0,0219	0,0307	0,0062
L. sing. de articulis liberalis causae	1	0,0628	0,0109	0,0369	0,0074
L. sing. de conceptione formularum	1	0,0628	0,0109	0,0369	0,0074
L. sing. <de> concurrentibus actionibus	1	0,0628	0,0109	0,1229	0,0248
L. sing. de gradibus et adfinibus et nominibus eorum	1	0,0628	0,0109	2,0036	0,4038
L. sing. de iure codicillorum	1	0,0628	0,0109	0,0184	0,0037
L. sing. de iure patronatus	2	0,1255	0,0219	0,0369	0,0074
L. sing. de liberali causa	1	0,0628	0,0109	0,0246	0,0050
L. sing. de libertatibus dandis	3	0,1883	0,0328	0,0922	0,0186
L. sing. de variis lectionibus	2	0,1255	0,0219	0,0307	0,0062
Libri decretorum	2	0,1255	0,0219	0,0553	0,0111
Libri fideicommissorum	6	0,3766	0,0656	0,2643	0,0533
Libri imperialum sententiarum in cognitionibus prolatarum	2	0,1255	0,0219	0,0799	0,0161
Libri institutionum	2	0,1255	0,0219	0,0799	0,0161
Libri manualium	6	0,3766	0,0656	0,1905	0,0384
Libri quaestionum	15	0,9416	0,1641	0,9465	0,1908
Libri regularum	1	0,0628	0,0109	0,0430	0,0087
L. sing. regularum	2	0,1255	0,0219	0,0307	0,0062
Libri responsorum	19	1,1927	0,2079	0,7990	0,1610
Libri responsorum Papiniani	1	0,0628	0,0109	0,0123	0,0025
Libri sententiarum	21	1,3183	0,2298	0,6392	0,1288
TOTALES	339	21,2806	3,7090	17,5035	3,5277
GAIUS					
Libri ad legem duodecim tabularum	1	0,0628	0,0109	0,0369	0,0074
Ad edictum praetoris urbani	1	0,0628	0,0109	0,0184	0,0037
Ad edictum praetoris urbani titulo de damno infecto	2	0,1255	0,0219	0,0615	0,0124
Ad edictum praetoris urbani titulo de aquae pluviae arcendae	1	0,0628	0,0109	0,0184	0,0037
Ad edictum praetoris urbani titulo de liberali causa	9	0,5650	0,0985	0,3565	0,0718

Ad edictum praetoris urbani titulo de publicanis	1	0,0628	0,0109	0,0369	0,0074
Libri ad edictum praetoris urbani titulo de re iudicata	1	0,0628	0,0109	0,0246	0,0050
Libri ad edictum provinciale	48	3,0132	0,5252	1,6717	0,3369
Libri de legatis ad edictum praetoris urbani	2	0,1255	0,0219	0,0430	0,0087
Ad edictum urbani titulo de operis novi nuntiatione	1	0,0628	0,0109	0,0184	0,0037
Libri ad legem Iuliam et Papiam	5	0,3139	0,0547	0,1291	0,0260
L. sing. ad senatus consultum Orphitianum	1	0,0628	0,0109	0,0184	0,0037
L. sing. ad senatus consultum Tertullianum	1	0,0628	0,0109	0,0184	0,0037
L. sing. de casibus	3	0,1883	0,0328	0,0676	0,0136
Libri de manumissionibus	4	0,2511	0,0438	0,1598	0,0322
Libri institutionum	3	0,1883	0,0328	0,2213	0,0446
Libri rerum cottidianarum	14	0,8788	0,1532	1,7885	0,3604
TOTALES	98	6,1519	1,0722	4,6893	0,9451
MODESTINUS					
Libri ad Quintum Mucium	2	0,1255	0,0219	0,1475	0,0297
L. sing. de enucleatis casibus	1	0,0628	0,0109	0,0307	0,0062
L. sing. de manumissionibus	4	0,2511	0,0438	0,1414	0,0285
Libri de poenis	2	0,1255	0,0219	0,0738	0,0149
Libri differentiarum	9	0,5650	0,0985	0,2028	0,0409
Libri pandectarum	18	1,1299	0,1969	0,7867	0,1585
Libri regularum	18	1,1299	0,1969	0,4364	0,0879
Libri responsorum	9	0,5650	0,0985	0,3380	0,0681
TOTALES	63	3,9548	0,6893	2,1572	0,4348
PAPINIANUS					
Libri definitionum	6	0,3766	0,0656	0,1659	0,0334
Libri quaestionum	40	2,5110	0,4376	2,2187	0,4472
Liber de cura urbis (astinomico)	1	0,0628	0,0109	0,1229	0,0248
Libri responsorum	47	2,9504	0,5142	1,7823	0,3592
TOTALES	94	5,9008	1,0284	4,2898	0,8646
IULIANUS					
Libri ad Urseium Ferocem	11	0,6905	0,1204	0,3073	0,0619
Libri digestorum	91	5,7125	0,9956	5,2855	1,0652
Libri ad Minicum	10	0,6277	0,1094	0,2889	0,0582

Totales	112	7,0308	1,2254	5,8816	1,1854
MARCELLUS					
Libri ad legem Iuliam et Papiam	1	0,0628	0,0109	0,0553	0,0111
Libri digestorum	29	1,8205	0,3173	1,1063	0,2230
L. sing. responsorum	3	0,1883	0,0328	0,2151	0,0434
TOTALES	33	2,0716	0,3611	1,3767	0,2775
SCAEVOLA					
Libri digestorum	13	0,8161	0,1422	1,1923	0,2403
Libri quaestionum	6	0,3766	0,0656	0,1536	0,0310
L. sing. quaestionum publice tractatarum	2	0,1255	0,0219	0,1905	0,0384
Libri regularum	2	0,1255	0,0219	0,0430	0,0087
Libri responsorum	21	1,3183	0,2298	1,1493	0,2316
TOTALES	44	2,7621	0,4814	2,7288	0,5500
AFRICANUS					
Libri quaestionum	31	1,9460	0,3392	1,4566	0,2936
ALFENUS					
Libri digestorum	8	0,5022	0,0875	0,5101	0,1028
Libri digestorum a Paulo epitomatorum	4	0,2511	0,0438	0,1782	0,0359
TOTALES	12	0,7533	0,1313	0,6883	0,1387
ARRIUS MENANDER					
Libri de re militari	1	0,0628	0,0109	0,0492	0,0099
CALLISTRATUS					
Libri de cognitionibus	5	0,3139	0,0547	0,1905	0,0384
Libri de iuri fisci	1	0,0628	0,0109	0,0246	0,0050
Libri edicti monitorii	2	0,1255	0,0219	0,0676	0,0136
Libri institutionum	2	0,1255	0,0219	0,0492	0,0099
Libri quaestionum	3	0,1883	0,0328	0,0492	0,0099
TOTALES	13	0,8161	0,1422	0,3810	0,0768
CELSUS					
Libri digestorum	20	1,2555	0,2188	0,6330	0,1276

FLORENTINUS					
Libri institutionum	5	0,3139	0,0547	0,1106	0,0223
HERMOGENIANUS					
Libri epitomarum	29	1,8205	0,3173	0,8481	0,1709
IAVOLENUS					
Libri epistularum	15	0,9416	0,1641	0,8727	0,1759
Libri ex Cassio	13	0,8161	0,1422	0,3073	0,0619
Libri ad Plautium	2	0,1255	0,0219	0,0738	0,0149
Libri ex posterioribus Labeonis	3	0,1883	0,0328	0,2274	0,0458
TOTALES	33	2,0716	0,3611	1,4812	0,2985
LABEO					
Libri epitomatorum a Paulo	7	0,4394	0,0766	0,2581	0,0520
Libri posteriorum a Iavoleno epitomatorum	1	0,0628	0,0109	0,0307	0,0062
TOTALES	8	0,5022	0,0875	0,2889	0,0582
LICINNIUS RUFINUS					
Libri regularum	5	0,3139	0,0547	0,0922	0,0186
MACER					
Libri de re militari	1	0,0628	0,0109	0,0246	0,0050
Libri de appellationibus	1	0,0628	0,0109	0,1475	0,0297
TOTALES	2	0,1255	0,0219	0,1721	0,0347
MAECIANUS					
Libri fideicommissorum	8	0,5022	0,0875	0,4179	0,0842
MARCIANUS					
L. sing. ad formulam hypothecariam	3	0,1883	0,0328	0,0922	0,0186
L. sing. de delatoribus	4	0,2511	0,0438	0,4302	0,0867
Libri institutionum	27	1,6949	0,2954	0,8912	0,1796
Libri publicis iudiciis	1	0,0628	0,0109	0,0123	0,0025
Libri regularum	16	1,0044	0,1751	0,4978	0,1003
TOTALES	51	3,2015	0,5580	1,9237	0,3877
NERATIUS					
Libri membranarum	10	0,6277	0,1094	0,4855	0,0979
Libri responsorum	2	0,1255	0,0219	0,0553	0,0111
Libri regularum	3	0,1883	0,0328	0,0492	0,0099

TOTALES	15	0,9416	0,1641	0,5900	0,1189
PAPIRUS IUSTUS					
Libri de constitutionibus	4	0,2511	0,0438	0,0922	0,0186
POMPONIUS					
Libri ad Sabinum	62	3,8920	0,6783	2,4399	0,4917
Libri epistularum	4	0,2511	0,0438	0,2151	0,0434
Libri enchiridii	1	0,0628	0,0109	0,0123	0,0025
Libri ad Plautium	11	0,6905	0,1204	0,4241	0,0855
Libri variarum lectionum	5	0,3139	0,0547	0,1721	0,0347
Libri fideicommissorum	1	0,0628	0,0109	0,0553	0,0111
Libri ad Quintum Mucium	20	1,2555	0,2188	0,6883	0,1387
L. sing. regularum	1	0,0628	0,0109	0,0738	0,0149
Libri senatus consultorum	6	0,3766	0,0656	0,2274	0,0458
TOTALES	111	6,9680	1,2144	4,3083	0,8683
PROCULUS					
Libri epistularum	3	0,1883	0,0328	0,2335	0,0471
Q. MUCIUS SCAEVOLA					
Liber singularis definitionum	2	0,1255	0,0219	0,0307	0,0062
TERENTIUS CLEMENS					
Libri ad legem Iuliam et Papiam	10	0,6277	0,1094	0,3196	0,0644
TERTULLIANUS					
Libri quaestionum	1	0,0628	0,0109	0,0492	0,0099
TRYPHONINUS					
Libri disputationum	16	1,0044	0,1751	1,0632	0,2143
apud Scaevolam digestorum notat	1	0,0628	0,0109	0,0123	0,0025
TOTALES	17	1,0672	0,1860	1,0755	0,2168
VALENS					
Libri fideicommissorum	2	0,1255	0,0219	0,0430	0,0087
VENULEIUS					
Libri actionum	2	0,1255	0,0219	0,0799	0,0161
Libri de officio proconsulis	1	0,0628	0,0109	0,0430	0,0087
Libri interdictorum	21	1,3183	0,2298	1,0817	0,2180
TOTALES	24	1,5066	0,2626	1,2046	0,2428

TOTALES	1.593	100,0000	17,4289	100,0000	20,1541
Total 5 juristas	997	62,5863	10,9081	73,5234	14,8180
Total 3 juristas	189	11,8644	2,0678	9,9871	2,0128
Total 8 juristas	1.186	74,4507	12,9759	83,5105	16,8308
Total resto juristas	407	25,5493	4,4530	16,4895	3,3233

7ª PARTE

1 -- Número de textos
2 -- Porcentaje de textos de esta parte
3 -- Porcentaje de textos del total de la obra
4 -- Porcentaje de líneas de esta parte
5 -- Porcentaje de líneas del total de la obra

JURISTA / OBRA	1	2	3	4	5
ULPIANUS					
Libri ad edictum	202	10,5704	2,2101	12,4423	2,1714
Libri ad Sabinum	136	7,1167	1,4880	8,1908	1,4294
Libri ad edictum aedilium curulium	1	0,0523	0,0109	0,0284	0,0050
Libri ad legem Aeliam Sentiam	1	0,0523	0,0109	0,0213	0,0037
Libri ad legem Iuliam et Papiam	16	0,8373	0,1751	0,4401	0,0768
Libri de adulteriis	22	1,1512	0,2407	1,8738	0,3270
Libri de appellationibus	14	0,7326	0,1532	1,3628	0,2378
Libri de censibus	4	0,2093	0,0438	0,4117	0,0718
Libri de officio consulis	6	0,3140	0,0656	0,2555	0,0446
L. sing. de officio curatoris rei publicac	4	0,2093	0,0438	0,2839	0,0495
Libri de officio proconsulis	55	2,8781	0,6018	4,6561	0,8126
Libri de omnibus tribunalibus	6	0,3140	0,0656	0,5465	0,0954
Libri disputationum	34	1,7792	0,3720	2,2216	0,3877
Libri fideicommissorum	3	0,1570	0,0328	0,0426	0,0074
Libri institutionum	1	0,0523	0,0109	0,0426	0,0074
sin indicación de obra	1	0,0523	0,0109	0,0355	0,0062
Libri opinionum	26	1,3605	0,2845	1,6041	0,2799
Libri regularum	5	0,2616	0,0547	0,1632	0,0285
Libri responsorum	5	0,2616	0,0547	0,1278	0,0223
TOTALES	542	28,3621	5,9300	34,7505	6,0644
PAULUS					
Libri ad edictum	131	6,8550	1,4333	4,3225	0,7543
Libri ad Sabinum	61	3,1920	0,6674	2,5552	0,4459
Libri ad edictum aedilium curulium	1	0,0523	0,0109	0,0142	0,0025
L. sing. ad legem Aeliam Sentiam	1	0,0523	0,0109	0,0284	0,0050
L. sing. ad legem Falcidiam	1	0,0523	0,0109	0,0284	0,0050
L. sing. ad legem Fufiam Caniniam	1	0,0523	0,0109	0,0426	0,0074
Libri ad legem Iuliam et Papiam	11	0,5756	0,1204	0,5394	0,0941

Libri ad Neratium	6	0,3140	0,0656	0,2058	0,0359
Libri ad Plautium	47	2,4594	0,5142	1,6609	0,2898
L. sing. ad regulam Catonianam	1	0,0523	0,0109	0,0497	0,0087
L. sing. ad senatus consultum Libonianum	1	0,0523	0,0109	0,2413	0,0421
L. sing. ad senatus consultum Orfitianum	1	0,0523	0,0109	0,0142	0,0025
L. sing. ad senatus consultum Turpillianum	2	0,1047	0,0219	0,0497	0,0087
L. sing. ad senatus consultum Tertullianum	1	0,0523	0,0109	0,0213	0,0037
Libri ad Vitellium	4	0,2093	0,0438	0,0568	0,0099
Libri brevium	2	0,1047	0,0219	0,0355	0,0062
L. sing. de adsignatione libertorum	1	0,0523	0,0109	0,0142	0,0025
Libri de adulteriis	6	0,3140	0,0656	0,2839	0,0495
L. sing. de adulteriis	1	0,0523	0,0109	0,0213	0,0037
L. sing. de appellationibus	2	0,1047	0,0219	0,0710	0,0124
Libri de censibus	1	0,0523	0,0109	0,1065	0,0186
L. sing. de cognitionibus	3	0,1570	0,0328	0,0710	0,0124
L. sing. de concurrentibus actionibus	1	0,0523	0,0109	0,0213	0,0037
L. sing. de dotis repetitione	1	0,0523	0,0109	0,0284	0,0050
L. sing. de publicis iudiciis	4	0,2093	0,0438	0,2342	0,0409
L. sing. de iure libellorum	1	0,0523	0,0109	0,0426	0,0074
L. sing. de officio praefecti vigilum	1	0,0523	0,0109	0,0284	0,0050
Libri de officio proconsulis	4	0,2093	0,0438	0,0710	0,0124
L. sing. de poenis militum	3	0,1570	0,0328	0,1207	0,0211
L. sing. de poenis omnium legum	2	0,1047	0,0219	0,0284	0,0050
L. sing. de poenis paganorum	4	0,2093	0,0438	0,0923	0,0161
L. sing. de portionibus quae liberis damnatorum conceduntur	1	0,0523	0,0109	0,2413	0,0421
L. sing. de tacitis fideicommissis	1	0,0523	0,0109	0,0213	0,0037
Libri epitomarum Alfeni digestorum	2	0,1047	0,0219	0,0568	0,0099
Libri fideicommissorum	3	0,1570	0,0328	0,0923	0,0161
Libri imperialium sententiarum in cognitionibus prolatarum	1	0,0523	0,0109	0,0426	0,0074
Libri manualium	7	0,3663	0,0766	0,1916	0,0334
Libri quaestionum	29	1,5175	0,3173	2,0371	0,3555
Libri regularum	1	0,0523	0,0109	0,0213	0,0037
L. sing. regularum	2	0,1047	0,0219	0,0426	0,0074
sin indicación de obra	1	0,0523	0,0109	0,0142	0,0025
Libri responsorum	21	1,0989	0,2298	0,9795	0,1709
Libri decretorum	8	0,4186	0,0875	0,5394	0,0941

Libri sententiarum	31	1,6222	0,3392	1,4976	0,2614
TOTALES	415	21,7164	4,5405	16,8784	2,9455
GAIUS					
Libri ad edictum (D.47,2,2 Mo-Kr, nt. 5 provinciale)	1	0,0523	0,0109	0,0142	0,0025
Libri ad edictum praetoris urbani	1	0,0523	0,0109	0,0213	0,0037
Libri ad edictum provinciale	44	2,3025	0,4814	1,1782	0,2056
Libri ad ed. pr. urb. titulo qui neque sequantur neque ducantur	1	0,0523	0,0109	0,0284	0,0050
Libri de testamentis ad edictum praetoris urbani	1	0,0523	0,0109	0,0142	0,0025
Libri de legatis ad edictum praetoris urbani	1	0,0523	0,0109	0,0142	0,0025
Libri ad legem Iuliam et Papiam	7	0,3663	0,0766	0,1491	0,0260
L. sing. de casibus	1	0,0523	0,0109	0,0142	0,0025
Libri ad legem duodecim tabularum	11	0,5756	0,1204	0,4401	0,0768
Libri de verborum obligationibus	10	0,5233	0,1094	0,8872	0,1548
Libri regularum	2	0,1047	0,0219	0,0355	0,0062
Libri rerum cottidianarum	1	0,0523	0,0109	0,0355	0,0062
TOTALES	81	4,2386	0,8862	2,8320	0,4942
MODESTINUS					
L. sing. de enucleatis casibus	2	0,1047	0,0219	0,0923	0,0161
L. sing. de manumissionibus	1	0,0523	0,0109	0,0142	0,0025
Libri de poenis	15	0,7849	0,1641	0,7311	0,1276
L. sing. de praescriptionibus	4	0,2093	0,0438	0,0923	0,0161
L. sing. de ritu nuptiarum	1	0,0523	0,0109	0,0213	0,0037
Libri differentiarum	9	0,4710	0,0985	0,2626	0,0458
Libri excusationum	2	0,1047	0,0219	0,0355	0,0062
Libri pandectarum	19	0,9942	0,2079	0,6246	0,1090
Libri regularum	33	1,7268	0,3611	0,7240	0,1263
Libri responsorum	15	0,7849	0,1641	0,7524	0,1313
TOTALES	101	5,2852	1,1050	3,3501	0,5846
PAPINIANUS					
Libri de adulteriis	12	0,6279	0,1313	0,5465	0,0954
L. sing. de adulteriis	2	0,1047	0,0219	0,3975	0,0694
Libri definitionum	8	0,4186	0,0875	0,3407	0,0595
Libri quaestionum	47	2,4594	0,5142	3,4992	0,6107
Libri responsorum	49	2,5641	0,5361	2,4771	0,4323
TOTALES	118	6,1748	1,2910	7,2610	1,2671

Iulianus					
Libri ad Urseium Ferocem	5	0,2616	0,0547	0,1845	0,0322
Libri digestorum	46	2,4071	0,5033	2,8817	0,5029
Libri ad Minicium	6	0,3140	0,0656	0,2342	0,0409
Totales	57	2,9827	0,6236	3,3004	0,5760
MARCELLUS					
Libri digestorum	24	1,2559	0,2626	1,1356	0,1982
L. sing. regularum Pomponii notat	1	0,0523	0,0109	0,0142	0,0025
L. sing. responsorum	2	0,1047	0,0219	0,1207	0,0211
TOTALES	27	1,4129	0,2954	1,2705	0,2217
SCAEVOLA					
Libri responsorum	8	0,4186	0,0875	0,5607	0,0979
Libri digestorum	12	0,6279	0,1313	1,2066	0,2106
Libri quaestionum	11	0,5756	0,1204	0,3762	0,0656
L. sing. quaestionum publice tractatarum	2	0,1047	0,0219	0,1562	0,0273
Libri regularum	11	0,5756	0,1204	0,3336	0,0582
TOTALES	44	2,3025	0,4814	2,6333	0,4595
AELIUS GALLUS					
Liber de verborum quae ad ius pertinent significatione	1	0,0523	0,0109	0,0213	0,0037
AFRICANUS					
Libri quaestionum	15	0,7849	0,1641	1,4834	0,2589
ALFENUS					
Libri digestorum	2	0,1047	0,0219	0,1703	0,0297
Libri digestorum a Paulo epitomatorum	3	0,1570	0,0328	0,1207	0,0211
TOTALES	5	0,2616	0,0547	0,2910	0,0508
ARCADIUS CHARISIUS					
L. sing. de testibus	1	0,0523	0,0109	0,1136	0,0198
L. sing. de muneribus civilibus	1	0,0523	0,0109	0,4968	0,0867
TOTALES	2	0,1047	0,0219	0,6104	0,1065
ARRIUS MENANDER					
Libri de re militari	5	0,2616	0,0547	0,6388	0,1115

CALLISTRATUS					
Libri de cognitionibus	27	1,4129	0,2954	2,3848	0,4162
Libri edicti monitorii	2	0,1047	0,0219	0,0355	0,0062
Libri de iure fisci	5	0,2616	0,0547	0,7666	0,1338
Libri quaestionum	4	0,2093	0,0438	0,4826	0,0842
Sin indicación de obra	2	0,1047	0,0219	0,0710	0,0124
TOTALES	40	2,0931	0,4376	3,7405	0,6528
CELSUS					
Libri digestorum	29	1,5175	0,3173	0,9866	0,1722
CLAUDIUS					
L. sing. de poenis paganorum	1	0,0523	0,0109	0,2342	0,0409
FLORENTINUS					
Libri institutionum	10	0,5233	0,1094	0,3194	0,0557
HERMOGENIANUS					
Libri iuris epitomarum	26	1,3605	0,2845	0,8304	0,1449
IAVOLENUS					
Libri ad Plautium	3	0,1570	0,0328	0,0923	0,0161
Libri epistularum	19	0,9942	0,2079	0,6885	0,1201
Libri ex Cassio	12	0,6279	0,1313	0,2839	0,0495
Libri ex posterioribus Labeonis	7	0,3663	0,0766	0,3052	0,0533
TOTALES	41	2,1455	0,4486	1,3699	0,2391
LABEO					
Libri epitomatorum a Paulo	7	0,3663	0,0766	0,3052	0,0533
LICINNIUS RUFINUS					
Libri regularum	3	0,1570	0,0328	0,0497	0,0087
MACER					
Libri de appellationibus	10	0,5233	0,1094	0,7666	0,1338
Libri publicorum iudiciorum	29	1,5175	0,3173	1,4479	0,2527
Libri de re militari	4	0,2093	0,0438	0,3407	0,0595
Libri ad legem vicensimam hereditatium	1	0,0523	0,0109	0,0142	0,0025
Libri de officio praesidis	4	0,2093	0,0438	0,1207	0,0211
TOTALES	48	2,5118	0,5252	2,6900	0,4694

MAECIANUS					
Libri fideicommissorum	5	0,2616	0,0547	0,2129	0,0372
Libri de publicis iudiciis	2	0,1047	0,0219	0,0284	0,0050
TOTALES	7	0,3663	0,0766	0,2413	0,0421
MARCIANUS					
L. sing. de delatoribus	5	0,2616	0,0547	0,5820	0,1016
L. sing. ad hypothecariam formulam	1	0,0523	0,0109	0,0568	0,0099
L. sing. ad senatus consultum Turpillianum	1	0,0523	0,0109	0,4897	0,0855
Libri de appellationibus	4	0,2093	0,0438	0,1916	0,0334
Libri de publicis iudiciis	26	1,3605	0,2845	1,1072	0,1932
Papiniani de adulteriis notat	1	0,0523	0,0109	0,0142	0,0025
Libri institutionum	37	1,9362	0,4048	1,8738	0,3270
Libri regularum	11	0,5756	0,1204	0,3549	0,0619
Sin indicación de obra	3	0,1570	0,0328	0,1278	0,0223
TOTALES	89	4,6572	0,9737	4,7981	0,8373
MAURICIANUS					
Libri ad legem Iuliam et Papiam	1	0,0523	0,0109	0,1349	0,0235
NERATIUS					
Libri membranarum	6	0,3140	0,0656	0,2058	0,0359
Libri responsorum	4	0,2093	0,0438	0,0852	0,0149
TOTALES	10	0,5233	0,1094	0,2910	0,0508
PAPIRIUS IUSTUS					
Libri de constitionibus	9	0,4710	0,0985	0,5962	0,1040
POMPONIUS					
Libri ad Quintum Mucium	26	1,3605	0,2845	1,2421	0,2168
Libri ad Sabinum	69	3,6107	0,7549	2,0796	0,3629
Libri enchiridii	1	0,0523	0,0109	0,0355	0,0062
L. sing. enchiridii	1	0,0523	0,0109	0,1349	0,0235
Libri epistularum	5	0,2616	0,0547	0,2342	0,0409
Libri ad Plautium	9	0,4710	0,0985	0,2626	0,0458
Libri variarum lectionum	5	0,2616	0,0547	0,1065	0,0186
Sin indicación de obra	1	0,0523	0,0109	0,0284	0,0050
TOTALES	117	6,1224	1,2801	4,1238	0,7197

PROCULUS					
Libri epistularum	7	0,3663	0,0766	0,5394	0,0941
Q. MUCIUS SCAEVOLA					
L. sing. definitionum	2	0,1047	0,0219	0,0710	0,0124
TARRUNTENUS PATERNUS					
Libri de re militari	2	0,1047	0,0219	0,0994	0,0173
TERENTIUS CLEMENS					
Libri ad legem Iuliam et Papiam	4	0,2093	0,0438	0,0639	0,0111
TERTULLIANUS					
L. sing. de castrensi peculio	1	0,0523	0,0109	0,0568	0,0099
TRYPHONINUS					
Libri disputationum	9	0,4710	0,0985	1,3415	0,2341
VALENS					
Libri fideicommissorum	2	0,1047	0,0219	0,1491	0,0260
VENULEIUS					
Libri actionum	1	0,0523	0,0109	0,0284	0,0050
Libri disputationum	1	0,0523	0,0109	0,0142	0,0025
Libri de publicis iudiciis	9	0,4710	0,0985	0,3265	0,0570
Libri de officio proconsulis	5	0,2616	0,0547	0,1349	0,0235
Libri stipulationum	16	0,8373	0,1751	1,1214	0,1957
TOTALES	32	1,6745	0,3501	1,6254	0,2837
Sin inscriptio	1	0,0523	0,0109	0,0213	0,0037
TOTALES	1.911	100,0000	20,9081	100,0000	17,4514
Total 5 juristas	1.257	65,7771	13,7527	65,0720	11,3560
Total 3 juristas	128	6,6981	1,4004	7,2042	1,2572
Total 8 juristas	1.385	72,4751	15,1532	72,2762	12,6132
Total resto juristas	525	27,4725	5,7440	27,7025	4,8345
Total sin inscriptio	1	0,0523	0,0109	0,0213	0,0037

ANEXO IV

Número total de textos de cada jurista, con indicación del porcentaje de textos y líneas en los Digesta

JURISTA / OBRA	Total textos	% Textos del total	% líneas del total
ULPIANUS			
Libri ad edictum	1.229	13,4464	22,7899
Libri ad Sabinum	615	6,7287	8,6693
Libri ad edictum aedilium curulium	26	0,2845	0,7060
Libri ad legem Iuliam et Papiam	68	0,7440	0,5301
Libri de censibus	7	0,0766	0,0855
Libri de officio consulis	22	0,2407	0,3543
L. sing. de officio praefecti urbi	2	0,0219	0,0632
Libri de officio praefecti vigilum	1	0,0109	0,0025
Libri de officio proconsulis	80	0,8753	1,0628
L. sing. de officio quaestoris	2	0,0219	0,0260
Libri de omnibus tribunalibus	34	0,3720	0,4422
Libri disputationum	143	1,5646	1,6895
Libri fideicommissorum	44	0,4814	1,1842
Libri opinionum	65	0,7112	0,5822
Libri responsorum	29	0,3173	0,1288
Libri institutionum	13	0,1422	0,1065
Libri regularum	21	0,2298	0,1090
L. sing. pandectarum	2	0,0219	0,0074
L. sing. de officio consularium	1	0,0109	0,0037
Libri de adulteriis	27	0,2954	0,3927
L. sing. excusationum	1	0,0109	0,0037
L. sing. de officio curatoris rei publicae	5	0,0547	0,0595
L. sing. de officio praetoris tutelaris	3	0,0328	0,0161
Libri pandectarum	1	0,0109	0,0062
L. sing. regularum	2	0,0219	0,0211
L. sing. de sponsalibus	2	0,0219	0,0074
Libri ad legem Aeliam Sentiam	4	0,0438	0,0347
Libri de appellationibus	14	0,1532	0,2378
sin indicación de obra	1	0,0109	0,0062
TOTALES	2.464	26,9584	39,3284
PAULUS			
Libri ad edictum	757	8,2823	6,2378
Libri ad Sabinum	327	3,5777	2,1330
Libri ad edictum aedilium curulium	14	0,1532	0,1424
L. sing. ad legem Cinciam	1	0,0109	0,0037

Libri ad legem Iuliam et Papiam	47	0,5142	0,4162
Libri ad Neratium	28	0,3063	0,1561
Libri ad Plautium	190	2,0788	1,4926
Libri brevium	14	0,1532	0,0471
L. sing. de iure singulari	3	0,0328	0,0099
L. sing. de officio adsessorum	4	0,0438	0,0235
L. sing. de officio praefecti urbi	1	0,0109	0,0037
L. sing. de officio praefecti vigilum	5	0,0547	0,0533
L. sing. de portionibus quae liberis damnatorum conceduntur	2	0,0219	0,0471
Libri decretorum	22	0,2407	0,2638
Libri Iuliani digestorum notat	2	0,0219	0,0074
Libri manualium	23	0,2516	0,1573
Libri quaestionum	157	1,7177	1,9756
Libri regularum	11	0,1204	0,0718
L. sing. regularum	8	0,0875	0,0285
Libri responsorum	132	1,4442	1,2486
Libri sententiarum	131	1,4333	0,7680
Libri epitomarum Alfeni digestorum	21	0,2298	0,1808
L. sing. de inofficioso testamento	3	0,0328	0,0248
Libri institutionum	3	0,0328	0,0211
L. sing. de septemviralibus iudiciis	3	0,0328	0,0310
quaestionum Papiniani notat	2	0,0219	0,0062
Libri ad Vitellium	24	0,2626	0,2651
L. sing. de intercessionibus feminarum	1	0,0109	0,0111
L. sing. de variis lectionibus	3	0,0328	0,0099
L. sing. ad senatus consultum Velleianum	1	0,0109	0,0062
L. sing. de adsignatione libertorum	5	0,0547	0,0198
Libri de adulteriis	12	0,1313	0,0780
L. sing. de cognitionibus	7	0,0766	0,0297
L. sing. de excusationibus tutelarum	3	0,0328	0,0124
L. sing. de iure patronatus	3	0,0328	0,0136
L. sing. de iuris et facti ignorantia	1	0,0109	0,0533
L. sing. ad legem Aeliam Sentiam	9	0,0985	0,0731
L. sing. ad legem Falcidiam	5	0,0547	0,1288
Libri de officio proconsulis	5	0,0547	0,0161
L. sing. ad orationem divi Antonini et Commodi	2	0,0219	0,0495
L. sing. ad orationem divi Severi	3	0,0328	0,0260
L. sing. ad senatus consultum Turpillianum	3	0,0328	0,0173
L. sing. de usuris	1	0,0109	0,0396

L. sing. ad legem Fufiam Caniniam	2	0,0219	0,0161
L. sing. ad senatus consultum Tertullianum	3	0,0328	0,0186
L. sing. ad senatus consultum Silanianum	3	0,0328	0,0136
Libri fideicommissorum	18	0,1969	0,1474
L. sing. de forma testamenti	1	0,0109	0,0050
Libri imperialium sententiarum in cognitionibus prolatarum	6	0,0656	0,0644
L. sing. de instrumenti significatione	2	0,0219	0,0198
L. sing. de iure codicillorum	5	0,0547	0,0483
Libri de iure fisci	1	0,0109	0,0582
Libri ad legem Iuliam	2	0,0219	0,0273
L. sing. de secundis tabulis	3	0,0328	0,0310
L. sing. de senatus consultis	1	0,0109	0,0050
L. ing. ad senatus consultum Claudianum	1	0,0109	0,0062
L. sing. ad senatus consultum Orphitianum	2	0,0219	0,0111
L. sing. ad senatus consultum Tertullianum et Orphitianum	1	0,0109	0,0050
L. sing. de conceptione formularum	1	0,0109	0,0074
L. sing. de articulis liberalis causae	1	0,0109	0,0074
L. sing. <de> concurrentibus actionibus	2	0,0219	0,0285
L. sing. de gradibus et adfinibus et nominibus eorum	1	0,0109	0,4038
L. sing. de liberali causa	1	0,0109	0,0050
L. sing. de libertatibus dandis	3	0,0328	0,0186
Libri responsorum Papiniani	1	0,0109	0,0025
L. sing. ad regulam Catonianam	1	0,0109	0,0087
L. sing. ad senatus consultum Libonianum	1	0,0109	0,0421
L. sing. de adulteriis	1	0,0109	0,0037
L. sing. de appellationibus	2	0,0219	0,0124
Libri de censibus	1	0,0109	0,0186
L. sing. de dotis repetitione	1	0,0109	0,0050
L. sing. de publicis iudiciis	4	0,0438	0,0409
L. sing. de iure libellorum	1	0,0109	0,0074
L. sing. de poenis militum	3	0,0328	0,0211
L. sing. de poenis omnium legum	2	0,0219	0,0050
L. sing. de poenis paganorum	4	0,0438	0,0161
L. sing. de tacitis fideicommissis	1	0,0109	0,0037
sin indicación de obra	1	0,0109	0,0025
TOTALES	2.083	22,7899	17,5381
GAIUS			

Libri ad edictum provinciale	339	3,7090	2,3299
Libri ad legem duodecim tabularum	20	0,2188	0,1412
Libri de verborum obligationibus	12	0,1313	0,1635
Libri institutionum	15	0,1641	0,1474
L. sing. regularum	1	0,0109	0,0025
Libri rerum cottidianarum	26	0,2845	0,4670
Ad edictum praetoris urbani titulo de liberali causa	11	0,1204	0,0818
Ad edictum praetoris urbani titulo de damno infecto	3	0,0328	0,0173
Ad edictum praetoris urbani titulo de aquae pluviae arcendae	1	0,0109	0,0037
Libri fideicommissorum	11	0,1204	0,1685
L. sing. de tacitis fideicommissis	1	0,0109	0,0062
L. sing. ad legem Glitiam	1	0,0109	0,0050
L. sing. de casibus	7	0,0766	0,0384
Ad edictum praetoris titulo de publicanis	2	0,0219	0,0099
Libri ad edictum aedilium curulium	11	0,1204	0,0743
L. sing. de formula hypothecaria	6	0,0656	0,0917
Libri ad legem Iuliam et Papiam	28	0,3063	0,1573
Libri ad edictum praetoris titulo de praediatoribus	1	0,0109	0,0025
Libri ad edictum praetoris titulo de re iudicata	2	0,0219	0,0074
Libri ad ed. pr. urb. titulo qui neque sequantur neque ducantur	1	0,0109	0,0050
Libri de manumissionibus	5	0,0547	0,0384
Libri de legatis ad edictum praetoris urbani	15	0,1641	0,1499
Libri de testamentis ad edictum praetoris urbani	7	0,0766	0,0409
Ad edictum praetoris urbani	3	0,0328	0,0111
Ad edictum urbani titulo de operis novi nuntiatione	1	0,0109	0,0037
L. sing. ad senatus consultum Orphitianum	1	0,0109	0,0037
L. sing. ad senatus consultum Tertullianum	1	0,0109	0,0037
Libri ad edictum (D.47,2,2 Mo-Kr, nt. 5 provinciale)	1	0,0109	0,0025
Libri regularum	2	0,0219	0,0062
TOTALES	535	5,8534	4,1804
MODESTINUS			

L. sing. de enucleatis casibus	5	0,0547	0,0322
L. sing. de heurematicis	10	0,1094	0,0879
Libri de poenis	18	0,1969	0,1474
Libri differentiarum	44	0,4814	0,2279
Libri excusationum	19	0,2079	0,5264
Libri pandectarum	60	0,6565	0,3604
Libri regularum	104	1,1379	0,4125
Libri responsorum	66	0,7221	0,7469
L. sing. de inofficioso testamento	1	0,0109	0,0037
L. sing. de praescriptionibus	4	0,0438	0,0285
Libri de praescriptionibus	1	0,0109	0,0025
L. sing. de differentia dotis	1	0,0109	0,0050
L. sing. de manumissionibus	6	0,0656	0,0409
L. sing. de ritu nuptiarum	2	0,0219	0,0087
Libri ad Quintum Mucium	2	0,0219	0,0297
Totales	343	3,7527	2,6606
PAPINIANUS			
Libri de adulteriis	17	0,1860	0,1214
Libri definitionum	34	0,3720	0,2044
Libri quaestionum	270	2,9540	2,9752
Libri responsorum	271	2,9650	2,7337
Liber de cura urbis (astınomico)	1	0,0109	0,0248
L. sing. de adulteriis	3	0,0328	0,0756
TOTALES	596	6,5208	6,1350
IULIANUS			
Liber ad edictum	1	0,0109	0,0173
Libri ad Minicium	40	0,4376	0,2378
Libri ad Urseium Ferocem	42	0,4595	0,3220
Libri digestorum	372	4,0700	3,8943
L. sing. de ambiguitatibus	3	0,0328	0,0743
TOTALES	458	5,0109	4,5458
MARCELLUS			
Libri digestorum	127	1,3895	1,0417
Libri publicorum	1	0,0109	0,0037
Libri de officio praesidis	1	0,0109	0,0050
L. sing. responsorum	16	0,1751	0,2242
Libri ad legem Iuliam et Papiam	6	0,0656	0,0372
digestorum Iuliani notat	6	0,0656	0,0285
L. sing. reg. Pomponii notat	2	0,0219	0,0074

TOTALES	159	1,7396	1,3477
SCAEVOLA			
Iulani digestorum notat	2	0,0219	0,0074
Libri digestorum	125	1,3676	2,7213
Libri quaestionum	52	0,5689	0,4781
Libri regularum	20	0,2188	0,0892
Libri responsorum	96	1,0503	1,3910
L. sing. quaestionum publice tractatarum	9	0,0985	0,1387
TOTALES	304	3,3260	4,8258
AELIUS GAILLUS			
Liber de verborum quae ad ius pertinent significatione	1	0,0109	0,0037
TOTALES	1	0,0109	0,0037
AFRICANUS			
Libri quaestionum	131	1,4333	1,6759
TOTALES	131	1,4333	1,6759
ALFENUS			
Libri digestorum	29	0,3173	0,3456
Libri digestorum a Paulo epitomatorum	25	0,2735	0,2304
TOTALES	54	0,5908	0,5760
ARCADIUS CHARISIUS			
L. sing. de officio praefecti praetorio	1	0,0109	0,0235
L. sing. de testibus	4	0,0438	0,0520
L. sing. de muneribus civilibus	1	0,0109	0,0867
TOTALES	6	0,0656	0,1623
ARRIUS MENANDER			
Libri de re militari	6	0,0656	0,1214
TOTALES	6	0,0656	0,1214
CALLISTRATUS			
Libri edicti monitorii	21	0,2298	0,1152
Libri de cognitionibus	48	0,5252	0,6330
Libri institutionum	5	0,0547	0,0260
Libri quaestionum	18	0,1969	0,2155
Libri de iure fisci	7	0,0766	0,1424
Sin indicación de obra	2	0,0219	0,0124

	TOTALES	101	1,1050	1,1445
CELSUS				
Libri digestorum		141	1,5427	0,9661
	TOTALES	141	1,5427	0,9661
CLAUDIUS				
L. sing. de poenis paganorum		1	0,0109	0,0409
	TOTALES	1	0,0109	0,0409
FLORENTINUS				
Libri institutionum		42	0,4595	0,2663
	TOTALES	42	0,4595	0,2663
FURIUS ANTHIANUS				
Liber ad edictum		3	0,0328	0,0149
	TOTALES	3	0,0328	0,0149
HERMOGENIANUS				
Libri iuris epitomarum		107	1,1707	0,5970
	TOTALES	107	1,1707	0,5970
IAVOLENUS				
Libri epistularum		72	0,7877	0,6131
Libri ex Cassio		69	0,7549	0,3629
Libri ad Plautium		18	0,1969	0,1016
Libri ex posterioribus Labeonis		47	0,5142	0,4794
	TOTALES	206	2,2538	1,5570
IULIUS AQUILIA				
Liber responsorum		2	0,0219	0,0074
	TOTALES	2	0,0219	0,0074
LABEO				
Libri posteriorum a Iavoleno epitomatorum		29	0,3173	0,3332
Libri epitomatorum a Paulo		34	0,3720	0,2750
	TOTALES	63	0,6893	0,6082
LICINNIUS RUFINUS				

Libri regularum	17	0,1860	0,0731
MACER			
Libri de appellationibus	13	0,1422	0,1945
Libri ad legem vicensimam hereditatium	5	0,0547	0,0458
Libri de officio praesidis	9	0,0985	0,0520
Libri de re militari	7	0,0766	0,0818
Libri publicorum iudiciorum	30	0,3282	0,2762
TOTALES	64	0,7002	0,6503
MAECIANUS			
Libri fideicommissorum	40	0,4376	0,4682
ex lege Rhodia	1	0,0109	0,0062
Libri de publicis iudiciis	3	0,0328	0,0173
TOTALES	44	0,4814	0,4917
MARCIANUS			
Libri institutionum	139	1,5208	1,1507
Libri regularum	71	0,7768	0,4348
L. sing. de delatoribus	11	0,1204	0,2044
L. sing. ad formulam hypothecariam	21	0,2298	0,3728
Libri digestorum	1	0,0109	0,0037
Libri de publicis iudiciis	30	0,3282	0,2056
L. sing. ad senatus consultum Turpillianum	1	0,0109	0,0855
Libri de appellationibus	4	0,0438	0,0334
Papiniani de adulteriis notat	2	0,0219	0,0111
Sin indicación de obra	3	0,0328	0,0223
TOTALES	283	3,0963	2,5244
MAURICIANUS			
Libri de poenis	1	0,0109	0,0037
Libri ad legem Iuliam et Papiam	3	0,0328	0,0347
TOTALES	4	0,0438	0,0384
NERATIUS			
Libri membranarum	44	0,4814	0,3728
Libri regularum	7	0,0766	0,0310
Libri responsorum	13	0,1422	0,0495
TOTALES	64	0,7002	0,4533
PAPIRIUS IUSTUS			

Libri de constitutionibus	18	0,1969	0,1474
TOTALES	18	0,1969	0,1474
POMPONIUS			
Libri ad Sabinum	360	3,9387	2,5083
L. sing. enchiridii	3	0,0328	0,3753
Libri epistularum	24	0,2626	0,2329
Libri ad Plautium	37	0,4048	0,2403
Libri variarum lectionum	22	0,2407	0,1016
Libri ad Quintum Mucium	108	1,1816	0,8943
L. sing. regularum	5	0,0547	0,0372
Libri senatus consultorum	9	0,0985	0,0929
Libri enchiridii	3	0,0328	0,0161
Libri fideicommissorum	7	0,0766	0,0632
Sin indicación de obra	1	0,0109	0,0050
TOTALES	579	6,3348	4,5669
PROCULUS			
Libri epistularum	36	0,3939	0,3592
Libri ex posterioribus Labeonis	1	0,0109	0,0111
TOTALES	37	0,4048	0,3704
Q. MUCIUS SCAEVOLA			
Liber singularis definitionum	4	0,0438	0,0186
TOTALES	4	0,0438	0,0186
RUTILIUS MAXIMUS			
L. sing. ad legem Falcidiam	1	0,0109	0,0050
TOTALES	1	0,0109	0,0050
TARRUNTENUS PATERNUS			
Libri de re militari	2	0,0219	0,0173
TOTALES	2	0,0219	0,0173
TERENTIUS CLEMENS			
Libri ad legem Iuliam et Papiam	35	0,3829	0,2341
TOTALES	35	0,3829	0,2341
TERTULLIANUS			
Libri quaestionum	2	0,0219	0,0136
L. sing. de castrensi peculio	3	0,0328	0,0396
TOTALES	5	0,0547	0,0533

TRYPHONINUS			
Libri disputationum	77	0,8425	1,2250
apud Scaevolam digestorum notat	3	0,0328	0,0111
TOTALES	80	0,8753	1,2362
VALENS			
Libri fideicommissorum	19	0,2079	0,1623
Libri actionum	1	0,0109	0,0062
TOTALES	20	0,2188	0,1685
VENULEIUS			
Libri de officio proconsulis	8	0,0875	0,0409
Libri stiputationum	23	0,2516	0,2502
Libri actionum	6	0,0656	0,0471
Libri de publicis iudiciis	12	0,1313	0,0681
Libri interdictorum	21	0,2298	0,2180
Libri disputationum	1	0,0109	0,0025
TOTALES	71	0,7768	0,6268
S/ inscriptio	6	0,0656	0,0211
TOTALES	9.140	100,0000	100,0000
Total 5 juristas	6.021	65,8753	69,8426
Total 3 juristas	921	10,0766	10,7193
Total 8 juristas	6.942	75,9519	80,5619
Total juristas	2.192	23,9825	19,4171
Total sin inscriptio	6	0,0656	0,0211

ÍNDICE DE FUENTES

FUENTES JURÍDICAS

Codex Theodosianus

C. Deo Auctore

DIGESTA

FUENTES LITERARIAS

MONOGRAFÍAS DE DERECHO ROMANO

Director: Antonio Fernández de Buján

Catedrático de Derecho Romano de la Universidad Autónoma de Madrid

DERECHO ADMINISTRATIVO Y FISCAL ROMANO

- Hacia un Derecho Administrativo y Fiscal Romano II (2013). *Fernández de Buján, Antonio (director) y Gerez Kraemer, Gabriel (editor)*
- Ordenamiento financiero de la antigua Grecia y el período helenístico (2013). *Sáinz de Bujanda, Fernando. Prólogo de Javier Sáinz Moreno e Introducción de Antonio Fernández de Buján*
- La Hacienda Pública en el Bajo Imperio Romano. Años 284 a 476 d. C. (2012). *Aparicio Pérez, Antonio*
- Urbanismo y Derecho en el Imperio de Justiniano. 527-565 d.C. (2012). *Rodríguez López, Rosalía*
- La regulación jurídico-administrativa del juego en el derecho romano y su proyección en el derecho moderno (2011). *Zamora Manzano, José Luis*
- Hacia un Derecho Administrativo y Fiscal Romano (2011). *Fernández de Buján, Antonio / Gerez Kraemer, Gabriel / Malavé Osuna, Belén (co-editores)*
- Algunos aspectos sobre el régimen fiscal aduanero en el Derecho romano. Reglamentación jurídica del portorium, control de mercancías y comiso por fraude fiscal (2009). *Zamora Manzano, José Luis*
- El derecho de aguas en Roma (2008). *Gerez Kraemer, Gabriel M. Prólogo de Antonio Fernández de Buján*
- Régimen jurídico del domicilio en Derecho Romano (2008). *López Huguet, Mª. Luisa. Prólogo de Antonio Fernández de Buján*
- Abogacía y ciudadanía: biografía de la abogacía ibérica (2007). *Barcia Lago, Modesto*
- El estatuto jurídico del empleado público en Derecho Romano (2007). *Varela Gil, Carlos. Prólogo de Antonio Fernández de Buján*
- Régimen jurídico financiero de las obras públicas en el derecho romano tardío : los modelos privado y público de financiación (2007). *Malavé Osuna, Belén. Prólogo de Antonio Fernández de Buján*
- Régimen jurídico de las vías públicas en Derecho Romano (2007). *Ponte, Vanesa. Prólogo de Antonio Fernández de Buján*
- Tabulae Publicae. Archivos municipales y documentación financiera en las ciudades de la Bética (2005). *Rodríguez Neila, Juan Francisco*
- Gallaecia: Romanización y ordenación del territorio (2004). *Rodríguez Ennes, Luis. Prólogo de Antonio Fernández de Buján*

- La actividad económica en el derecho romano. Análisis contable (2003). *Giménez Barriocanal, Fernando. Prólogo de Antonio Fernández de Buján*
- La protección o defensa del uso colectivo de las cosas de dominio público. Especial referencia a los interdictos de publicis locis (loca, itinere, viae, flumina, ripae) (2002). *Alburquerque, Juan Miguel. Prólogo de Antonio Fernández de Buján*
- Régimen jurídico de la prestación de servicios públicos en derecho romano (2002). *Pendón Meléndez, Esther. Prólogo de Antonio Fernández de Buján*
- Régimen jurídico de las concesiones administrativas en el derecho romano (1996). *Castán Pérez-Gómez, Santiago. Prólogo de Antonio Fernández de Buján*

Derecho Público y Privado Romano

- Digesto. Una auténtica obra legislativa (2013). Ana Martín Minguijón
- La *auctoritas* romana (2013). *Ana Isabel Clemente Fernández*
- El Padre Feijoo y el derecho de su tiempo: Una visión premonitoria de problemas candentes en la actualidad (2013). *Rodríguez Ennes, Luis*
- Las interrogationes in iure (2013). *Pendón Meléndez, Esther*
- Conspectus Constitutionum Diocletiani (2013). *Díaz Bautista, Antonio (coord.)*
- Las costas en el proceso civil romano (2013). *Agudo Ruiz, Alfonso*
- De la consignación en Derecho Romano a su proyección en el Derecho Civil (2013). *Martínez de Morentin Llamas, Mª Lourdes. Prólogo de Antonio Fernández de Buján*
- La vertiente iuspublicista de la institución adoptiva en derecho romano y su proyección en el derecho español (2013). *Ruiz Pino, Salvador. Prólogo de Juan Miguel Alburquerque*
- El valor del silencio en las fuentes literarias antiguas (2012). *Martínez Vela, José Antonio. Prólogo de Antonio Fernández de Buján*
- Las fuentes del derecho romano (2012). *Metro, Antonino. Traducción y comentario crítico realizado por María José Bravo*
- Concordia dicendi et exaudiendi. Claves del derecho romano para la interpretación jurídica moderna (2011). *Sainz-Ezquerra Foces, José María*
- La legítima defensa en el Derecho romano con referencia a la dogmática moderna (2011). *Domínguez López, Esther*
- Régimen jurídico de la tácita reconducción en derecho romano y su proyección en derecho actual (2011). *Martínez Vela, José Antonio*
- El binomio procesal. Derecho de acción. Derecho de defensa. Desde la concepción clásica romana hasta la actualidad (2011). *Calaza López, Sonia*

- La concurrencia de responsabilidad civil contractual y extracontractual en el contrato de arrendamiento. Del Derecho Romano al Derecho Civil histórico valenciano (2011). *Lázaro Guillamón, Carmen*
- La pluralidad hipotecaria. Excepciones al principio de prioridad temporal en Derecho Romano y en Derecho Civil españo (2010). *Bernard Segarra, Lucía*
- Las pruebas no racionales en Roma. Ab urbe condita hasta finales de la República (2010). *Piquer Marí, José Miguel*
- Estudios sobre Diocleciano (2010). *Díaz Bautista, Antonio (coord.)*
- Iudex Unus. Responsabilidad judicial e Iniuria Iudicis (2010). *Mollá Nebot, Sonia M.A.*
- La prestación de alimentos en derecho romano y su proyección en el derecho actual (2010). *Alburquerque, Juan Miguel. Prólogo de Antonio Fernández de Buján*
- Pacto de Melhor comprador: configuração no direito romano (in diem addictio) e projeções no direito actual (2010). *Bissoto Queiroz de Moraes, Bernardo. Dirección del Prof. Dr. D. Antonio Fernández de Buján*
- Origen de los poderes del paterfamilias. El pater familias y la patria potestas (2009). *Amunátegui Perelló, Carlos Felipe. Prólogo de Juan Miquél González*
- Magistrados, Jueces y Árbitros en Roma. Competencia civil y evolución (2009). *Robles, Juan Ramón*
- Sistema contractual romano 3ª edición (2008). *Fernández de Buján, Federico. Incluye CD-Rom*
- El largo camino de los hispani hacia la ciudadanía (2008). *Bravo Bosch, María José. Prólogo de Antonio Fernández de Buján*
- El huerto en la Roma antigua: : su problemática urbanística y agraria (2008). *Rodríguez López, Rosalía*
- Procedimiento concursal. La posición jurídica del bonorum emptor (2008). *Soza, Ma. Ángeles. Prólogo de Francisco Cuena*
- La eficacia real en las transacciones del comercio de esclavos (2008). *Mohino Manrique, Ana*
- La injuria verbal colectiva (2007). *Bravo Bosch, María José. Prólogo de Luis Rodríguez-Ennes*
- La responsabilidad objetiva en el transporte marítimo y terrestre en Roma: estudio sobre el receptum nautarum, cauponum et stabulariorum: entre la utilitas contrahentium y el desarrollo comercial (2007). *Salazar Revuelta, María. Prólogo de Antonio Fernández de Buján*
- Régimen jurídico de las presunciones (2007). *Martínez de Moretin Llamas, Mª Lourdes*
- De iure uerrino: el derecho, el aderezo culinario y el augurio de los nombres (2007). *García-Hernández, Benjamín*

- Instituciones políticas y sociales de Roma: Monarquía y República (2007). *Viñas, Antonio*
- El sistema jurídico ático clásico (2007). *Palao Herrero, Juan. Prólogo de Antonio Fernández de Buján*
- Terminología, definiciones y ritos de las nupcias romanas. La trascendencia de su simbología en el matrimonio moderno (2007). *Ortega Carrillo de Albornoz, Antonio*
- Pactos en el contrato de compraventa en interés del vendedor (2006). *Mohino Manrique, Ana. Prólogo de Federico Fernández de Buján*
- De inutilibus stipulationibus (2006). *Casas León, Mª Etelvina de las. Prólogo de María Victoria Rodríguez Sansón*
- La vacante en los legados. A propósito de la Ley Única de Caducis Tollendi (C. 6,51) (2006). *Ortín García, Carmen*
- La argumentación retórica en Juvencio Celso (2005). *Parra Martín, Mª. Dolores*
- La injuria indirecta en Derecho romano (2005). *Guerrero Lebrón, Macarena*
- Régimen jurídico del tesoro en derecho romano (2005). *Agudo Ruiz, Alfonso. Prólogo de Antonio Fernández de Buján*
- De la filosofía personalista al ius personalismo (2005). *Viñas, Antonio*
- Pignus gordianum (2004). *Bueno Delgado, Juan Antonio*
- Teoría del derecho y experiencia jurídica romana (2002). *Viñas, Antonio*
- El proceso contra Jesús (2002). *AA.VV. Coordinadores: Amarelli y Lucrezi. Trad.: Antonio Fernández de Buján. Introducción: Federico Fernández de Buján. Prólogo: Francisco Paolo Casavola*
- Sine vitio nancisci possessionem. La adquisición de la posesión de los legados en el Derecho Romano Clásico (2003). *Salomón, Lourdes*
- La revocación de la donatio mortis causa en el derecho romano clásico (2003). *Tort-Martorell Llabrés, Carmen*
- Del trabajo como hecho social al contrato de trabajo como realidad normativa: Un apunte histórico-romanístico (1997). *Aleman Paez, Francisco/ Castán Pérez-Gómez, Santiago. Prólogo de Antonio Fernández de Buján*
- El edicto de los magistrados en el lenguaje de la jurisprudencia romana. Un estudio de Derecho Romano (1998). *Blanch Nougues, José Mª*
- La intransmisibilidad de las acciones penales en derecho romano (1997). *Blanch Nougues, José Mª. Prólogo de Antonio Fernández de Buján*

Metodología docente. Causismo jurisprudencial.

Fuentes de conocimiento

- Gayo y el aprendizaje del Derecho Romano. Materiales didácticos para la adquisición de razonamiento jurídico. I. Personas y cosas (2012). *Rodríguez López, Rosalía / López-Muñoz, Manuel (eds.). Prólogo de Antonio Fernández de Buján*

- Innovación metodológica y Espacio Europeo de Educación Superior. Experiencias docentes en el ámbito del derecho (2011). *Pérez Álvarez, María del Pilar*

Sección Ius Commune

- La formación del derecho foral valenciano. Contribución al estudio de las tradiciones jurídicas hispánicas en el marco del ius commune (2012). *Masferrer, Aniceto / Obarrio Moreno, Juan Alfredo*
- Interdictum uti possidetis in regno valentiae (2011). *Obarrio Moreno, Juan Alfredo*
- Estudios de tradición romanística. Tutela et curatela (2011). *Obarrio Moreno, Juan Alfredo*
- El proceso por contumacia. Origen, pervivencia y recepción (2009). *Obarrio Moreno, Juan Alfredo*
- La preterición en el ámbito del ius commune: los comentarios de Tomás Cerdán de Tallada al fuero Declaran. Estudio, traducción y transcripción (2009). *Obarrio Moreno, Juan*
- Testamentorum sollemnia iuris romani medii aevi memoria (2009). *Obarrio Moreno, Juan Alfredo*

Made in United States
North Haven, CT
05 November 2026

21791759R00276